[英]**丹·格里顿**——著　于楠——译
（DAN GRETTON）

历史中不为人知的邪恶

I YOU WE THEM
VOLUME 1 · BOOK 2
SILENCE AND SPEAKING
BY DAN GRETTON

桌面屠夫

浙江人民出版社

SILENCE AND SPEAKING © Dan Gretton, 2019
Simplified Chinese translation copyright © 2024
by Zhejiang People's Publishing House Co., Ltd.
Published by arrangement with the author through
David Higham Associates Ltd. in association with
Bardon-Chinese Media Agency
ALL RIGHTS RESERVED

浙江省版权局
著作权合同登记章
图字：11-2020-408号

图书在版编目（CIP）数据

桌面屠夫. 历史中不为人知的邪恶 /（英）丹·格里顿著；于楠译. — 杭州：浙江人民出版社，2024.7
ISBN 978-7-213-11487-8

Ⅰ. ①桌… Ⅱ. ①丹… ②于… Ⅲ. ①第二次世界大战－史料－欧洲 Ⅳ. ①K152

中国国家版本馆CIP数据核字（2024）第101809号

桌面屠夫：历史中不为人知的邪恶
ZHUOMIAN TUFU: LISHI ZHONG BUWEIRENZHI DE XIE'E

［英］丹·格里顿　著　于　楠　译

出版发行：浙江人民出版社（杭州市环城北路177号　邮编　310006）
　　　　　市场部电话：（0571）85061682　85176516
责任编辑：方　程　魏　力
特约编辑：孙汉果
营销编辑：杨　悦
责任校对：马　玉　姚建国
责任印务：幸天骄
封面设计：琥珀视觉
电脑制版：北京之江文化传媒有限公司
印　　刷：杭州丰源印刷有限公司
开　　本：710毫米×1000毫米　1/16　　印　张：31.25
字　　数：442千字　　　　　　　　　　插　页：4
版　　次：2024年7月第1版　　　　　　印　次：2024年7月第1次印刷
书　　号：ISBN 978-7-213-11487-8
定　　价：128.00元

如发现印装质量问题，影响阅读，请与市场部联系调换。

"一旦我们承认还有比怜悯他人更重要的事，哪怕这种情况只发生一个钟头，或是在某种独一无二的特殊情况下发生，那么任何一种危害人类的罪行都可以在自以为问心无愧的情况下干出来。"……我在想，所有这些人，狱长啊，押解官啦，所有这些为官的人……他们大多亲切善良，只是因为有了官位才变得凶恶起来……这些人……让我害怕。的确，这些人也让人畏惧，比强盗还要可怕。强盗或许还会怜悯人，但是这些人不会，他们与怜悯无缘……

假如有人提出一个心理学问题，说应该怎样才能使我们这个时代的人——即那些基督徒、人道主义者、单纯善良的人——干出最可怕的暴行而又不觉得自己有罪。只能有一个答案，也就是保持目前的世道：让那些人去做省长、狱长、军官或是警察，在这个过程中，首先……从事这种工作可以把人当物一样看待，对他们不必保持人与人之间情同手足的关系。其次，确保这些人在做事……这样对待他们的行为与后果就不必由他们任何一个单独承担责任。没有这些条件，在我们这个时代不可能干出像我今天所看到的那种残忍暴行。

聂赫留朵夫的反思，见于俄国作家列夫·托尔斯泰的《复活》

在黑暗时代，眼睛才会看见……

美国诗人西奥多·罗特克

献给科琳娜和马克,

是他们给了我最鲜活的地图,

开启了(我们)无限的想象世界;

献给J,

(感谢)他陪我走过这一路风景。

CONTENTS | 目 录

作者原版说明 \ 1

前　言：一路向西 \ 3

第一章　生存与毁灭

　　一、沙漠中的人骨 \ 22

　　二、纳粹德国的技术官僚 \ 29

第二章　沉默与灭绝

　　一、父亲和他的沉默 \ 56

　　二、面对暴行，社会的沉默 \ 63

　　三、种族灭绝 \ 82

　　四、温得和克的桌面屠夫 \ 120

五、烧书与烧人 \ 129

第三章　国家的暴力

一、历史的偏离 \ 134

二、塔斯马尼亚猎鸦行动 \ 146

三、英国的饥荒与屠杀 \ 155

第四章　直面困境

一、打破沉默 \ 188

二、电力和飓风 \ 206

第五章　施害者、受害者、旁观者

一、受审的建筑师 \ 234

二、519号房：走入黑暗 \ 241

三、石油商人与折断的翅膀 \ 285

四、文明的牺牲者 \ 291

第六章　文明与野蛮的距离

一、文明的距离 \ 316

二、野蛮的距离 \ 349

第七章　爱与死亡

一、过去的连续 \ 366

二、一叶障目 \ 372

第八章　打开我们思想的牢笼

一、重新做人 \ 394

二、为爱重生 \ 416

三、两颗鹅卵石 \ 448

注　释 \ 449

鸣　谢 \ 469

赞赏和感恩 \ 479

作者原版说明

本书主要调查历史与现实中的"桌面屠夫"现象——那些不用离开办公室就能杀人的人,那些很少与被害者谋面的人。本套书在结构上分为两卷本,每卷分为两本书,共四本书。

本书始写于2006年,四本书分别成书于四个不同地方。每个地方都位于海滨,而且都是出于偶然的安排,并非事先设计好的。这样的环境对自己的写作产生了独特的影响,每个阶段的写作、每个探索的内容,均地点各异,纵跨四季。

第一卷

第一册(冬季):东部(萨福克海滨)

第二册(春天):西部—南部—西部(彭布罗克郡)

第二卷

第三册(夏季):西部—北部—西部(楚斯巴赫湾)

第四册(秋季):西部—北部—西部(盆领湖)

出于伦理和个人原因,书中对一些人名和识别标识已作更改。

FOREWORD | 前 言

一路向西

2012年3月1日 圣大卫日（St David's Day）[①]*，从哈克尼到彭布罗克郡*

山谷突然间展现在我面前。春日的最后一缕阳光，映得怀尔河银光闪闪，河水从树林中蜿蜒流过，田野一片翠绿，在暮光中闪闪发亮。通往边界的路上，我情绪高涨，翻过下一座山，就是我从小热爱的国家了。我的脚慢慢离开汽车踏板，一路向西行驶，路上空无一人，我现在反而不那么着急了。翻过山，一条小路向下延伸到山谷，红色雷诺汽车如游龙般驶向前方绿色的指示牌——"CROESO I GYMRU"[②]，"欢迎来到威尔士"——即使牌子上没有，每次听到这个词的时候我总是感觉它带着感叹号。我像小时候一样哼着歌，坐在那辆老旧的雷诺汽车后面越过边境，把平原远远地抛在

---

① 圣大卫日（St.David's Day），即每年的3月1日，为威尔士国庆节。在威尔士，每年3月1日，为了纪念威尔士守护神大卫·森特（也就是圣大卫），会进行一系列的庆祝活动。

② CROESO I GYMRU：威尔士语，"欢迎来到威尔士"之意。

身后。

夏日绵延数周，在此期间，我们曾游历山间河谷，感受克尼特山（Cnicht）[1]、卡迪尔·伊德里斯山（Cadair Idris）[2]和岛屿，海薇依湖（Llyn Hywel）、彭南特山谷（Pennant）和兰弗洛斯（Llanfrothen）岩滑……开学前的我们，曾有大把时间挥霍。今天，越过边境时有了一种似曾相识的兴奋感——不是对假期的期待，而是对未来整整一周（即将）写作的展望。

在过去的一年里，我找到一种适合自己的工作节奏，整个人获得了巨大释放。每隔三四个星期，我就会开车出发，从哈克尼区一路向西前往威尔士边上一座靠海的房子。我发现，在孤独打败我之前，我可以连着写上七八天。我沉浸其中，非常投入，过着半隐居的生活。这样的日子大概持续了一年多，我才回到充满活力的城市。我突击完成好几章节，七天创作11000—12000字。每次写25页，就完成一章。之后回到伦敦。我在西行之旅中找到一种无法解释的力量，这是一种原始的本能，就像鸟类迁徙一样，指引我朝那个方向前进，本能地需要一种不同的能量，远离北海和东海岸的石滩，六年前我就是在那里开始写作的。现在，威尔士潮起潮落，瞬息万变的天空和光线，海岸小径和沼泽，河口和水湾，杓鹬和游隼，长满青苔的橡树林和河流，都已成为我的伙伴，我竟急切地期待着再次见到它们。这种期待令我十分吃惊，因为到目前为止，我一直认为自己是一个城里的男孩，"伦敦人"这个词深深印刻在我的DNA里。

在边境线上，潘格里格、兰加隆在右，克罗克的阿什、西蒙的亚特在左，现在没什么语言限制了。穿过最后一片迪安森林，沿树林边缘蜿蜒而下，想着丹尼斯·波特，在这里度过的童年影响了

---

[1] 克尼特山：位于威尔士，为斯诺登尼亚的一座山，是莫尔维尼恩山脉的一部分。

[2] 卡迪尔·伊德里斯山：斯诺登尼亚国家公园山脉。

他的一生，以及他最后美丽的愤怒。往下到蒙茅斯平原和最引人注目的路口，四条路在横跨怀伊河的桥上交会，像一个指南针，暗示着所有的方向都是可能的。绿灯转亮，直行穿过通向西边的隧道，最后，英格兰的一切痕迹都被抛在了身后。黄昏临近，车辆变得更加稀少，从拉格兰出发，向阿贝加文尼驶去，要提升车速了，我与汽车融为一体，以一个单一实体的形式在空间和时间中移动。多年来，我一直与这个地方有着千丝万缕的联系。和J在布莱克山漫步，在星空下睡在兰托尼修道院的废墟里。在那个晴朗的10月，和另一位现在住在美国的老朋友一起去布雷肯灯塔。1997年为我们的母亲举办的核桃树周末活动，就在工党胜利后几天。在农舍里看到罗伯特·库克作为新任外交大臣登台，他在讲话中首次谈到英国政府有一个合乎道德的外交政策。现在想起这样的往事，在伊拉克事件之后，以及所有随之而来的事情，就觉得很痛苦……1①

在这条路的尽头，总是会有这样的选择——如果是夏天或天色尚好，而我又有心情迂回曲折，我就向右走，穿过阿贝加文尼，走到布雷肯。这是世界上最可爱的山脉之一——一边是克里克豪厄尔山脉的黑山，另一边是灯塔山脉。上到布尔奇的发夹弯。再往前，是兰格斯和兰格斯提的湖，这些地方是避难所，休养生息之地。越过布雷肯，弯道蜿蜒而下，直达兰多弗和卡马森。但是，在其他季节，或者在像今晚这样的黑暗中，我走左边，走山谷最前头的路。

当我越过乌斯克河时，我想了想自己最近为何如此热爱驾驶。成年后，有25年，我都没有汽车。在伦敦生活和工作，完全没有必要开车，况且在我和很多组织机构合作过程中，关注石油对全球经济的影响越多，对汽车文化就越挑剔。在许多方面，我仍然觉得社会交通政策需要彻底改革，整个可再

---

① 此处为作者所作之尾注，详见文后注释部分。——编者注

生能源系统在交通运输能源结构中的使用也需要彻底改变。然而,当我开始创作这本书时,面临着一个更为紧迫的挑战。我知道,自己只能在远离城市喧嚣的地方工作,而如何通过公共交通把半打箱子的书籍、论文和研究资料运到偏远的农村呢?悖论很快出现了:荒野之处和偏僻之所是最适合思考和写作的地方,而对热爱这些地方的人来说,汽车又是必不可少的。

但是,单单就特定问题提出一个工具主义解决方案,未免过于简单了;开车可能会很不受欢迎,却是非常必要的。然而在过去的一年里,我开始感觉到驾驶可以释放我强大的创造力。一路风景,反反复复,过去重复的旅程都是有意义的。因此,手段已经变得和目的一样具有创造力。从哈克尼到西彭布罗克郡的六个多小时的旅程是一个过渡时段,我进入一种悬浮的生命状态。这段路也是我整理杂乱思绪的最好时间。在离柏油路面几英尺[①]上方的一个小小的金属空间里,思绪从(伦敦)出发时的杂乱无序到抵达(威尔士)时的有章可循,新一章构思已经成型。一路向西行驶,尽管我的视线从未离开过车子,但我在脑海里已经开始撰写第二天早上将要创作的新章节了。在车里,我可以抛开伦敦的一切任务清单,抛开一切义务,抛开全部(所谓)教养。我摆脱了社交网络的诱惑,把电话、邮件还有桌上和厨房操作台上成堆的文件和账单抛在脑后。每日无休止的干扰是创作最大的阻碍。看着"紧急信号灯"一盏接一盏地渐渐消失,在接下来的七八天里,我将只在思想和文字的海洋中漂流。[2]

我逐渐明白,开车的节奏固然明显与走路不同,却同样令人着迷。以我的经验,在高速公路上连续行车久了,人会反应迟钝,暴躁易怒,如果能避开高速,选择旧的主干道路,才能更好地与周遭风景融为一体。飞速行驶了几个小时,黄昏弥漫开来,渐渐遁入黑夜,森林伴随着夜晚的降临开始逐渐褪色,狐狸冲入树篱,路旁不知名的村庄一闪而过,我一边开车一边把音乐

[①] 1英尺=0.3048米。出于准确表述考虑,本书中保留原书"英尺""英里"等英制单位用法。——编者注

放得震天响，这些元素叠加在一起让人热血沸腾、精神亢奋。我只能把这种状态比作一种冥想，通过冥想接近永恒，但我很少能达到这样的状态。我感觉自己的灵魂被带到了另一个地方，几个小时后，我走在彭布罗克郡狭窄的小道上，闻到了大海的气息，那时天色已晚。路上没有其他车，我如同过去孤独的骑士，整夜奔走，传递信息。夜里没有其他人出没，我感觉自己在单独执行任务。该放最后一首曲子了，它也是我经常放的一首，随着最后几个音符渐渐消逝，只剩飞转的车轮碾过路面发出的沙沙细声，以及风从海上吹拂而来的声音。

越过阿斯克河，越过其他河流——埃布·法赫、阿丰·埃布、西罗威、莱姆尼、赛农。山谷虽被帝国掠夺，但至少这些河流仍然在自由流淌。南提格洛和特里德加的灯光在最左边。安奈林·贝文的出生地特里德加，也是特里德加工人医疗援助协会的诞生地。到了20世纪20年代，几乎2.4万人的小镇被这项为矿工家人建立的卫生服务覆盖，这也是后来我们国家卫生服务的原型。世界上社会正义的"灯塔"，都来自这个山谷，这个小镇。再往前一点就是布莱克伍德——狂热传教士尼基、詹姆斯、肖恩和里奇的家。是的，他们情感外露，但这些男孩多么张扬，多么坦率啊！他们的山谷音乐具有无与伦比的凄美感和甜美的旋律——他们总是回到"希赖斯"①。

到赫渥恩的路很长，那里曾经有威尔士最后一个深矿井。我们的"平台"倡议"故乡"，并与赫沃恩国家大学的泰龙·奥沙利文谈论奥威尔的写作，并认识到电力不是通过魔法，而是通过成千

---

① 希赖斯（威尔士语：Hiraeth）是一个无法直译的威尔士文化概念，威尔士大学兰彼得分校曾试图把它定义为混合了挂念、渴望、怀旧、愿望的"带有对死者或离去者悲恸的乡愁"，或对昔日威尔士的热切渴求。

上万人的劳动进入我们的城市的。这条路从庞尼德费汉一直沿着下河到斯旺西。现在已经很晚了，路上很少有车，我调大了曼尼克斯（Manics）、迪伦（Dylan）、拱廊之火（Arcade Fire）荣耀的重击声，在下坡时把车速放开，大大超过了限速，感受着发动机的自由发挥。就像过去几个世纪以来，马匹在这里的山坡上飞奔。速度是纯粹的，在夜色的庇护下，超越所有日常的妥协，不会给别人带来任何风险，回应着人内心的本能。

我口干舌燥，心醉神迷，不断往前冲。在这一刻，某种东西从狂野的、未被束缚的回忆中复原了。然后，在环形交叉路口开始时刻，我松开油门，回归阿伯杜莱尼斯街灯照耀的区域。

在泽西海洋路口与M4公路汇合，向我斯旺西的朋友挥手致意，他对高尔半岛的热爱近乎一种福音派的狂热。十分钟走15英里[①]，就到了高速公路的终点，下了山到亚伯拉罕桥，有时我停下来加油，和在这里工作到深夜的热情友好的女人聊聊天。现在是最后一小时，也是所有道路里最好的一小时，我以箭一般的速度冲向彭布罗克郡——基威利、兰达洛格、盖里·乌查夫。在卡马森穿过陶伊河，然后向左走。萨瑙（Sarnau）、班西费林（Bancyfelin）、圣克莱尔斯（St Clears）、扎布伦（Zabulon）、惠特兰（Whitland）、兰德维·维尔弗雷（Llandewi Velfrey）（在这个沉睡的村庄中，时速限制为40英里，暂时放慢了速度）、纳伯斯（Narberth）、罗伯斯顿·瓦滕（Robeston Wathen）、跨越东克莱道（Eastern Cleddau）、斯莱贝赫（Slebech），很快就进入哈弗福斯特。

我过去常常跟着路标走，它会带着你围着镇子绕个不必要的圈，经过梅林桥（真是个好名字！）——但遗憾的是，今天没有神秘的迹象了，只有一个位于环状交叉路口的汉堡连锁店。这些天，

[①] 1英里=1.609344千米。——编者注

我一直沿着山坡向上走，穿过镇上漂亮的主街道。如果是周末的晚上，这里还会有一些出租车，还有一些散漫的青少年走在回家的路上。我把车停在镇子外的路边，准备进行最后的仪式。还有20分钟。现在一切都慢下来了。

夜阑人静。我常在路边停下脚步，打开窗户，闻闻风土的气息。树枝在头顶上摇曳，远处炼油厂灯光闪烁。最后一首乐曲响起。过去一年，这首曲子一直伴随着我，而每次听我都能悟出一些新东西。这么晚才听贝多芬的作品，这么多年来，我一直自命不凡，拒绝欣赏这位备受欢迎的作曲家的作品；更可笑的是，我却从来没有因此而抗拒钻研莎士比亚戏剧。我放上纽约爱乐乐团指挥家伦纳德·伯恩斯坦（Leonard Bernstein）的交响乐《豪勇七蛟龙》，开车缓慢驶离。这首歌的开场和弦节奏紧迫，危机感四伏，屏息敛声，此时，单簧管音律小心翼翼切入，抚慰人心；跟随着音乐节奏的变化，道路蜿蜒，穿过树木隧道和弯道。这时车速降到每小时25英里，而车子拐弯时车速更低至每小时15英里。旋律转而高亢，长笛吹奏你追我赶，一个曲调又开始来回重复，节奏逐渐加快，音乐力度逐渐增强并发展成乐队全奏，主旋律渐进式切入，再次重复，随即高亢恢宏。突然，一只獾从树篱中蹿了出来。我把车灯调暗，慢慢地行进着，看着它急匆匆地跑在前面，寻找空隙。道路又开阔起来，管弦乐激昂、雄壮，第一乐章即将结束，节奏起初铿锵有力，继而慷慨激昂，力度渐强，给人以紧迫感，将你的整个身体变成了乐器。

慢乐章开始前的第二乐章。等待。当然，不会再令人那么震惊了。那个单一的音符消失了。琴弦缓慢，几乎无法移动，好像世界上所有的苦难都在同一时间聚集在一个地方。我再次放慢车速，用心倾听。疲惫的音乐，仿佛怀孕般疼痛，闭塞、沉重。被打败的灵魂，死亡行军。曲调重复着，但更安静，仿佛呼吸正在离开身体。最高音的时候，琴弦带来了恻隐之心，而最低处，完全出乎意料。此刻，越来越多的乐器加入进来。2分38秒后，旋律升高令人难以置信。音乐中最不可思议的时刻到来了。

今晚，我想到的是诗人扬尼斯·里索斯（Yannis Ritsos），我最近一直在读他的书。他经历过失去亲人、流放、监禁、酷刑。痛苦并没有把他的人性带走，而是把人性释放给了世界。他12岁那年，他的哥哥死于肺结核；五年后，他的母亲去世，父亲疯了，死在了精神病院；他妹妹精神崩溃，也濒临死亡。在那一刻，他为妹妹写了下面这段话：

> 我是一只残废的蚂蚁，在茫茫的黑夜里迷了路。我爱的一切都被死亡和疯狂夺走了。我孤零零地躺在残破的天空下，数着逝去的人。我没有眼泪了。我不害怕。我没有别的东西可以让他们从我这里拿走。贫穷、孤独、赤身裸体——这都是我的财富，谁也夺不走。我不会去敲任何人的门。我不会乞求。没有面包，没有口袋，没有羁绊，我大步向西，赤裸而完整，值得感动上帝。

就在此前一年，那是我永远不会忘记的在苏荷区一所油漆剥落的大学里与一班学生讲这些话的时刻。那是一个高级班，我们在一起已经好几个月了，所以彼此之间建立了一定程度的信任。学生们觉得自己能够承担更多的风险，展现更多的自我。其中有些学生是难民，有些则是政治活动积极分子，他们建议我们用一周的时间来研究抵抗的问题——我们是如何战斗的，我们的先辈是如何利用他们所拥有的一切战斗的，有时还包括使用美术、写作、音乐、电影和诗歌。

一位年轻的索马里妇女热情地谈论了教育学家保罗·弗莱雷（Paolo Freire）的工作，他坚信语言是改变的最大武器——"说出真实的话就是改变世界"。她告诉我们，弗莱雷的观点改变了她生活的方向。受此启发，一名秘鲁学生读了他写的一篇文章——他的父母在学会读写之前就辍学了，因此他和他妹妹不得不成为他们和世界之间的传声筒。正因为如此，他们的父母向来崇拜文字。只要他们有钱，就会给孩子们买书——他说，对父母来说，书籍好似一张异国的地图——一个他和妹妹可以去的国度，但他们只能从边境的这一边窥伺。之后,我们谈到了诗歌和音乐具有一种无与伦比的力量来直接传达情感。我们读了扬尼斯·里索斯的诗。我突然意识到房间里一片寂静,暖气管里嘀嗒作响。一位40岁出头的俄罗斯女学生打破了沉默,她说她想告诉我们关于诗人奥西普·曼德尔斯塔姆[①]的事——就像里索斯一样,他也有过难以形容的艰难生活,最后死在斯大林的古拉格集中营里。他在西伯利亚写的最后一首诗很短,只有四行——她建议,也许我们可以一起学习一下?大家站成一圈,肩并肩,她给我们读单词,我们再一行一行地重复,直至念完整首诗。房间里充满不同口音的诗歌念白,直至铭记于心。曼德尔斯塔姆生活在古拉格之外?最后一个声音念出最后一句,"你把我的嘴唇留给我,它们甚至在沉默中塑造了话语"——同样是以贝多芬慢节奏开始演奏。我环顾四周,看到一些人眉头紧锁,一些人微笑认可。诗歌超越了语言,走向我们共同的人性。

漫漫长路,今夜无月,连一辆车都没有。恰好在音乐响起的那一刻,我向村庄转弯处驶去。仿佛从未听过这般曲调,心灵瞬间遭到伏击,令我泪眼婆娑。这些振聋发聩的音律的确能够打开内在的某些东西,不会因为旋律重复而令人迟钝,我再度惊讶这是如何发生的。即使是我最喜爱的音乐,这种情况也非常罕见。然后我意识到音乐——这些来自内耳的声波振动——只是其中的一部分。当然,记忆和联想的累积与音乐本身无法区分。回忆教室里每张面孔,回忆里索斯和曼德尔斯塔姆,回忆他们忍受了什么,又是如何反抗的。我本能地感觉到贝多芬希望他的音乐以这种方式与人们联结在一起,与我们的奋斗联系在一起:我们常常失败,常常充耳不闻,又常常麻木和绝望。但人类团结的惊人之处在于,你会感觉到有一只胳膊搭在你的肩膀上,将你托举起来。贝多芬希望自己的音乐不仅仅是音乐,更希望它是一种有生命的力量。

[①] 奥西普·曼德尔斯塔姆(1938—1891):俄罗斯白银时代诗人,阿克梅派代表诗人。——编者注

下山时，尽头是向左的急转弯。这最后的几分钟里，每一个转弯都那么熟悉。那条通往岛屿的小路，卖木材的农舍，桥上的小小颠簸。我摇下车窗，风声飒飒盖过了音乐声。水突然出现在左边，黑黢黢的，很可爱。驶上狭窄的道路，穿过树洞，最后的上坡路出现。在山崖处转弯，前面是幢白色房子，向右延伸，下面是整个海湾。每一个细节都还在。房屋都在沉睡。我把车调成三档，然后是二档，不想弄出什么声音，溜过酒吧，沿着房子后面的狭窄小道，转弯，关掉引擎。离开哈克尼已经过了6小时34分钟。开车用了5小时4分钟。打开车门，一只猫头鹰在叫。海浪的声音，夹杂明显的鸺的颤音。夜深人静的时候听到那种声音真奇怪。摸黑走下台阶，打开房门。虽然邻居们昨晚开了暖气，但每年冬天过后的这个时候还是那么冷。

看样子需要两三天来暖房。我回到车里，用我最后的力气卸下袋子、食物、书籍、纸张和打印机，来回五六次。然后，穿着外套，戴着围巾，拿着啤酒和椅子回到外面。双脚踏在海堤上，感受着驾车的节奏渐行渐远，而这里的脉动节奏开始占据上风。潮汐、天空、鸟和树，是我接下来七天七夜的伙伴。文字已经开始在脑海中成形，尚无法辨认，但有些在意识边缘游荡。

两天以后。

我一直熬到天亮，写完了这章中的好几页。又看了看地图，准备找个新的地方走走。离开屋子时，已近黄昏。从屋里往外看，天已经黑了。但是，即使是人类并不敏锐的眼睛，也可以调整过来，适应黑暗，看到种种事物。悬崖边的小路在我面前铺展成一条淡白色的线。海上狂风大作，越来越猛烈地拍打着我，一阵狂风袭来，几乎把我吹倒了。我试图看清深紫色的地面，但失败了。我放慢脚步，用靴子向前慢慢试探，比白天稍微多用一些时间，沿着路上的浅色线行走。路很窄，成千上万双靴子踏过，又把它踩得更瓷实，更难走。整个身体力量完全集中在脚上，对每一步都有反应。再深一点，最小的肌肉也在做出反应。行进艰难。

那是一条小路，路上有一条凸起的岩石，我从岩石的旁边经过。我的足底和足尖上的筋膜舒展开来，以回应我的呼唤。斜坡平整，道路宽阔，我可以正常行走了，虽然谈不上大步流星，但每一步都很有节奏。还有一位"向导"也加入了我的行列。一只刚从非洲过冬回来的白色麦穗鸟，在我身旁十步远的地方，飞来飞去，后来我赶上它时，它反倒扬长而去，露出那小小的臀部（原来叫"白屁股"，因为维多利亚时期人们对"麦穗"很有好感，所以把它的名称改成了麦穗鸟）。我们结伴而行，我在路上行走，它在我身边飞行。在左侧数百尺之下，是连绵不绝咆哮的大海。只见那道白浪冲刷在山壁上，迅速消融。再往前一英里，我们悄悄地潜入港湾。晚上最大的难题是下坡。错误的判断力能使你向前驶去。这条小径向右边转，有一道门，通往海湾的另外一条小径。

走内陆。我左边的石墙有一个缺口。两只睡着的羊被我的突然出现吓了一大跳，惊慌地跑掉了，这反过来又像暴风雪一样惊扰了山坡上的其他羊。又过了十分钟，我终于上路了，隐约听到靴子上的橡胶相互挤压发出的声音。只有两英里左右。在这个国家最西端，向西狂奔，走进星空。北斗七星在右边，与我一般高。就在正前方，残存了最后一丝银灰色印迹，笼罩着整个岛屿。夜色还未完全降临。消失了一个半小时的太阳，仍用它的光线染红了最后一块地方。然后，轮到我被吓一跳了。我听见一个动物靠近，好像就在我的附近。一只狗吗？不，是狐狸！即使在这么昏暗的光线下，我还能看到几码外它的轮廓，它弓着背，绷紧了，一动不动地望着我。我愣住了，不想吓到它。几秒钟过去了，我们都屏住呼吸，然后它撤退了，退回它来时的路，有一刻它停下来，回头看了看我有没有跟上。突然间，我的脑海里又浮现出了施佩尔漫步在斯潘道花园里的样子。

在脑海里周游世界，对于一个极度缺乏想象力的人来说有一种无法解释的东西，就像逃离海难，成为幸存者。我看到一座农场建筑，楼下亮着一盏灯，窗台上放着文件盒。隔壁的谷仓幽暗如洞穴。几个月前，我看到他们在这里夏末最后的阳光下收割。事实上，联合收割机跟在我的后面，但它在树篱的另一侧，它的灯光照亮了我现在走着的这条路，只是方向相反。

这种时候，想法和记忆就会成群结队地出现，像小鹿一样在脑海中跳跃。小时候，当天上仍有光亮时，我总是不想去睡觉，感觉一天还没有结束。我听到父母的笑声传进我们的卧室，父亲笑得大声，母亲更甚。一天还没有结束呢，还没有。现在想想，这似乎是一种本能，是小孩子对死亡的预感。孩子本能地希望推迟死亡。天空中还残存一些银灰色，一天还没有结束呢，我还是继续走这条路。向西走向黑夜，寻觅最后一丝亮光。我强迫自己继续走下去，放慢脚步，晚些回归内心世界，晚些回到了无生气、散发腐气的房子里。我还在继续行走，没有尽头。现在，这条道路蜿蜒到了山脊的顶端，这个地方总是令人叹为观止，在那里可以看到两片海域。

往南远眺，只有远处岛上的灯塔发出一种奇怪的红光，我数了数，两次闪烁之间间隔七秒半——一、二、三、四、五、六、七——红光再次闪烁。往北远眺，海湾对面15—20英里外，村庄发出的遥远灯光和海上船只的灯光交织在一起，令我目眩神迷。愈靠近，光线愈发清晰：村庄发出的光好似白色小珠子，而船上灯光则更加昏黄暖人。上面是一直以来守卫着这里的岛上居民。当然，还有英国人几个世纪以来犯下的令人震惊的暴行。帝国暴力，现在是另一种形式而已——更为精细，通过笔记本电脑和算法实现。这里却如世外桃源般丝毫不受影响。风停了。我的双脚发木，带着身体行走。如果那里没有海，我可能会继续往西走。哦！流星！从我眼前划过，多么不可思议！虽不似8月那般绚烂，但在寂寞的3月的映衬下更加可爱。甫一转身，在我身后的漆黑小路间，月光如水般流淌，倒映在水洼里，如大银盘般清晰可见。

停下来回头看看，最微弱的灯光来自附近唯一一个小镇，在东边20英里左右。伦敦生活已经离我远去了。那是我的另一种生活之路：那意味着什么呢？是一种非主流的思想吗？这个想法与什么有关呢？不，那种生活一去不复返了。也许散步归来它还会再回来。这条路，就在这里，就在车里听到帕蒂·史密斯那一刻。完全被"翼"的声音所传递——在同一个声音中，深沉而又神圣的羽毛和铅纠缠在一起。布莱克会怎会联想到这事。快回来了。一个曲线。风不疾不徐地雕刻吹着那里的树篱。生活就是工作。哦，是的，就是这个，我想起来了。一般作者厌倦了谈论它们时，书才会完结。差不多是这样的……

*****

回想起独自在萨福克过冬的日子，不禁感慨，一切进展得真是缓慢啊。现在，春天愈发临近，我开始创作第二本书了，却有着不同的状态。出版商已经谈好了。我体会到一直在真空中写作，并希望这些文字有朝一日有人阅读，和现在明确知道它们一定会有读者的差别是什么样的。这些天来，我不断地在东方和西方之间穿梭。一个朋友让我使用威尔士海边的这栋房子写作。她的母亲去年身体虚弱，不能爬楼梯，不得不搬出去住，她还在犹豫不决，不知道如何处理这处房产。正好趁这个空当，我可以在这里写作一段日子。

住进来以后，不管天气如何，我每天都散步，这是我日常生活中不可缺少的一部分。很多时候，我都是坐在楼下窗边的桌子旁，眺望着海湾。但在那两三个小时的步行中——即便我试着骗自己说，我并没有想着手边正写的那一章节——我的脚和大脑会自动合拍，巧妙地思考我写的东西——消化、激发新的想法。因此，在海风吹拂的岬角上，或在长满青苔的小路上，我有时会发现自己四处乱找纸笔，想在这些飘忽不定的思绪被风吹走之前记录下它们。

但是，我经常被周围的景色迷住，无法自拔。在橡胶丛林里寻找新的道路，或是在黄昏时分，顺着一条小径进入河口，泥滩上的潮汐就会汹涌而至。观察蛎鹬、海鸥和海豹的习性。暗紫色的大地散发出野蒜的芬芳，港口上浮筒发出的响声，在夜晚的天空中回荡。

*****

春天来了。蕨类植物的细小嫩芽舒展，如婴儿的手指张开一样。深巷两旁的草地是那种只有在初春才会看到的翠绿。很快就布满了黄色、蓝色和粉色的毛茛、风信子和剪秋罗。鸟儿们开始活跃，从冬天的阴郁中醒来，起初躲在树篱和灌木丛中，现在它们在树枝顶上对着天空和彼此歌唱。每天我都会晚一点收工，去一个新的地方散步。视天气而定，决定是去悬崖边还是陆地，是步道还是小径。我总是尽量在日落前散步半小时，通常伴着黑暗返回。这意味着我的写作时间在一定程度上是由季节决定的：盛夏的时候，我可以工作到9点，甚至9点半，同时还有时间散步。现在，在早春时节，我在3点或4点结束工作，散步到6点，然后回到房子里，生火，休息一会儿，看着火焰映在房梁和天花板上，然后回到窗前继续工作两三个小时，常常工作到深夜。

这所房子就在村庄的边缘，所以当我眺望海湾的另一边时，可以看到一条把所有的农舍连在一起的小路。夜晚，村子房屋里的最后一盏灯熄灭很久之后，这里还有十几盏街灯仍以柔和的黄光陪伴着我。唯一的声音是海堤另一边，在15英尺开外拍打着海面的漆黑海水。直到清晨，我不停地打着字，有时是如此专注，以至于在写了半页纸的时间里，潮水悄悄地涨了起来。现在，街灯在水中的倒影，呈迷离的"Z"字形舞蹈着。

*****

这本书中记录的旅行，除了两个例外，都不是物理上的旅行，而是对历史、心理和道德的探索。这些问题已经困扰了我20多年。施害者、受害者和旁观者[3]之间的确切关系是什么？这些关系中传达出的责任有哪些不同的方面？是我们理解犯罪者行为的责任，是目击者发言的责任，还是最难理解的社会去倾听的责任？

我们又应如何解释听到的声音和听不到的声音？人类苦难的经历，以及有时非常困难的尝试通过语言来传达痛苦的意义？或者，有时，这种痛苦是完全无法用语言表达的。在这本书中，我们将会遇到一些经历了你所能想象到的最痛苦的经历的男人和女人。有些人没能活下来，有些人活下来了但无法表达，有些人试图用语言来描述他们的经历。在伊兹比卡和华沙犹太人区的扬·卡尔斯基，莫诺维茨的普里莫·莱维（Primo Levi），布痕瓦尔德（Buchenwald）的乔治。有些我们只知道名字，纪念他们最后时刻的片段。1943年，法国哲学家西蒙娜·薇依（Simone Weil）在战时流亡伦敦，她试图用一种从未有人尝试过的方式来审视人类苦难的意义。在她最后写的一篇文章《人格的义与不义》（*La Personnalité Humaine, le juste et l'injuste*）中，她写道：

> 一个人从孩童时期直到进入坟墓，尽管有诸种犯下过、忍受过、观察过的罪恶经验，在他属人类的心灵深处总有某种东西在难以克制地期待别人对他行善而不是作恶。正是这一点首先成就人类身上的神圣……从人心深处迸发出孩子般的怨诉，就连耶稣基督也不能克制："为什么对我作恶？"每逢这种时候肯定有不义发生。

但谁在听呢？在什么条件下，我们才能真正听到别人的痛苦——正如薇依所说，"这微弱而无能的哭喊能让人听到沉默的专注"，"为了理解它的意义，需要付出温柔而敏感的专注力"。

与这个苦难问题相联系的是一个关于沉默的本质问题。不仅是受创伤的个人的沉默，也是整个社会的沉默——幸存者的沉默与犯罪者的沉默——我就是在这样的沉默中长大的。我父亲对他在20世纪50年代早期的朝鲜战争中的经历保持沉默，而令人震惊的是他对语言、哲学和生活的热爱；在我还是个孩子的时候，就本能地意识到他有些地方不对劲。当我长大成人，长到和我父亲被征召去朝鲜时同样的年纪时，他的沉默更让我困惑。当我试图和他谈这件事时，我遇到了一堵空白的墙。今天，我开始想，在我成年后的生活中，我对种族灭绝、战争和苦难的许多探究，一定都源于这种最初的、不可理解的沉默。我也知道，爱在人死后是可以加深的，我与父亲的对话又是可以延续的。虽然他在许多年前就去世了——离现在已经有半辈子的时间了——但对我来说，他仍然是一个活生生的存在。

在20世纪70年代和80年代初的英国，这个我被告知是珍视言论自由的国家，而且是率先提出新闻自由概念的国家，也有另一种沉默的存在，整个社会都陷入沉默。有些沉默现在被打破了，例如，在各种机构内外，围绕着许多儿童遭受着系统性的身体和性虐待的沉默。但是，在这个社会里，我们始终没能接受一些沉默——特别是英国殖民主义几个世纪以来对世界各地许多人施加的暴力的沉默。再强调一遍，这是一种用"自由贸易"作为烟幕的、系统性的、被认为是合法的暴力行为，它导致了数以百万计的人受害。英国对历史记忆的选择性是惊人的。与此同时，第二次世界大战已成为20世纪英国的标志性事件——"正义之战"——几乎具有神话般的规模，似乎每年都有纪念和悼念活动。我很想知道，为什么在我们的社会中，孩子们对英国在奴隶贸易中扮演的核心角色所知甚少，对我们的祖先在塔斯马尼亚、肯尼亚、印度和中国实施的种族屠杀和暴行所知甚少呢？不同的社会如何接受（或不接受）他们的过去？这又会如何影响民族的心理，以及今天持续的行为模式呢？

在更基本的层面上，如何探究"文明"和"野蛮"概念之间的关系？沃尔特·本雅明（Walter Benjamin）所说的——"所有关于文明的记录，同时也是关于野蛮的记录"是什么意思？我不是用抽象的哲学命题来解决这样一个宏大的问题，而是试图把这种探索根植于一个实际的地方——在两个地点之间的漫步——一个与"文明"和启蒙运动密切相关，另一个是法西斯主义和大屠杀的地方——在魏玛的歌德故居和布痕瓦尔德集中营的大门之间来回散步。在散步的过程中，我们窃听到作家和思想家之间的谈话，他们在过去的几年里一直在我脑海中挥之不去。那些花了大把时间与这种相互关系作斗争的人——乔治·斯坦纳、乔治·森普伦、普里莫·莱维和斯文·林德奎斯特等——通过倾听这些声音，并创造了一种对话，也许我们可以走得更远，看到新的联系。最重要的是，要理解过去到当今世界的连续性，以及那些在华盛顿的办公室或柏林的会议室里行使权力的人的行为。

这可能是我们面临的最大挑战——贯穿整部作品的线索之一，就是试图进入肇事者的思想。为了做到这一点，我们必须从试着放弃"犯罪者"的标签开始，并看到这个术语下的人类行为。要明白，是有血有肉的男人和女人创造了使种族灭绝和恐怖行为发生的环境；国家不会施行酷刑，男人和女人才会；机构不杀人，男人和女人才杀人。

因此，我们试着去了解这些人是至关重要的——不是作为"他们"，不是作为一个群体，而是作为个人。只有这样做，我们才能发现是否有什么共同的模式、心理或行为，将跨越不同世纪、不同组织的杀人者联系起来。在接下来的章节中，我们将会见到那些曾遭受酷刑的人，我们将深入了解那些开设了灭绝营的人的思想，那些给发展中国家造成破坏的人，还有使这些事情发生的人——事件的规划者、官僚主义者、商人和妇女。我们将见到的一些人来自我过去的采访——但在反思这些对话，以及多年来更广泛的研究之后，我试图确定那些在办公桌前为自己的组织杀人的人是否有共同的心理和行为。

在这些人中，有一个我调查的关键人物——纳粹德国中心一位性格安静的人——非常文明和受过教育的阿尔伯特·施佩尔，他是桌面屠夫的典型。他作为我们这个时代的人物，现代得令人吃惊，属于一个不折不扣的企业人士。他几乎从未见过他所造成的受害者，却相信通过行政手段会解决所有问题。他是个连一只苍蝇都不会伤害的人，也认为自己完全不关心政治，但他通过组织方面的专业知识，干了除了希特勒和希姆莱之外，比任何人都要多的坏事。战后，在斯潘道监狱一位杰出的牧师乔治·卡萨里斯（Georges Casalis）的帮助下，他试图理解自己的责任。几年来，他试图改变自己。不管他最终是否成功，我最感兴趣的是他对改变的尝试。我们有没有可能既对某些人所犯的罪行感到震惊，又被他们试图了解他们所做的事情所感动？

书中贯穿着另一条也许是更令人惊讶的线索——爱。阿塔卡玛沙漠中女人的爱，我父亲的爱，扬·卡尔斯基的爱，乔治·卡萨里斯的爱，最后，我们回到西蒙娜·薇依，一个对世界怀有一种不可能的爱的女人，而这种爱最终害死了她；她既懂得爱的转变力量，也懂得爱消失后所带来的毁灭。我们爱，我们失去爱，我们试着再去爱。也许，在我探索的这个世界里，爱是抵抗权力最有力的形式。

第一章

生存与毁灭

一、沙漠中的人骨

已近黄昏,夕阳拉长了旅人的身影。在广袤的沙漠上,六七个人影正在缓缓移动,她们漫无目的地行走,仿佛沉湎于冥想或恍惚中,时而停下脚步,跪在沙漠里,偶尔捧起一手细沙。这里是地球上最干燥的地方——阿塔卡玛沙漠(The Atacama Desert),我第一次听到这个地方还是在孩提时代。

我一直在观察这些妇女,她们在这里已经待了很多天,其中一些人会在沙丘中不断搜寻直到死亡。也许有一天你也能看到她们。1973年至1990年,智利前总统皮诺切特执政期间,数千人被杀害,遗骸随后被丢弃在沙漠、山区或投入大海中。这些妇女是其中一些遇害者的家属,她们正在搜寻自己的亲人——丈夫、兄弟姐妹、儿子和女儿——的尸骸。她们在沙漠里凭直觉搜寻人骨碎片。起初我觉得难以置信。更令人惊讶的是,一个女人缓缓伸开手掌,指着沙漠里发现的五小块人骨描述道,这些磷酸钙构成了骨头,骨头最终组成人类。另一名女性受访者说,她找到她兄弟的一只脚,一部分袜子还粘在上面,这是他仅存的尸骸了。那天晚上她睡不着,走下楼来,用一种似乎很遥远的声音讲述她是如何一次又一次地抚摸兄弟的脚,仿佛在讲述另一个人的经历。

这些画面出现在帕特里克·古兹曼(Patricio Guzmán)执导的纪录片《故乡之光》(Nostalgia for the Night)里,我今天第一次看到这部片子。这是一部让人看了流泪的电影,为主题流泪,也为片子本身流泪。这部影片阐释了对记忆、苦难和正义之间相互关系的思考。因为它不属于任何既定的类型,发行商一开始甚至不知道该怎么给它分类——他们不明白怎样把这样一部哲学电影卖给观众。我已经不是第一次思考社会的表象问题了。摆在我们面前的是什么？现代科学技术蓬勃发展，文化实力快速提升，这些足以让达·芬奇、布莱克和爱因斯坦欣喜若狂；也带来了前所未有的可能性，然而从这些可能性中我们又创造出了什么？数字时代消费主义自恋症。人们狂热地在社交媒体上喋喋不休，每天盯着屏幕交流的时间远远大于和爱人交流的时间，沉湎于围观社群平台上每日种种名人丑闻，每一次用餐或购物动辄雇佣数百万网民关注、吹捧，每天有数十亿美元被花费在创造和传播这种千篇一律的平庸形象上。真是一个愚蠢的产业。与此同时，我们却得知没有足够的资金用于维持图书馆的开放，没有足够的资源来支持独立影院，甚至没有足够的资源向全国发行一部像《故乡之光》这样神奇的电影。

然而，当我们进一步探究，为什么某些观点会在社会中被受众所接受，而另一些却没有赢得认同，我想知道所谓自由、"包容"的文化机构——包括大报、画廊、剧院和英国广播公司（以下简称"BBC"）在内——的局限性，都出现了哪些想法，究竟包括谁？由于"回音室效应"，除了趋同、经过过滤的"评论员"的解读外，还能听到谁的声音？那个至关重要的政治问题总是浮现在脑海里——"谁不在房间里？"[1]为什么不在？从字面上来说（也许是孩子们会给出的答案），其中一些声音来自另一个大陆，所以他们必须非常大声地喊叫才能让别人听到。但是，在这个我们总被要求去赞扬它的即时通信的全球化社会里，难道应该是这样吗？那么那些离我们更近的人的声音呢？有时在我看来，媒体似乎总在妖魔化穷人和弱势群体，而不是表达他们的想法和感情。这样一来，一个被人忽视的循环，伴随着无法表达的愤怒再次旋转，随之而来的是可预见的不理解和暴力的循环。

我们的世界里出现了什么？

这就是古兹曼电影不可思议的品质。骨头的碎片、记忆的碎片都回来了，它给予那些在本国被完全边缘化的人们以空间、时间和关注。其中一名妇女谈道，她们因为坚持寻找亲人的踪迹、坚持正义而被视为贱民。真是一个价值观被颠倒的世界。我们遇到了一位前建筑师，他在沙漠中的集中营里一边绘画，一边仰望星星来保持理智。他在我们眼前，展现他如何在公寓里踱步，大声地数着步数，重现了他记忆中囚禁期间细节的全过程——如何测量每个房间、建筑物之间的每一段距离；在晚上，他会画出非常精确的图纸，令人难以置信。一旦完成，他会把它们撕成碎片藏起来，第二天立刻销毁。但是，绘画的行为让它们被记住了，他战胜了狱卒；在他被释放后，能够重现集中营的场景和用来折磨人的建筑的每一个肮脏细节。当这些报告公布后，智利政府对这些细节的准确性感到困惑。也许他们并不明白人类记忆的力量。

我以前从未见过一台摄影机被如此温柔地使用。[2] 每个人都有自己的空间，允许沉默和犹豫，人性被允许存在。当他们讲述自己的故事时，呼啸的风穿过沙漠。在电影结束很久之后，我们将看到这些见证是如何在我们心中播下种子、成长起来的。

*****

几个月前，我打开收音机。一位记者描述了十年前的纽约——2001年9月11日的前一天，当时市场的波动；另一位BBC记者讲述了同一天一位阿富汗军阀被杀的事。回想起来，这可能暗示着什么事要发生了……另一个是关于双子塔十周年纪念的节目，以纪念那可怕的一天。我被这样的重复弄得不耐烦了，"啪"的一声关掉了收音机。来到海边的石屋，我松了一口气，远离了电视、互联网和对这样一个纪念日的铺天盖地的报道。我试图找出我不耐烦的原因。这与人们谈论他们的悲痛和损失无关，那是难以忍受的痛苦。奇怪的是，听到这些话是可以忍受的，甚至是必要的。它让我们想起爱。它把我们从抽象的概念带到现实中的死亡，带到每个人的母亲、父亲、姐妹、兄弟、女儿和儿子身上。毕竟，这正是这部电影所要达到的深刻效果。所以，这不是问题所在。"在我们的世界里，发生了什么？"这是我脑海里挥之不去的声音，让我感到不适。纽约双子塔袭击事件在文化上的可见度，与28年前智利发生的事件在文化上的可见度之间存在着巨大差异，而两个事件却都发生在同一天——9月11日，星期二。

*****

我遇到的第一个难民是智利人。那是1983年至1984年的冬天，矿工罢工达到了高潮；甚至在剑桥，罢工也无处不在——每天，来自大学的左翼积极分子都会在市中心用桶为矿工们筹集资金，到处都写着"支持矿工"的黄色徽章，到处都有食物和衣物的募捐活动，当然还有很多拥挤的会议和集会。我记得最清楚的是，没有全国矿工工会或工党的发言人参加。我的朋克朋友阿伊莎带我去了一个音乐、电影和诗歌的矿工义演之夜，是由智利难民社区在科技中心附近的一个教堂里组织的。看到这些经历过那么多苦难的人现在为英国矿工——他们的同伴——而组织起来，我非常感动。30年过去了，那个夜晚的一些细节已经模糊——我们看的电影、听的诗歌——但我确实记得智利的音乐和舞蹈，还有那个房间里的激情。这次经历一直萦绕在我心头。

在音乐演奏的间隙，我和一个矮个子男人聊了起来，他大概30岁出头，一头乌黑的卷发，眼睛紧张地四处扫视着。他急切地想与人交流。男子名叫弗朗西斯科，是一名来自圣地亚哥的医生，皮诺切特政变时他还在医学院里读书。他耐心地向我讲述了1973年9月发生的事情，给我上了一节简短的历史课。讲的是萨尔瓦多·阿连德（Salvador Allende），他在1970年当选总统，推行了非凡的社会主义计划；以及尽管爆发了由美国支持的罢工，但他在民众中的支持率仍不断上升。他还向我介绍了维克多·哈拉（Victor Jara），告诉我他那令人难忘的声音，他的歌也很有诗意。他把一本印着哈拉照片的书塞到我手里，一张绅士的脸，看起来像莱昂纳德·科恩的弟弟。弗朗西斯科给我读了一首哈拉创作的歌曲的翻译版——改编自祈祷词《我们的天父》，献给工人和妇女。它被称为《向农民的祈祷词》（*La plegaria a un labrador*）：

站起来吧，望着那山岗

从那里传来了风、流水和阳光

你操纵着河流的方向

你将自由的灵魂撒向四方

站起来吧，看着你的双手

要想壮大就握紧你兄弟的手

让我们团结起来在血流中向前走

如今便是我们创造明日的时机

愿你将我们从以悲惨统治我们的人手中解放

为我们带来正义与平等的世界

愿你如微风吹动山谷里的花朵

愿你如烈火洗净我的枪膛

站起来吧，看着你的双手

要想壮大就握紧你兄弟的手

让我们团结起来在血流中向前走

从今日直到我们死去的那一天

阿门

然后，弗朗西斯科告诉我，政变后，哈拉遭受了数天的折磨，然后被残忍地杀害了。士兵们知道他音乐的力量，知道他的手就是一种武器，于是首先弄断了他的手指。这个细节一直萦绕在我心头。然后，他描述了1973年9月11日那天，在圣地亚哥，人们难以置信地看着军用飞机（他告诉我是英国提供的）反复俯冲轰炸莫内达宫，当时阿连德总统正在那里会见他的部长们。城市上空浓烟滚滚，大街上全是载满士兵的卡车，震惊的人们无力应对这次袭击。当阿连德意识到发生了什么事后，他开始通过无线电向人们讲话。他一直在说，他知道他和他的同志们很快就要死了。

当我们结束谈话时，弗朗西斯科把一张方形纸张塞到我手里，上面写着：

> 当莫尼达宫遭到轰炸时，萨尔瓦多·阿连德对智利人民说的最后一句话：
> 这是我最后一次跟你们说话了……我将用我的生命来报答人民的忠诚。我确信，我们在成千上万智利人的良心中播下的种子是无法完全根除的。犯罪和武力都不足以阻挡社会变革的进程。历史属于我们，因为它是人民创造的。

在过去的30年里，我把这些话抄了很多遍，念给学生们听，在各种活动上朗读出来，现在我仍然把它们抄在一张破旧的红纸上，放在钱包一角随身携带。这些文字迫切地传达出去，正如维克多·哈拉的声音永远不会被压制，阿连德的愿景也永远不会消失，因为两者都是建立在希望之上的，而希望是不灭的。当我写这篇文章的时候，我在新闻上听到智利的年轻人正在占领大学，争取免费教育和自我表达的权利。

有一次，在美国，我把这张破纸拿出来给我刚认识的一位智利作家看，他是一个魁梧的中年男子，乐观，好斗。他的父亲是阿连德政府的一名部门顾问，在政变后被捕，被关押了好几天并遭受了拷打。这家人被要求在24小时内离开智利，但不能待在一起——他的兄弟姐妹分散在法国、德国和美国的远方亲戚那里。当我把印有阿连德的话的红纸递给他时，他不敢相信这些话已经伴随我这么久了。他的祖国在千里之外遭受的苦难被一个陌生人记住并记录（"recorder"，源自拉丁语"recordis"，指从内心传递回来[①]）了下来。他拥抱、感谢我。在那一瞬间，我觉得我明白了"团结"这个词的意思。

[①] 出自爱德华多·加莱亚诺的《拥抱之书》。

*****

今晚我的思绪还停留在智利。难道我们是根据死亡人数来判断一场大灾难的吗？如果尸体一直没有被发现呢？成千上万的人"失踪"了。我们如何看待军队系统性地使用酷刑？这种恐怖的后遗症至今仍在活着的人们身上，一旦被折磨，你怎么能再相信别人？3万多人受到皮诺切特政权的折磨——囚犯生殖器被电击，老鼠和狗被肆意放到囚犯身上撕咬。而时任美国国务卿基辛格，在回应智利政权多次侵犯囚犯人权时，竟然说："请不要再给我们讲政治科学了！"[3]这番话无疑有助于他获得诺贝尔和平奖——这是20世纪最大的（无意的）讽刺行为之一。

但也许最令人震惊的是：这次对智利人的袭击并非来自遥远的敌人，而是来自社会内部，由军方领导——同时也得到了美国中央情报局（CIA）和英国情报机构的广泛支持。因此，犯下这些滔天罪行的人并没有像在纽约那样，与受害者一起瞬间消失，而是被当作"国际社会"的一部分来对待，并继续获得完全的外交地位。里根在华盛顿接待了皮诺切特，后来撒切尔夫人也邀请这位大屠杀凶手到唐宁街喝茶。即使在智利回归民主之后，也只有极少数人对自己的所作所为负责，大多数罪犯仍然逍遥法外。这是对死者和失踪者亲属的最后侮辱——不得不在圣地亚哥的街道上与折磨和杀害你孩子的人擦肩而过。

二、纳粹德国的技术官僚

我想，如果阿尔伯特·施佩尔和奥古斯托·皮诺切特相遇的话，他们不会合得来的。阿尔伯特可能会觉得奥古斯托在军事上很粗鲁，甚至可能是不文明的，有点流氓。奥古斯托会认为阿尔伯特是一个高傲自大的人。然而，奇怪的是，与奥古斯托所造成的屠杀和痛苦相比，阿尔伯特所造成的屠杀和痛苦的规模要大得多。穿西装的人比穿制服的人危险得多。施佩尔和皮诺切特，是一个不太可能的耦合。他们唯一共有的标签是"犯罪者"这一毫无帮助的词——毫无帮助是因为，就像许多类似科学的标签一样，它的效果是将我们与人类拉开距离，创造出一个由事实、对象和报告组成的扁平而无情的世界，一个建筑师兼规划师施佩尔和军人皮诺切特都能认识并适应的世界。这就是问题所在，或者说其中之一。在我看来，用犯罪者的语言来理解他们的行为是错误的。

但人们在多大程度上真正渴望了解他们呢？多年前，施佩尔是这部作品发展的核心人物，但现在我对他感到厌恶，几乎是排斥，我非常不愿意再关注他了。这和施佩尔的虚荣心有一定关系。他在纽伦堡审判和斯潘道监狱服刑期间表现出所谓的谦逊背后，在他对基塔·瑟伦利表现出的魅力背后，我有一种天生的野心和自我意识。为了揭开施佩尔的"神秘面纱"，人们花费了大量的篇幅、数十本书和数百万字，这让人感到非常不快。尤其是他的绝大多数受害者都是隐形的。更不用说，他通过写作和媒体曝光赚了大量的钱，使他能在相当舒适的环境中度过余生。直到最近几年，我才开始意识到他是多么喜欢这种关注，他是多么需要这种关注。此刻，我对他的愤怒加剧了，因为我刚刚读完扬·卡尔斯基的那本非凡的回忆录《秘密国家的故事》（*Story of a Secret State*），这本书讲述了他在"二战"期间在波兰地下组织的经历。卡尔斯基和施佩尔几乎是同时代的人——卡尔斯基生于1914年，施佩尔生于1905年——他们的共同之处还不止在战争中的生活经历。他们二人都来自舒适的中产阶级家庭：卡尔斯基来自企业家和商人的家庭，施佩尔来自建筑师和实业家的家庭。

他们都是矜持有礼的年轻人，都被培养成各自国家——波兰和德国——的统治阶级的一员，在20世纪30年代中期拥有一片光明的前途。这两个穿着时髦的年轻人甚至有可能在1936年的伦敦街头擦肩而过。当时，卡尔斯基被派往波兰大使馆工作了一年，而施佩尔则在那里重新设计卡尔顿露台酒店的德国大使馆。到1939年夏天，拥有法律和外交科学硕士学位的卡尔斯基作为一名年轻外交官已经声名鹊起，他曾在德国、瑞士和英国任职；施佩尔当时是希特勒的建筑师，正沉浸在柏林新总理府大楼以创纪录的速度完工的荣耀之中。但在1939年9月1日德国入侵波兰之后，他们的生活状态，以及他们当时必须做出的道德抉择，都发生了翻天覆地的变化。

由于历史的奇怪巧合，在德国人开始进攻的那天，波兰骑兵预备役军人卡尔斯基就驻扎在奥斯维辛的一个兵营里——这个兵营后来被德国人用作奥斯维辛第一集中营。9月1日，卡尔斯基起得很早，准备在当地乡村骑行一天。早上5点05分，他正在刮胡子，这时兵营发生了两次巨大的爆炸——这是第二次世界大战第一波轰炸的一部分，德国的第一次"闪电战"开始了。营地已经一片混乱，马匹惊慌失措，冲出了马厩。随后，德国空军一波接一波地投掷燃烧弹。他描述了德军逼近时，整个兵营疏散的情形。他在这里给出了一个引人注目的细节，这在一定程度上有助于我们理解为什么德国人选择这个小镇作为他们区域集中营系统的中心之一——他解释说，当波兰士兵接近位于奥斯维辛的火车站准备撤退时，他们被住在附近车站对面建筑里的德国定居者开枪射击了。当火车最终驶向克拉科夫时，卡尔斯基最后看了一眼"奥斯维辛的危险之窗"。

之后，卡尔斯基被从东面进攻的俄国人逮捕了；后来，他设法从乌克兰的苏联集中营中获得释放，死里逃生，侥幸躲过了卡廷惨案，回到波兰从事地下抵抗运动——这是第二次世界大战中反对纳粹占领的所有抵抗运动中最有组织、最连贯的一个。他的智慧、勇气和非凡的记忆力很快得到了人们的认可，他成了流亡的波兰政府的一名信使，首先（通过极其危险的山路）把信息送到法国，然后在法国战败后，送到直布罗陀，再从那里传到英国和美国。

有一次，1940年6月，卡尔斯基在斯洛伐克被俘，然后被盖世太保审问并折磨了五天，他们怀疑他是波兰地下组织的信使。那次，他断了几根肋骨，掉了许多牙齿。他描述道，他所忍受的挨打的痛苦"就像牙医用牙钻钻到神经时产生的那种感觉，但这种感觉会无限放大并扩散到整个神经系统"。在他被囚禁的第五个晚上，他已经绝望了，他知道自己无法再经受更多的折磨。他无法忍受背叛他的战友，他意识到唯一的办法就是用藏在他一只靴子鞋底的剃须刀片自杀。对这个世界的憎恨和厌恶淹没了他，甚至超过了他身体上的痛苦。他说，他想到了"我的母亲、我的童年、我的事业和我的希望。我陷入一种无底洞般的悲哀，我不得不悲惨而不光彩地死去，像一只被碾碎的昆虫，悲惨地、无名地死去"。他意识到，很可能没有人会知道他是怎么死的，甚至没人知道他的尸体在哪里。然后，当守卫们结束夜间巡逻时，他在牢房的墙上用烟灰画了一个十字，用手指写下"我深爱的祖国……我爱你"，然后割开了自己的手腕，看着血液在大腿周围流成河。最后，他失去了知觉。

卡尔斯基在普雷索夫的一家斯洛伐克医院里醒来，病房里有警卫。别人告诉他，他被发现时离死亡只有一步之遥，现在要为他输血——盖世太保意识到了这名波兰地下组织成员的重要性。卡尔斯基明白，他们想要救他，只是为了通过进一步的折磨来获取他掌握的信息。但在此之前，他要在医院里待上几天慢慢恢复。一名斯洛伐克护士偷偷带进来一份报纸，卡尔斯基读到标题为"法国投降"，心里又再度充满了绝望。现在只有英国仍处在被纳粹统治的整个欧洲之外。作为一名虔诚的天主教徒，卡尔斯基能做的只有祈祷。他满怀激情地祈祷丘吉尔和他的战士们得到力量和勇气，希望他们永远不会认输。

11天后，他突然在武装警卫的监护下被转移到波兰南部城镇的另一家医院，卡尔斯基认出这里是新萨克兹（Nowy Sacz）——巧的是，卡尔斯基一个月前曾和波兰地下组织的同志们一起住在这里，然后越过边境进入斯洛伐克。他开始想，也许还有逃跑的机会。但首先，他必须避开日夜守在他病房里的盖世太保的注意。

住进医院的第二天，他开始剧烈地呻吟，低声说他知道自己快死了，急需见一位牧师，以便在死前得到赦免。盖世太保守卫不情愿地同意了，在一名医生和一名护士的帮助下，坐着轮椅的卡尔斯基跟着他，来到了医院的教堂。卡尔斯基进入告解室，其他人则坐在外面的教堂长凳上等候。在卡尔斯基忏悔之后，他与年长的牧师展开了一场非同寻常的对话，双方低声交谈，这场对话挽救了卡尔斯基的生命，却导致了牧师的死亡。他犹豫了一下，想鼓足勇气请求牧师的帮助。牧师对他说："放心去吧。"但他没有动。最后，他低声说道："神父，我想让你替我给一个人捎个信……她叫索菲亚·雷西奥纳（Zofia Rysiowna），她住在马特耶科街2号。"最后牧师回答道："你想让我告诉她什么？"卡尔斯基说出了抵抗组织的代号，并要求神父告诉她，他被关在医院里，这是生死攸关的事情。牧师又犹豫了一下，告诉卡尔斯基这是对忏悔的滥用，但是在这种情况下，他会传达这个信息。几天后，在"二战"期间波兰地下组织最引人注目的一次行动中，一队抵抗战士与医院的护士、医生和牧师合作，设法将卡尔斯基从监禁中解救了出来。①

在接下来的两年里，卡尔斯基以维托尔德·库查斯基的名义，成为波兰抵抗运动不可或缺的领导者，在克拉科夫和华沙从事地下工作，帮助波兰信息和宣传局，建立获取更多盟军无线电广播的方法，并协调出版波兰抵抗运

---

① 关于对卡尔斯基的非凡救援行动的详细描述，请参阅E. 托马斯·伍德和斯坦尼斯拉夫·扬可夫斯基合著的《卡尔斯基：一个人如何试图阻止大屠杀》第四章"牺牲"。在他生命的最后时刻，他才发现德国人在1940年8月处决了32名波兰人，其中包括两名牧师和一名医生，作为对这次逃亡的报复。

动的书籍和传单。

1942年夏天，卡尔斯基被选为整个战争中最重要的任务之一的信使——向总部设在伦敦的波兰流亡政府全面介绍波兰抵抗运动的政治和军事能力，并准确传达在冲突的关键时刻需要什么。这一时期，对波兰犹太人的灭绝也正在加速。第一批将犹太人从华沙犹太人区驱逐到特雷布林卡的行动于7月22日开始。尽管波兰抵抗运动和犹太地下组织之间一直有矛盾——不可避免地受到天主教波兰历史上反犹太主义的影响——但卡尔斯基本人一直是坚定的哲学主义者。他在罗兹的成长经历（20世纪20—30年代罗兹犹太人占总人口的40%），以及他母亲对所有信仰和种族予以尊重并平等看待的坚持，对他产生了巨大的影响；事实上，他的许多童年密友都是犹太人。因此，当有人建议卡尔斯基在离开波兰之前会见犹太领导人时，他热情地同意了。这次会面将永远改变卡尔斯基的生活，它也被证明具有重要的历史意义。

"倾听地震"

1942年8月底，卡尔斯基在华沙收到一条消息，他将在郊区一间被炸毁的房子里会见两位犹太地下组织领导人。等他找到约会地点时，天已近黄昏。卡尔斯基走进大楼，见到了两位男士，他们是波兰犹太团体的高级代表。他永远不知道他们的真实姓名（为了安全，整个地下组织都使用代号），但我们现在知道他们是犹太社会主义联盟（Bund）的领导人利昂·费纳（Leon Feiner），以及波兰犹太复国主义组织的负责人梅纳赫姆·克森鲍姆（Menachem Kirschenbaum）。卡尔斯基立即认识到这一问题的政治意义——这些代表在战前可能是死敌，现在却在同一间屋子里，面对即将到来的毁灭而团结一致。他们围着一根蜡烛低声交谈，卡尔斯基得知的情况令他震惊，他后来回忆道，这段记忆在他的余生中都挥之不去：

这是一个噩梦般的夜晚，但是带着一种噩梦从未有过的痛苦、压抑的现实。我坐在一张破旧的、摇摇晃晃的扶手椅上……我没有动……也许是因为我听到的东西吓得我呆若木鸡。（那两个人）在地板上激烈地踱来踱去，他们的影子在仅有的一支蜡烛投下的昏暗光线下古怪地舞动着……他们似乎连想都不敢想自己垂死的亲人而一直坐着不动。[4]

两人都清楚地把犹太人的困境，以及他们自己完全没有希望的命运告知了卡尔斯基。他们已经接受了死亡的必然性。卡尔斯基被费纳的表现打动——他的禁欲主义，他的优雅气质；他很容易被认为是波兰贵族。克森鲍姆更年轻，更紧张，更情绪化。他充满激情地解释了波兰和波兰犹太人立场的根本区别：

你们中的许多人会死，但至少你们的国家还会继续存在。战后波兰将会复兴。城市必被重建，创伤也必将慢慢痊愈。从这片泪水、痛苦、愤怒和耻辱的海洋中，你们的国家将再次浮现——但波兰犹太人将不复存在……希特勒会输掉对人类的战争，以及对正义和善良的战争，但他会赢得对波兰犹太人的战争。

这时他崩溃了，费纳试图让他冷静下来。卡尔斯基随后谈到了他在伦敦的任务，以及他希望会见盟军领导人，甚至可能是丘吉尔和罗斯福本人。他解释说："你们必须向外界传达你们的官方信息。你们是犹太地下组织的领袖。你想让我说什么？"费纳接着说，无论是波兰地下组织还是犹太抵抗组织都无法阻止犹太人的灭绝，所以现在主要的责任落在了同盟国身上——"只有国外的人才能有效地帮助犹太人。"他还说："不要让任何一个盟军领导人说他们不知道犹太人正在波兰被谋杀。如果他们不采取行动，历史将追究他们的责任。"他们告诉卡尔斯基，在波兰已经有近200万犹太人被杀害。他们向他提供了华沙犹太人区被驱逐犹太人的极其精确的数字——从7月份开始，每天有5000人被密封的火车运送到灭绝营，但这个数字很快就上升到每天6000人、7000人，然后是1万人。犹太人委员会主席亚当·切尔尼亚科（Adam Czerniakow）已经自杀了，他知道自己或任何人都无能为力。现在已经有30万人被驱逐出境，只剩下10万多人留在贫民窟里。虽然这些数字难以理解，但卡尔斯基有一种强烈的感觉，这些人并没有夸大其词。

在灯光闪烁、半明半暗的房间里，这三个人紧急讨论可以向盟军和西方的犹太组织提出什么要求。费纳和克森鲍姆敦促采取以下行动：同盟国现在应该把防止对犹太人的肉体灭绝作为他们的正式战争目标之一；应该让德国平民（通过空投传单、无线电和其他方式）了解希特勒的种族灭绝，这样他们以后就不能声称不知道发生了什么；同盟国应该向德国人民发出公开呼吁，要求他们向纳粹政权施压，进而停止屠杀。他们应该宣布，如果种族灭绝继续下去，德国人民将承担集体责任；如果以上任何一项都不能阻止希特勒的种族灭绝计划，那么盟军就应该通过轰炸德国具有重要文化意义的遗址，处决被盟军囚禁并在听到希特勒的种族灭绝罪行后仍声称效忠于他的德国战俘，来进行报复。

卡尔斯基仔细地听着，但告诉他们最后一点是不可能的，他了解英国人，他们不会考虑杀死战俘，因为这违反了国际法，而提出这样的要求只会削弱犹太人的立场。但克森鲍姆嘘声回答道："当然，你以为我们不知道吗？！……我们不指望它能实现，但我们仍然要这样要求。我们这样做是为了让人们知道我们对自己遭遇的感受，我们是多么的无助，我们的困境是多么的绝望。""我们要死在这儿了！传递它！"这位犹太复国主义领导人接着补充道。卡尔斯基点点头，同意逐字逐句地传递这些信息。他后来回忆起当时两人的绝望：

> 他们停了一会儿，好像要让我明白他们的真实情况。我感到疲倦和头脑发热。这两个疯狂的身影在阴暗的房间里踱来踱去，脚步在空洞的寂静中回响，似乎越来越像幽灵，他们的眼神里充满了无

法完全表达的伤心、痛苦和绝望。

他俩声音很低，有嘶嘶声，也有耳语声，但我总觉得他们在咆哮。对我来说，我仿佛听到了一场地震，我听到了大地开裂、撕裂的声音，那是要吞噬一部分人类的声音……考虑到他们与我分享的问题的严重性，我保持沉默，我害怕说出一些可能被认为不合适的话。

他们还敦促卡尔斯基要求波兰人国外联合主席拉茨凯维奇向罗马教皇庇护十二世求情，说服他利用天主教会的所有权力来阻止大屠杀。波兰总理西科尔斯基也应该命令波兰人向犹太人提供一切可能的帮助，并明确表示，任何勒索犹太人的人都将被波兰地下组织处决。他们还讨论了物资援助的问题，包括向地下组织提供资金和武器，为逃亡的犹太人提供货币和护照，以及为少数可能抵达同盟国的人提供庇护权。

但他们也向西方的犹太领导人传达了不妥协的信息。费纳走近卡尔斯基，用力抓住他的手臂，抓得他很疼。卡尔斯基看着他的眼睛，被那难以忍受的痛苦所感动，听到了这些话：

告诉犹太领导人，这不是政治或策略的问题。告诉他们，大地的根基必须动摇，世界必须被唤醒。也许到那时它就会觉醒、理解并感知。

告诉他们，他们必须找到力量和勇气，做出其他政治家从未做出过的牺牲……这是他们不明白的。德国的目标和做法是史无前例的。

说到这里，他松开了卡尔斯基的胳膊，然后慢吞吞地、深思熟虑地说着，好像每一个字都让他费了很大劲似的：

> 你问我对犹太领袖有什么建议。让他们去英国和美国所有重要的办公室和机构。告诉他们，在没有确定拯救犹太人的方案之前，不要离开。让他们绝食断水，在世人面前慢慢死去。让他们去死吧，这可能会撼动全世界的良知。

卡尔斯基现在已经头晕目眩，浑身发抖，在过去的几个小时里听这些人的讲话让他精疲力尽，他知道自己有责任与他们沟通——如果他能活着到达伦敦的话。

但费纳还没说完："我懂英语。你向他们描述犹太人的遭遇时，他们可能不会相信你。"毕竟，过去的几个月里，他自己一直在向伦敦发送电报和详细的书面报告，而这些似乎都毫无效果。不，卡尔斯基需要亲自看看到底发生了什么，这样他就不会依赖他们的口口相传了。他需要亲眼看见灭绝的过程，这就意味着他的证词不能轻易被驳回。然后，费纳解释说，他们可以把他偷偷送进华沙犹太人区，甚至可能是一个灭绝营，但他需要先明白一件事——这将意味着他要冒生命危险。卡尔斯基意识到这有多危险，但也明白这种见证行为的至关重要的性质，并毫不犹豫地接受了。他们同意尽快安排并通知他。那天晚上，他离开了那间破败的房子，看到那两个人"站在朦胧摇曳的灯光中，两个阴郁的影子带着微弱的温暖祝我晚安，这表明他们对我的信任，而不是对我们的事业有任何信心"。

几天后，也就是1942年8月的最后一个星期，在德国犹太人区活动的间歇，费纳再次见到了卡尔斯基，他们进入位于华沙中部与犹太人区围墙毗邻的穆拉诺夫斯卡6号的一栋公寓楼。在这里，大楼的管理员接待了他们，并带他们来到了地下室。在那里，犹太军事联盟的年轻战士大卫·兰道（David Landau）正在等待费纳和"非常重要的波兰人"。兰道带着这两个人下到一条只有4英尺高的地道，这条地道是在犹太人区的墙洞下挖出来的，在40码后，他们来到了犹太人贫民区一所房子的地下室里。一到地下室，费纳和卡尔斯基就领到了印有大卫之星的破衣服，然后另一名护卫把他们带出了房子，带到了犹太人区。

卡尔斯基对费纳在这里的转变感到惊讶——费纳立刻从一个高大的"贵族"变得像一个弯腰驼背的老人一样步履蹒跚，等待死亡。卡尔斯基也试图用同样的方法把自己伪装起来，弯下腰，把脸藏在一顶破烂的帽子下面。在这里，我们必须记住，费纳现在已经习惯了犹太区的可怕现实——因为他作为犹太人领袖之一，有"特权"能够通过这条秘密通道，定期进出犹太区。事实上，卡尔斯基意识到，费纳和克森鲍姆已经熟练地融入了雅利安华沙的生活；当来到犹太人区时，他们就像熟练的演员一样改变自己。我们只能试着想象一下，在这三个人从地下室出来进入犹太人区的那几秒钟里，卡尔斯基脑子里在想些什么。

他把他们爬过的40码的地道描述为连接着"生者的世界和死者的世界"，尽管他从费纳和克森鲍姆那里听到了关于犹太人区的生动描述，但卡尔斯基对他现在看到的景象毫无心理准备：

> 穿过这堵墙，就进入了一个完全不同于想象的新世界。犹太人区的所有居民似乎都住在街上。几乎没有一平方米的空地。当我们在泥泞和瓦砾中选择我们前进的道路时，曾经的男人或女人的影子从我们身边掠过，追逐着什么人或什么东西，他们的眼睛闪烁着疯狂的饥饿……除了皮肤、眼睛和声音，这些颤动的身影上没有人类的痕迹了。到处都是饥饿、痛苦、腐烂尸体散发的恶臭、垂死儿童可怜的呻吟、为生存而挣扎的人们绝望的哭喊声和喘息声。

卡尔斯基看到人们扶着墙壁寻求支撑，几乎无法呼吸。他听到他们用破衣服换食物的喊叫声。他闻了闻，然后看到了被遗弃在街上的裸体尸体。他从向导那里得知，德国人制定了一项没有人能负担得起的埋葬税。从其中一所房子楼上的窗户，他看到两个十几岁的男孩拿着手枪在楼下的街道上"玩"着一个"游戏"。他们是希特勒青年团的成员，毫不夸张地说，他们在追捕犹太人。下面的人行道已经空无一人了,但卡尔斯基看到其中一个男孩瞄准了他视线之外的一个地方。接着响起了一声枪响,随后传来了打碎玻璃的声音和一个男人痛苦的惨叫。男孩们散开,朝犹太人区的出口走去,彼此微笑着,"兴高采烈地聊着天,就像他们刚参加完体育比赛回来一样"。卡尔斯基现在很震惊,有好几分钟动弹不得也说不出话来。最终,向导带着他和费纳离开了犹太人区,回到了人间。

两天后,卡尔斯基又对犹太人区进行了一次更久的访问,以便能记住更多这片世界末日般的荒凉景象,并带着它去伦敦执行他的使命——撼动世界的良知。在这之后,费纳又让他做了一次更危险的见证——走进一个灭绝营,看看纳粹的"最终解决方案"是如何实施的。1942年9月初,卡尔斯基和一名向导乘火车去卢布林,然后再乘汽车向东到达伊兹比卡·卢贝斯卡(Izbica Lubelska)村。

我们怎么可能理解这三件事对他的影响呢?"traumatic"(创伤的)一词——如果我们用它在希腊语中"trauma"的本义"创伤",而不是今天被过度使用的"烦扰"或"心烦"的同义词的话——或许可以让我们更接近卡尔斯基的经历。很明显,他从未真正从他所看到的一切中恢复过来。我觉得他的决定——冒着生命危险目睹这些暴行,然后试图告诉世界发生了什么——让他拥有了一种几乎无人能及的道德勇气和强烈的利他主义。他知道他可能不会活着出来了;即使他活了下来,他也知道他的余生都会在情感上和精神上受到伤害。

阅读或聆听卡尔斯基的话,几乎肯定也会影响你看待世界的方式。他在《浩劫》最后的证词令人震惊。它让我们不知所措,把我们带入人类无法处理的领域;它也令人着迷。然而,我们最终意识到卡尔斯基的见证行为或许是人性的终极体现。他的每一句话,无论多么可怕,都似是而非地把我们带离纳粹企图造成的毁灭更远。正如汉娜·阿伦特后来所写的那样,"遗忘的洞(极权主义政权试图创造的)并不存在……世界上有太多的人,让遗忘成为可能。但总有一个人会活着讲述这个故事"。这就是为什么朗兹曼在拍摄

《浩劫》时追了卡尔斯基很多年，试图说服他接受采访，这也是为什么在那九个半小时的影片中，他给了卡尔斯基比其他证人更多的时间。

你永远不会忘记他的脸，这个人说话时展示出惊人的尊严。当卡尔斯基开始作证时，你可以看到他身上被重创的身体表现。他的身体在和他的记忆作斗争。当他回想起35年前在华沙那个8月的下午时，他的眼睛一闪而过。他的声音试图平静下来，但还是有些颤抖："现在……现在我回到35年前。不！我不回去！"他与伴随记忆而来的恐慌作斗争，他知道自己即将再次揭开创伤，在脑海中再次看到那些野蛮的日子。回忆折磨着他，然而他接着说："我知道这部电影是为了记录历史，所以我会试着去做的。"作证要付出的个人代价是惊人的。他开始说话时，肩上背负着沉重的担子。然后，这些词的清晰生动，以一种强烈的流动出现，仿佛他无法使用任何我们在描述可怕事件时常用的美化。他只是描述了他亲眼所见的事实。尽管他还是一再强调了在面对这样的大灾难时，语言和人类想象力的局限性。

在《秘密国家的故事》的结尾有一段，他试图描述他刚刚回到伊兹比卡·卢贝斯卡村，看到集中营里的犹太男人、妇女和儿童被灭绝时的身体和精神状态。我从未听任何人提起过卡尔斯基生命中的这一刻，但这足以生动地说明这种见证行为对他的影响。当他回到那个波兰抵抗军为他提供掩护的小商店里时，立即脱下一直穿着的制服，然后在商店后面的厨房里不停地清洗自己，在清洗的过程中几乎把自己淹没。之后，他走到商店的后面：

>　　我裹好外套，走到一个小菜园里。我在一棵树下躺了下来，精疲力竭，很快就睡着了。我忽然惊醒了，好像是从噩梦中惊醒的。四周一片漆黑，只有一轮明亮的大月亮。我冻得浑身发抖，一时想不起自己身在何处，又是怎么来到这儿的。我冲进屋里，发现一张空床。我的东道主睡着了。没过多久，我也一样。
>
>　　我早上醒来。阳光虽然不强烈，却使我头疼得厉害。我的东道主站在我旁边，问我是不是病了。我一直在说梦话，在睡梦中辗转

反侧。我一起床就感到一阵剧烈的恶心。我冲到外面,开始呕吐。吐了一整天,第二天继续,我断断续续地呕吐。所有的食物都从胃里倒出来后,我吐了一种红色的液体。为了保证一天内恢复正常,我时断时续地睡觉,直到第二天晚上……

我在灭绝营看到的景象恐怕是我永久的财产。我最希望的就是清除我脑海中的这些记忆。首先,一想起这些事,恶心的感觉就会反复出现。但更重要的是,我只想摆脱它们,把曾经发生过这种事情的想法抹去。

*****

不到一个月,10月1日,卡尔斯基开始了他长达八周的史诗般的英国之旅。但是,在凌晨5点离开之前,黎明时分的宵禁还没结束,他就在华沙卡科夫斯基(Karkowskie Przedmiescie)圣十字教堂后面的教区里参加了一场秘密弥撒。在这里,华沙抵抗运动的牧师埃德蒙·克劳泽神父和卡尔斯基的十几个最亲密的朋友聚集在一起,庆祝最后的弥撒,卡尔斯基觉得这非常感人。最后,他的朋友们为他准备了另一场仪式:

埃德蒙神父让我走到他房间里临时搭建的祭坛前,让我跪了下来。然后,他命令我解开衬衫,露出胸膛。我很吃惊,也不知道接下来会发生什么,只好服从了他的指示。他双手捧起一个圣器[①],对我的困惑微微一笑,然后严肃地说:

"教会赋予我权力的人已经授权于我,将基督的身体献给你——波兰的士兵,让你在旅途中随身携带,请在旅途中佩戴它。

[①] 圣器:一种小而圆的容器,通常是木制的,但在这种情况下是银的,盛着圣餐,由牧师用它把圣餐送到教堂外,通常送给病重或即将死亡的教区居民。

如果危险临近，你可以把它吞下去，它会保护你不受邪恶和伤害。"他把圣器挂在我脖子上，我低下头祈祷。埃德蒙神父跪在我身边，和我一起祈祷。房间里一片虔诚的寂静，我所能听到的只是某人念珠上微弱的咔嗒声。

卡尔斯基首先乘火车去了柏林，装作下巴肿了（在一位友好的牙医的帮助下），这样他就可以避免和任何人说话。当火车穿越边境到达德国时，他并不知道，自己今后32年内再也见不到波兰了。在柏林，卡尔斯基要等几个小时才能坐上开往巴黎的火车，于是他决定去拜访鲁道夫·斯特劳奇（Rudolph Strauch），他是卡尔斯基1935年在柏林当实习生时的老朋友，当时他在波兰大使馆工作。卡尔斯基告诉我们，斯特劳奇一家在价值观上一直是"非常自由和民主的"，所以他强烈期望他们会反对纳粹主义。他找到了他们的家，离车站不远，但鲁道夫和他的家人变化很大。卡尔斯基对过去七年法西斯主义对鲁道夫的影响深感震惊，在他们关于战争的谈话中，这位前自由主义者像吟诵咒语一样重复着，"元首知道他在做什么"。

他们去了林登山下附近的一家廉价啤酒屋。卡尔斯基不得不在用餐时掩饰自己的真实情感；谈话转到犹太人的"问题"，鲁道夫和他的妹妹只是重复纳粹的路线。当卡尔斯基试图与他们争论时，鲁道夫说，虽然他很喜欢他，但很明显，"所有的波兰人都是元首和帝国的敌人"，所以他们将不得不断绝彼此间的友谊。由于担心自己是不是在林登山下被人跟踪了，卡尔斯基焦急地离开了啤酒屋，在街的尽头（虽然卡尔斯基没有意识到这一点），军械部窗户上的灯光仍在燃烧；阿尔伯特·施佩尔和他的助手们再次工作到深夜，计划着如何将武器产量增加一倍，以支持对苏联前线的进攻。卡尔斯基走回车站，痛苦地回忆着他失去的友谊，以及整个德国社会是如何在短短几年内发生腐败的。

他从柏林飞往巴黎，在接下来的几个星期里步行穿过比利牛斯山脉，前往里昂、巴塞罗那、马德里和直布罗陀，最后从那里飞往伦敦，于1942年11月25日晚抵达。鉴于任务的重要性，他希望波兰高级外交官员能在英国皇家空军基地会见他，但英国情报部门告诉他，在他的案件"解决"之前，他都会处于隔离状态。卡尔斯基对这种进一步的拖延感到震惊，他被关押在位于旺兹沃斯公园中央的皇家维多利亚爱国学校大楼里，这是军情五处战时使用的地方。这些天来，他脑子里想的都是要把他所看到的一切传达出去，然而他现在却被军情五处关押在所谓的"自由"伦敦。

最终，11月28日，在波兰外交家的激烈抗议之后，卡尔斯基被移交给波兰内政部官员帕维乌·苏达克（Paweł Siudak），苏达克开车把他送回了公寓，让他在那里待上两个月。

卡尔斯基非常激动，当天晚上，波兰内政部长斯坦尼斯拉夫·米科拉伊奇克（Stanisław Mikołajczyk）来询问他的情况时，他打断了部长问话，表示他有重要的消息要传达给伦敦的几个波兰要人，但更紧急的是，波兰的犹太人有生死攸关的问题。他必须尽快与英国政府对话，"没有他们的帮助，犹太人将会灭亡。我要见丘吉尔！……立即！马上！我有重要的消息！"苏达克和米科拉伊奇克看着他在房间里来回踱步，生动地描述着他所目睹的暴行。他们决定让他休息几天，而且只允许他会见特定的波兰人，所有这些会见都将受到严格监督。①

在此期间，他被允许外出访问的地方是伊斯灵顿德沃尼亚路的波兰教堂、琴斯托霍瓦的圣母教堂和圣卡西米尔教堂。在这里，主教瓦迪斯瓦夫·斯坦尼谢夫斯基（Władysław Staniszewski）听了卡尔斯基的忏悔，看到了华沙牧师送给他的圣器。斯坦尼谢夫斯基拿走圣器，给卡尔斯基圣餐。卡

---

① 西科尔斯基总理后来告诉卡尔斯基，"你刚来的时候简直疯了。我们不能让外人看到你那个样子"。

尔斯基要求将银制圣器作为纪念品保存，但主教建议把它挂在教堂的琴斯托霍瓦圣母像上，作为卡尔斯基安全通过的祭品会更好。卡尔斯基同意了，直到今天，你还能在这个小教堂里看到挂在圣母画像上的银制圣器。

几天之内，卡尔斯基开始与波兰高级官员频繁会面，很快他又被安排与波兰全国委员会的犹太成员会面。他目击证词令人感到震惊，关于这位年轻的波兰信使带来的消息开始流传。他口述犹太人种族灭绝的消息已经开始扩散，到12月1日，在纽约的世界犹太人大会已经收到电报通知："今天读了所有来自波兰的报道……在波兰的犹太人几乎被完全消灭……确实是难以置信的。"12月2日，卡尔斯基抵达皮卡迪利大街的斯特拉顿大厦（就在格林公园地铁站旁边），会见波兰全国委员会的社会主义组织代表斯兹穆尔·兹吉尔博姆。卡尔斯基现在的任务是利用他过目不忘的记忆力和强大复述能力，详细地描述他所目睹的一切。后来，他把自己生命中的这段时期描述为一个"录音机"。但他传输的是爆炸性的东西，他认识到他的话对他遇到的所有人的影响。

他详细描述了他在波兰目睹的一切——纳粹占领和波兰地下抵抗运动，以及他在华沙犹太人区和伊兹比卡看到的一切。他与许多同盟国中最高级别的政治家和机构进行过私人会晤，包括流亡伦敦的波兰总理西科尔斯基将军、英国外交大臣安东尼·艾登爵士、联合国战争罪行委员会和许多其他机构。1942年12月初，世界犹太人大会在很大程度上基于卡尔斯基的报告发表了他们的声明——《消灭欧洲犹太人：希特勒的全面毁灭政策》。1943年春末，卡尔斯基前往美国，在白宫亲自向罗斯福总统汇报情况。

尽管卡尔斯基的证词令人震惊——用费纳的话来说，他希望这将有助于"撼动世界的良知"——尽管西方几位犹太领袖发出了恳求，但没有联盟的干预来阻止，哪怕是暂时停止——对犹太人的大规模屠杀即将到来。

在卡尔斯基正在接受超越人类极限的考验，用每一丝力量与法西斯主义作斗争，为国家的生存而战时，施佩尔的事业却蒸蒸日上。1940年6月的同一周，卡尔斯基被盖世太保折磨，自杀未遂后，在医院里恢复，与此同时，施佩尔正陪同希特勒在巴黎进行胜利之旅，在埃菲尔铁塔前拍照，成为元首的得力助手（确实如此）。在他位于艺术学院的巨大办公室里，他正在按照希特勒的命令，为新柏林进行声势浩大的总体规划——"圆顶大会堂"——它被设计得连罗马的圣彼得大教堂都相形见绌，可容纳18万名观众。他的行为与卡尔斯基的无私之间形成了难以想象的鲜明对比——为了国家，卡尔斯基多次冒着生命危险，甚至放弃与家人和朋友的联系，在地下组织工作；而另一方受职业驱使的虚荣心，使之先是为纳粹主义提供了视觉上的认同，后来又为它提供了作战的军事手段。

1942年8月，当卡尔斯基在华沙郊区的废墟中会见了费纳和克森鲍姆，继而目睹了华沙犹太人区令人震惊的现实时，施佩尔的新工作是帝国的军备与战时生产部长，彼时他正处于权力的巅峰。这个月，施佩尔正沉浸在荣耀之中，因为他在短短6个月的时间里实现了军备产量的大幅增长——武器产量增长了27%，坦克产量增长了25%，弹药产量增长了97%。8月19日，施佩尔与希特勒会面，讨论如何利用"任何必要的强制"为德国的军备工业提供"更多的百万俄国劳工"来达到这一目的。9月，当卡尔斯基在伊兹比卡的时候，施佩尔和沙克尔等人正在商议如何提高工人的工作效率，施佩尔建议党卫军和警方开始采取更严肃的行动，"把那些被称为懒鬼的人关进集中营"。

但在战后，从他们各自谈论自己经历的方式可以看出这两人之间最明显的不同。1944年底，卡尔斯基出版了他的《秘密国家的故事》一书，为波兰抵抗和盟军合作呐喊，同时也试图让他在战争中目睹的一切变得有意义。这一来也许是为了治愈他破碎的自我，也许是为了通过分享他最可怕的经历，来消除那些记忆的力量。尽管这本书很成功，卡尔斯基在许多方面都被视为波兰抵抗运动的典型英雄，但他对自己和他的战争岁月有着痛苦得多的看法。他所能看到的是，他向西方通报正在发生的一切的努力都是徒劳的，盟军政府在他向他们通报大屠杀的消息时完全不作为。在战后的岁月里，他发誓将努力忘记发生的一切，再也不提那些经历："那时我憎恨人类，我与世界决裂……我向自己发誓决不向任何人提起那场战争。"

这一切与施佩尔形成了鲜明的对比。更确切地说，是1966年从斯潘道监狱获释后晚年的阿尔伯特·施佩尔。施佩尔在狱中秘密地写了自传，获释后又通过《第三帝国内幕》（*Inside The Third Reich*）一书的出版获得了丰厚的版税。在20世纪60年代末70年代初的大部分时间里，他一直是媒体追逐的对象。施佩尔不厌其烦地把自己的故事告诉任何愿意听的人，任何愿意付钱给他的杂志或广播公司，在大量的书籍、文章和电视节目里曝光，展现出一股自我辩护的洪流和伪装成谦卑的虚荣，关于知识和责任的关键问题淹没于字里行间，狡诈被伪装成开明。

*****

"政治事件与我无关"

圣奥古斯丁的名言是什么？"可恨的是罪行，而非罪人"。

好吧，我们可以试试。尽管施佩尔可能是一个令人深感不安的人物，但他也是研究第三帝国领导心理的核心人物。这是为什么呢？如何解释施佩尔的魅力，那种违背本能的冲动，将他吸引，就像飞蛾扑火一样？在战后的纽伦堡审判中，他几乎是纳粹高层中唯一一个谴责希特勒并为所做的一切承担集体责任的人，包括对犹太人、吉卜赛人和其他许多人的大规模屠杀——尽管他极力否认对此有任何直接了解。无论这是他真实的立场，还是一种极具操纵性的策略，无疑都有助于他免于被处决。1966年，在被囚禁20年后，他从斯潘道监狱获释。与此同时，历史学家和公众对第三帝国和战争年代的兴趣显著增加。此事也发生在1958年至1968年之间举行的150场"纳粹罪行审判"的高峰期。[①]因此，他成为许多人为之着迷的人物——一个活生生的历史

---

① 1962年，贝尔根-贝尔森案在汉诺威开庭；1964年，特雷布林卡案在杜塞尔多夫开庭；同年，奥斯维辛案在法兰克福开庭；1968年，1005特遣队案在汉堡开庭。

的化身——20世纪70年代电视屏幕上的一位高级纳粹分子。他比任何人都更了解希特勒。而且，最重要的是，他是一名公开赎罪的高级纳粹人士，而且试图反抗希特勒主义，至少最后是这样。他是一个在很大程度上，似乎要为自己的刑事责任赎罪的纳粹分子。他似乎想把德国那些年的罪孽扛在自己的肩上，并试图为之赎罪。

但我认为，还有一些其他重要方面可以解释为什么有这么多关于施佩尔的文章。

第一方面，毋庸置疑的是施佩尔的智慧。虽然他不具备成为真正的知识分子所需的分析技巧与怀疑能力，但他具有非凡的洞察力，比他在第三帝国领导下的任何同事都更善于思考。当然，这与"二战"后流传下来的戈林、希姆莱和戈培尔等纳粹怪物画像截然不同。然而，这是一把双刃剑，正是因为他的心智能力，许多人发现一个如此聪明的人竟然会卷入这样一项野蛮的事业。这更令人震惊，更像一个谜。事实上，斯潘道监狱的部长乔治·卡萨里斯（Georges Casalis）在施佩尔战后的生活中扮演了非常重要的角色，在施佩尔第一次于监狱服刑后，他直接质问施佩尔：

> 我告诉他，我认为他比任何人都更应该受到谴责。首先，因为他是最聪明的。其次，在我看来，他不仅要比其他六名囚犯负更大责任，而且可能比德国除希特勒之外的任何人都要负更大责任，因为他延长了战争。我告诉他，多亏了他，这场可怕的战争至少比预期的时间延长了一年。[5]

卡萨里斯在这里指的是施佩尔作为帝国军备和战时生产部长开展的工作，他是在1942年2月8日弗里茨·托德死于一场神秘的飞机失事后被希特勒任命为部长的。

第二方面，作为军备与战时生产部长，施佩尔还证明了自己是一位出色的组织者，他以出色的管理技能协调武器和建设项目（他在担任建筑和施工组织负责人时就已经展现出这些技能）。作为希特勒的总建筑师，到1941年秋，他已经指挥着遍布整个欧洲的数万名建筑工人。然而，与他在帝国部长的新职位上继承的职责相比，这个职位是次要的；当他接手部长职位时，他已经负责指挥260万名工人了；到1944年，这个数字上升到1400万（不包括被占领国家的工人），使他成为纳粹德国最有权势的人物之一。正如卡萨里斯所说，历史学家们常常认为（如果这个说法正确的话）他将战争延长了至少一年，因为即使在最不利的情况下，他都有能力戏剧性地大幅增加武器和坦克的生产。

第三方面是施佩尔的纯粹现代性。他的技术专长和管理主义将他直接与当今世界联系起来。当我们读他的文字，听他讲话时，我们仿佛是在听一位当代企业高管在发言。他可能说过完全合理的话：

> 如果我晚出生20年，今天我会是一个非常受人尊敬的人。也许是戴姆勒–奔驰的掌门人、赫斯特（Hoechst）的董事会主席、德意志银行的首席执行官。[①]

在我读过的关于这个人的上千页书中，偶然读到的基塔·瑟伦利的《阿尔伯特·施佩尔：他与真理的战斗》对我来说是一个分水岭。[6]真正顿悟的时刻并不多见，但我仍然记得我是在1996年平安夜的前夜，在萨福克郡，坐在火炉旁读到的，家里的其他人都已经上床睡觉了——当时，我偶然读到这本书中的一段特别的内容，在第184页最下面。施佩尔说的是希特勒"对秘密的迷恋"，以及任何人都不应该寻求了解比"履行他或她的职责"所需的更多信息。然后他说了下面这两句话，立刻引发了我新的想法：

> 希特勒要求我们不仅要区分我们的活动，还要区分我们的思想

[①] 埃斯特·维拉尔在她的剧作《施佩尔》中给施佩尔的台词。

（我要强调的）……他坚持认为每个人都应该只考虑自己的任务，而不是关心他的邻居。

"区分"是关键吗？这是隐藏在许多事件背后的心理因素，这些事件曾经最令我不安，至今仍困扰着我——萨勒备忘录，在尼日利亚执行死刑的第二天在壳牌中心工作的人，事实上，任何在跨国公司工作的人都看不到那些受到他们工作影响的人。因此，施佩尔谈到这一过程是他和许多纳粹德国人如何运作的核心，这很有意思。他解释说，1940年1月11日，第1号通令（Grundsätzlicher Befehl Nr. 1）正式规定了这种区分，禁止"轻率地传递被指定为秘密的法令、命令"，并在每一间办公室和大楼的墙上张贴"每个人只需要知道他自己的领域内发生的事情……"随后，我在《第三帝国内幕》中看到了这样一段话，施佩尔在这段话中对这种心理过程进行了更详细的阐述：

> 更糟糕的是把责任限制在自己的领域内。这是明确要求的。每个人都有自己的团队——建筑师、医生、法学家、技术人员、士兵或农民。每个人都必须参加的专业组织被称为chambers（如内科医生室、艺术室），这个术语恰如其分地描述了人们被封闭在孤立的生活领域的方式。希特勒的体制持续的时间越长，就有越多的人的思想在这样与世隔绝的"室"里活动。

然而，除了这种外部强加的划分之外，施佩尔接着描述了一些更有害的东西——他自己的、自愿的、孤立的自我，他以这种思维方式和操作方式进行心理共谋。他对自己的看法如下——考虑到他作为第三帝国的首席建筑师和臭名昭著的纽伦堡集会的设计师的角色，这一观点既具有启示性又非常离奇——施佩尔说，直到战争结束，他一直认为自己本质上是不关心政治的：

> 我觉得自己是希特勒的建筑师，政治事件与我无关。我觉得我

根本没有必要采取任何政治立场……人们希望我只从事建筑工作。直到1944年，我给希特勒写的一份备忘录，就表明了我执着于这种幻想的怪诞程度："我必须完成的任务与政治无关。只有当我和我的工作完全以实际成就的标准来被评价时，我才会在工作中感到自在。"但从根本上说，这种区别是无关紧要的。时至今日，在我看来，我在努力划分我的思想（我要强调的）。

很明显，施佩尔这里描述的，和今天许多组织和公司的活动中所体现的，存在着强烈的连续性。很多领域都需要专业化，这增加了人们只在已知和理解的、既定的内部语言的"泡沫"中讨论问题的潜在危险。随之而来的危险是，人们作出的决定是基于"群体思维"的，而非经过严格的思考。不正是这种决策导致了银行荒唐的投机计划，进而引发了2007—2008年的经济危机吗？再加上一心一意地专注于需要完成的任务，还有这里提到的残酷无情——这种方式让人对完成任务之外的事情故意视而不见。

但在施佩尔的行为以及他后来对自己的反思中，还有一些同样令人不安的东西——我再次强调，这是因为它们在今天的全球化经济中也同样非常适用。这一切的核心是施佩尔对新技术的崇拜，他相信新技术可以克服几乎所有的挑战，可以提供几乎所有的答案，他意识到，在这样一个技术统治的世界里，伤亡是不可避免的。对人类同理心或道德影响的考虑将不得不被搁置一旁。在一段鲜为人知、也很少被引用的文章中，他谈到了自己与军火行业专家的工作关系，我相信这段话不仅对理解施佩尔，而且对理解当代资本主义都至关重要：

基本上，我利用了技术人员对工作盲目投入这一现象。由于技术似乎具有道德中立性（我要强调的），这些人对自己的行为毫无顾忌。战争给我们的世界带来的技术越多，技术人员对其匿名活动的直接后果的漠不关心就越危险。

不难想到，在我们的社会中有许多与之相似之处。杰出的航空工程师正在进行尖端研究，以改进无人驾驶飞机，让它飞得更高——他们无法把他们的工作与在阿富汗和巴基斯坦使用无人机杀人联系起来。或者，在大型石油公司勘探部门工作的有才华的地质学家，很少把他们熟练的地震测试与持续使用化石燃料产生的碳排放，导致地球灾难性升温这一最终现实联系起来。当我听到"技术"一词以福音的方式被使用时，显然没有提到受影响的人，也没有更宽泛的道德框架，这让我感到不寒而栗。以时任英国石油公司（BP）CEO约翰·布朗（John Browne）在2000年的演讲为例，很奇怪，他当时被认为是石油行业"进步"的声音——他在这里以布道般的口吻谈论技术将如何征服一切：

> 从历史上看，技术变革、突破、不断更迭和生产力的根本转变解决了所有对短缺的担忧，包括对食物、水、土地等资源短缺的担忧。如今，技术以前所未有的程度，有能力地重复这一过程，拥抱一种激进的和颠覆性的变化，超越所有以前的经验……我们面临着一场由新技术驱动的经济运行方式的革命。我相信这场革命将对环境产生重大的有益影响。[1]

我怀疑布朗会不会看到这些相似之处，但在这种近乎宗教的热情语言中，似乎表达了对技术和生产力解决一切问题的能力的压倒性信心。人们以某种方式看待技术，认为它与社会、与人类分离——我听到了施佩尔超然的回声，他的思考方式。

历史学家休·特雷弗·罗珀（Hugh Trevor-Roper）在"二战"结束后立即开始写作，当时他获得了在柏林获取有关希特勒和纳粹领导人的情报材料的特殊机会。后来他相信，"从政治角度来说，施佩尔是纳粹德国真正的罪

---

[1] 里斯演讲，《尊重地球》，2000年。

犯。因为他比任何人都更代表了那种致命的哲学……对德国造成了巨大的破坏，几乎摧毁了整个世界。他敏锐的智慧诊断出了纳粹政府和政策的本质，并观察到了其变化……他听到了他们粗暴的命令，明白了他们异想天开的野心，但他什么也没做"。他接着谈到了施佩尔对技术官僚与政治现实所做的致命脱钩：

> 施佩尔是一名技术官僚，并培育了一种技术官僚的哲学。对于技术官僚来说……政治是无关紧要的。对他来说，一个民族的繁荣和未来并不取决于碰巧担任政治职务的个人，也不取决于使他们之间关系正式化的机构……而是依靠社会赖以维持的技术的工具，依靠公路、铁路、运河、桥梁，依靠国家投入劳力和从中获取财富。这是一种很便利但最终却是谬误的哲学。

特雷弗·罗珀对施佩尔的评价后来得到了施佩尔本人的证实，他描述了自己如何能够将自己的工作生活与纳粹主义的所有更广泛的方面完全分开。他从在万湖的别墅开车去他位于柏林市中心的办公室时，能集中精力全神贯注在当天要做的事情上，而不去考虑其他任何事情。

> 政治对我来说意味着噪音和粗俗。想到它时，也只是打断了我所寻求的宁静和专注……任何形式的狂热主义都没有立足之地。

*****

阿尔伯特·施佩尔最可怕的地方在于他从未真正死去。我们对希特勒、希姆莱、戈培尔和戈林都感到震惊，就像孩子们需要从电影和书中"坏人"的死亡中得到安慰一样，我们可以看到他们尸体的图像，颤抖着，喃喃地说"再也不会了"。但施佩尔从未离开过我们。今天我们到处都能看到他。他存在于每一个微观管理的CEO，每一个工作狂的政府部长，每一个不顾工作对人类造成的后果的技术官僚，每一个决定不去看他们知道可能会引起道德不适的事情的人。在战争的最后几个月，《观察家报》颇有先见之明地写道：

> 在某种意义上，施佩尔对今天的德国来说比希特勒、希姆莱、戈林、戈培尔或其他将军们更重要。在某种程度上，他们都只是一个组织天才的助手，这个天才独自领导着这个庞大的战斗机器。他是一个非常成功的普通男人，穿着得体，彬彬有礼，清廉，生活方式非常中产阶级，有妻子和六个孩子。与其他德国领导人相比，他更不德国，或者纳粹。他象征着一种在所有交战国中越来越重要的类型：纯粹的技术人员，对他们来说政治是无关紧要的……因此，他实际上不是一个纳粹分子……他有着纯粹的技术和管理能力，正是由于缺乏心理和精神上的支撑，和他们应对我们这个时代可怕的技术和组织机制时的轻松，才使这种类型的人在今天走得如此之远……我们也许能摆脱希特勒和希姆莱，但施佩尔们会永远与我们同在。

第二章

沉默与灭绝

一、父亲和他的沉默

  我父亲有一张照片是我最近才第一次看到的。我母亲在清理旧盒子时，偶然发现了一个盒子，里面装着我的父亲马克的各种遗物。其中有一个手提袋，里面装满了他在英国皇家盎格鲁军团服役那两年的文件和照片。其中有一张照片是在朝鲜拍摄的，当时他在那里服兵役，在1951年到1952年参加了一年多的朝鲜战争——这是新成立的联合国"批准"的第一场战争。除了几张黑乎乎的山坡、吉普车和一队队战友的黑白小照片外，还有一张标记了"迫击炮弹坑分析"和"典型的弹跳标记"的图表，以及满是灰尘的地图，随着岁月的流逝，已经变成了棕色。地图上显示的是临津江的曲线，还有两条用红铅笔标记的线，大概是联合国部队和朝鲜军队的前线位置。在密密麻麻的群山中（万梭堂、卡旺山、西果山），用铅笔画的圆圈、箭头，可能显示瞭望台位置或计划的侦察任务。此外，还有几本小笔记本，一本士兵的服役和工资簿，以及一本1952年的军用日记，蓝色的皮革，书脊上残留着朝鲜泥土的痕迹。我把它拿在手里，它告诉我1952年2月9日是个星期六。我可以看到马克用他特有的、整洁的斜体写着："14：30—旅总部（召开）会议"；另一页上还有一条提示："食堂账单3英镑"和"10：30—科伊巡逻"。我每天都要扫一遍，希望能找到一些生活的痕迹，但发现留下的主要都是草草记下的代码，以我普通人的视角完全无法理解："16：00—All MMG lpt at CP" "0500-Coy IBW for 'Swift'" "1000 Pr 183 w OCD"。偶尔也有一些能看懂的东西——2月5日，他用铅笔写了"上午，把克拉夫中士和皮下士带到他们的怀俄明岗哨"；4月29日，"离开堪萨斯0900侦察点"。在所有的巡逻、侦察和简报中，7月13日，罕见地出现了一次另一个世界的信息——"12点30分—汤姆生日，喝酒"。字里行间，我们几乎看不到战争，你需要一位专家来解读这些缩写的含义。与战争有关的只有一次，5月

12日，意思很清楚："弗林打伤了塞克斯顿"。

朝鲜战争是一场特别肮脏的战争。在某些方面，它是越南战争的原型，地毯式轰炸，首次广泛使用凝固汽油弹，造成许多平民死亡。我试着想象那几个月的煎熬，但我失败了。父亲当时是一个中尉，负责指挥一个排。难以想象——这个男孩刚从学校毕业，20岁左右（虽然在这张照片里他看起来更年轻），手下管着20个男人，很多人都比他大。我找到了一份打印出来的名单：奥希金斯、罗杰、威尔逊、布洛伊特、盖勒、肯尼迪、布兰德、科比特、马歇尔、巴雷特、邦奇、柯林斯、伊曼纽尔、麦布伦、奥姆斯比、皮克吉尔、罗奇、罗斯、赫西和托马斯。他所在排的士兵阵亡时，他有责任给他们的父母写信。我的目光再次掠过那张名单，想知道他们中有多少人在这场战争中幸存了下来。

后来，马克成为一名学者，在伦敦大学讲了20多年课。他是一位古典主义者，体现了苏格拉底式的挑战，即"未经审视的人生是不值得过的"，无论是对他自己，还是他接触到的每个人。他不仅是位受人喜爱的老师，也是一位非常健谈的人——严谨而又略带讽刺、睿智和幽默。他经常谈起他所钟爱的仿佛是一位合适做精神伴侣的雅典怀疑论者，就好像他是一个活生生的存在。奇怪的是（也许是出于对苏格拉底口述传统的忠诚），他从未发表过任何东西。他在系里总是很忙，除了他的研讨会和讲座，他还是招生导师，同时也负责院系学生的心理关怀。那些"不情愿地"发表论文的年轻同事（这是他经常使用的一个短语）会成为被嘲笑的对象，一些权威人士似乎相信教师的教学质量与发表论文的数量之间存在关联。

但随着年龄的增长，尤其是上了大学后，我开始觉得他对出版写作的反对很是奇怪。有一天，我回到家，得知他决定从伦敦大学提前退休，我就这个问题向他提出了质疑。他为什么不写作？我们当时在附近村庄的一个酒吧里，我说，因为他对苏格拉底的热情这么强烈，而且显然，雅典人可以教给我们很多东西，为什么不把这些东西传达给年轻的听众呢？我想他被这个问题吓到了。我记得，他的头微微歪向一边，从烟盒（有绿白镶边的领事馆牌香烟）里掏出另一支香烟，好像抽烟能帮他找到答案一样。他总是用一种奇怪的方式把香烟在烟盒上轻敲三下才点燃，然后说："好吧，我可能会这么做。毕竟，我现在有时间了。"不到一年，他就去世了。

但他的品质和信仰一直活在我的脑海里。他是一位活跃的知识分子，具有高度的思考力，也是一个非常推崇解放神学的左翼天主教徒。同时，他又是一位温柔、慈爱、风趣、睿智的父亲，拥有一个父亲的梦想。他一直不太理解我小时候对足球的痴迷，但夏天我们会一起打板球，他更喜欢那种运动，他会教我如何旋转球。当我到了青春期时，我们不可避免地产生冲突，和大多数父子没什么不同。

在他去世30年后的大多数日子里，我仍然会想起他。他就是我生命的一部分。在遇到困难时，我会尝试和他交谈，试着倾听那个我最信任的声音，试着听听他如果站在我的立场上会怎么做。有时我还能听到自己，像个愤怒的小青年，嘲笑他"太自由"，"太优柔寡断"，太宽容。他非常热衷于"不要因为政治标签不同就把别人贬低得一无是处"，试图在每个人身上找到优点——在撒切尔主义盛行的80年代初，这确实考验了我的耐心。不过我常常提醒他，作为基督徒，他的宽容并没有延伸到他所谓的"T夫人"（撒切尔夫人）身上。我认为用"厌恶"这个词来形容他的感情最恰当不过了。作为一名虔诚的天主教徒，他对撒切尔夫人入驻唐宁街10号时，盗用宗教圣人圣方济各的名言感到特别愤怒。"凡是有不和的地方，我们要为和谐而努力；凡是有谬误的地方，我们要为真理而努力。"[①]

在我们成长的过程中，家里的事我们无所不谈，我们经常围坐在房子中心的餐桌边谈论。晚餐时间特别长，也特别热闹，热烈的讨论声不绝于耳。我们这些孩子努力与大人高声辩论，经常用音量来弥补我们还没有掌握的知识。看到父母充满激情地争论，尤其是关于宗教的争论，真是令人着迷——

---

① 撒切尔的错误引用；祷告实际上是以"在有仇恨的地方，让我播种爱"开始的。

马克是天主教徒，科琳娜是无神论者，偶尔还会尝试涉足不可知论。有时，我们感觉自己就像裁判在观察两个势不两立的网球选手，看着他们在球场上争论不休。我们了解到，他们可以在一些基本的事情上有强烈的分歧，但仍然彼此相爱和尊重。我们总是被鼓励去交谈，去表达自己，尤其是当我们担心某件事的时候。开放性非常重要。

"然而，然而"（这是他在提出不同意见时经常说的话），有一件事马克是闭口不谈的：他几乎从不谈论朝鲜——对我们的母亲科琳娜，对我们，对任何人都一样。然而，正是这段经历塑造了他年轻时的形象，也许更准确地说，是扭曲了他。他在朝鲜待了一段时间后，患上了我们今天所说的创伤后应激障碍（post-traumatic stress disorder），尽管当时还没有这样的字眼，也没有任何医疗支持来应对他所经历的灾难。当他回到英国牛津念书拿奖学金时，第一学期他就严重崩溃了。他后来说他大部分时间都在"盯着墙壁"，他对周围那些被认为聪明的年轻人完全不屑一顾，他认为他们空虚，与他所见过的现实世界脱节。不久，他离开了牛津，又在伦敦待了几年，做过各种各样的零工，比如开货车，但始终没有在任何地方安定下来。他花了好几年才把破碎的生活重新拼凑起来，开始重新与人联系，学会信任。尽管朝鲜半岛可能一直是他意识边缘的一个黑暗地带，即便后来日子幸福安稳，他也永远无法完全摆脱它的阴影。

关于朝鲜，我们从他身上学到的只有三件事：

1. 他会描述他的信仰体验在那个背景下是多么的不同寻常——会给予天主教士兵一个参考模式：安排一个时间，牧师会开着吉普车来，在引擎盖上挂一个木制十字架，然后开始做弥撒。他记得那个跪在泥里接受圣餐的士兵。他告诉我们，在这种情况下，当不知道自己第二天是否还能活着时，天主教就成了他生活中至关重要的一部分。

2. 他告诉我们，有一天他和他们排一起爬上一座小山，被美国飞机轰炸了,从那以后他对美国军队的态度发生了改变。我还记得我小时候,会对"友军误伤"这个词的含义感到困惑。

3. 他在朝鲜山区服役时学到两个登山技巧。在威尔士徒步度假时,他会解释道,如果你躺着时抬高靴子,血液循环会更活跃,可以防止脚变重。其次,山上的大多数事故都是在下山的时候发生的,所以在下坡的时候最好走一个平缓的"Z"字形。

哦,对了,还有一个他学来的短语,后来成了全家的笑柄。因为我们在旅途中拐错了弯,或在某件事上浪费了大量时间时,就会用到这个短语。在这种时候,他总是说:"好吧,记住——花在侦察上的时间永远不会被浪费。"

不管怎样,我成长过程中的总体感觉是,尽管这有点奇怪,但考虑到我父亲对大多数事情的开放态度,他对朝鲜的沉默总体是可以理解的。这是他的一种保护欲,一种向我们隐藏我们无需了解的事情的欲望,这场残酷的战争给他造成了严重的精神和情感伤害。近年来,我开始更多地思考这种沉默的意义。在2001年9月的第一周,我在美国读到了苏珊·格里芬(Susan Griffin)关于人类、战争与沉默的惊人作品《废墟赞歌》(*A Chorus of Stones*)。这本书太晦涩了,我花了很长时间才看懂。这无疑是卡夫卡的意思,她写道:"我认为我们应该只读那些伤害和刺痛我们的书……我们需要那些像灾难一样影响我们、让我们深深悲伤的书,像我们深爱的人死亡,像被放逐到远离人烟的森林……一本书必须是一把劈开我们内心冰封海洋的斧子。"[1]

对我来说,这本书的力量在于它令人眩晕的层次和交织的历史分析与家庭记忆,将个人和政治作为一个整体。书中反复出现的主题是,痛苦是如何通过家庭传递的,以及沉默在这种痛苦的传播中的作用。格里芬探讨了这种痛苦在多大程度上源自人类的战争和暴力经历,并指出,如果用沉默来掩盖这一事实,那么在后代中,它总是会以创伤或暴力的形式再次出现:"我的父亲因他父亲的沉默而痛苦,我也因我父亲的沉默而痛苦。"她向一位受访者询问他的父亲关于第二次世界大战的经历——他父亲参加过阿登战役。这场伟大而可怕的战斗对他父亲来说意味着什么？他说不出。他父亲在家里从没提起过这件事。

你也许可以想象我读这本书的经历，我一直想知道的问题浮出水面。但是我没有预料到的是，我对父亲的愤怒与日俱增，我意识到他的沉默对我、对家里所有人产生了多么重要且微妙的影响。想要"保护"我们不受真相伤害的想法太多了……但我的感情也在剧烈波动，常常是出于怜悯和悲伤。有几次读着读着，我觉得格里芬可能就是在写马克。下面这些文字让我产生了发自内心的反应，因为它们准确地描述了马克被自己的经历所腐蚀的感觉：

> 我记得大卫……告诉过我他在朝鲜看到过什么。他的声音很低，在我的录音中几乎听不到，他说话的方式就像我曾听过的女性谈论强奸或虐待的方式，就好像在生动的叙述中有一件极其丑陋的东西产生了一样。恐怖和残暴似乎给他打上了烙印，让他无可救药地认为自己与这种丑恶行为分不开。然而，他所看到的景象难以用语言形容，讲述的难度比讲的故事本身更大。他可以说出被肢解的部位，肠子从身体里掉出来，还有粪便、血、脓，但没有去过那里的人什么都不会知道。过了一段时间，我才开始明白他在对我说什么。他感受到的不仅仅是身体上的恐惧，更有某种肮脏污秽的东西压垮了他。

后来，读了普里莫·莱维的书，我开始更多地理解目击这种创伤性的暴行与随之而来的羞耻感之间的关系——即使当事人并没有直接参与制造这种恐怖事件。1945年1月27日，在莫诺维茨释放剩余囚犯的苏联士兵眼中，莱维看到了这种耻辱：

> 这是我们所熟知的羞耻感，选择之后的羞耻感淹没了我们，

而每一次我们不得不……屈服于一些愤怒：耻辱……一个公正的人在看到另一个人犯罪时，会感到一种罪恶感，因为这种罪行是存在的，且这种罪行已经不可挽回地进入现存的世界，而他们行善的意志被证明太软弱了。[2]

读到《废墟赞歌》时，我在与生俱来的愤怒和对马克的同情之间徘徊。我感到困惑，试图与这个经历过朝鲜战争之恐怖的年轻人建立联系。不，他那时还不是一个男人，更像是一个20岁的小男孩，刚毕业一年。但另一方面，我越来越想知道他对在朝鲜目睹暴行保持沉默，是否在某种程度上促使我对恐怖事件和种族灭绝进行调查。还是我所做的一切都会自然发生呢？我还记得第一次看《浩劫》时的震撼，那是在马克死后一年左右，在那九个半小时的电影中，我被揭开过去的感觉所震撼。朗兹曼顽强地坚持不懈地寻找被埋葬的东西。然后，我们在"平台"中的大部分工作，都集中在将我们文化中隐藏的、权力结构的方面展现出来。这些都不是负面的——恰恰相反——但以这种方式工作，特别是花费数十年的时间研究种族灭绝事件和犯罪者，是有代价的。还记得朗兹曼说过，他花了数年时间"试图观察大屠杀这一黑色的太阳"。[3]

但随着年龄的增长，我们也越来越了解父母的局限性。所有决定中最困难的，莫过于在告诉孩子关于这个世界的现实和让他们害怕之间保持平衡。希望他们长大，睁大眼睛，去理解以人类的能力去做的可怕的事情，但同时也希望尽可能长时间地保护他们。也许马克的沉默，更多是因为这个。自己有创伤性的记忆是一回事——为了活命不得不杀人，看到你的朋友和战友残疾、死亡，而你无法挽救他们。如果把这些现实放进别人的头脑里，然后看到那个人对自己的看法有所动摇，那是另一回事。

温柔慈爱的父亲——现在手里拿着一把机关枪。

二、面对暴行，社会的沉默

我仍然在思考这个问题——沉默。个人的沉默和社会的沉默，以及沉默的不同性质。海边的寂静让人着迷。这让我非常平静，无论我如何被城市生活击垮，从醒来的那一刻起，这里就会让我平静下来。窗外每一根草都在微风中俯下身子，地平线上那片灰蒙蒙的大海，甚至连冰箱发出的轻柔的嗡嗡声，都更突出了寂静。寂静在这里跳动着，随着寂静逐步将我引入它的世界，我感到自己在改变，整个人跟着它的节奏走，好像在试着沟通，让自己安心。一切都会好起来，一切都会好起来。几个小时，甚至几天都听不到人的声音，这让我感到平静，让我能听到其他声音。这种沉默给人的感觉几乎是仁慈又亲切的。还有一种罕见而幸福的沉默，那就是和你爱的人在一起时，无需多说一句话的状态。你们一起穿过山谷，在火堆旁阅读，从咖啡桌上抬起头来。

但沉默也可能是极端暴力的。当整个社会在面对犯下的暴行时保持沉默，就造成了一种道德腐蚀。塞巴尔德生动地描述了这个过程，回忆了他在战后的巴伐利亚和平村庄（Wertach im Allgäu）度过的童年：

> 从小到大，我总觉得有人对我隐瞒了什么：家里、学校、德国作家那里，我读了他们的书，希望能收集到关于我自己生活背景中有关可怕事件的信息。[4]

塞巴尔德发现村庄和他家人表面上的平静令人深感不安。这个1944年战争结束时出生的孩子对战争没有任何有意识的记忆，但从他父母的每一个动作，以及巴伐利亚村民选择性的记忆中，都能直观地感受到灾难性的暴力。愤怒由此而生，多年后才在他的作品中得以表达。他明白，因为他是在这样的环境中长大的。面对创伤时，沉默是致命的。艺术家安瑟尔姆·基弗（Anselm Kiefer）在1945年3月出生，只比塞巴尔德晚十个月。在"二战"结束后的几年里，他在德国有着惊人相似的经历，即整个社会像是有组织般地保持缄默："我上学的时候，对第三帝国一无所知。没有人告诉我们关于奥斯维辛这件事，家里没有，学校里也没有——几乎没有任何人告诉我们这件事。"[5]

塞巴尔德的作品中形象地体现了这种德国人的沉默，比如教师保罗·贝雷特（Paul Bereyter）的形象，后来他在《移民》（the Emigrants）一书中的故事里卧轨自杀了。德国人的沉默也体现在雅克·奥斯特利茨（Jacques Austerlitz）的支离破碎的形象里："我在使用自己的记忆方面的练习是多么少啊，相反地，我总是尽可能少地回忆，避免一切与我未知的过去有关的事物。"他意识到这一点时为时已晚。这些话表达了战后年轻一代德国人对父母的看法，即他们的遗忘是故意为之。只有当奥斯特利茨老了的时候，零碎的记忆才开始"在他心灵的边缘地带游荡"。他又看见了星形的要塞和"一片昏暗的风景，一列非常小的火车，有着12节土色微型车厢和一个煤黑色火车头，正从这里匆匆驶过，火车头还被一缕向后飘动的烟熏着，烟的远端不停地飘来飘去，就像一只大鸵鸟的羽毛尖"。

这恰恰是因为塞巴尔德在他成年后的大部分时间里，都在与大屠杀面前是否应保持沉默的问题做斗争；而且，由于他明白这种否认的腐蚀作用，1997年秋，在苏黎世的一系列讲座（空战和文学——后来与其他材料一起在《毁灭的自然史》合集中出版）中，他又一次打破了沉默。这一次，他的注意力集中在他的同胞对战争最后几年盟军对德国投掷燃烧弹所保持的沉默上——这个话题当时被认为是绝大多数德国人的禁忌。只有极右翼人士没有保持沉默，几乎所有的作家和知识分子（海因里希·伯尔和君特·格拉斯是明显的例外）都把言论的领地让给了极右翼，并避免讨论这些盟军的战争罪行。《毁灭的自然史》无情地审视了一些盟军轰炸所犯下的暴行，以及战后德国对这些有针对性的杀害平民的行为故意的"失忆"。在书的开头，他描述了1943年7月27日英国皇家空军在美国第八航空军的支持下对汉堡的轰炸。这次轰炸，代号为"蛾摩拉行动"，其目的是彻底摧毁这座城市。从盟军的角度来看，这次行动是成功的。但在那一个晚上，超过3万名男女老少丧生：

> 凌晨1点20分，发生了一场前所未有的烈焰风暴。火焰现在已经上升到2000米高的空中，猛烈地攫取氧气，气流达到了飓风的威力，像强大的器官一样共振，使出浑身解数时……火焰蹿得有房子那么高，像海啸一样以每小时150千米的速度在街道上翻滚……运河里的水开始燃烧。电车车窗上的玻璃融化了……天破晓的时候……到处都是可怕的毁容性尸体。泛蓝的小磷火焰仍然在许多烧焦的尸体周围闪烁。另一些则被烤成棕色或紫色，并缩小到正常大小的三分之一。他们蜷成一团，躺在自己融化的脂肪里……其他受害者被严重烧焦，被高达1000度或更高的高温烧成灰烬，由几个人组成的家庭的遗体甚至可以放在一个洗衣篮里运走。

最令塞巴尔德不安的是，这样的事件从未被真正提及过。他认为战后的德国社会已经"发展出一种几乎完美运作的压制机制"。他想知道，这种语言表达的缺乏是否与更广泛的问题有关，是否"在希特勒统治下的德国的灾难与德国家庭内部亲密情感的调节之间存在某种联系"。

我还记得第一次读到上面对汉堡燃烧弹事件的描述时是在什么地方。我记得我把书放在公园的长凳上，感觉身体不舒服，然后是一阵愤怒。这部分是完全可以理解的人类反应，但我后来回想起来，这种愤怒很大程度上是作为一个英国人在读到这篇文章时产生的——这并不完全是一种羞耻感或责任感，更多的是因为我多年来对这类事件的了解非常模糊。我对战争和近代史有非常深刻的认识，却认为没有必要关注这个问题。我们英国人根本就没有意识到这一点，而只有一位德国作家把这一点揭示出来，这一点令我感到震惊。同样令我深感困扰的是，在我深爱的伦敦的市中心，矗立着一尊雕像，纪念他制定了这一毁灭性的地区轰炸政策，他下令大规模屠杀平民，并对其他几个城市进行了燃烧弹袭击。在河岸街的圣克莱门特·戴恩教堂外，可以读到这样的碑文，它应该代表了我们整个社会的观点：

<blockquote>

英国皇家空军元帅准男爵，

巴斯大十字勋章、大英帝国卓越勋章、英国皇家空军十字勋章获得者

亚瑟·哈里斯爵士

为了纪念一位伟大的指挥官和轰炸机上勇敢的机组人员

为自由事业牺牲的55000多人

国家欠他们一份巨大的人情

</blockquote>

我不是一个和平主义者。第二次世界大战是过去100年里为数不多的几次正当性战争之一，但无论是在伦敦、汉堡、广岛还是阿勒颇，对平民进行轰炸都是站不住脚的。我们对汉堡、德累斯顿和科隆的暴行持续保持沉默，这反倒震耳欲聋。它削弱了反法西斯战争的正当性，因为它的方法是法西斯主义的，相比之下，格尔尼卡的破坏都显得苍白无力。事实上，在汉堡地区爆炸事件发生的3年前，阿尔伯特·施佩尔回忆希特勒曾计划对伦敦进行类似的燃烧弹轰炸：

> 你看过伦敦地图吗？伦敦的建筑密度如此之大，就像200年前一样[①]，一场大火就足以摧毁整个城市。戈林会用数不清的新型燃烧弹，在伦敦各处放火，引发成千上万的火灾。火灾在整个地区燃起熊熊大火。戈林的想法是正确的：烈性炸药不起作用，但我们可以用燃烧弹，这样就可以彻底摧毁伦敦。[6]

---

① 这里指的大概是1666年的伦敦大火，比希特勒讲话早了400年，而不是200年——这表明他对历史的把握相当不可靠。

今天，许多人认为哈里斯是一名战犯，因为他不分青红皂白地杀害了成千上万的平民。如果英国战败，他很可能会被德国人处死。但我对那些在轰炸机部队服役的人更感到矛盾，他们有5.5万人在战争中死亡，是所有军种中死亡比例最高的。[7] 几乎一半轰炸机组人员再也没有回来。如果可以暂时把这些轰炸行动的道德合法性问题放在一边，那么明知一半的战友永远不会回来，还去执行这些任务，一定需要很大的勇气。战争初期，大部分打击目标是军事和工业设施。对于轰炸机机组人员来说，这些任务几乎不会造成道德上的困境。然而，当政策改变，1943年开始对整座城市进行区域轰炸时，那些飞行员应该知道将有成千上万的平民丧生。而能够在这样的情况下释放炸弹，必然需要一种极端的、道德上可疑的道德划分形式。在这种情况下，每个飞行员的责任是什么？想想1941年3月希特勒颁布的臭名昭著的政治委员令（Kommissarbefehl），它批准在即将到来的入侵苏联中杀害非军事和政治人员。为什么"只服从命令"的英国空军没有受到与德国国防军同样程度的审查？

是的，5.5万名轰炸机指挥人员在战争中丧生；但在"蛾摩拉行动"当周，有42500名平民在汉堡的燃烧弹袭击中丧生。在战争的2193天里，有5.5万名机组人员丧生；在一周内，有42500名男女老少丧生。那么，有多少人知道1945年3月9日到10日在东京发生了什么？这件事对我们来说比汉堡和德累斯顿的轰炸更难以察觉，然而，仅在一个晚上的突袭中，东京10.5万名男女老少被烧成灰烬。至少下令发动突袭的军官柯蒂斯·李梅将军事后诚实地承认，如果盟军战败，他就会因战争罪受到审判。

这些暴行的程度和我们对"二战"中英国城市被轰炸的理解之间也存在着巨大的差异。对考文垂和伦敦的袭击形成了英国民族记忆的一部分——"闪电战精神"已经成为英国人民在法西斯袭击面前不屈不挠的明证。我们铭记考文垂战役和伦敦闪电战的死难者，但是，从历史的角度来看，1940年8月至1942年8月，对考文垂的袭击造成了1236人死亡；1940年9月至1941年5月，对伦敦的袭击造成了28556人死亡。在过去的两年里，因轰炸而死亡的平民总数接近3万,与汉堡一个晚上的死亡人数相同。

*****

约瑟夫·博伊斯(Joseph Beuys)在成为画家的数年之前,曾是第二次世界大战德国空军的飞行员,作为后炮手在东线执行了许多任务,并被击落过一次,后来(取决于你相信谁)他要么被鞑靼部落的人救下来,并用油毡包裹了12天,要么被德国搜索队找到并送往军事医院。但无论如何,战争让他身心俱伤。在他的余生中,他迫切需要解决沉默的暴力问题,大屠杀留下的永久创伤,以及纳粹主义时期德国在文化上的死亡,这使得其他所有人都可以效仿。最近在伦敦的一次展览上看到安瑟姆·基弗的作品时,我再次被他和他的导师博伊斯所分享的一切所震撼,远远超出了两位艺术家呈现的非凡质感(博伊斯的毛毡、厚重和生锈的金属,基弗的稻草、灰烬和金属丝)。他们一致认为,在纳粹主义所代表的文化走入死胡同之后,这种文化已经完全自我毁灭了,德国必须为自己创造一种新的语言和文化。他在2011年的一次采访中这样说道:

> 德国人已经与自己一半的文化隔绝了,他们把自己搞废了。一件事是大屠杀,另一件事是自我截肢。20世纪20年代和30年代的所有领域的所有文化——剧院、哲学、电影、科学等——都消失了。[8]

和塞巴尔德、基弗一样,博伊斯在靠近荷兰边境的克利夫斯的莱茵河河谷里度过了一个看似平静的童年。但是,他比塞巴尔德早一代,很不幸,他年龄够了,参加了战争。之后,在整个20世纪50年代,德国出现了"经济奇迹",他经历了一系列的精神崩溃,只能在离童年住所不远的一个农场里慢慢恢复。他接触艺术是为了处理自己的创伤和脆弱,但很快他就意识到他被战争摧毁的自我与德国受创伤的身份之间的联系。

他觉得一切都建立在失忆症的基础上，所以他从不相信复兴的神话。许多建造集中营和管理帝国学院的人仍然掌权。

1958年3月，他申请的第一个公共艺术项目是奥斯维辛纪念馆的国际竞赛。我清楚地记得在达姆施塔特的一个博物馆里看到过这件陈列在玻璃橱柜里的作品——熔化的蜡、老鼠的木乃伊、缠绕在一起的生锈的电线、电环、药瓶。这些形象交织在一起，传达出奥斯维辛疯狂恐怖的精髓。那面镜子留下了黑色的背衬，他后来的所有作品都反映在这面镜子上。1975年，他创作了一件作品《展示你的伤口》（*Show Your Wound*），它被安置在慕尼黑一个荒凉的混凝土地下通道里，由停尸房的手推车、看上去不祥的工具和医疗设备组成。看着这些手推车和工具，我们不可能不想到大屠杀，也就是博伊斯不断反刍的阴影。他知道，只要人们把它当作历史上一个完结的插曲，将其与现在生活保持一定距离，这个伤口就永远无法愈合。大屠杀持续影响着他的思想和行为模式：

> 人类的处境就如同在奥斯维辛（集中营一样），奥斯维辛的原则永存于我们对科学和政治体系的理解中，永存于专家团体的责任分配中，永存于知识分子和艺术家的沉默中。我发现自己一直在与这种状况及其根源作斗争。我发现我们现在正在体验奥斯维辛集中营的当代特色……能力和创造力被耗尽，以一种精神禁锢的形式出现，一种恐惧的气氛由此产生——它这么精致，反而更加危险。[9]

*****

几年前，我在凌晨看电视，漫无目的地不停换台，突然我看到一幅黑白画面，画面上似乎在播一场大屠杀。有警察袭击示威者的镜头，示威者的头都流血了。我开始听受访男女讲法语，并立即开始录制节目（那时候还在用录像带，我总是有一盘空白磁带备用）。我试图拼凑出他们在说什么。这一事件发生在1961年10月17日，争取阿尔及利亚独立的和平示威之后，最令人震惊的是，它发生在巴黎市中心。我以前从未听说过这件事，这让我感到不安。后来我了解到的情况让我更加不安。目击者说，他们在靠近巴黎圣母院的西勒岛警察总部被围捕，当时的巴黎警察局长是前维希政权高级官员和纳粹合作者莫里斯·帕彭（Maurice Papon）。以下是其中两个证人伊迪尔·贝尔卡塞姆（Idir Belkacem）和切尔哈比·哈切米（Cherhabi Hachemi）的话：

> 院子里挤满了阿尔及利亚人。我们听说他们要把我们干掉。警察告诉我们："这是你们在地球上的最后一天。祈祷吧，因为你们再也见不到你的家人了。我们带你们来就是为了彻底消灭你们，你们每一个人。"我们都惊呆了。为了保护自己，我们都挤在院子中央，但前排的阿尔及利亚人像枯叶一样倒下了。
>
> 他们用我从没见过的警棍打我们。他们把绳子系了个扣，套在人们的脖子上。他们把绳子套在了我脖子上，但我反射性地垂下了下巴，绳子就卡在了下巴那里（这时哈米切在下唇和下巴之间做了个手势）。然后他们开始绞死人。我看到有人失去意识。他们的眼睛鼓了出来，整个人失去了知觉。①

数十人在风景如画的"爱之城"市中心惨遭屠杀。之后的几个星期里，他们的尸体一直被冲到塞纳河的岸边。直到今天，人们还不知道到底有多少人被杀害——据历史学家估计，那天晚上有100到200人被警察杀害。我从来没有听说过这种国家大屠杀，我的法国朋友从来没有向我提起过这件事。在纪录片的结尾，原因更清楚了，叙述者解释，法国是如何试图通过强制新闻封锁和确保没有图像流入媒体传播来消除谋杀的所有痕迹的。这种"有组织

---

① 纪录片《被子弹淹死》，由菲利普·布鲁克斯和艾伦·海林执导，1992年首次播出。

的遗忘"状态持续了30年。

但如果认为这种决绝的遗忘完全是政府或建制力量的产物，那就错了。法国左翼——包括当时颇具影响力的共产党——串通一气，集体失忆，没有组织一次罢工或示威来反对这一骇人听闻的罪行，将永远令他们感到羞愧。他们害怕与"敌人"联系在一起。四个月后，1962年2月，九名法国共产党支持者在夏隆的示威活动中被警察杀害，随后巴黎陷入了混乱，有组织的左翼组织召集了50多万名哀悼者参加葬礼，领头的是人们熟悉的让-保罗·萨特和西蒙娜·德·波伏娃。然而就在几个月前，数百名可能被谋杀的法属阿尔及利亚人却一无所获。法国似乎在说："这件事没发生过。"

这个国家在战前与法西斯主义的接触以及后来战时与纳粹德国联姻时也曾使用过这句话。我一直对法国人关于"二战"的某些说法持怀疑态度，特别是法国抵抗运动受到了极大的重视。这并不意味着我不相信那些参与反纳粹行动的男女的非凡勇气。他们不仅是人口中的少数，而且在法国的大部分地区来看，都是少数群体。然而，听过许多战后法国政治家和知识分子的谈话，你会认为有一半的法国人在抵抗运动中很活跃（我经常略带挖苦地想，如果真是这样，德国人怎么可能占领法国四天半，更不用说四年半了）。

但我的怀疑一直是出于本能——直到最近，我才对法国与法西斯主义合作的现实有了更多了解。不，"合作"并不十分准确，因为它暗示法西斯主义不是土生土长的，而事实上它是。在德雷福斯事件之后，20世纪的头几十年里，法西斯主义和恶意反犹主义出版物蓬勃发展。像《十字架报》（*La Croix*）和《朝圣者》（*Le Pèlerin*）这样发行量巨大的天主教报纸以自己是对抗"背信弃义的犹太人"的先锋而自豪。爱德华·德鲁蒙（Edouard Drumont）和阿方斯·多德（Alphonse Daudet）于1886年出版了畅销书《犹太法国》（*La France Juive*）。1908年，哲学家和宣传家查尔斯·莫拉斯（Charles maras）出版了《法兰西行动》（*Action Française*），将这一问题带入一个新的狂热水平，这是一份全国性报纸，以九年前成立的颇具影响力的同名政治运动命名。莫拉斯和他的同伴莫里斯·普乔（Maurice Pujo）创作了这首流行的打油诗作为赞歌：

>犹太人夺走了一切，
>
>掠夺了巴黎的一切财产后，现在对法国说：
>
>"你只属于我们：
>
>服从！你们都给我跪下！"
>
>傲慢的犹太人，闭嘴……
>
>回到你该去的地方，犹太人。①

就像第一次世界大战后以及整个19世纪20年代和30年代反犹主义迅速发展一样，它的影响力也在不断增长。到1920年，甚至普鲁斯特（Proust）、吉德（Gide）、罗丹（Rodin）和T. S.艾略特（T. S. Eliot）等所谓知识分子都是其固定读者。其他极端保守运动也紧随其后：火十字团（Croix-de-Feu），一个身着黑色皮衣的准军事组织，成立于1928年（到1937年，其成员超过75万，比共产党和社会主义政党的总人数还多），其中包括年轻时的弗朗索瓦·密特朗（FrançoisMitterrand）；皮埃尔-查尔斯·泰廷哲（Pierre-Charles Taittinger）后来建立了香槟王朝，并于1924年成立了爱国者尤尼斯组织（Jeunesses Patriotes），这是一个极为仇外的天主教青年联盟，这位开国元勋非常钦佩希特勒和墨索里尼，称赞前者"让种族主义在德国各阶层不断发展……（他）让他们的心在棕色衬衫下跳动"。当时的商人，不仅包括泰廷哲，而且还有干邑王朝的让·轩尼诗和欧莱雅创始人欧仁·舒莱尔，都为这些法西斯运动提供了广泛的财政支持。

---

① 我非常感谢卡门·卡里尔（Carmen Callil）关于法国法西斯领袖、战时维希政府犹太事务专员路易斯·达奇埃（Louis Darquier）的杰出作品《坏信念》（*Bad Faith*），并因此引用了这段话和本节的其他材料。

这么多的联盟和运动变得如此具有威胁，其中16个在1934年合并组成了国民阵线（可悲的是，今天仍在蓬勃发展），导致1936年政府解散了准军事联盟。但他们只是给自己改名，并组建了新的政党。①1936年，雅克·多里奥特（Jacques Doriot）成立了半法西斯主义的法国人民党，并称自己为"法国元首"（French Führer）。1937年，法国反犹同盟（反犹太人集会）和它的周报《反犹太集会》（L'antijuif）成立，路易斯·达奎尔（Louis Darquier）担任主席，很快就得到了德国纳粹政府的公开资助。到现在为止，所有这些组织，包括其他如国家宣传运动和反犹太大陆运动，都在巴黎有庞大且资金充足的总部，且随着时间的流逝变得越来越强大。

随着历届政府的垮台，极右势力开始转向议会和国民大会。对"外国人"尤其是犹太人的仇恨以可怕的速度增长。1938年3月，希特勒入侵奥地利后，法国现代史上最令人震惊时刻之一发生了——法国政府在被纳粹占领前两年，也就是1938年4月和5月，通过了一系列反对"外国人"（犹太难民的代号）的法令，实际上，它复制了1935年纳粹指定的臭名昭著的《纽伦堡法案》的某些方面。法国的这些新法律禁止"外国人"开设企业以及从事特定的行业和职业。法律还要求立即遣返未注册的"外国人"和没有有效工作许可的人（即成千上万的犹太难民）；这些法令影响了法国的2万名犹太人，许多人被判入狱，还有相当一部分人宁可选择自杀，都不愿意被遣返驱逐回纳粹德国。许多人，例如瓦尔特·本雅明（Walter Benjamin）和年轻的汉娜·阿伦特（已经逃离纳粹德国，流亡巴黎），开始看到不祥之兆——特别是当犹太组织自己都不想反对这样的发展，担心这只会造成反弹并进一步激化反犹主义时。

因此，考虑到这一切，三年后达奎尔在救济中心的办公室里签发了证明纯雅利安血统的证书也就不足为奇了。有一整个部门都是典型的办公室杀手——整个办公室都是会计师、保险职员、律师、经纪人、银行职员、外

---

① 爱国青年会成为全国人民党；火十字团成为法国社会党。

汇交易员——来组织对犹太人的财产和资产的所谓"合法"掠夺。1942年春天，达奎尔和他的伙伴们在巴黎会见了海德里希，讨论如何开始驱逐在法国的犹太人。或许是法国警察，而不是党卫军，负责协调围捕行动，确保开往奥斯维辛的火车尽可能满员。也就是说，在1942年3月27日至1944年8月11日之间，维希政府至少安排了75721名犹太男人、妇女和儿童乘坐法国国家铁路的列车，由法国警卫人员看守，将他们驱逐到奥斯维辛和索比堡。①

或者，让我回想一下那天晚上看到那些黑白照片时的震惊，也许在看到吉伦特州州长莫里斯·帕彭时，我们不应该那么惊讶。他曾于1942年组织了两个车队，将犹太人从波尔多驱逐出境。他在1961年担任巴黎警察局长，对阿尔及利亚示威者的大屠杀负责。

我试着想象，如果一个孩子的父母在那天晚上被杀害，政府却做出这样的反应，他会有怎样的感受？难道这不是二次伤害吗？他们先是杀了我们的父母，现在又否认此事。我回想起普里莫·莱维在特泽比尼亚（Trzebinia）的绝望，他活了下来，但知道自己经历的真相没有被公众接受。只有幸存摄影师埃利·卡根（Elie Kagan）和电影制作人雅克·帕尼杰尔（Jacques Panijel）用勇气和坚持，最终打破了沉默。帕尼杰尔的电影《巴黎的十月》在1962年被查封，并被禁止在法国放映（直到2011年10月才正式上映）。历史学家让-卢克·埃纳迪（Jean-Luc Einaudi）的作品也是法国开始谈论这种沉默的关键因素，1991年，他的著作《巴黎的战斗》出版。

在我看到《被子弹淹死》后的几个星期里，我试图尽可能多地了解一些情况。我和许多熟人谈过，包括激进分子的朋友，但似乎没有人听说过1961年10月16日到17日的事件。我再次去巴黎时，又问了我朋友，但是，似乎很

---

① 78列火车主要从巴黎东北部的德兰西站（Drancy station）出发。被驱逐的75721人中，只有2560人幸存。还必须记录一下，维希政府在拘留营中监禁了3万多名辛提和罗姆人，其中许多人后来被驱逐到达豪、拉文斯布鲁克、布痕瓦尔德和其他集中营。

少有人知道这事。我在西勒岛和桥梁周围走了一圈,想找到大屠杀遇难者的纪念碑。在一个以宏伟工程闻名的城市,肯定至少会有一座雕像来纪念这个事件吧?经过数小时的搜索,我才发现那天晚上恐怖事件的唯一痕迹——在圣米歇尔桥(Pont Saint-Michel)的一侧,向下走几步,有一个大约长18英寸的方形牌匾,上面写着:

> 缅怀
>
> 于1961年10月17日和平示威的
>
> 血腥镇压中无数被杀害的阿尔及利亚人

我原来的震惊现在被愤怒所取代。它使用的语言体现着国家轻蔑的回避,没有告诉我们法国警方已经杀害了近200名和平示威的公民,而是使用了"被杀害"这一被动结构。还有"无数"这个词可怕的含糊不清——事实上,法国政府从来都不愿对这场巴黎战后生命损失最大的大屠杀进行全面调查。即使在今天,尽管奥朗德总统在2012年终于宣告要承担起自己的责任,仅仅在简短的三句声明中提到了1961年10月17日的"血腥镇压",但这一事件是否会被写入法国学校的历史教学大纲还是未知的。

没错,法国现在有纪念被驱逐到奥斯维辛和索比堡的75721名犹太男女和儿童的纪念碑和博物馆。最后,尽管姗姗来迟,法国政府在驱逐犹太公民方面所扮演的关键角色的责任似乎得到了越来越多的认可。[1]事实上,法国最高司法机构国务委员会在2009年做出了一项裁决:"维希政府对驱逐负有责任。"国务委员会进一步裁定,"纳粹官员没有强迫他们背叛自己的同胞,

---

[1] 直到2015年11月,战争结束70年后,法国政府宣布将向大屠杀幸存者支付3900万英镑的赔偿,以补偿国家铁路公司(SNCF)在将75721名受害者运送到德国集中营和灭绝营中所发挥的作用(《卫报》,2015年11月3日)。

反犹迫害是自愿的"。[①]

如果法国政府花了67年才承认自己在大屠杀中的角色（从1942年第一次有组织地将犹太人从德兰西转移到奥斯维辛，到2009年国务委员会承认大屠杀），那我们什么时候才能为遇害的法属阿尔及利亚人举行像样的悼念仪式呢？

*****

在种族灭绝的国度里散步，这是一种奇怪的感觉，尤其是在一个自称"自由之国"的国家。2003年10月，我和来自"平台"的朋友兼同事住在巴尔的摩郊区，为两天后将在匹兹堡的会议上发表的主题演讲做准备。那是傍晚时分，屋子里很安静，我的朋友在楼上工作，我在后花园的一棵垂柳下写作。10月的天气热得令人惊讶。我的朋友出现在窗口，问我怎么样了。我说还可以，但我需要休息一下，出去走走怎么样？我们决定下楼走去加油站旁边的商店，大约20分钟的路程。

这里是美国的郊区。沿途有教堂、带护墙板的房子，有些房子外面还有旗杆。梧桐树和枫树穿上了秋天华丽的外套，有的呈铁橙色，有的火红耀眼。满眼望去大片绿色，因为这里是公共土地，草坪修剪得很短。我们是唯一走着的行人，过往的车辆里向我们投来好奇的目光，里面通常只有司机一个人。旅行车、越野车，偶尔还有黄色校车。我们经过了一个住宅开发项目，刚刚完工，还在为几套尚未售出的公寓做广告。我的朋友读着"萨斯奎汉诺克公寓"的标牌，然后她说："每次我来到美国，我都知道这个国家是建立在种族灭绝的基础上的。我就是不习惯。每次我来的时候，这种沉默都让我更加不安。"她说这话的时候，有那么一瞬间，我好像在斜坡上的原始森林里，听到了鸟叫声，看到前面的一片空地，树林里的烟雾，还有说话

---

① 《每日电讯报》，2009年2月16日。

声。然后，意识回到隆隆的车流、平整的草坪，以及通往加油站和商店的狭窄小路上。

那天晚些时候，我读了阿兰达蒂·罗伊的《普通人的帝国指南》，看到了这段描述诺姆·乔姆斯基（Noam Chomsky）关于美国建国的思想的文章：

> 在几周前的感恩节假期，我和一些朋友及其家人在一个国家公园散步。我们发现了一块墓碑，上面刻着这样的文字："这里躺着一位印第安妇女，一位万帕诺亚格人，她的家族和部落为了这个伟大国家的诞生和发展，献出了自己和自己的土地。"
>
> 当然，说土著人民为了这一崇高的目标献出了自己和自己的土地并不十分准确。相反，他们在人类历史上最大规模的种族灭绝行动中被屠杀、驱逐……每年10月，我们会在哥伦布日纪念著名的大屠杀凶手哥伦布。
>
> 成百上千的美国公民，好心的、正派的人，经常聚集在墓碑旁，读着它，显然没有反应；要有的话，也许只有一种满足感，那就是我们终于对土著人民的牺牲给予了应有的承认……如果他们去奥斯维辛或达豪，看到一块墓碑上写着："这里躺着一个女人，一个犹太人，她的家人和人民为这个伟大的国家的发展和繁荣献出了自己和他们的财产。"他们可能会有不同的反应。[10]

20世纪以前发生的种族灭绝不可避免地更加难以量化，而且根据计算的人的政治和文化偏见，也更容易产生不同的估计。但受人尊敬的人类学家亨利·多宾斯在他职业生涯的大部分时间里都在研究这个问题，在他1966年出版的开创性著作《估算美国土著人口：用新的半球评估技术》中，据他估计，1500年居住在"美国"地区的美洲印第安人有980万—1225万。我们知道，到1900年，这些数字已经减少到23.7万—25万。因此，使用估计数字的中位数，我们可以看到数字从1102.5万下降到24.35万。在短短400年的时间里，北美98%的土著居民死亡，这是一场灾难。

我知道，经过多年的规划，美国印第安人博物馆现在在华盛顿的广场上开放了。这种做法应该受到欢迎，就像种族灭绝博物馆和纪念奴隶制的博物馆的开放一样。但是，当这些博物馆只关注过去的历史，而看不到过去如何塑造了我们的现在时，我担心它们会成为干枯贫瘠的纪念碑。我也想知道，今天的美国人是否真的有兴趣面对他们建国神话的现实。除了清教徒先祖、詹姆斯敦和新英格兰的文化，还能看看那些在殖民者到来之前已经在这里生活了多年的人的文化，以及随后的种族灭绝。但这只是对美国人好奇与否的猜测，所以也许华盛顿不同博物馆的参观人数（来自它们自己网站的数据）应该能说明一切。以下是2015年华盛顿三家博物馆的对比数据：

◎ 国家航空航天博物馆（National Air and Space Museum）：690万游客。
◎ 美国国家历史博物馆（National Museum of American History）：410万游客。
◎ 美国印第安人博物馆（Museum of the American Indian）：120万游客。

*****

那么，在社会中累积的历史沉默和禁忌与随后的思想和行为之间的关系是什么？历史上的一切都不能脱离过去。大屠杀中用于大规模谋杀的毒气室和移动瓦斯车的工业方法可能是全新的，但是，那些策划了这些种族灭绝计划的人的思想是在20世纪早期形成的，他们受到了当时发生的一切的影响。

我在20世纪90年代末开始这项研究时，丹尼尔·戈德哈根（Daniel Goldhagen）刚刚出版了《希特勒的自愿刽子手》（*Willing executer*），对我产生了巨大影响。这本书的第二章考察了历史上反犹太主义在德国的性质，以及戈德哈根假定的，在19世纪晚期，他称之为"消除主义反犹主义"的发展。他利用当时所做的大量研究，提出了非常有说服力的案例。例如，在

1870年至1900年，当时犹太人仅占人口的1%多一点，但至少有1200份出版物关注"犹太人问题"。他还引用了克莱门斯·费尔登（Klemens Felden）进行的另一项重要研究，该研究考查了51位在1865年至1895年之间的著名反犹太主义作家及其著作，发现这些提议中的一半以上是针对"犹太人问题"的"解决方案"，其中有19种解决方案要求对犹太人进行肉体上的灭绝。

到了20世纪初，德国境内明显存在着一种极其恶毒的反犹太主义，但戈德哈根的分析似乎存在着严重的局限性，即只在德国境内寻找纳粹主义和种族灭绝思想的种子。瑞典作家斯文·林德奎斯特（Sven Lindqvist）在其关于欧洲殖民主义的杰出著作《消灭所有野蛮人》（exterminesall The beast）中，把眼光放得更远：

> 欧洲摧毁了四大洲的"劣等种族"，为希特勒摧毁欧洲600万犹太人奠定了基础……欧洲的世界扩张，伴随着对灭绝的无耻辩护，创造了思想习惯和政治先例，为新的暴行铺平了道路，最终导致了……大屠杀。[11]

这些就是让林德奎斯特一次又一次地回归的"思维习惯"。而且，这种极端主义思想绝不局限于未受教育的仇外者——恰恰相反，它实际上是人文主义和19世纪"进步"理想的核心。他在自由主义哲学家赫伯特·斯宾塞（Herbert Spencer）身上发现了这一点，斯宾塞在1851年写道："制定完美幸福的伟大计划的各种力量……消灭那些挡在他们道路上的人类"；与他同时代的德国哲学家爱德华·冯·哈特曼（Eduard von Hartmann）的观点惊人相似，他在《无意识哲学》（Philosophy of the Unconscious）一书中写道："就像……切掉狗的尾巴，把狗的尾巴一寸一寸地逐渐切掉时，人为地延长那些濒临灭绝的野蛮人的死亡斗争是多么没有人性啊……真正的慈善家……不会不希望加速最后的动荡，并为这一目的而努力吧。"

林德奎斯特随后提出了以下论点——我至今还记得，我在研究之初读到这篇文章，并感到震惊——它要求我们的社会彻底反思19世纪和20世纪种族灭绝的原因：

> 种族灭绝的思想离人文主义的核心并不远，就像布痕瓦尔德集中营离魏玛的歌德故居不远一样。这种见解几乎完全被压制了，甚至被德国人压制了，他们成了灭绝思想的唯一替罪羊，而这种思想实际上是欧洲的共同遗产。

他还引用了20世纪90年代初德国发生的关于大屠杀的独特性（或非独特性）的争论，然后做了一个非常重要的观察：

> 但在这场辩论中，没有人提到希特勒童年时期德国人在非洲西南部对赫雷罗人的屠杀，没有人提到法国、英国或美国实施的种族灭绝。没有人指出，在希特勒的童年时期，欧洲人对人类看法的一个主要因素是坚信"低等种族"天生注定要灭绝，而高等种族的真正同情心在于帮助他们在灭绝的道路上前进。
>
> 所有参与这场辩论的德国历史学家似乎都朝同一个方向看，没有人向西方看齐，但希特勒做到了。希特勒在东方寻求生存空间时，希望创造一个相当于大英帝国的大陆。正是在英国和其他西欧民族中，他找到了榜样，犹太人的灭绝就是其中之一——"扭曲的复制品"。

我们是欧洲文化的一部分，对欧洲文化来说，种族灭绝不是最近才发生的现象，而是几个世纪以来反复出现的模式。第一次有记载的欧洲种族灭绝开始于1478年，发生在加纳利群岛（后来被讽刺地称为"幸运群岛"）上讲柏柏尔语的原住民——关契斯人身上。在费迪南德和伊莎贝拉从西班牙派遣军队的五年内，8万名原住民中有7.8万人被杀；拉斯帕尔马斯于1494年投降，特内里费于1496年投降。林德奎斯特解释说，被土著居民称为"摩多拉"的细菌感染甚至比士兵和他们的枪还要致命：

> 在特内里费岛15000名居民中，只有少数人幸存下来。森林被砍伐，动植物都被欧洲化，关契斯人失去了他们的土地，也因此失去了他们的生活。摩多拉细菌多次发作，痢疾、肺炎和性病肆虐。那些从疾病中幸存下来的人反而死于真正的征服——失去了亲人、朋友、语言和生活方式。当吉罗拉莫·本佐尼在1541年访问拉斯帕尔马斯时，只剩下一名81岁的酒鬼原住民。关契斯人已经消失了。

对土著民族成体系的暴力、剥削和灭绝的文化，构成了许多欧洲人思想和行为的基础，就像在开花的大树下完全无意识地扎根一样。我们为城市、文化和教育感到自豪，了解文艺复兴和启蒙运动，谈论欧洲核子研究中心（CERN）的大型强子对撞机和最新的智能手机，却看不到树上所有的花朵都与根相连。除非我们有勇气面对这个令人深感不安的事实，坚定不移地正视彼此共同的历史，否则就不能活在当下——不能充分地生活，不能意识到我们周围的事物，我们来自哪里，以及我们为什么会这样做。

三、种族灭绝[1]

双手在沙漠中挖掘。

成千上万的手。

绝望加剧,指甲开裂。

双手在沙漠中挖掘。

成千上万双手。

绝望加剧,指甲开裂。

人类对水的原始需求。

女人,男人,孩子,都热得神志不清。

没有树,没有草,没有庇护,没有回山的路。

只有一个想法:

水。

他们挖了好几天。

他们在正午的熔炉里挖,

他们在黄昏和夜晚挖掘。

他们挖的洞,和自己一样深,继而挖得更深。

还是没有水出现。

---

[1] Vernichtung:德语词源,字面意思是"一无所获",但也有灭绝或消灭的意思。

他们的力量逐渐减弱，想要穿越奥马赫科广袤的沙漠，到达另一边的避难所，变得越来越不可能了。

如果他们想沿着原路返回，回到他们在山上有祖居之地，虽然那里有水源，但他们知道自己会被包围在沙漠边缘的德国巡逻队射杀。因为"灭绝命令"已经宣布，不会有任何怜悯。

所以他们所能做的就是祈祷雨季——还有几个星期——早点到来。用他们最后一点力气，再往深处挖。有些人只用双手就能在沙子里挖出25到30英尺深的洞。

但是，仍然没有水。

数天，数周，成千上万的，其中大多数是赫雷罗族的人，在今天被称为纳米比亚，但在1904年被称为德属西南非洲（Deutsch-Südwestafrika）的地方死去。成千上万的人死于饥饿和干渴，而德国人几乎不需要开一枪。

*****

永不结束的种族灭绝

自从我第一次读到关于1904年赫雷罗人被灭绝的报道以来，脑海中就一直无法摆脱这些画面和想法。赫雷罗人是在纳米比亚北部肥沃的草原和沃特伯格的山地高原上平静地生活了多年的游牧民族。我在20世纪90年代末第一次读到《消灭所有野蛮人》，但在记忆中，那种身体上的震撼仿佛就发生在昨天。尽管多年来我读过许多关于种族灭绝和大屠杀的描述，但这篇报道以另一种方式影响了我。它似乎不属于这个世界，好像是一场噩梦。但我又重复了一遍，保证我没有产生幻觉。不，它们都在那里，白纸黑字写着——只是我的脑袋无法理解书中描述的现实：

当雨季到来时，德国巡逻队在干坑周围发现了尸骨，这些干坑有24到50英尺深,是赫雷罗人徒劳地挖出来找水用的。几乎所有人——大约8万人——都死在了沙漠里。只剩下几千人,被判处在德国集中营里做苦工……

总参谋部在关于战争的官方记录中写道,"以铁一般的严厉措施对沙漠地区进行了长达一个月的封锁,完成了灭绝性的工作。垂死之人的濒死呻吟和他们愤怒的疯狂尖叫……回荡在无限崇高的寂静中"。总参谋部的报告进一步说,"判决已经执行","赫雷罗人不再是一个独立的民族"。

在1904年到1907年,对赫雷罗人以及他们的姐妹民族纳马人实施的是20世纪的第一次种族灭绝。我在20世纪90年代末开始研究这个问题时,关于这个主题的文章很少,它似乎是所有种族灭绝中最鲜为人知、最不被理解的一类。我想知道在西方的这种文化失语的原因之一,除了我们历史上的种族主义之外,是否在于德意志帝国非常明确地复制了大英帝国在其殖民地和美国对待美洲土著人民的方式中已经确立的野蛮方法。因此,也许我们的文化中有一种根深蒂固的、未被承认的羞耻感,它不希望看到我们对土著民族的灭绝与德国对西南非洲人民,以及后来对自己国家犹太人所做的事情之间的联系。

终于,在21世纪的头十年,一些事情开始发生变化;越来越多关于赫雷罗族灭绝的论文和书籍开始出版,纪录片也开始制作。最后,这场种族灭绝得到承认,文化和历史的可见度得以提高:2017年,德国政府不得不承认,20世纪初发生在非洲西南部的事情确实构成了"种族灭绝"。真正令人震惊的是,德国和世界上大多数国家花了100多年的时间才认识到这一暴行存在。令我震惊的不仅是因为它自己的说法,也因为德国比所有国家更早地了解20世纪德国的两次种族灭绝之间的关键联系。

我自己的理解过程,始于《消灭所有野蛮人》中的那一小段,直到1998年我读到马克·考克的《血之河,金之河》(*Rivers of Blood, Rivers of*

Gold）时，这本书似乎再次抓住了林德奎斯特对我们的理解提出的更广泛的挑战，让我们理解欧洲殖民心理的残酷本质。考克比林德奎斯特更详细地研究了欧洲种族灭绝的四个案例，包括德国人对赫雷罗人和纳马人的灭绝。在这个阶段，我已经开始对我的"桌面屠夫"工作进行深入地研究，我也越来越专注于这样一个问题：德国是如何灭绝欧洲犹太人的。在整整一代人，或者说两代德国人的头脑中，究竟发生了什么，才会使得这样的事件发生？在肉体灭绝之前，一定有过精神和概念上的灭绝吗？在考克的描述中，有一些细节令我震惊——例如，赫尔曼·戈林的父亲曾是德属西南非洲的第一位帝国专员。1904年，一名德国将军颁布了"灭绝令"，比万湖会议早38年。我有一种本能，我在这一领域挖掘得越深，两场种族灭绝之间的联系就会变得越令人不安。

在2010年，大卫·奥卢索加（David Olusoga）和卡斯珀·W.埃里克森（Casper W. Erichsen）发表了他们的开创性著作《恺撒的大屠杀》。最令人信服的是，他们把我们带入了19世纪末德国殖民主义者、军事战略家和策划者的思维模式。多年来，我一直在想，当希特勒、希姆莱、戈林、戈培尔等人还是男孩时，德国文化中的主导思想是什么？他们在学校里学了什么？他们从小看的最畅销的书是什么？他们的父母会讨论些什么呢？德国的报纸在报道什么？柏林的管理当局从西南非洲进行的实验中吸取了什么教训？现在，我的一些问题第一次找到了答案。

但我读得越多，脑子里就越会闪现另一个声音。赫雷罗人和纳马人的灭绝不应该仅仅因为它预示的第二次种族灭绝而被重视，也不应该仅仅被视为与德国有关——因为德国非常公开地效仿了其他大国，尤其是英国和美国。最重要的是，我意识到，这场大屠杀需要从它本身的角度来解读和理解。非殖民化的进程——有些人可能认为已完成——还有很长的路要走。我们思想的非殖民化才刚刚开始。为了充分理解种族灭绝思想的重要性，我们必须把这个事件视为我们西方身份的一部分。我们必须承认灭绝主义的冲动一直是我们文化的核心。我们将不得不在自己的内心展开这场辩论，不管这个过程有多么令人不安。我们还必须承认，种族灭绝永远不能被视为一个已经结束的插曲。这是赫雷罗人和纳马人种族灭绝造成的最可怕的事实之一——根据联合国的说法，今天的纳米比亚是世界上最不平等的国家，在那里，最富有的1%人口的收入高于最贫穷的50%人口的收入，这对健康和预期寿命造成了可怕的后果。[①]我们还应该明白，这种经济不平等几乎完全与该国的种族构成有关——收入最高的1%几乎完全是欧洲白人定居者的后代，收入最低的50%几乎完全是土著黑人。有一点似乎很明显，德国人在1904年通过军事手段开始的种族灭绝的遗产在100年后通过经济手段继续延续——一个可以被描述为"永不结束的种族灭绝"的国家。

要想了解种族灭绝的原因，往往需要回溯到许多年前——看看最近大量的研究（和争论），这些研究是关于19世纪德国的反犹太主义是如何创造（或没有）必要的条件，让大屠杀在大约100年后发生。然而，在赫雷罗人和纳马人的案例中，种族灭绝的弧线要短得多，而且其历史框架也清晰得多——从1883年第一位德国定居者的到来，到1904年奥马赫科沙漠的种族灭绝，不超过21年。这一章的跨度稍微长一些，把我们带到了第一次世界大战的爆发；我试图展示这个国家绝大多数土著民族被灭绝的历史阶段和过程，也试图展示这不仅仅是一场军事种族灭绝：我们还将见到发挥了自己作用的企业，以及学术界和科学界的重要人物，他们为种族灭绝的发生创造了必要的知识和社会条件——20世纪早期桌面屠夫的先驱。

德国对西南非洲的殖民统治分为六个可辨别的阶段，因此这一章将按照时间顺序展开，重点关注那些掌权的人，即每个阶段的主犯：

◎ 阿道夫·吕德里茨和海因里希·沃格尔桑（1883—1885）
◎ 海因里希·戈林博士和《保护条约》（1885—1888）

[①] 联合国开发计划署2005年《人类发展报告》，杰里米·萨金在《21世纪的殖民种族灭绝和赔款要求》中引用。

- 柯特·冯·弗朗索瓦上校："严厉无情"（1889—1893）
- 总督西奥多·洛伊特温（Theodor Leutwein）："分而治之"，英国的策略（1894—1904）
- 洛萨·冯·特罗萨将军：歼灭（1904—1905）
- 总督弗里德里希·冯·林德奎斯特：从"通过劳动进行的灭绝"到"移民天堂"（1905—1914）

1. 阿道夫·吕德里茨和海因里希·沃格尔桑（1883—1885）

1883年4月10日，德国帆船蒂利号抵达荒凉的安格拉·佩奎纳湾，它位于欧洲列强所知的非洲西南部的"骷髅海岸"——一个看似荒凉的海岸，由无尽的沙丘组成，从北部的刚果盆地到南部的奥兰治河，绵延近1000英里。4月的这一天，这艘船抵达时的平静掩盖了随之而来的恐怖、枪击和屠杀。非洲的这一部分是最后一批被殖民的地区之一是有原因的——它惊人的干燥，沿海有大片的纳米布沙漠，南部是内陆卡拉哈里沙漠，再往北是奥马赫科沙漠；这里似乎完全不适合定居——只有英国人在沃尔维斯湾建立了一个单一的海岸据点。然而，殖民主义者喜欢看到的"无主之地"的一个典型例子是——在50英里的内陆，山脉开始上升，中央高原逐渐形成——赫雷罗人、纳马人和其他部落民族在此居住了数百年。

这片土地上已知最早的居民是游牧民族桑人，几千年来，他们在从东非到好望角的广阔土地上狩猎。17世纪早期，讲班图语的民族从北方大批移民而来。其中一些人，即奥万博人，定居在今天的纳米比亚北部，并在为农作物和农业提供水源的河流附近建立定居点。

第二波移民，赫雷罗人，带着大量的牛群来到这里，寻找新的牧场；在这个国家的中部高原上，他们很快发现了肥沃的草原，这片面积大约有瑞士那么大的地区成为他们的领土。虽然有许多赫雷罗人部落，每个部落都有一个选举出来的首领，他们共同拥有所有土地，并承认一个总的部落领袖。他们也因对神的信仰而联系在一起，他们死去的祖先在与神沟通的过程中扮演着中心角色，并以这种方式为人们提供指引。在所有赫雷罗人的定居点里，圣火一直在燃烧，象征着死者和生者之间的联系。到了18世纪晚期，赫雷罗人因牲畜贸易兴旺起来，据说他们的人口已经增加到大约4万。

在19世纪早期，另一波来自南部好望角的移民潮发生了。这些人就是纳马人，他们是由好望角土著居民、科伊桑人和18世纪荷兰殖民定居者组合而成的。大多数纳马人会说科伊科伊语（科伊桑语言）和荷兰语双语，反映出这种混合的文化背景。

然而，他们完全拒绝了荷兰布尔殖民者给他们的仆人角色，而是尽力将自己打造成独立于白人社会的小农。在19世纪早期，当他们开始向北部迁移时，他们精明地开始获取枪支和马匹——这是当时南部非洲社会的两大关键力量来源。当他们在奥兰治河以北的纳米比亚南部灌木丛地带定居时，这些商品的贸易成为纳马人致富的动力之一。这里是卡拉哈里沙漠和纳米布沙漠交会处，深谷和山脉纵横交错。在这里，他们开始牧羊，也发展出先进的金属加工技术，再加上买卖马匹和枪支，很快，纳马人在他们的新土地上兴旺发达起来。他们生活在12个部落中，由部落首领（kapteins）领导，白男孩（Witbooi）是这些部落中最强大的（白男孩因为他们在宽帽子上戴白色头巾而得名）。许多纳马人是基督徒，因此他们在主要定居点建起了教堂，欧洲传教士被邀请加入社区，学校也很快建起来了。

到19世纪中期，赫雷罗人和纳马人都通过他们赖以生存的牲畜和贸易兴旺起来，成为这片土地上的主要民族，人口加起来大约有10万。奥卢索加和埃里克森为我们描绘了一幅生动的生活画面：牛群放牧与商品贸易并存。

> 夜晚，到处都是营火，白人商人、传教士、纳马人、赫雷罗人和科伊桑人在沙漠寒冷的夜晚寻求慰藉。整个国家聚集在成千上万的火堆旁，讲述着古老的故事，梦想着牛、财富或权力。

*****

一个名叫海因里希·沃格尔桑的年轻人在4月的一天从蒂利号上下了船，他在海湾里只找到了一幢像样的房子——一个古怪的英国鲨鱼猎手大卫·雷德福的房子。沃格尔桑正在执行一项由他的老板阿道夫·吕德里茨构想出来的任务。吕德里茨是一位富有的烟草和肥料贸易商，公司总部设在不来梅，他想在这里建立一个贸易站，最终建立一个德国殖民地。吕德里茨的目的再清楚不过了，从他的声明中可以看出，这句话在今天看来几乎是对殖民邪恶的讽刺："如果事实证明整个殖民地是一个巨大的矿藏，一旦被开采，将给整个地区留下一个巨大的洞，我应该感到高兴。"[①]

沃格尔桑的第一个行动是在安格拉·佩奎纳的海湾搭起一个预制小屋，他颇为夸张地称之为"沃格尔桑堡"。他的下一步是前往纳马人在离海岸120英里的伯大尼的定居地，去见那里的首领约瑟夫·弗雷德里克斯，他被告知，约瑟夫·弗雷德里克斯控制着沿海地区的土地。当地德国传教士约翰内斯·巴姆（Johannes Bam）担任翻译，在他的帮助下，1883年5月1日，沃格尔桑与弗雷德里克斯达成协议，以100英镑和200支步枪换取位于安格拉·佩奎纳的方圆5英里的土地。当年8月，沃格尔桑又回来进行一项更具剥削性的谈判交易——这次是（交换条件是500英镑和60多支步枪）从安格拉·佩奎纳向北延伸200英里的海岸，"地理上长达20英里"宽。[②]

吕德里茨选择的时机非常特殊，因为1883年至1884年，德国的殖民政策发生了翻天覆地的变化。帝国宰相俾斯麦一直以成本为理由，强烈反对帝国

[①] 最近，我在约瑟夫·康拉德的《黑暗的心》一书中发现了对吕德里茨的评论："从这片土地的深处挖出宝藏是他们的愿望，而他们背后没有什么道德目的，就像窃贼撬开保险箱一样。"

[②] 沃格尔桑用这样的措辞诱使弗雷德里克斯和纳马人实际上放弃了离海岸100英里的土地所有权——因为"地理上的1英里"应该等于5个标准英里。

计划，他明确地说："只要我是帝国宰相，我们就不会奉行殖民政策。"然而，在19世纪80年代，德国公众被诸如海因里希·巴特和古斯塔夫·纳希提加尔等撒哈拉探险家的英雄事迹所吸引，开始沉迷于"殖民热"。德国新闻界和新成立的德国殖民协会开始向政府施加越来越大的压力，要求其改变策略。关于英国、法国和葡萄牙将如何快速控制整个非洲，并迫使德国商人离开非洲，以及德国将错过这次殖民机会，公众进行了大量讨论。

在柏林宰相府，俾斯麦关注着吕德里茨的活动和德国的公众舆论。他相信，通过效仿英国殖民模式，利用像东印度公司这样的机构，为自己的私人军队提供资金，并自行组织绝大部分的行政工作——帝国发展殖民地的成本将是有限的，而收益可能是巨大的。但现在时间是最重要的，特别是当他听到谣传英国可能会对纳米比亚海岸提出领土要求的时候。1884年4月19日，德国宰相通知吕德里茨，他在安格拉·佩奎纳的准殖民地将受到德国政府的全面保护。四个月后，在谢林和赫尔比格船长的带领下，两艘德国海军船只抵达并升起旗帜，公告宣布这片领土现在属于"德皇威廉一世陛下"的主权之下，并立即称之为"德属西南非洲保护国"。

1884年10月，欧洲列强在俾斯麦位于柏林威廉街（Wilhelmstrasse）的官邸召开柏林会议，以确定他们在非洲的势力范围。尽管德国起步较晚，但与英国、法国和葡萄牙相比，它在四个非洲国家——西南非洲、东非（后来的坦桑尼亚）、多哥和喀麦隆——自由地建立了殖民地，几乎有100万平方英里的领土和1400万居民。

但1885年初，在非洲西南部，吕德里茨遭受了一系列挫折，不久之后就去世了。到了夏天，俾斯麦的梦想（一个由公司经营的非正式殖民地，仿照英国的模式）受到了威胁。德国如果要继续对西南非洲感兴趣，现在就必须建立一个完全由国家出资的殖民政府，包括任命一名帝国专员。但是会选谁来担任这一重要的殖民角色——一个将巩固德国对西南非洲的"所有权"并开始剥夺土著人民土地的角色？俾斯麦任命了一名律师，此人臭名昭著，并在19世纪的种族至上主义者和20世纪的种族灭绝主义者之间提供了一种生动的联系。

2. 海因里希·戈林博士与《保护条约》（1885—1888）

1885年9月，海因里希·戈林博士在西南非洲就任新职。55年后，他的儿子赫尔曼负责监督纳粹对东欧大片地区的殖民统治，以及对数百万波兰人和斯拉夫人的奴役。他以前是一名法官，他的法律知识和对荷兰语的掌握是他被俾斯麦任命的主要原因；殖民的首要任务是在帝国和部落人民之间进一步谈判条约和组建联盟，这将有助于把土地所有权移交给新的殖民政权。

1885年10月，戈林和他的随从到达赫雷罗的首都奥卡汉加，并最终与部落首领马哈雷罗·贾穆阿哈（Maharero Tjamuaha）达成了一项《保护条约》。但在第二年，他试图与纳马首领亨德里克·威特博伊（Hendrik Witbooi）谈判达成类似协议，却遭到了拒绝。威特博伊是一位拥有非凡智慧和勇气的领导者，不想与穿着制服、带着旗子的傲慢德国殖民者有任何瓜葛。

威特博伊写信给戈林的一位副手："你……称自己为'代表'。我该如何回应？你是别人的代表，而我是一个自由自主的人，只听命于上帝。所以我跟你没有什么可说的。"

戈林的行政长官任期以更不光彩的方式结束，因为英雄领袖贾穆阿哈发现戈林把他在奥吉宾韦的别墅扩建到了英雄墓地的圣地之上。1888年10月底，他被传唤来解释自己的行为，愤怒的贾穆阿哈当着他100名部下的面，立即废除了他们在三年前达成的协议。戈林被吓坏了，他认为自己有生命危险，于是立即逃离了这个国家，德国对西南非洲的"控制"也随之瓦解。

我们知道戈林后来给他的儿子赫尔曼讲述了他在殖民地的惊险故事；我们只能推测他如此富有想象力的讲故事能力，并对他把这些灾难岁月转变成"英雄"行动的厚颜无耻表示微笑：

小戈林听着父亲讲他过去的冒险故事,眼睛里闪烁着兴奋的光芒。这个充满好奇和想象力的孩子被父亲作为一个帝国军官在西南非洲的开拓性工作,穿越卡拉哈里沙漠的旅程,以及与奥卡汉加的黑人国王马哈雷罗的战斗所震撼。

尽管与马哈雷罗的斗争可能是虚构的,但这些故事对整整一代德国年轻人(比如赫尔曼)的影响非常真实,事实上非常危险,这些故事创造了一个关于德国为生存空间而斗争,一场建立在摧毁"劣等种族"基础上的斗争的强有力的神话。在世纪之交,德意志帝国的孩子们在这种观念下成长,认为这非常自然。

3. 柯特·冯·弗朗索瓦上校:"无情严厉"(1889—1893)

戈林的继任者于1889年6月到任,这是一位久经沙场的普鲁士军官,柯特·冯·弗朗索瓦上校,19世纪80年代末,他作为雇佣兵对比利时国王利奥波德二世在刚果的恐怖统治做出了贡献,因而声名远播。弗朗索瓦的种族狂热论可以概括为:"欧洲人未能给予黑人正确的待遇……只有少一些宽容,多一些严厉才能取得成功。"他很快便加强了德国在西南非洲的军事力量,并最终在赫雷罗兰中部的温得和克(今天仍然是纳米比亚的首都)建立了新的总部和堡垒。

这样一来,这里开始吸引了第一批德国定居者,他们在大堡垒的保护下开始在附近建立农场。不久,随着温得和克的扩张,邮政服务和与德国的定期航运逐步建立,这个殖民前哨开始成形。1890年,他与赫雷罗政府谈判达成一项新的保护条约,因为他认为,对德国利益的主要威胁是在亨德里克·威特博伊领导下的南部装备良好的威特博伊纳马(Witbooi Nama)族。1893年初,弗朗索瓦终于如愿以偿获得了德国增派的250名士兵;他终于可以开始他计划了好几个月的军事行动了——但这并不是德国军队和纳马战士之间的公开战斗。

1893年4月12日晚，在距离温得和克西南100英里的霍恩克兰山谷，发生了德国进行的第一次大屠杀。亨德里克·威特博伊和大约1000名他的族人睡在遍布山谷的土屋里。弗朗索瓦通知他的200名士兵，当晚的任务是"摧毁威特博伊部落"，但这不是一场常规的战斗。士兵们爬上山谷上方陡峭的山坡，包围营地，然后，就在太阳开始升起的时候，霍恩克兰山谷里的人们还在沉睡，弗朗索瓦发出了攻击开始的信号。在接下来的半个小时里，200支步枪发射了16000发子弹，轰击着下面的山谷。在烟雾、混乱和尖叫中，亨德里克设法命令威特博伊的战士在山谷的尽头重新集结，他以为德国人会跟上。但是弗朗索瓦命令他的士兵们装好刺刀，冲下山坡冲向霍恩克兰，开始屠杀所有留在那里的人——妇女、儿童、病人和老人——并将这个地方夷为平地。亨德里克12岁的儿子在试图逃跑时被射杀，他试图爬向威特博伊战士，但一名德国士兵发现了他，朝他的头部开枪。一名目击者描述了这场大屠杀：

> 一名妇女被杀时，她的孩子紧紧抱住她尖叫；一个士兵射穿了那孩子的脑袋，把它炸得粉碎。房屋被点燃，妇女和儿童的尸体被烧毁……在营地的另一边，除了两名受伤的妇女，其他所有妇女均惨遭杀害。

德国人最终离开时，他们带走了80名威特博伊妇女在温得和克驻军中充当奴隶，恐怖程度加剧——之后，80名妇女、儿童和8名老人被屠杀。

弗朗索瓦向他在柏林的上级报告了这场军事胜利，夸耀有50名威特博伊方面的士兵被杀（完全是虚构的），"威特博伊方面采取任何进一步抵抗都是不可能的"。但人们很快就发现，绝大多数被杀的人是妇女和儿童，英国报纸上开始出现生动的亲眼看见大屠杀的报道，直接挑战了他的说法。柏林和伦敦很快展开了激烈的辩论，许多人震惊但有些虚伪地嘟囔着："欧洲国家不会以这种方式发动战争的！"

最终导致他被召回德国的原因并不是他在霍恩克兰山谷的野蛮行为，而是他无力击败亨德里克·威特博伊。值得注意的是，在霍恩克兰的人们重新集结之后，亨德里克成功地对弗朗索瓦和他在温得和克的驻军进行了几次突袭，甚至一度切断了德国人通往海岸的补给线。弗朗索瓦和他的人被封锁在堡垒里好几个月。与弗朗索瓦对非战斗人员的屠杀形成鲜明对比的是，威特博伊的行动只针对德国士兵，没有伤害移民农民和他们的家人。到1893年秋天，德国的不安情绪已经蔓延开来，在国会的一场辩论中，一位发言者阐明了许多人的观点，他说："弗朗索瓦……必须被其他人取代……亨德里克·威特博伊才是这个国家真正的主人，弗朗索瓦根本不是他的对手。"

4. 总督西奥多·卢特温：英国的策略，"分而治之"（1894—1904）

1894年元旦，弗朗索瓦的接替者西奥多·卢特温抵达斯瓦科普蒙德的新港，然后前往温得和克担任总督。他在法律和外交方面的背景与弗朗索瓦完全不同，他知道赫雷罗人和纳马人不应该被低估。卢特温详细研究了英国在全球范围内殖民的经验，并希望实施他们的主要原则之一——在不同部落之间实行"分而治之"的政策。他非常明确地坚持这一策略，他写道，他打算让"土著部落为我们的事业服务，并让他们自相残杀"。与花钱和使用德国士兵相比，"离间当地人为我们自相残杀"肯定是更明智的做法。

首先，他挑选了两个较小的纳马部落，强迫他们签署条约，接受德国的主权。然后他把注意力转向亨德里克·威特博伊，给他写了一系列言辞非常激烈的信，敦促他讲和，然后，当这些努力都不起作用时，在1894年8月，他在诺克鲁克夫特山脉向威特博伊和他的军队发起进攻。经过13天无情的炮击，亨德里克终于接受了卢特温提出的和平协议。该协议的条款是，纳马人将返回该国南部靠近吉布恩的地区，那里将驻扎德国驻军。但是纳马人可以继续控制他们的土地和动物，并仍然负责维持"领土上的和平与秩序"。无论是在移民社区还是在柏林,这些条款都不太受欢迎,许多人认为卢特温对纳马人的提议太"慷慨"了。

随着纳马人被有效地压制,卢特温开始在赫雷罗军中制造尽可能多的分裂。贾穆阿哈死后,塞缪尔·马哈雷罗(Samuel Maharero)和他的堂兄尼科德穆斯(Nikodemus)争夺"最高领袖"的角色,引发继承权的争议。塞缪尔接受了传教士的教育,皈依了基督教,并养成了许多欧洲人的习惯,住在大别墅里,穿昂贵的西方衣服,对白兰地等美酒上瘾。尼科德穆斯更为传统,是一个久经考验的东部赫雷罗领袖,也更受人民欢迎。卢特温非常精明,他考虑到这一切,私下里指出了塞缪尔的所有弱点,然后宣布德国支持他的当选,后来又写信给德国新任宰相卡普里维:"不言而喻,一个政治上分裂的赫雷罗国家比一个团结一致的国家更容易对付。"

1894年12月,塞缪尔安全当选,尽管赫雷罗人放牧生活几百年来一直没有明确的边界,但卢特温与赫雷罗人达成协议,限制其领土的南部边界,以便让德国人能够进一步定居。这很快就引起了大家的怨恨,尤其是东部赫雷罗人,他们的一些土地已经被塞缪尔轻松地签掉了。最终,尼科德穆斯失去了耐心。1896年4月,他袭击了一支德国巡逻队,又袭击了戈巴比斯的一个政府军事哨所。根据已经签署的各种保护条款,塞缪尔·马哈雷罗和亨德里克·威特博伊被迫与尼科德穆斯和东部的赫雷罗人作战。卢特温损人利己的分而治之计划开始开花结果了。叛乱被镇压,尼科德穆斯随后被处死,赫雷罗人民和他们的东部同胞之间产生了巨大的罅隙。

雪上加霜的是,19世纪90年代中后期在其他方面对赫雷罗人来说是灾难性的。1896—1897年牛瘟肆虐全国,疫情摧毁了牛群,一些社区损失了95%的牲畜。

由此造成的营养不良和疾病导致许多赫雷罗人放弃了他们的生活方式,到德国定居点和传教站寻求工作和帮助。一些赫雷罗人被迫卖掉最好的牧场,使德国移民拥有了更多的立足点。甚至在曾经研究过美国殖民者是如何驱逐印第安人土著的殖民当局中,也有过关于为赫雷罗人建立保留地的讨论，以便让德国人对这片土地拥有更大的控制权。这种方法在国际上非常流行——西奥多·罗斯福（即将成为美国总统）在1889年至1896年撰写了《西方的胜利》一书，阐明了美国的经验教训：

> 所有的战争中，与野蛮人的战争是最正义的……美国人与印第安人、布尔人与祖鲁人、哥萨克人与鞑靼人、新西兰人与毛利人——尽管每一个胜利者的许多行为都很可怕，但都为一个强大民族的伟大未来奠定了基础……美国、澳大利亚和西伯利亚应该摆脱它们的红、黑和土著主人，成为世界占统治地位种族的资产，这具有不可估量的重要性。[12]

*****

回到19世纪90年代的德国，这种公然的种族主义思想被广泛接受，殖民热达到了顶峰，卡尔·梅（Karl May）的"西方德国"小说吸引了大批读者。梅描绘了在美国边境的德国移民，与野蛮人斗争，并重新发现他们作为一个殖民地民族的基本民族根源。他描写的德国移民逃离家乡拥挤的工业生活，找到了他们真正的精神根源，这些故事受到了数百万读者的追捧。许多故事都发表在一本读者对象为男孩的名叫《好同志》（*Der Gute Kamerad*）的杂志上，这本杂志在1887年至1897年拥有大量读者，销量在这段时间达到顶峰，当时希特勒还是个8岁的小男孩，是卡尔·梅的书迷。十年后，又有数百万儿童阅读古斯塔夫·弗伦森的《彼得·摩尔西南非洲历险记》（*Peter Moor's Adventures in southwest Africa*，1908年出版），这本书从一个十几岁男孩的视角讲述了对赫雷罗人和纳马人的种族灭绝。[①]通过他的"扣人心弦的冒

---

① 今天我们将其解读为一种希特勒青年时代对历史的讽刺，但它在德国非常受欢迎；事实上，在20世纪上半叶，它是德国最畅销的儿童读物之一。

险",彼得开始意识到土著人民是野蛮的,应该被灭绝。

但比卡尔·梅和古斯塔夫·弗伦森更有影响力的是汉斯·格林在1926年出版的《没有空间的民族》,一部关于德国"普通"人物科尼利厄斯·弗莱博特(Cornelius Freibot)的史诗故事,他最终在1907年定居在德属西南非洲(没有提到刚刚发生的大屠杀,也没有提到集中营)。他终于找到了他梦想中的生存空间,自由畅快呼吸的空间——在这里,德国人可以认识到他们作为一个民族是什么人。20世纪20年代初,他回到德国寻找问题的答案,主要是犹太人,现在他意识到他们不是"日耳曼部落"的一部分。这本书卖出了数十万册,"没有空间的民族"成了纳粹的战斗口号。在一个电视还没有出现的时代,这类书籍的文化影响怎么夸大都不过分;他们本质上是对德国年轻一代的思想进行了改造,为纳粹主义后来的扎根创造了最肥沃的条件。

地理学家弗里德里希·拉泽尔(Friedrich Ratzel)走进了这种文化背景,他现在创造了一种异常强大而危险的学术框架,将所有这些迥然不同的殖民冲动汇集在一起。受达尔文对动物适应和进化研究的影响,拉泽尔将达尔文的理论应用(或者说是误用)于人类迁徙和"生存斗争"。他认为,白种人对世界的殖民和对土著人民的毁灭都是这一斗争的一部分,而迁徙的动力是人类进化的一个关键因素——其基础是人们需要不断扩大他们所占有的空间。

1897年,拉泽尔出版了他的《政治地理学》一书,提出了他的"生存空间"(Lebensraum)理论。这个概念将于十年内在德属西南非洲形成种族灭绝力量,50年内在整个欧洲形成种族灭绝力量。这个概念迅速流行起来,推动了19世纪末的殖民,并在接下来的几十年里像一颗有毒的种子在德意志帝国的政体中发芽。林茨的一个小男孩十有八九是在学校里第一次听说这种想法的;当然,20年后,也就是1924年,我们知道希特勒在兰斯堡监狱读拉泽尔的书,当时他正在写《我的奋斗》——然后,"生存空间"形成了推动国家社会主义运动的信仰演变的核心原则。

拉泽尔是1887年德国殖民学会的创始人之一,他大力提倡将德属西南非洲作为"生存空间"的应用实验,德国殖民者和农民是这种殖民的主要代理人。任何试图阻止这种自然发展的土著民族,或他称之为"低等种族"的人,都将遭到压倒性的力量反击。就像卢特温一样,他以英国、欧洲大陆和美国在塔斯马尼亚、巴西南部和北美的殖民地为例,这些殖民地的殖民者迅速取代了土著居民。正如奥卢索加和埃里克森所指出的,"这些被拉泽尔视为未来殖民主义典范的战争,是灭绝战争,有些还包括种族屠杀"。

*****

19世纪结束时,尽管有牛瘟、斑疹伤寒和疟疾流行,以及德国殖民者和定居者不断的企图侵占,西南非洲仍然主要掌握在赫雷罗人和纳马人手中。德国人在很大程度上被限制在他们的卫戍城镇,如温得和克及其周边地区,即使这样,绝大多数的人口都是士兵——1896年居住在该镇的780名欧洲人中有600人是军人。尽管他们现在在这个国家有了一个立足点,但这并不能满足卢特温总督或他在柏林的上级的野心。

在受到大英帝国"分而治之"战略的启发之后,卢特温现在把目光投向了美国,寻找下一阶段殖民工作的思路。在美国开疆拓土的过程中,有两个因素至关重要——铁路[①]的发展和自然保护区的建立。这位总督认为这些问题是如此重要,所以1897年,他回到柏林,直接向国会申请资金,以帮助启动铁路建设。五年后,也就是1902年,连接温得和克和快速发展的斯瓦科普蒙德港口的第一条线路建成,第二年,连接港口和奥塔维附近铜矿的第二条线路开始动工,所有的这些也导致了赫雷罗人的放牧土地大量损失。同样是在1903年,卢特温同意了一项土著保护区的政策,并建立了两个自然保

[①] 柏林殖民部负责西南非洲事务的官员安吉洛·戈林内利写道,殖民地的铁路建设"是征服和和平的前奏"〔摘自大卫·奥卢索加(David Olusoga)和卡斯珀·埃里克森(Casper Erichsen)的《恺撒的大屠杀》(*The Kaiser's Holocaust*)〕。

护区——在奥钦宾圭（Otjimbingwe）为赫雷罗人建立的保护区，在里蒙特（Rietmont）为纳马人建立的保护区。

到1903年，虽然许多牛被卖给了定居者，但当时只有10%的原属于土著居民的农田被"合法"转让给了德国人。可以理解，无论卢特温的殖民政策多么苛刻，都是由他的法律和外交背景所决定的，因此他可以非常公开地冷嘲热讽："无论一个人的殖民政策多么残酷，都有必要给他的行为套上一个合法的外套。"①

更糟糕的是，从殖民者的角度来看，赫雷罗人和纳马人从来没有这么富裕过。瘟疫过后，他们的牲畜数量反而增加了，而且，随着物价的上涨，他们的牲畜价值达到了前所未有的水平。怨恨情绪高涨，尤其是在温得和克附近的定居者中，他们看到非洲人仍然在殖民地保留了大部分权利，这是正确的。这一现实与认为土著居民是"野蛮人"而根本不是人类之间的鸿沟，让许多殖民者难以忍受。当时的一位传教士写道："普通的德国人看不起当地人，认为他们和高等灵长类动物差不多（他们最喜欢用'狒狒'来称呼当地人），把他们当作动物来对待。"1900年，一群德国定居者写信给柏林的殖民部，表达他们的观点和在西南非洲需要采取的战略：

> 任何在土著居民中生活过的白人都发现，几乎不可能把他们视为欧洲人。他们需要数个世纪的训练，需要投入无尽的耐心、严格教育和正义，才能成为人类。

*****

考虑到殖民者中的这种狂热气氛，以及赫雷罗人和纳马人对定居者经常

---

① 这一措辞预见了参加万湖会议的律师和公务员，以及海德里希强调的"通过法律手段清理德国人的生存空间"（不管种族灭绝的意图是否更广泛）。

虐待他们的人民而日益增长的愤怒，不需要太多客观条件就能使局势升级。在瓦姆巴德这个位于西南非洲南部边界的小定居点，导火索被点燃了。故事始于1903年10月下旬，一个少数民族部落（邦德斯沃茨）的首领与一位前往好望角殖民地（后来的南非）的赫雷罗女子发生了争执。当地一位名叫乔布斯特的德国中尉听说了这场争端，便传唤邦德斯沃茨的首领简·克里斯蒂安到他面前。克里斯蒂安无视了这一命令，因为争端已经解决，他认为德国人无权处理种族间的争端。乔布斯特对这种不尊重感到愤怒，他带着两个助手去了克里斯蒂安的家。克里斯蒂安被拖出了屋子，他激烈地反抗着。然后，乔布斯特命令士兵射杀他，他们照做了。克里斯蒂安在临死之前低声说："现在战争开始了。"乔布斯特和两名士兵随后被邦德斯沃茨部落杀害。

当这些人死亡的消息传到温得和克和柏林时，可想而知，人们的反应歇斯底里。德国皇帝坚持立即向德国在非洲的所有领土派遣庞大的军队，"除非我们失去所有的殖民领地"，而卢特温（尽管私下里他对乔布斯特将这样的小纠纷升级感到愤怒）被迫向邦德斯沃茨部落宣战。

1903年11月下旬，他率领一支军队向南行进了500英里镇压所谓的叛乱，让傲慢而又缺乏经验的泽恩中尉负责北部，这是一个灾难性的错误。泽恩的大本营在赫雷罗的首都奥卡汉加要塞，塞缪尔·马哈雷罗在那里有自己的别墅和总部。1904年1月初，卢特温还在该国南部，泽恩从一个当地商人那里听到一个谣言，说数百名武装起来的赫雷罗人正在前往该镇的路上。泽恩在没有试图证实事实的情况下，命令所有白人撤离他们的房子，并在堡垒内避难。然后，他给柏林发了一封电报（相当不准确），报告赫雷罗人起义已经开始。

不久之后，德国士兵开始从堡垒向城里开火，真正的战争开始了。

泽恩在当地赫雷罗人中的名声已经被两次严重的进攻行为玷污了。首先，1903年，他下令从奥卡汉加受人尊敬的祖先坟墓中挖出赫雷罗人的头骨，这样他就可以把它们卖给德国研究种族的科学家，从而获得一些额外的收入。之后，他在1903年12月要求北方赫雷罗领导人将大量土地转让给德国定居者，并同意建立第二个赫雷罗人保护区。这些领导人拒绝签署该条约，泽恩却伪造了他们的签名，并宣布修改已获得他们的同意。考虑到所有这些挑衅，塞缪尔·马哈雷罗在1904年3月初写信给卢特温就不足为奇了，他写道："这不是我的战争……这是泽恩的。"马哈雷罗在随后的战争中的行为与德国人形成了鲜明的对比——他特别下令，不应该对欧洲人、布尔人或纳马人使用暴力，也不应该将德国妇女或儿童作为攻击目标。德国人可没有这样的内疚：他们对赫雷罗人的战争是残酷而彻底的——私刑变得司空见惯，从1月下旬起，温得和克竖起了三个绞刑架，用来绞死被俘的赫雷罗人。

虽然不是他们挑起的，但赫雷罗人已经为战争做好了充分准备。到1903年12月，马哈雷罗和部落长老们一直在讨论，他们是否可以继续忍受泽恩和德国殖民者的挑衅。到1904年1月初，他们意识到卢特温和大多数德国士兵已经南下，只留下泽恩和后面的温得和克和奥卡汉加的一小部分部队。因此，当泽恩的士兵于1904年1月初在奥卡汉加向他们开火时，赫雷罗人以压倒性的优势予以反击。1月12日，镇子被占领，商店被洗劫和烧毁；随后堡垒被围困了几天，最终来自温得和克的德国士兵设法突围并带来了援军。从1月12日到18日，赫雷罗人控制了这个国家的中心，德国驻军主要集中在城镇，躲在他们的堡垒里。在此期间，赫雷罗战士袭击了几十个遥远的德国农场和定居点，杀死了120多名德国定居者和商人。但大多数情况下，马哈雷罗不以非德国人、德国妇女和儿童为目标的命令，得到了尊重。

虽然赫雷罗人取得了这些早期的胜利，但他们战略上的关键性失败在于他们没有占领温得和克和奥卡汉加的主要城镇和堡垒，这本来可以使他们获得现在所缺乏的关键枪支和弹药。1月27日，弗兰克上尉和他的第二野战连成功解除了对奥卡汉加堡垒的围困。马哈雷罗和他的战士们向东撤退，进入翁杰提山脉；随后在这里进行了六小时的激战，100名赫雷罗战士阵亡，但德军也遭到沉重的打击，损失了五分之一的军队。但是，弗兰克继续突围，到2月4日设法解除了对北部奥玛鲁镇的围困。

1904年2月、3月和4月初发生了更多的小规模冲突和战斗，双方都有重大伤亡——例如，4月3日在奥卡哈鲁，49名德国人被杀或重伤，42名赫雷罗人死亡。但在这些统计数据背后，或许最值得注意的是，至少在纸面上，德国人在士兵数量、武器现代化（如马克沁机枪）和弹药数量方面拥有压倒性的优势。然而，赫雷罗人对地形，尤其是对山脉的熟悉，便于他们进行非常有效的反攻战争，这意味着三个月来，欧洲最大的军事力量之一都无法打败他们。

与此同时，每周都有数百名士兵从德国涌入西南非洲，带来了大量额外的火炮和马克沁机枪。志愿者中有一位35岁的巴伐利亚中尉弗朗茨·冯·埃普（Franz von Epp），他是"生存空间计划"（Lebensraum project）的忠实信徒，也是一位极端的社会达尔文主义者，他认为殖民战争是一场种族运动（后来他成了冯·埃普将军，1922年[①]，年轻的阿道夫·希特勒加入了他的右翼民兵组织）。到3月1日，2000多名新的德国士兵已抵达非洲西南部。这时，卢特温终于回到了奥卡汉加，现在赫雷罗战斗部队已经有4000多人了，他们在最初的进攻之后，撤退到了东部50英里处奥坎吉拉附近的山区。卢特温本能地想与塞缪尔·马哈雷罗谈判，但他接到的命令只是"无情地镇压"起义。于是，1904年4月7日，他不情愿地率领一支800人的部队离开奥卡汉加，向山区进发。他已经意识到柏林方面的权威，和西南非洲的许多定居者一样，只会满足于彻底摧毁赫雷罗人。他给殖民司令部进言（后来发现这毫无效果）："我不认同那些想要看到赫雷罗人被彻底摧毁的狂热分子。六七万人口不会那么容易被消灭，而且我认为从经济角度来看，这是一个严

---

① 通过冯·埃普的组织，希特勒才见到了许多后来成为纳粹党核心人物的人，其中包括恩斯特·罗姆和海因里希·希姆莱。也正是由于冯·埃普与殖民地的旧联系，希特勒才得以获得数千件西南非洲士兵的多余制服，这些制服是沙漠棕色的，后来希特勒臭名昭著的纳粹街头战士就被命名为"褐衫军"。最关键的是，正是冯·埃普在1920年募集了一笔6万马克的非法贷款，使希特勒和他的支持者收购了一家慕尼黑的报纸，这份报纸很快成了纳粹的主要媒体喉舌《人民观察家报》（*Völkischer Beobachter*）。

重的错误。"

4月9日在奥坎吉拉发生小规模冲突后，赫雷罗向北撤退，4月13日在奥维翁博，他们对卢特温的部队进行了毁灭性的打击，从山上伏击他们，并包围了德军。当时卢特温下令撤退到奥卡汉加，德国军队只是在夜幕降临时才得以幸免。这一令人震惊的失败消息在德国引起了轩然大波，5月9日，卢特温被解除军事职务，但他被允许继续担任一段时间的总督。

5. 洛萨·冯·特罗萨将军：歼灭（1904—1905）

1904年6月11日，在斯瓦科蒙德登陆的新军事指挥官是洛萨·冯·特罗萨将军，这个名字至今在纳米比亚仍臭名昭著。他曾在德国、东非和中国进行过残酷的殖民镇压——在义和团运动爆发后，他下令对叛乱分子进行大规模绞刑，并烧毁整座村庄及其居民，确立了自己毫不妥协的名声。他为自己的种族至上主义观点感到自豪，即使以当时的标准来看，这种观点也是极端的。正如他在西南非洲航行的日记中描述的，他喜欢与世界上的"低级种族"和非人类（Unmenschen）作斗争。就在他抵达后，他写了这样一句话，看上去像一个可怕的预言：

> 我了解非洲的很多部落……他们都一样。他们只会对武力做出应对。无论是过去还是现在，我的政策都是用武力甚至暴行来对抗恐怖主义。我会用血之河和金之河消灭反叛的部落。只有在彻底将其连根拔起之后，才会看到内核。

当冯·特罗萨和卢特温在温得和克相遇时，两人立刻发生了冲突，冯·特罗萨说总督不了解战争的真相，并立即宣布进入紧急状态，实际上等于完全解除了卢特温的民事权力。在接下来的六周内，冯·特罗萨看到军队增长到5000多名士兵，便开始制定自己的战略。

到目前为止，有5万名赫雷罗人已经再次向北迁移，回到他们的精神家园——被称为沃特伯格（水山）的高原。这里生长着古老的无花果树，是这些人的圣地；根据赫雷罗的创世神话，这里是第一批祖先从天堂降临的地方，他们攀爬过无花果树的树枝。这里也成为赫雷罗部落聚集在一起作决定的主要集会场所。沃特伯格的下面有深厚而丰富的地下蓄水层，为人类和动物提供用水。这是沙漠绵延数百英里之前的最后一处水源，赫雷罗人称之为奥马赫科（意为沙洲——干燥的沙地），一直向东部和南部延伸。在这里，塞缪尔·马哈雷罗和其他部落首领正在举行会议，他们知道德国人很快就要来了，并试图就战略达成一致。根据他们以前和德国人打交道的经验，许多人认为他们会谈判，马哈雷罗为此进行了外交试探。但这位赫雷罗人对他们的对手的看法却大错特错了。

到7月初，冯·特罗萨在温得和克集结的军队已经有6000人，军队运营的资金来自德国殖民部门筹集的巨额贷款，沙文主义的侵略气氛鼓励了成千上万的年轻人自愿参战。从一开始，冯·特罗萨只对彻底摧毁赫雷罗人感兴趣。用他自己的话说，他现在决定"把赫雷罗人围困在沃特伯格和……以瞬间的打击消灭他们"。他毫不理会经验丰富的军官们提出德国应该进行和平谈判的建议。1904年8月初，冯·特罗萨率领六个大队离开温得和克，开始包围沃特伯格。

8月11日早上6点，冯·特罗萨对赫雷罗人发动了第一次猛烈攻击。9个小时里，炮弹像雨点一样落在营地上，造成数百人死亡，不分战斗人员和平民。战士们试图突破德军防线，却一次又一次地被强大的马克沁机枪扫射。包围圈中只有东南方那个角落显得比其他地方弱，傍晚时分，赫雷罗士兵终于突破了德军的防线。夜幕降临时，成千上万的赫雷罗士兵从这个狭窄的缝隙中逃了出来。

然而，这是一种看似救赎，实际上却是致命的幻想。赫雷罗人直接掉进了冯·特罗萨的陷阱里，因为这个缺口只通向奥马赫科沙漠，在夏天，奥马赫科沙漠比马克沁机枪和大炮更有效。他故意让由冯·德·海德少校指挥的东南部队兵力比其他五支部队兵力更弱，装备也更差，希望赫雷罗人能在这里突围，之后发现面前只剩下一片沙漠。在接下来的几天和几周内，冯·特罗萨在赫雷罗人撤退后，派部队进入奥马赫科的熔炉，一旦找到赫雷罗人，马上处决，不会俘虏任何人。一位军官在他的日记中写道："我们被明确告知……我们要让整个部落灭绝，没有任何活物能幸免。"因此，下一阶段，每当部队遇到赫雷罗幸存者时，就将其中绝大多数人有组织地处决了——男人、女人和孩子都一样。

但冯·特罗萨知道一些赫雷罗人可能会在接下来的几周内返回沃特伯格，于是8月16日和26日，他下令切断通往沙漠边缘任何水坑的通道，之后在奥马赫科以西250千米的范围内部署了大批部队，排成一列，确保一个赫雷罗人都不能返回，也无法获得沃特伯格的食物和水。赫雷罗人的命运实际上已经注定了——他们无法返回，只能在高达40摄氏度的高温下继续穿越长达数百英里的沙漠，以期抵达英国的殖民地贝卡纳兰（今天的博茨瓦纳）。当然，只有极少数人有能力到达这条边界。[①] 德国部队被派到沙漠中去追捕赫雷罗人，见证了如世界末日般的场景，一名士兵说，"凡是参与沙漠追捕的人都失去了对人间正义的信念"，另外，"牛和人（躺着）垂死挣扎，奄奄一息，茫然地凝视着……许多婴儿无助地躺在母亲怀中，母亲的乳房松弛下垂。另一些人独自躺着，还活着，眼睛和鼻子里满是苍蝇……到了中午，我们在满是尸体的水坑旁停了下来"。

在接下来的几个星期里，沙漠的高温和几乎没有水的奥马赫科又夺走了数千名赫雷罗人的生命。少数将牛带进沙漠的人靠喝牛的血生存下来，但绝大多数人都死了，他们中的大多数人用尽最后的力气，徒手在沙漠中挖掘，绝望地寻找水源。正如考克所说：

[①] 据估计，在1904年7月聚集在沃特伯格的5万名赫雷罗人中，只有不到1000名赫雷罗人（包括塞缪尔·马哈雷罗）设法到达了贝卡纳兰。

> 赫雷罗人……被囚禁在奥马赫科中，绝望地在死气沉沉的沙土中寻找水源。德国人在一些地方发现了100个独立的洞，每个洞有2到3米深。为了获取水分，有些人吮吸妇女的乳房，或者割开牲畜的喉咙喝血……但大多数人只是屈服于他们的疲惫，躺下等死。

在极少数情况下，当他们在沙漠下面25到30英尺的地方找到水源痕迹时，通常会出现混乱，极度口渴的人们为了喝水而相互挤压，这样一来，有些临时搭建的水井倒塌了，人们常常被活埋。我在20世纪90年代后期首次看到《德国沃特伯格战役的官方史》这个令人不寒而栗的声明："对沙漠地区长达一个月的封锁，以铁一般的韧性，完成了灭绝工作。垂死之人的濒死呻吟和他们愤怒的疯狂尖叫……回荡在无尽的寂静中。"

但是，冯·特罗萨还没有收手的意思，他对一切有关苦难的报道都无动于衷。事实上，他想要更彻底的灭绝。有一次，当他陪着一名士兵巡逻时，发现了两名上年纪的女性赫雷罗人，正在精疲力竭地挖掘一个旧水坑，冯·特罗萨立即下令将两人枪毙。还有一次，他审问了一名幸存的年轻女子，然后下令杀死她。还有其他目击者称，德国士兵把一个赫雷罗小男孩扔到步枪的刺刀上，妇女和儿童被塞进荆棘围栏，淋上灯油，然后活活烧死。

在沃特伯格战役七周后，冯·特罗萨仍在催促德国第一野战团穿过奥马赫科沙漠追击逃跑的赫雷罗部队的最后残部。在沃特伯格东南方向大约100英里处，他和他的士兵在最后一个已知的水坑前停下了，这个水坑位于沙漠深处一个叫作奥松博·佐·温丁贝的空地上。1904年10月3日拂晓之后，冯·特罗萨向包括弗朗茨·冯·埃普在内的所有军人宣读了一份宣言。

这仍然是整个种族灭绝历史上最令人不安的声明之一。这份宣言被记录下来，随后被翻译成赫雷罗语并广为分发。只有一份原始宣言的副本被保存了下来，今天保存在加贝罗内的博茨瓦纳国家档案馆，名为《灭绝令》（Vernichtungsbefehl）：

我是德国军队的大将军，把这封信给赫雷罗人。赫雷罗人不再是德国臣民。他们谋杀、偷窃，割掉受伤士兵的鼻子、耳朵和身体其他部位，现在，因为怯懦，他们将不再战斗。我对人民说：任何一个将赫雷罗首领作为俘虏送到我面前的人将得到1000马克。带塞缪尔·马哈雷罗来的人将得到5000马克。所有的赫雷罗人都必须离开他们的土地。如果有人不这样做，我会用大炮强迫他们这样做。凡在德国境内发现的赫雷罗人，无论带不带枪，带不带牲畜，都会被枪毙。我将不再宽恕任何妇女或儿童，我会把他们赶回去的……否则我就毙了他们，这是我为赫雷罗人所作的决定。

伟大德皇的大将军

当冯·特罗萨读完这份宣言后，两个被俘的赫雷罗战士被拖到一个临时搭建的绞刑架上绞死了。

和他们一起被俘的妇女和儿童随后被驱赶回沙漠，头顶上是枪林弹雨；他们每个人的脖子上都挂着一条"项链"，里面有一张纸——冯·特罗萨的《灭绝令》。第二天，冯·特罗萨写信给他在柏林的上司，为他的命令辩护，他说："我非常清楚，黑人只会屈服于野蛮的武力。"他从更广泛的背景来看待这次起义："这次起义是且仍然是种族斗争的开端。"

*****

但凡关注过德属西南非洲的人，都能看出冯·特罗萨《灭绝令》的核心重要性。林德奎斯特、考克、奥卢索加和埃里克森都雄辩地阐述了这些词所代表的重要性。赫雷罗人"必须从地球表面消失"的想法是可以理解的——不仅从其本身来说，而且从我们所知道的40年后发生的事情来看，这也非常可怕。有些人还写到了这一命令的最终公布对欧洲公众舆论的影响。这一命令震惊了德国首相，与其说是对灭绝赫雷罗人震惊，不如说是对书面灭绝令对"摧毁德国在文明国家中的声誉"的潜在影响而震惊。事实上，12月8日冯·特罗萨最终被迫撤回了命令，特别是关于自愿投降的赫雷罗人的命令——但这并没有在很大程度上影响正在进行的地面杀戮行动。

德国首相的担心是对的——尽管直到1918年底南非出版了《蓝皮书》，德国的声誉才受到全面影响。这份蓝皮书详细地记录了德国人对赫雷罗人和纳马人的暴行，包括照片和许多目击者的证词，这些对"一战"结束时欧洲的舆论产生了巨大的影响，尤其是在凡尔赛会议之前的那段时间，并且（连同德国在比利时的暴行）对《凡尔赛和约》苛刻的条款做出了重大贡献。即便很少被认为是反殖民主义灯塔的《泰晤士报》，也在1918年9月的一篇社论中怒斥道："人们普遍认为，在对比利时的压迫中，德国人邪恶的能力已经达到了极限。那是一个愚蠢的妄想。"

与德国在非洲统治的基础——野蛮可憎的暴行相比，他们在欧洲犯下的不人道的暴行微不足道。

但是，在所有关于赫雷罗人和纳马人种族灭绝的后果、灭绝令及其对欧洲舆论的影响的著作中，据我所知，没有人调查过它对希特勒组织犹太人大屠杀的直接影响。著名历史学家彼得·朗格里希（Peter Longerich）写了一本书，调查了希特勒与下令进行种族灭绝之间的确切关系，他的中心论点是"希特勒将谋杀犹太人视为极端机密的事情，并小心翼翼地不留下任何关于灭绝的书面命令。他总是用编码语言记录下他对此事的指示"。朗格里希的书叫作《不成文的秩序》，但他在书中并没有考虑到希特勒是否受到了冯·特罗萨的《灭绝令》的影响；极其重要的事实是，它已经被记录下来了——灭绝的意图已经明确了。第三帝国政府不会犯同样的错误。

*****

2018年8月，潘林

继40年来最热的夏天之后，今天天气更差了。雨从海上刮来，在我的窗外呈斜线落下。我在等电话。今天下午我一直在等一个电话——一个从来没和我说过话的女人打来的。一个共同的朋友让我们联系上了。

我一边等待，一边上网寻找有关这个女人的信息。她是一名律师，以处理著名的人权案件而闻名。我感兴趣的是，如果我把她的名字和"纳米比亚""赫雷罗人"一起搜索，会不会有什么结果。没有，似乎还没有任何信息是公开的。最后，电话响起来了，我等了一会儿，然后接起电话。她为自己的捉摸不定感到抱歉——在这个疯狂的夏天里，一场重大的审判，更多不分青红皂白的街头暴力，已经泛滥成风，以至于她不得不推迟家庭假期。但这就是诉讼律师的生活，她说。在冯·特罗萨的灭绝令下达114年之后，她和一个团队一起探讨对德国政府提起诉讼，指控其在非洲西南部对赫雷罗人和纳马人进行的种族灭绝。

我有很多问题想问，但在我们谈话的开始，她就警告我——因为律师和客户之间有保密协议——可能有一些话题她无法谈论。是的，我明白。我们首先讨论了过去一年左右以来针对德国的法律案件。这些都是在纽约和华盛顿根据所谓的《外国人侵权法》（ATS）提交的。《外国人侵权法》是美国民法的一部分，允许外国公民在美国境内被侵犯人权时向美国法院寻求赔偿。但所有这些都失败了。她并不感到惊讶，美国的行动是有缺陷的，注定会失败。她正在和一组英国律师一起考虑法律机制，以找到前进的道路。我希望她是对的，因为我也一直在追踪其他的案件，到目前为止，我对他们的失败感到失望。各种文章的打印件摊在我的桌子上——《赫雷罗和纳马团体就纳米比亚种族灭绝起诉德国》（英国广播公司网站，2017年1月6日）、《纳米比亚种族灭绝受害者的后代在纽约寻求赔偿》（《卫报》，2017年3月16日）、《为什么纳米比亚的赫雷罗人起诉德国要求赔偿》（美国国家公共电台网站，2018年5月6日）。但正如她所预测的那样，这些都没有在美国法律体系中获得任何关注。

我们讨论了为什么这些种族灭绝案件至今没有胜诉。德国是否意识到1904年至1906年在纳米比亚发生的事情是"种族灭绝"？她解释了德国政府的总体立场——是的,他们承认发生在赫雷罗人和纳马人身上的事情,在今天的语言中可以被描述为"种族灭绝",但这里有一个最重要的法律问题。"种族灭绝"一词自1948年以来才存在,因此直到联合国大会通过《防止及惩治种族灭绝罪公约》时,它才具有法律效力。因此,德国辩称,它不应该为一项罪行承担法律责任,因为当该罪行发生时并不存在于国际法中。虽然在某种程度上,这似乎是一种非常轻蔑的立场,但我们同意,它确实提出了复杂的法律问题。

我们接着讨论了一些比纳米比亚种族灭绝更广泛的问题。是否有一些国家因侵犯人权或种族灭绝而在法律上被成功追究的例子?她说,是的,有先例,特别是提交给美洲人权法院的案件,也有对危地马拉和巴拉圭侵犯人权行为的成功起诉,这些国家必须向受害者家属支付赔偿;它们还必须修改其法律,这些侵犯人权的行为都将被视为罪行。她开始谈论海牙国际刑事法院(International Criminal Court)的工作,她告诉我,国际刑事法院的真正局限性之一是,它只能起诉个人,而不能起诉国家、政府或公司。

在谈话的最后,我们继续讨论了关于赔偿的政治和法律辩论在过去30年左右发展的方式。我们还记得工党议员伯尼·格兰特(Bernie Grant),他在20世纪80年代曾公开表示支持对奴隶制进行赔偿,但当时遭到许多人的攻击和嘲笑。就像甘地说的:"一开始他们无视你,然后他们嘲笑你,然后他们和你战斗,然后你赢了。"

大律师正在探讨这个案件有两个目的。第一个目的是找到一种方式,为被谋杀者的后代谋得重大的法律和经济赔偿。但这不仅仅是钱的问题。第二个目的是实现一些更广泛的目标:承认所发生的事情,承担责任,道歉。特别是整个问题的一部分是国际法的主导范式——"法律实证主义"——即西方的创造和建设,长期以来未能承认土著人民拥有平等的权利和法律地位。我们需要创造新的历史叙事,从而在文化和教育领域实现有意义的变革。在这两个目标中,她说,也许第二个比第一个更重要。

我祝她在未来的战斗中好运,世界各地的许多人将看着他们。

*****

虽然大部分赫雷罗人在1904年10月之前已经死亡，但这并没有阻止冯·特罗萨执着地继续进行灭绝行动。有些赫雷罗人没有和塞缪尔·马哈雷罗一起聚集在沃特伯格，大概有2万—2.5万人住在赫雷罗北部和西部的孤立定居点，根本没有参加起义。1904年秋天和1905年，冯·特罗萨命令德国巡逻队找到所有的赫雷罗人，无论他们在哪里，一看到他们就开枪。其中一名巡逻的士兵说，他们被告知"开枪、杀人、绞死，任何你喜欢的方式都可以。老人或年轻人，男人、女人、孩子，全部都杀掉"。这些巡逻队的座右铭是"清理、绞死、射杀，直到他们全部消失"。目击者回忆说，患病的赫雷罗妇女在棚屋里被活活烧死，村民们遭到大规模枪击。1904年10月底，在姆巴卡哈，将近70名赫雷罗人在得到安全投降的保证后被屠杀。

要确切地知道在1904年到1905年之间，也就是冯·特罗萨在西南非洲18个月的恐怖统治期间，有多少赫雷罗人被杀害，是不可能的——据考克估计，当时有一半到四分之三的赫雷罗人死亡；也就是说，男人、女人和儿童总计死亡人数在4万至6万之间；林德奎斯特认为，几乎8万赫雷罗人都死了，但这似乎高估了死亡人数。不过我们确信，1904年秋，冯·特罗萨写信给卢特温，承认他没有成功地完全摧毁赫雷罗人。卢特温一直强烈反对冯·特罗萨的种族主义政策（与其说是出于人道主义，不如说在他看来，这是对人力和经济潜力的浪费）。1904年底，卢特温被解除了总督的职务，并在11年后离开了殖民地。

但有一个问题仍然存在：剩下的赫雷罗人怎么办？到1904年圣诞节，柏林的首相和皇帝，以及殖民部的高级官员都在讨论这个问题。1905年1月，冯·特罗萨接到命令，按照英国三年前在布尔战争中的模式，建立一批集中营。但除了这些，还应该有劳改营，这样强制劳动将对殖民地有利。冯·特罗萨并不欢迎这种政策上的转变，有一段时间德军巡逻队继续杀戮，但他逐渐被迫接受幸存的赫雷罗人投降。到1905年2月和3月，成百上千幸存下来的

赫雷罗人开始投降：

> 他们像幽灵一样出现在奥马赫科和赫雷罗遥远的角落。他们艰难地进入德国的城镇：奥马鲁、卡里比布、温得和克和奥卡汉加。大多数是妇女和儿童，他们都处于严重营养不良的可怕状态……一个传教士……描述了到达的赫雷罗人……他们就像"一层薄薄的皮肤覆盖着的骷髅"。由于不知道如何应对难民潮，大多数移民站在一边，看着营养不良的赫雷罗人死在他们的街道上。

但最终，幸存下来的人，命运发生了改变。1905年2月，在德属西南非洲首次使用运牛卡车将人类送往集中营。

殖民者分别在温得和克、卡里比布、奥卡汉加设置了五个这样的营地，然后在斯瓦科普蒙德和吕德里茨港口的外面设置了另两个。留存下来的德文记录告诉我们，在他们的鼎盛时期，这些营地关押了14769人。集中营条件极为恶劣，驻斯瓦科普蒙德的一名传教士海因里希·韦德报告了集中营和囚犯的情况：他们的衣服早就被撕破了。赤身裸体的男男女女穿着麻袋走来走去，这是他们唯一的御寒之物。许多人死于肺部炎症，在最糟糕的时期，平均每天有30人死亡。

在头四个月里，斯瓦科普蒙德集中营里40%的囚犯都死了。除了根本不存在的衣服和完全不足的口粮之外，囚犯还被强迫劳动，如在港口码头上工作、建围墙铺设铁路、建造建筑物。通常，妇女们被分成八人一组，代替牛或马，在铁路上拉重物。40年后，整个德意志帝国发生了另一件类似的事情，德国公司如沃尔曼航运公司，以每天50个芬尼的工资雇佣囚犯，所有收入都归殖民政府所有。为了记录所有犯人的行踪，犯人们被发以金属识别标签；冯·特罗萨认为这种系统效率低下，他建议永久性地在囚犯身上标记号码，不管是用烙印还是文身，他都没有说清楚。这个想法虽然没有被采用，但它的确被提出来了；又过了37年，文身才在第三帝国的人身上得到应用。

*****

从1904年8月起，在整个赫雷罗人起义和随后的灭绝过程中，纳马人采取的立场非常有问题。根据卢特温的"分而治之"策略，亨德里克·威特博伊与德国人签署了一项条约，这意味着纳马人不仅会在德国与赫雷罗人发生冲突时保持中立，他们实际上还应该为殖民者提供武装支持。塞缪尔·马哈雷罗知道这一点，1904年1月，在赫雷罗人起义开始时，他写了一封言辞强硬的信，请求亨德里克·威特博伊无视这个条约，加入他们的斗争：

> 我向你呼吁，我的兄弟，不要回避这次起义，而要让大家听到你的声音，这样整个非洲都可以拿起武器对抗德国人。让我们在战斗中死去，而不是死于虐待、监禁或其他悲剧。让下面的衣衫褴褛的人们起来战斗吧！

不幸的是，这封信被截获了，所以在赫雷罗人和纳马人之间建立一个伟大的反殖民联盟的构想一直没有实现。因此，根据德国人与纳马人的协议，1904年8月，一支由100名纳马人组成的小分队被派往沃特伯格与德国并肩作战。六周后，19名幸存者抵达亨德里克·威特博伊和他们的主要领导人所在的里特蒙特村。他们听到了赫雷罗幸存者的消息，也听到了关于在沃特伯格之后赫雷罗人被屠杀的消息——心情沉重。他们也意识到经常流传的谣言，"一旦政府灭了赫雷罗人，他们会转而针对纳马人的"，这句话实现的可能性现在明显变大。

因此，直到1904年10月初，亨德里克·威特博伊才姗姗来迟地开始了反抗德国人的纳马人起义。如果威特博伊和马哈雷罗能够协同攻击殖民者，我们不可能知道会发生什么，但事实上，纳马人只是在赫雷罗人的绝大部分已经在沃特伯格被摧毁之后才开始他们的战争。在对殖民地和农场的第一波袭击中，40名德国士兵和定居者被杀，全都是男人。就像马哈雷罗一样，威特博伊坚持不让妇女和儿童受到伤害。纳马人决心不犯赫雷罗人犯过的错误——公开作战只会使德国人受益，德国人拥有非常先进的机关枪和大炮，所以这场战争将是一场在沙漠、山脉和峡谷中展开的游击战——纳马人对这些地形了如指掌，包括所有隐藏的水坑的位置。这些知识和策略使他们相较于殖民者而言具有决定性的优势。第一次战争发生在1904年12月的奥布，德军惨败，损失了59名士兵。冯·特罗萨在1905年4月接管了战争指挥权，他在另一份公告中警告纳马人，他们将"遭受和赫雷罗人同样的命运"，但他的策略在南方被证明完全无效，纳马人的叛乱在那里愈演愈烈。

1905年7月，德国人试图通过谈判达成和平协议，但亨德里克·威特博伊拒绝了，他回信说，"和平将意味着我和我的国家的死亡"。1905年秋，他又对德国军队发动了一系列攻击，但在10月29日的法格拉斯战役中，他受了重伤，三天后去世。随着他的死亡，纳马部落联盟开始瓦解。威特博伊的儿子伊萨克和许多年轻的纳马人决定继续战斗，而其他年长的纳马人则开始与德国人进行和平谈判。但这一切对冯·特罗萨来说都太晚了，他被要求解除职务，并于1905年11月2日离开了吕德里茨。他到达港口时收到了一份电报，说亨德里克·威特博伊已经死了。回到德国后，他因对德意志帝国的贡献而被授予最高荣誉，并被告知"他应该得到祖国最诚挚的感谢"。

6. 总督弗里德里希·冯·林德奎斯特：
从"通过劳动进行的灭绝"到"移民天堂"（1905—1914）

1905年11月底，西南非洲的新总督弗里德里希·冯·林德奎斯特走马上任了，他曾在1894年至1898年担任卢特温政府的副总督，他的首要任务是处理与那些还没有投降的纳马人的战争，但他是通过外交手段而不是战斗来做到这一点的，他承诺慷慨的投降条件。纳马人一个接一个、致命地、接受了冯·林德奎斯特的承诺，到1906年3月，最后一个纳马人组织放下了武器。其中的2000名纳马人随后被运送到温得和克城外的集中营，那里条件恶劣，已住了4000名赫雷罗人。他们意识到自己被骗时已经太晚了，在他们抵达几天后，新州长向他们发表讲话，说他们都犯了谋杀罪，他们"都应该被处决"，现在他们将通过劳动来赎罪。

于是，德国对西南非洲的下一个殖民阶段开始了，这可以毫不夸张地称为"通过劳动进行的灭绝"——这是对赫雷罗人和纳马人种族灭绝的延续，但是通过强迫劳动而不是枪支。两个铁路项目（北部连接斯瓦科普蒙德和奥塔维矿场，南部连接吕德里茨和奥斯）使用了大部分奴工。已经有将近7000名赫雷罗囚犯被派到全国各地进行这项工作——"公私联营"，包括该殖民地和两家德国私营公司——亚瑟·科佩尔公司①在北线，菲尔玛·伦茨公司在南线。亚瑟·科佩尔花了三年时间完成了这条从斯瓦科普蒙德到奥塔维附近的矿场的线路，全长352英里，是世界上最长的窄轨铁路。我们没有该公司利润的记录，也没有在这个公司劳作而死亡的人数。但是来自汉堡的菲尔玛·伦茨公司确实详细记录了当地赫雷罗奴工的情况，并仔细记录了1906年至1907年建造吕德里茨至奥斯的铁路时，2014名囚犯中有1359人死亡。汉堡总部的一名职员甚至以官僚机构的精确计算方式得出，这代表着67.48%的伤亡率。

然而，这种非人道行为无论多么令人震惊，都无法与发生在吕德里茨港以西不到半英里的鲨鱼岛（Shark Island）上的情况相比。最初，这个"岛"——实际上不是一个岛，而是一个狭窄的半岛——被用作德国军队抵达时的检疫站，但在1905年初，它变成了赫雷罗囚犯的集中营。从一开始它就有一个可怕的名声，一些赫雷罗人宁愿自杀也不愿被送到那里。那里气候非常恶劣，南大西洋的风经常袭击岛屿，带来南极的冷空气，温度会骤降至零下，而海上的雾气会使刺骨的寒冷更加潮湿。

---

① 亚瑟·科佩尔（Arthur Koppel）是一家总部位于柏林的火车和工程公司，前身是成立于1876年的奥伦斯坦·科佩尔公司（Orenstein & Koppel）的一部分。1885年，公司分拆，奥伦斯坦·科佩尔公司专注于德国市场，亚瑟·科佩尔公司占领海外市场。

1906年9月9日，将近2000名纳马囚犯从吕德里茨被押往连接大陆和鲨鱼岛的狭窄堤道。他们走向位于岛屿北端的营地时，看到了在铁丝网围墙后面的1000名赫雷罗俘虏——他们饥肠辘辘，瘦弱不堪，精神萎靡。几周之内，纳马俘虏也将身处同样绝境。10月，一位传教士记录说，每周有50名赫雷罗人和15—20名纳马人死在那里。到圣诞节，死亡人数已经上升到每周超过120人。那里几乎没有食物供应，犯人主要靠生米和面粉生存；囚犯们在岛上或周围寻找一切可食用的东西，但很快就连海草和帽贝也被吃掉了。临时搭建的棚屋和当衣服穿的麻袋不可能御寒。所有这些条件都不可避免地带来饥饿、疾病和死亡。

少数被挑选出来适合工作的囚犯很快就会被累死。到1906年10月，300名奴工被迫在吕德里茨港建造一个新的码头。这些男男女女被迫用手拖着巨石穿过整个岛屿，然后把它们拖进海湾冰冷的海水中。到1906年圣诞节，监督港口工程的工程师理查德·穆勒在一份给上级的报告中抱怨说，当初承诺给他提供1600名纳马囚犯劳动力，现在只有30—40名，而且在一个晚上就有17名囚犯死亡。他不关心他们的死活，也不关心他们人数减少，他只是想传达这样的信息："如果不采取积极措施来获取（新的）劳动者，我担心工作将无法完成。"到1907年2月，这个港口项目被放弃了，因为鲨鱼岛上70%的纳马人都死了。

我还是个十几岁的孩子时，第一次听说了对犹太人的大屠杀，我还记得我在得知纳粹在切姆诺、特雷布林卡、贝尔泽克和索比堡[①]建立了"灭绝营"（其中四个是在1941年到1942年之间建立的）时，我渐渐觉得用"营地"这个词来形容这四个地方是不准确的，因为它暗示了某种临时住所，比如"集中营""劳动营""工作营"——但是，当然，除了党卫军军官、警卫和在

[①] 奥斯威辛·比克瑙和马吉达内克在一定程度上是灭绝营，但它们也是劳役营。并不是所有被送到那里的人都被立即杀死，监狱里有许多棚屋，囚犯们被安置在那里。

犹太人特遣队①工作的人，几乎没有人能在这些地方幸存下来。奥斯维辛、布痕瓦尔德、马吉达内克、达豪、贝尔森——所有这些都是大规模屠杀的场所，规模之大令人难以想象，但幸存下来的人可能有数百人，甚至在奥斯维辛集中营里有数千人。在灭绝营里，几乎没有人幸存下来，它们的存在只是为了杀死那些到达那里的人。

现在我想到了在1906年9月9日到达鲨鱼岛的2000名纳马男女和儿童，以及已经关在那里的1000名赫雷罗囚犯。我想到那个秋天和冬天，他们没有栖身之所，几乎完全缺乏食物，港口里无休止的奴隶劳动，以及每月数百人不可避免地死亡。我认为德国当局完全知道他们在做什么，并故意让它继续下去。事实上，在吕德里茨的德国驻军不叫它鲨鱼岛，而叫它"死亡岛"，因为死亡是这个地方唯一的功能。我又一次想到，在我们所有人学过的历史中，一些种族屠杀在我们面前可见，而另一些则不可见。我想知道我们社会中有多少人知道"奥斯维辛"这个名字；我猜是绝大多数。我想知道有多少人听说过"鲨鱼岛"这个名字；我猜不到0.1%——不，甚至没有那么多，也许只有百万分之一的几个人。然而，奥卢索加和埃里克森正确地强调了这个地方的历史意义：

> 从1906年9月起，集中营的主要任务是消灭纳马囚犯。纳马人死亡是鲨鱼岛营地的"产物"；强迫劳动只是造成这些死亡的手段之一。鲨鱼岛是个灭绝营，也许是世界上第一个。

德国在西南非洲的殖民主义和在被占领的欧洲的纳粹主义之间的另一

---

① 犹太人特遣队由集中营里被挑选出的犹太人组成，他们被迫参与处理屠杀的相关事务，运作毒气室、焚尸炉，清理尸体，取下死者身上的财物并上交。每批犹太人特遣队员一般工作3—4个月就会被灭口，因此尽管有幸存者，但寥寥无几。——编者注

个显著联系涉及集中营囚犯的实验方式，他们的身体，无论死活，都被用作促进医学科学的手段。博芬格医生是鲨鱼岛和吕德里茨集中营的医生，他在囚犯身上进行医学试验，给他们注射砷和鸦片以及其他物质，以观察这些物质在他们死后对他们身体的影响。毫不奇怪，博芬格在鲨鱼岛上的"医院"令人恐惧，一名传教士指出，"在野战医院（Lazarett）甚至没有一个人康复"。

另外，囚犯尸体的交易也很兴盛，这些尸体被运回德国的大学和博物馆。1905年，在斯瓦科普蒙德集中营，女囚犯们被迫将死去亲人和朋友的头颅煮熟，然后将头骨上剩下的肉和筋刮下来，再由德国士兵装进板条箱，送往德国。甚至还有德国人将这些照片制成明信片寄回家；他们为自己所做的事感到自豪。到1906年，这一过程变得更加临床化，在鲨鱼岛，17名新近死亡的纳马囚犯的尸体首先被博芬格医生斩首，然后他取出并称重每一颗大脑。这些头颅被放置在酒精中保存，然后密封在罐子里，最后被送到柏林大学病理学研究所。在那里，它们被"种族科学家"用来展示纳马人和猿类之间假定的相似之处——就像40年后，门格勒博士会将奥斯维辛"医学"实验受害者的身体部位，包括头部和眼睛，送回柏林的威廉皇帝学会，以进一步推动种族科学的疯狂事业。

到1907年4月鲨鱼岛最终关闭时，一名德国军官估计岛上已有1900名纳马人死亡。在德国人开始记录他们的暴行之前，据说也有差不多数量的赫雷罗人死在那里。我们知道还有1359人死于菲尔玛·伦茨公司经营的吕德里茨集中营，那里是该公司用奴隶劳动建造吕德里茨—奥斯铁路的基地。1906—1907年，超过4000名纳马人和赫雷罗人在鲨鱼岛和附近的集中营里死去，距离人口只有1000人的吕德里茨镇只有一步之遥，那里的定居者和商人似乎完全没有受到殖民墙外野蛮事件的影响。

1908年德国殖民人口普查的记录显示，在战前约8万人口中，仍有16363名赫雷罗人留在西南非洲。几乎80%的赫雷罗人都"失踪"了——绝大多数人死于德国人的枪炮、沙漠中的饥饿和集中营里的奴隶劳动。赫雷罗人只有一小部分幸存下来，逃出了殖民地。1911年的一项类似的普查发现，有9781名纳马人仍然生活在非洲西南部——这一数字低于战前的2万人，这意味着有一半以上的纳马人在类似情况下被杀害了。然而，一些纳马氏族实际上已经被消灭了——威特博伊族几乎没有人活着，只有不到100个伯萨尼纳马人幸存下来。

这场种族灭绝开启了德国人认知里的"移民天堂"时代——正如一名移民激动地描述的那样，"我们在非洲土地上的新德国"。也许任何一个赫雷罗人或纳马人的幸存者都想要保住自己的土地，但威廉二世在1905年12月正式征收了所有赫雷罗人的土地，并在1907年5月实际上征收了所有纳马人的土地。接下来的一年，殖民者看到了另一个有前景的发展方向。1908年，在吕德里茨附近的地表附近发现了大量的钻石，引发了1908年和1909年一场非同寻常的"钻石热"。钻石公司使用了更多的奴工来开采钻石，这一次使用的工人是来自殖民地北部的奥万博人（Owambo）。同样，那里条件很恶劣，许多奴工也死了。他们被铁链锁在一起，被要求四肢着地爬行穿越沙漠，用双手在灼热的沙子中寻找难以捉摸的水晶。德国人在吕德里茨之外为鲨鱼岛和其他集中营的死者修建了大量浅坟，这些奥万博工人在工作时，肯定经常在沙漠中发现头骨和骨头，以及其他死者的痕迹。

德国移民和农民的数量增加了两倍，于1913年达到最高峰的15000人。温得和克现在是一个熙熙攘攘的新城市，拥有八家酒店、无数酒吧和啤酒馆。这里还有一尊全新的青铜骑士雕像，建在堡垒的城墙下，就在几年前有4000名赫雷罗人因饥饿和劳累而死的集中营遗址上。这是对德国殖民地现在开始进行的"有组织遗忘"运动的完美隐喻。

四、温得和克的桌面屠夫

尽管枪支、集中营、强迫劳动,以及冯·特罗萨将军等军事指挥官,都是19世纪90年代和20世纪发生在西南非洲的种族灭绝的关键因素,同样重要的是,要认识到由学者、殖民官员和知识分子组成的一小撮但致命的武装力量所扮演的角色,他们中的大多数人现在已经从我们的历史视野中消失了——他们的双手永远不会使用马克沁机枪,但他们写下了这些文字,编写了这些报告,导致异乎寻常的暴力得以爆发。特别是三位"办公桌工作人员"在创造西南非洲种族灭绝的工作上发挥了关键作用,他们是地理学家和气候学家卡尔·达夫博士、殖民地经济发展顾问保罗·罗赫巴赫博士和人类学家尤金·费舍尔博士。

1888年,达夫以一篇题目为《南非亚热带气候》的论文获得了博士学位,这篇论文后来被出版成书,成为有关南非气候和农业潜力的标准文本,成为未来农民和定居者的圣经。他还是德国殖民学会的董事会成员,1892—1893年,他在西南非洲待了18个月,担任"土地定居主任",正好与弗朗索瓦建立温得和克作为殖民地的堡垒首都和第一批移民从德国迁移到西南非洲从事农业和贸易的时间吻合。达夫随后发表了四篇论文,详细阐述了该殖民地的哪些部分最适合种植作物,并对不同地区进行了矿物分析,显示了新殖民地的采矿潜力。

回到德国后,他痛斥卢特温对纳马的"宽大处理",并在给一家德国报纸的信中说,他希望"帝国总督不会被某些地区感情用事的人道主义阻止,而不让所有的(纳马人)落入他的手中,上绞刑架……这里容不下病态的多愁善感!"他后来成为耶拿大学的地理学教授,随后又在弗赖堡大学任教;他后来又陆续出版了许多关于德国殖民地经济地理的书籍(1902年)、一本德属西南非洲(1903年)和一部关于德国殖民地的四卷本著作(1909—1913

年）。但他最出名的可能不是这些学术著作，而是他的观点，"对土著非洲人的暴力几乎是一种道德责任，无论如何他们都不能与欧洲人相比，至于他们的正义感，这些都是基于错误的前提。如果把当地居民看成和我们有着同样的文化地位，那就不对了"。他这样总结他的至上主义哲学："对土著人的宽容就是对白人的残忍。"——1944年5月26日，希特勒对他的将军们说了一句令人不寒而栗的话，为他在匈牙利铲除、灭绝犹太人的行为辩护："在这里仁慈，就像在其他任何地方一样，几乎就是对我们自己的人民最大的残忍。"

前传教士保罗·罗赫巴赫博士于1903年被任命为西南非洲殖民专员（卡尔·达夫曾在十年前扮演过这个角色）。他的具体任务是分析该殖民地大规模定居和农业的潜力，并研究可以从英国对南非的殖民中吸取什么教训，特别是他们从土著人手中接管土地的方法。柏林殖民部给了罗赫巴赫一大笔预算（每年30万马克），他实际上是该殖民地权力仅次于卢特温总督的第二大官员。他被选中是因为他在殖民地的广泛经验，同时也因为他的极端民族主义观点。他是社会达尔文主义的狂热信徒，出版过讨论拉泽尔关于德国需要扩大生存空间的著作。

当他就任时，他认为西南非洲的土著居民可以被当作一种经济资源来加以利用，但他的观点很快朝着更加激进的方向发展。他从中国和亚洲的经历中学到的传教热情，像家长一样改善当地人的生活，传播福音，很快就被对白人至上的痴迷关注所取代，这再次预示了希特勒和希姆莱将在40年后使用的语言：

> 任何虚假的慈善事业或种族理论都不能向理性的人们证明，保护任何一个游牧的南非卡菲尔部落……对人类的未来来说，比伟大的欧洲国家的扩张，或整个白种人的扩张更重要。只有当地人学会了为更高的种族服务而产出有价值的东西，即为更高种族和他自己的进步服务，他才获得存在的道德权利。

这样的逻辑不可避免地造成了土著人民的流离失所。他后来写道，"在西南非洲开拓殖民地的决定可能只意味着一点，即土著部落必须放弃他们以前放牧过的土地，以便白人可以拥有这块土地来放牧牲畜"。而留给土著非洲人的唯一角色将是促进这一转变，并像殖民者的奴隶一样以"尽可能高的工作效率"行事。

罗赫巴赫在1904年至1905年间一直在温得和克工作，当时冯·特罗萨正在进行种族灭绝，罗赫巴赫为当时正在进行的屠杀提供了持续不断的背景理由——历史学家理所当然地将大部分注意力集中在冯·特罗萨在奥马赫科所做的事情上，但我想知道，罗赫巴赫起到的作用——实质上是在定居者和殖民者之间为这些行为提供道义支持——是否得到了充分的承认。1907年，在他离开温得和克回到德国的一年后，出版了《德国殖民经济》（*Deutsche Kolonialwirtschaft*），这可以看作是对当时关于来自非洲西南部的报道在德国日益增长的争议的回应。就在1906年圣诞节前夕，根据传教士的报告，关于鲨鱼岛情况的谣言开始传到柏林。一名社会民主党国会代表在12月正式提出了这个问题，随后的争议导致殖民预算被否决，德国政府不得不在1907年面临再次选举，这就是著名的"霍屯督选举"。罗赫巴赫对当时德国激烈辩论的贡献是出版了他的书，书中明确地为冯·特罗萨在非洲西南部的所作所为辩护："为了确保白人和平定居，对抗坏的、文化无能的、掠夺成性的土著部落，在某些情况下，真正的根除可能是必要的。"

罗赫巴赫后来在柏林商学院担任高级职务，并出版了两本更有影响力的书——1912年在《世界报》出版的《德国世界政策》，以及1914年出版的《战争与德国政治》。这些作品建立在他早期的主题之上——大规模迁移的需要，甚至土著民族的灭绝，这是他最初在非洲背景下提倡的，但现在他开始看到他的极端民族主义有了更大的范围和受众。

罗赫巴赫的著作只是发生在20世纪头15年的整个德国运动的一部分，与此同时，德国殖民学派和汉堡殖民学院也在德国诞生。德国企业走在了这一运动的最前沿，不仅仅是我们已经看到的从奴工中获利的铁路公司，德意志银行和克虏伯钢铁公司也开始为在新殖民地寻找工作的学生提供奖学金项目。这种文化思潮对20世纪20年代初纳粹意识形态形成的影响是不可估量的。尽管希特勒从未将非洲殖民主义视为其目标的核心，但他确实希望利用在非洲、亚洲和美洲殖民的经验教训，为在东欧的德国殖民者创造一个巨大的新的生存空间，包括奴役当地居民。在这方面，大英帝国一直鼓舞着希特勒。正如他所说：

> 我们只要有25万人，再加上一批优秀的行政干部，就有可能控制东部的这个地区。让我们向英国人学习吧，他们总共有25万人，包括5万士兵，统治着4亿印度人。俄罗斯的这一领地必须永远由德国人主导。①
>
> 俄国之于我们，正如印度之于英国。要是我能让德国人民明白这个空间对我们的未来意味着什么就好了！

而且，正如罗赫巴赫所说的那样，希特勒在1942年指出，俄罗斯人"存在的理由只有一个——在经济上被我们利用"。赫尔曼·戈林是西南非洲第一任总督的儿子（当时负责狂妄的"重新安置计划"，该计划涉及数百万人的流离失所，并由更多的德国移民取代他们），他热情地预测，在同一年，数百万苏联居民将遭遇饥荒，他说，"也应该如此，因为某些国家必须被毁灭"。毕竟，现在谁还记得赫雷罗人和纳马人呢？谁还记得土著居民？正如希特勒所说："我不明白为什么一个吃了一块面包的德国人，因为生产这种面包的土地是用刀剑赢得的而折磨自己。"当我们吃来自加拿大的小麦时，我们不会想到被掠夺的印第安人。

---

① 这两句话都出自休·特雷弗-罗珀（Hugh Trevor-Roper）于1941—1944年发表的《希特勒的餐桌谈话》（*Table Talk*）（第一次是1941年7月27日；第二次是1941年8月9日至11日）。

*****

尤金·费舍尔学的是医学，1898年获得了第一个学位，两年后在弗莱堡大学获得解剖学和人类学学位。和当时的许多年轻医生一样，费舍尔也被越来越多的伪科学的优生学所迷惑，特别是那些有影响力的人物提出的"种族退化"理论，比如柏林人种博物馆的馆长费利克斯·冯·卢斯昌（Felix von Luschan）。1906年，费舍尔发表了一份关于巴布亚人头骨宽度的研究报告，并因此获得了一项国际大奖。之后，他想在世界上的某个地方找到一个混血社区，在那里他可以进行"种族杂种化"的研究。1907年，他偶然发现了一本小册子，是一位曾在冯·特罗萨手下在非洲西南部服役的德国军官写的，叫作《私生子之国》——讲述了12个纳马部落之一——巴斯特斯，一个2000人的混合种族社区，聚集在温得和克南部的利河伯镇。他们在那里生活了50多年，以关系密切而闻名，但如果这些女人真的与自己社区以外的人结婚，通常都是嫁给白人男性。与大多数纳马部落不同，巴斯特斯人只说南非荷兰语，并吸收了南非布尔人的许多文化特征，他们也以强烈的基督教信仰和保守的价值观而闻名。

1908年，费舍尔前往里霍伯斯，花了两个月时间进行"实地研究"，主要是进行解剖测量。巴斯特斯人对他的做法并不满意，一位长者明确地告诉他，他们"不是野蛮人"，并问他为什么不对镇上的白人居民进行类似的检查。尽管如此，他还是拍了数百张照片，记录下了他收集到的所有"数据"，然后回到德国。1913年，他在德国出版了新书《里霍伯斯畜生和人类的私生子化问题》，它声称显示了巴斯特斯人连续几代人的"种族退化"的过程——也就是说，他们的纳马祖先的种族特征逐渐凌驾于从他们的白人祖先继承来的特征之上。令人震惊的是，这本书不仅在1913年大获成功，而且一直出版到1961年。

费舍尔的工作在"一战"前促进了德国关于种族卫生和拯救"我们伟大的德国民族"必要的讨论，正如费舍尔所说，通过保护雅利安人的遗产——

这些思想在下一代成为纳粹主义的核心。1921年，时任弗赖堡大学解剖研究所所长的费舍尔与埃尔文·鲍尔和弗里茨·伦斯共同出版了《人类遗传与种族卫生》一书，这本书不仅在德国受到热烈欢迎，而且很快被翻译成英文。这本书认为，为了阻止种族退化的"污染"效应，需要一项选择性繁殖计划来"净化"雅利安种族。正如希特勒1924年被关押在兰兹贝格监狱时消化了拉泽尔的生存空间理论一样，我们也知道他当时得到了一本《人类遗传与种族卫生》，这给他留下了深刻的印象。事实上，这本书中的许多思想在第二年又重新出现了，尽管现在用希特勒的阐述方式，出现在了《我的奋斗》中。

整个20世纪20年代，所谓的优生学"科学"，不仅在德国，而且在整个欧洲和美国，都变得越来越有影响力。事实上，美国一些州实际上通过了优生学法律，希特勒等人对此表示欢迎。1927年，费舍尔和弗里茨·伦斯一起晋升为德国最重要的种族科学机构——柏林威廉皇帝人类学、人类遗传学和优生学研究所的主任[①]。1933年纳粹掌权后，费舍尔获得了柏林大学校长的职位，他在就职演说中宣布支持希特勒。他还发表了一篇论文，假设雅利安德国人和犹太人之间的种族混合正在破坏德国种族，就像纳马血统污染了巴斯特斯人的白人祖先一样，认为现在是时候通过法律来阻止这种种族混合了。

1935年，威廉·斯图卡特博士和法律界的同事，按照希特勒的意愿和费舍尔的建议，撰写了臭名昭著的《纽伦堡种族法》（包括《德意志公民权法》和《保护德国血统和德国荣誉法》）。这些法律禁止犹太人，以及所有其他非雅利安种族群体，如"黑人"和吉卜赛人，与德国公民结婚或发生性关系。费舍尔在种族科学方面的研究在这些法律中被特别提及，为纯粹的

---

① 第三位主任是奥特马·冯·弗舒尔（Otmar von Verschuer）。冯·弗舒尔最有前途的门生之一，就是后来于1943年在奥斯威辛-比克瑙建立了自己的应用研究所——约瑟夫·门格勒博士。事实上，在接下来的15年里，党卫军与威廉一世学院的联系变得极其紧密，许多党卫军医生都在那里学习课程。

种族主义意识形态提供了虚假的权威。这个词（混合种族）在整个立法中反复出现，万湖会议的大部分时间都在讨论混合种族问题——混血德国犹太人——应该如何在"犹太人最终解决方案"中得到解决。

我一直以为"混合种族"这个词是纳粹在起草《纽伦堡种族法》的过程中创造出来的，但事实并非如此——它的起源要追溯到更早的1906年，事实上，是在德属西南非洲。就是在这里，冯·林德奎斯特第一次通过法律禁止德国殖民者和土著民族之间的异族通婚，也就是在这里，"杂种（Mischlinge）"这个词第一次被使用。这个术语和禁止异族通婚的法律随后分别于1906年和1908年在东非和德属多哥被德国其他殖民地采用，这使得《纽伦堡种族法》的后续工作对起草法律的人来说要简单得多，正如奥卢索加和埃里克森指出："'杂种'的概念为律师和公务员提供了一个概念框架和准法律术语，允许他们制定一个系统，通过这个系统，德国有着深刻而复杂根源的古老的犹太社区可以被分类、隔离，并最终被提取出来。"[13]

到20世纪30年代中期，有一支名副其实的种族科学家和优生学家队伍在整个德意志帝国运作——确切地说，是数以千计的收入丰厚、资金雄厚的医生、讲师、研究主管和教师，最终为希特勒和希姆莱现在开始考虑的措施创造了智力和科学理论基础。但重要的是要明白，这一代的医生和科学家并不认为他们的工作仅限于实验室或讲坛，他们认为自己是理想主义的先驱，他们渴望走出去，并将他们从导师如费舍尔和弗舒尔那里学到的经验应用到该领域的实际问题中。

这种"问题"的一个早期例子来自莱茵兰的400名混血儿童——他们出生于1918年至1921年法国根据《凡尔赛条约》占领该领土期间，是法国士兵（许多来自其非洲殖民地）和当地德国妇女之间发生关系的产物。费舍尔在威廉皇帝研究所的副手之一，沃尔夫冈·阿贝尔博士（费舍尔认识他是因为阿贝尔对纳马受害者的骨骼进行了检查）对这些儿童样本进行了一系列"种族-生物学"测试，发现他们"身体和精神上都有缺陷"。阿贝尔建议，需要采取行动来阻止这些人在未来繁衍后代。1937年，在征求费舍尔本人意见之后，盖世太保成立了"第三特别委员会"，由费舍尔和阿贝尔领导。委员会的任务是对400名莱茵兰地区的儿童进行鉴定和绝育，他们当时都是青少年，要尽可能秘密地进行。

1937年春，这些孩子被小心翼翼地从学校和家中带走，接受"体检"。在被证实是混血儿后，他们所有人都被送往当地一家医院进行强制绝育。现在有大量关于大屠杀的研究，我很惊讶这一令人震惊的事件竟如此鲜为人知。很多人都知道始于1939年的T4"安乐死"计划，该计划杀死了7万多名精神和身体残疾的病人，其中包括许多儿童，但似乎很少有人知道对青少年实施强制绝育早在两年前就开始了。

*****

赫雷罗和纳马的种族灭绝和40年后的大屠杀之间的连续性是多方面的，不可忽视的。在这些领域做过研究的人很少看不到这些灭绝与使它们发生的"思维习惯"之间的联系。随着对这些事件的理解终于开始在我们的社会中扎根，很快，如果不承认第一个德国人在西南非洲的种族灭绝——第一个德国集中营、第一个德国灭绝营、第一个德国人对囚犯进行的医学实验、第一个德国人的灭绝命令——的联系，就不可能撰写或谈论大屠杀。

*****

最后，萦绕在我脑海里的仍是双手的画面，斯瓦科普蒙德集中营里女人们的手，用玻璃碎片从她们死去的母亲、父亲、丈夫和孩子煮熟的头骨上刮去皮肉，这样这些头骨就可以被送到德国进行"科学研究"——其中一些头骨今天仍在那里，躺在博物馆和大学的地下室里。

奥万博工人的手，被锁链锁在一起，在吕德里茨外沙漠的热沙中摸索钻石，却找到了骨头和头骨的碎片，现在，赫雷罗人和纳马人唯一残存的碎片几乎完全从这片土地上消失了。

成千上万的赫雷罗人的手，孩子们，女人和男人，在奥马赫科沙漠中疯狂地挖着，拼命地寻找水，手在火炉的高温下起了水泡，挖得比自己的身高还深，口渴得产生幻觉。几百个这样的洞里都是骷髅，遍布奥马赫科……

*****

还有男人在房间里写字的手。笔落在纸上的声音。所有这些都是通过语言释放出来的。

海因里希·戈林在奥卡汉加签署第一份保护条约的手——那张纸上的墨水起着枪和铅弹的作用。

古斯塔夫·弗伦森写了彼得·摩尔的冒险故事，在孩子们的心中播下了灭绝的种子。

弗里德里希·拉泽尔将"生存"和"空间"这两个词结合在一起，创造出一种比任何武器都更致命的概念。

冯·特罗萨将军的手在奥松博·佐·温丁比的沙漠空地上起草他的《灭绝令》——历史上第一个书面的灭绝命令。

达夫、罗赫巴赫和费舍尔的手写着他们的学术论文和书籍，把他们的事业建立在对其他种族的仇恨之上。

五、烧书与烧人

1904年至1908年在非洲西南部发生的事情之所以广为人知，是因为在第一次世界大战即将结束时发生了一系列奇怪的事情。1914年9月，英国和南非联合部队在非洲西南部登陆，1915年7月，德国总督投降。这个殖民地后来被称为西南非洲的英国保护国，但从那一刻起，它实际上被南非从比勒陀利亚统治着。然而，这在很大程度上保持了连续性，大多数德国机构和企业被允许保留，只有德国军队被当作战俘关押起来。

接受德国投降的南非军事指挥官波塔将军（General Botha）首先采取的行动之一就是下令没收并翻译所有德国文件。德国人在温得和克中央殖民政府办公室保存了极其详细的统治档案，这对他们来说是一个重大的，同时也是一个不祥的结果。正是通过查阅堆积如山的文件，更多关于赫雷罗人和纳马人种族灭绝的信息开始浮现。

1917年，德国战败的可能性越来越大，盟军开始讨论德国前殖民地可能会发生什么。南非人和英国人有一种强烈的信念，那就是西南非洲永远不应该归还给德国。正是在这种情况下，南非政府委托编写了一份官方调查报告，调查20世纪初非洲西南部的赫雷罗人和纳马人受到的对待。

这本来会使《关于西南非洲土著人和他们受到的德国对待的报告》成为一份简单的宣传工作，但它惊人的真实和准确，赋予它巨大的力量。报告中使用的绝大多数材料来自德国自己的文件，这些材料本身就令人震惊，没有必要夸大其词。被选来协调这份报告的人是托马斯·奥莱利少校（Major Thomas O'reilly），他有律师背景，从1916年开始在西爱尔兰担任地方法官，在那里他已经看到了关于赫雷罗大屠杀的大量报道。在1917—1918年的秋冬，他花了三个月时间集中研究这份报告的草稿，从海因里希·戈林签署的第一份可疑的《保护条约》开始，一直到种族灭绝和冯·林德奎斯特担任总督。

他还大量引用了殖民专员罗赫巴赫的著作，以及许多记录殖民者屠杀、集中营和刑罚的照片。但这份报告最引人注目的地方在于，奥莱利强调要从尽可能多的幸存者和目击者那里收集合法宣誓的证词。对于任何想知道在殖民背景下的种族灭绝经历意味着什么的人来说，它仍然是一份极其重要和有力的文件——至少对于受害者、幸存者和犯罪者来说是如此。

1918年9月出版的"蓝皮书"——因为英国外交部的蓝色封面而闻名——在全世界引起了轰动，并对盟军剥夺德国所有殖民地的决定，以及在凡尔赛宫谈判的和平条款的普遍强硬做出了巨大贡献。美国总统威尔逊代表许多人发表了观点，他表示，德国行为最令人痛心的披露之一是"（强加在）一些殖民地无助的人民身上的难以忍受的负担和不公正"，德国的优先任务是"消灭他们，而不是发展他们"。从1919年起，西南非洲成为南非联盟控制下的托管地（对土著人民来说，这是另一个非常不公平的政权）。纳米比亚直到1990年才获得独立，是最后一个成为主权国家的非洲国家。

"蓝皮书"在20世纪的命运是两种现象的一个典型案例。首先，讲述历史真相的力量，在这个过程中，完整地曝光了那些犯下反人类罪行的人，或那些罪行的受益者。其次，它也证明了"艰难的历史"是可以被遗忘的。这不仅是一个记忆消退的被动过程（可能是潜意识中摆脱令人不安的知识的欲望的辅助）——失忆症也可能是极其有组织的，通常是由希望人们忘记过去的国家或政权组织的。

幸存下来的赫雷罗人和纳马人曾抱有希望，希望西南非洲的新势力可能会比他们的老主人更同情他们，但这份希望在1921年破灭了。1905年和1907年，所有被德皇征用的土地都被重新指定为"西南非洲的王权土地"，恢复了对土著人的保留政策，赫雷罗人和纳马人只得到不到2%的土地。这个国家的白人并不满足于拥有98%的领土，包括所有最好的农田，他们现在要求它的历史也被"清理"。1926年7月，德国定居者、钻石企业家奥古斯特·斯托（August Stauch）在新成立的立法大会上提议销毁"蓝皮书"的所有副本。它给德国人民制造了"耻辱",这只是"战争宣传"。这项提议得到了通过,1927年,所有的"蓝皮书"被从西南非洲和南非的图书馆和政府办公室召回并烧毁。温得和克主要报纸的编辑对这次破坏表示欢迎,称白人国家现在可以"一起前进,不受过去的猜疑和仇恨的阻碍"。海因里希·海涅(Heinrich Heine)有句名言:"他们烧书的地方,最终也会烧人。"[14]但在西南非洲,这句话被颠倒了过来——等他们抽出时间来烧证据的时候,大部分赫雷罗人和纳马人已经被消灭了。

1933年5月10日,纳粹在柏林歌剧广场开始了他们臭名昭著的焚书运动。那天晚上,戈培尔对学生们说:"在这个午夜时分,你们最好把过去的邪恶灵魂投入火焰。"[15]我不知道人群中是否有人知道,六年前,德国人和南非人开始在温得和克焚烧书籍,破坏他们不想与之共存的历史,强加给父辈们一种几乎50年都不会被打破的沉默。1927年的那一天,烧焦的"蓝皮书"碎片落到了地上。在这片土地上,成千上万没有标记的坟墓静静地躺着,温得和克的定居者们重新开始了他们的生活,不再为过去所累。

第三章

国家的暴力

如果有什么是我们必须改变的，那就是过去。
回头看看另一张地图。[1]

——安妮·麦珂尔丝（Anne Michaels）

一、历史的偏离

种族灭绝的想法并不是空穴来风，它是多年累积的偏见、叙事和公认的暴力的结果。正如我们所看到的，这种"思维习惯"几乎是无意识地通过DNA代代相传的。德国、法国和美国一直是本部分的重点，但怎么可能开始诚实地描述英国的过去，及它对世界其他地方的毁灭性影响呢？我们该如何看待近500年来国家认可的极端暴力？也许我离这个主题太近了，无法以任何一种客观的方式去看待它，也许我看不见树木，因为我已经在这片森林里长大了，甚至成人了。

乔治·斯坦纳（George Steiner）曾写道，有一种矛盾的现象是，能够在艺术和文学上对大屠杀做出一些最深刻的回应的往往是战后的年轻一代，而不是直接遭受大屠杀的那一代人。此外，这些"年轻的当代诗人、小说家和剧作家"中的一些人本身并不是犹太人。他在1967年写道，然而，正是这些年轻人，"他们做了最大的努力来抵制人们忘记灭绝营的普遍倾向"。我确实赞同他的观点——远离直接经验有时有助于形成非凡而清晰的反应；相反，如果你离事件太近，你就无法清晰地聚焦。正如他所言："也许只有那些没有参与这些事件的人，才能理性地、富有想象力地关注这些事件；对于那些经历过这些事件的人来说，它已经失去了可能性的坚硬边缘，它已经超越了现实。"[2]

同样，也许只有来自我们文化之外的人才能真正看到社会中那些我们看不见的方面，因为我们已经把它们内化了。几年前，我偶尔读到君特·格拉斯这样一句话，它从此深深地印在了我的脑海里：

> 我有时想知道，英国的年轻人是如何成长起来的，他们对殖民时期的漫长犯罪历史知之甚少。在英国，这是一个完全禁忌的话题。①

多年来，我一直在问自己这个问题，但听到格拉斯表达这些想法时，我感到非常震撼。当我第一次听到这种说法时，我所体会到的不仅仅是它的简单真理。相反，这些话带有一种道德力量，因为它们出自一位德国作家之手，这位作家成年后的大部分时间都在试图理解纳粹主义的疯狂，这种疯狂摧毁了他这一代的许多人。这也是为什么塞巴尔德关于燃烧弹轰炸德国城市和盟军袭击平民的演讲拥有如此大的影响力——这些人用他们一生的大部分时间，以顽强的毅力，审视着他们的国家和同胞对1933年至1945年间发生的事情所承担的责任。这两位作家显然感到困惑和不安，因为我们英国人对我们自己或许同样可耻的历史投入的精力如此之少。在格拉斯的问题中还隐含着这样一种认识，即现在的德国儿童如果不大量了解希特勒、第三帝国时代和大屠杀，就不可能在德国长大。那么，我们英国人怎么会对帝国的野蛮行径如此无知呢？

20世纪70年代，我还在学校读书的时候，没有学到任何这方面的知识，什么都没学过。我们的历史教学大纲止于1870年，并没有涉及大英帝国；我可以告诉你俾斯麦和他的文化斗争、埃姆斯伪电报事件（EmsTelegram）、加里波第和复兴运动的事，但课本里没有涉及大英帝国殖民、克伦威尔在爱尔兰的统治、东印度公司、鸦片战争，更不用说奴隶贸易及其在工业革命早期所扮演的角色了。所以，就像我们这一代的许多孩子一样，我发现我的英国

---

① 《卫报》，2003年3月8日，君特·格拉斯与乔纳森·斯蒂尔的访谈。

历史不是在学校课本里，而是在课外阅读中习得的。从小学开始，我就对历史学科非常感兴趣。那是瓢虫出版社"历史奇遇记丛书"的鼎盛时期，我狂热地收集它们。小开本，精装，色彩鲜艳，每册大约50页——图文并茂，给予读者知识和想象空间。第一卷，英国国王和王后的整个统治形象被描绘了出来。阿尔弗雷德大帝骄傲地站在悬崖顶上看着他的船只与丹麦人对抗，鲁弗斯在森林中被一支箭射中后脑勺，还有一个非常恐怖的影子形象——一个正要杀死躺在伦敦塔的床上的两位年轻王子的影子——当然是理查三世。但我更喜欢篇幅长的，关于单一主题的。

这些故事总是充满了乐观，经常强调克服极端不利的环境。即使到了今天，从成年的角度来看，这些书的殖民主义和种族主义本质仍不可被忽视的时候，我仍然对它们怀有一种情感。尤其是约翰·肯尼（John Kenney）那些精彩绝伦、引人入胜的插图。我常常会花几分钟盯着图片的细节看——弗朗西斯·德雷克（Francis Drake）向十岁的沃尔特·罗利（Walter Raleigh）讲述他的美国之旅，周围都是他从旅行中带回来的物品：长矛、装饰过的面具、烟斗；库克船长俯身航海图上，周围是身材魁梧的俄罗斯渔民，他试图解释是否有一条向北走到大西洋的航线——传说中的"西北航道"。而且，这可能仍然是这些书的一个积极方面，它们让年轻的读者对更广阔的世界产生了好奇，就像我也很喜欢《丁丁历险记》系列丛书一样，但现在可以在很多层面上进行类似的评论。无论我今天怎么想，我都不能否认，正是这几页书让我激动地开始了解历史和过去。

我六七岁的时候，有几个月里，我被《狮心王理查》迷住了。也许这在一定程度上因为与我最喜爱的动物有关联，但在他注定失败的追求中也有一些宏伟的东西。试图到达耶路撒冷，对十字军的执着追求，都造就了他一生的戏剧性。他在维也纳被捕，试图返回英国，一个国王伪装成一个骑驴的商人。但在我的脑海中，令我着迷的画面，是与萨拉丁的神秘相遇——两个敌人和两种文化的融合。理查一剑砍断一根金属棒，展示了他狮子般的力量。萨拉丁用他的弯刀把一条丝巾切成两半作为回应。在图片中，两人都面带微笑，他们的敌意暂时被消除了。两者都证明了自己，取胜的方法不止一种。但也许这本书最能说明的问题是，这次会面从未真正发生过。作为一个孩子，它对我来说是完全令人信服、完全真实的，但无论如何都没有事实基础——这更多的是我们需要相信它已经发生了；也就是说，创造一种叙事，一个神话。

当然，当你作为一个成年人重新审视这些书时，你会很自然对作者L.杜·加德·佩奇（L. du Garde Peach）和插画家约翰·肯尼所发挥的宣传力量感到震惊。这些书通过简单的文本和生动的插图，影响了英语世界整整一代年轻人的思想，讲述了英格兰国王和王后以及后来的大英帝国的"仁慈"角色。我读了一遍又一遍，直到今天我还能在脑海中生动地记起某些页面。其中一本是关于沃尔特·罗利爵士的书，作为一个七八岁的孩子，我读这篇文章时当然几乎没有批判性的判断，除非我特别喜欢或不喜欢某个特定的插图。

在那个年龄读到的每一本书都值得信赖和吸收，就像卡尔·梅（Karl May）和古斯塔夫·弗伦森（Gustav Frenssen）的冒险故事对100年前成长起来的德国孩子来说一样，而30年后，他们占据了第三帝国的所有高级职位。所以，想象一下这样一段话对几代英国孩子的影响——这段话摘自罗利的书，当时他和女王伊丽莎白一世一起看地图，周围环绕着羊皮纸和一个金球，他请求她允许自己去美国探险。女王批准了这个许可，然后加德·佩奇告诉我们："当然，在那个年代，去过北美的人并不多，那里只居住着少数印第安人部落。但罗利认为这是一块好土地，是那种英国人可以耕种并过上好日子的地方。"

书的最后一页讲述的是罗利在伦敦塔的故事，但是叙述者提醒我们："每当我们想到伊丽莎白时代，我们就会想到这位勇敢的绅士冒险家，他建立了大英帝国的开端。"

在《库克船长》中也有类似的完全民族主义的叙述。其中一张图片中，库克和他的船员到达新西兰时，小船上一位深色皮肤的战士对着一艘英国船上的水手挥舞着长矛和刀。我们被简要地告知："在这里，他遭到了一些被称为毛利人的当地人的攻击，被迫向他们开枪自卫。库克一向对当地人很好，不幸的是，他在这种场合被迫采取了这样的行动。"

在封面插图上，库克穿着整洁的白色马裤，上身穿藏青色和金色交织的夹克，看着一名水手升起英国国旗。据我们所知，这一事件发生在库克的船在澳大利亚东北海岸的大堡礁搁浅之后。船最终修好了，他们可以扬帆远航了：

> 但在离开澳大利亚最北端的海角之前，库克船长登陆并升起了英国国旗。这样一来，他宣称澳大利亚属于英国，直到今天，它和加拿大一样，仍然是英联邦的一个大自治领地。

你在一个外国的海岸登陆，升起英国国旗，这片土地立即就成了英国的。[①]在库克"冒险"的结尾，我们的英雄在夏威夷群岛被毛伊岛人"像神一样对待"，"但这并没有阻止当地人试图从船上偷任何他们能偷的东西，他们是大盗"。正是这种"当地人不友好的态度"导致了库克的死亡，当时他要求当地人归还偷走的一艘船。

瓢虫出版社的历史故事还在延续：无所畏惧的、冒险的英国人为大英帝国争取新的领土；软弱、狡诈的当地人试图从我们英勇的旅行者身上偷窃或攻击他们。从成年人的角度来看，嘲笑这种粗糙的表达很容易，但我想知道它们是如何塑造了一代又一代英国孩子的思想的。

[①] 升起国旗来宣称对外国领土的主权并不仅仅是英国独有的现象。在一本关于哥伦布的书里，有一幅几乎完全相同的画面，哥伦布登陆圣萨尔瓦多，举着国旗："在感谢上帝之后，他以西班牙国王和王后的名义占领了这座岛。"

*****

我认为历史教学在过去的30年里一定发生了巨大的变化，今天肯定会更加强调诚实地看待英国的过去。我决定先问问我的两个侄女——她们当时分别是17岁和18岁——在过去的十多年，她们在学校里学习英国历史的经历。我的发现并没有打消我的疑虑。

我的小侄女说，她在小学就学到了三波"侵略者"：罗马人、维京人和诺曼人；然后是伦敦大火和塞缪尔·佩皮斯（"有点无聊"），还有维多利亚时代（局限在英国的生活，与海外领土无关）。在中学时，她没有学习普通中等教育证书（GCSE）的历史，但在11岁到14岁之间，她记得学习过的模块有：肯尼迪总统、开膛手杰克、查理一世、克伦威尔和奴隶贸易。我对这最后一个话题竖起了耳朵，于是我问了她更多有关它的问题。她认为他们花了大约"两到三个星期"来研究这个课题，"班上的每个人都很震惊……我记得当时我们知道经济是建立在奴隶制的基础上的。我以前听说过它，但在那之前我一直不了解它的范畴"。然而，当我问到关于英国和帝国的更广泛的研究时，她解释说，他们没有研究过任何关于殖民的东西，也没有研究过英国在印度、非洲、美国、澳大利亚或中国的情况。她完全同意格拉斯的评论，她说："我们从来没有听说过英国曾经拥有三分之一的世界领土。"她还说，她在德国有朋友，她觉得这种知识的缺乏"相当令人厌恶，当你想到德国年轻人对他们的历史、大屠杀等很了解时，他们在德国真的很认真，不像我们"。

我的大侄女在我写这篇文章的时候即将进入大学学习历史，她说她记得在小学学过盎格鲁-撒克逊人（"那真的很有趣"），还有古希腊、古罗马、都铎王朝、维多利亚时代（"我们学过维多利亚时代的学校日"）——但"没有外交政策或帝国"。在上小学的最后一年，"我们参加了两次模拟世界大战的活动，还去了克罗默附近的诺福克进行了一次寄宿旅行。我们是'撤离人员'，拿到了定量配给书，这真的很有趣"。在中学，他们学习了约翰国王和封建制度、黑斯廷斯战役，然后是妇女参政运动。"在第八年或第九年，我们学习了奴隶制和大英帝国——但我们没有在这上面花太多时间……也许上过几节课。我真的什么都不记得了，除了意识到我们不是好人。"在普通中等教育证书课程中，他们学习了四个单元：医学（19世纪中期到第二次世界大战）、民权运动、咆哮的20年代和希特勒的崛起（直到1939年）。她还完成了"20世纪的道德"的延长项目资格（EPQ）——"我研究了大屠杀、广岛和长崎的轰炸"。她也同意格拉斯的分析，重申英国的殖民和帝国主义并没有构成她从普通中等教育证书到高级证书考试（A levels）的历史教学大纲的关键部分——"我们从来没有正式研学过奴隶制或大英帝国的任何方面"。

这些关于英国殖民历史教学上的局限性当然不仅仅局限于我的亲戚们最近的经历。作家莫尼·莫辛（Moni Mohsin）这样描述她孩子在伦敦受到的教育：

> 尽管他们接受了广泛而坦诚的教育，但他们在学校里从未学习过英国殖民时期的历史。我女儿现在上高级程度课程的第二年。她从9岁起就开始学习历史，但她在英国普通中等教育证书课程大纲中接触过最接近帝国的内容，也就是包括"二战"的准备阶段了。在研究《凡尔赛条约》时，她了解到，当时一些国家已经拥有殖民地，作为对德国的惩罚，德国被剥夺了殖民领地。到此为止。①

在同一篇文章中，她引用了伦敦经济学院人类学副教授穆库里卡·班纳吉（Mukulika Banerjee）博士关于英国学生的话：

---

① "帝国塑造了世界。不诚实的历史教科书的核心是一个深渊"。《观察员》（*Observer*），2016年10月30日。

上大学时，他们对帝国一无所知，帝国是他们历史的重要组成部分。当我们今天谈论叙利亚时，他们根本不知道上个世纪英国在中东扮演的角色……同样，他们对移民的历史也一无所知。他们不明白为什么其他种族的人首先会来到英国。他们在学校里什么都没学过。所以……在大学里，当我的学生发现他们无知的程度时，他们非常愤怒。

如果一个国家的民众不断被告知没有什么要道歉的，没有必要从过去的错误中吸取教训，会发生什么？这样一来，整个国家，就像一个病弱的孩子，可能会永远残疾，被困在一个由昔日辉煌的神话组成的虚幻的安全区里，被选择性地看待自己历史的幼稚化。这可能令人欣慰，但也意味着它将无法发展成一个有质疑精神的成年人。想想我们自己的国家，想想伴随我们成长的故事。这些天来，我的脑海里越来越多地听到一个持续不断的声音，质疑英国对第二次世界大战的重要作用，是否实际上只是潜意识中的否认过程——一种我们无法直面的历史现实的偏离。正如塞巴尔德所说的，真相"在别处，远离一切，在某个尚未被发现的地方"。[3]

*****

但是，回到君特·格拉斯隐含的挑战，我们应该如何开始尝试教育我们的孩子，让他们了解以大英帝国的名义犯下的罪行和种族灭绝？你会从哪里开始？这里有一个迫在眉睫的挑战——纳粹主义的暴行发生在12年的时间跨度内（或者追溯其起因，可能是两代人），而大英帝国释放的暴力则发生了近500年——超过20代人。与德国的对比再明显不过了。这不仅仅是时间范围的问题。大屠杀发生在一个很明显的现代世界——我们可以在电视上看到希特勒和希姆莱聊天的画面，看到纽伦堡审判中的甲级罪犯的画面，我们甚至有集中营大屠杀的图像和照片。对于英国在世界各地的绝大多数恐怖统治，我们只有其他世纪的文献，这就给即使是最能鼓舞人心的老师带来了一个迫在眉睫的挑战——如何让如此遥远的历史鲜活起来？如何制作一份文件，列出英国甘蔗种植园奴隶的名字和年龄，就像对大屠杀幸存者的采访一样生动？简而言之，当我们无法真正看到或听到过去的人时，"移情鸿沟"不可避免地存在，如何弥合这种鸿沟？

也许我们只能从已知的情况开始。我们知道，1600年，女王伊丽莎白一世向东印度公司颁发了第一张特许状，这是世界上第一家真正意义上的跨国公司。我们知道，这个组织与英国政府合作，最终统治了印度。我们还知道，它的政策加剧了1770年的孟加拉饥荒，导致数百万印度人饿死。1757年和1764年，英国分别在普拉西和布克萨尔取得胜利后，该公司接管了孟加拉的所有税收权利（包括今天的西孟加拉邦、孟加拉国、阿萨姆邦、奥里萨邦、比哈尔邦和贾坎德邦的部分地区）。土地税立刻从10%提高到50%，给东印度公司股东和英国政府带来了巨额利润——从1765年的1500万卢比增加到1777年的3000万卢比。该公司还迫使许多农民从粮食生产转向种植罂粟（用于出口市场，特别是出口到中国）。这两种发展的双重影响，加上1769年的严重干旱，造成1770年毁灭性的饥荒，估计造成了1000万人死亡。

从这一时期到1860年，东印度公司还向中国出口了大量鸦片——在18世纪晚期，平均每年出口900吨，到1838年上升到每年1400吨。由于中国意识到毒瘾造成的严重损害，已经禁止鸦片进口，鸦片出口便经由加尔各答，由登特公司和怡和集团公司走私进来①——这是两位爱丁堡大学毕业生的主意。有可靠的统计数据表明，数以万计，甚至数以百万计的中国人的生命被鸦片贸易摧毁，而鸦片贸易为这家公司提供了巨大的利润基础。这种贸易导致了在中国爆发的两次鸦片战争，以及世界奇迹之一——北京郊外的圆明园的毁灭。1860年10月18日，圆明园整个建筑群以及里面的300名中国人被英国士兵

---

① 怡和集团目前仍在蓬勃发展（在百慕大注册），2018年前6个月的营收增长19%，达到了443.5亿美元。

付之一炬。

也许我们需要回到更早的时候，来看看奴隶贸易的种子是如何在英国人的心灵中播下的。我们知道的第一个有记载的英国奴隶贩子是约翰·霍金斯爵士。1562年，他"获得"了至少300名几内亚海岸居民，有些是从非洲商人那里买来的，有些是从葡萄牙奴隶贩子那里劫持的，还有一些是直接掠取的。他把这300个人带到伊斯帕尼奥拉岛（现在的海地），在那里他以惊人的价格把他们卖给了西班牙人，换取了当时价值1万英镑的珍珠、兽皮、糖和生姜。一旦第一个行动被证明是有利可图的，成百上千的其他奴隶商人便会跟上霍金斯的脚步。

通过奴隶贸易，英格兰以及后来的大不列颠，都熟练地将人变成了商品。通过"中间航道"穿越大西洋的男人、女人和孩子被归为"货物"，而不是"人"。它们的价值只在于它们能给甘蔗和烟草种植园带来利润。要理解人类商品化的程度，你只需要看看1781年发生在位于利物浦的"桑格"（Zong）号奴隶船上的奴隶大屠杀：133名奴隶和其他"资产"一样被投保了保险，但是当船快要缺水的时候，他们被扔到船外淹死，这样船主就可以为他们死亡的"资产"索赔。

到1670年，已经有近5万名非洲奴隶在加勒比种植园劳作了。一个世纪后，有超过33万名非洲奴工在美国的英国殖民种植园里劳作。我们现在知道，许多从奴隶制中受益的投资者不仅是银行和航运公司的大股东，还有英国国教和一群小投资者，他们是全国各地受人尊敬、正直的男人和女人——牧师和职员、农民和寡妇。种植园及其生产的糖和烟草成为英国经济的核心部分。据估计，从霍金斯1562年首次进行奴隶贸易到1833年《奴隶贸易法案》被废除，271年间，英格兰和大不列颠的船只运送了1100万人作为奴隶。我认为，作为一种文化，我们甚至还没有开始理解这271年暴行的含义，一次又一次地重复，成千上万的船只，千百万的人——而这种人口交易带来了巨大的利润——这些利润推动了工业革命，也推动了许多金融和保险机构的建立，这些机构至今仍是我们社会的核心。

因此，当废除奴隶贸易的运动在18世纪50年代开始时，你可以想象全国有怎样的骚动——如果没有这些免费劳动力的供应，种植园经济将如何运作？没有这些收入来源，英国怎么可能生存下去？但到了1800年，废除奴隶贸易的运动势不可挡，英国政府看到了不祥之兆，这意味着领土扩张和经济多样化的需求变得迫切。还有一个重要的问题：监狱人满为患，而1775年美国独立又加剧了这一问题。在近150年的时间里，英格兰和后来的大英帝国每年向美洲殖民地输出1000多名囚犯——本质上是一种白人奴隶制，但有一个显著的不同之处在于，囚犯在服刑7年或14年后可以获得自由。在获得独立后，美国虔诚地宣布，他们不想再成为英国罪犯的收容地——宁愿用非洲奴隶劳工取代种植园里的囚犯劳动。因此，英国面临的问题是，如何应对监狱人口的迅速增长以及如何弥补因废除奴隶贸易而损失的经济生产力。

小威廉·皮特领导的保守党政府试图用一个想法来解决这两个问题——为什么不把罪犯送到世界的另一边，在那里建立新的殖民地呢？18世纪80年代，英国议会成立了一个委员会，调查在纳米比亚海岸建立流放地的可行性；1785年，一艘叫作"诺第留斯号"的船被派去勘测非洲的西南海岸，寻找建立这个殖民地的最佳地点。但它回来报告说，骷髅海岸的名字很贴切，殖民者在那里肯定会面临死亡。此时，政府开始把目光投向更远的地方。正如我们已经看到的，澳大利亚在1770年被库克船长"宣称"为英国所有——尽管事实上是荷兰人首先绘制了澳大利亚北部和西部海岸的地图；是库克给东海岸的一个港口命名为植物湾的，因为那里的植物具有丰富的多样性。事实上，皮特和他的大臣们对岛上的土著居民毫不关心，他们所能看到的只是800万平方公里的无主地（无人的土地）的潜力，这片土地比所有欧洲国家加起来还要大。

1786年，主要是库克的报告鼓励了英国政府推进他们的奇怪计划。1787年5月，由11艘船组成的"第一舰队"从朴次茅斯启航，船上载有671名军官、水手和他们的家人（包括殖民地的第一任总督和他的幕僚），以及798名关押在相当不舒适条件下的罪犯。1788年1月，这些船抵达了植物湾。对于这个新世界来说，这并不是一个吉利的开始——库克的光鲜报告并没有揭示出土地贫瘠或缺乏用于建造建筑的石头，因此，船长亚瑟·菲利普命令船只继续向北驶往更有希望的地方——他称之为"悉尼湾"。在四年之内，悉尼已发展成一个3000人的定居点，这个殖民地在食物上实现了自给自足，甚至开始向其他国家出口小麦。

到了1803年，一位新的总督菲利普·金，正在寻求扩大英国在澳大利亚的领土——特别是寻找一个远离主领地的岛屿，一个可以关押新罪犯的孤立的地方。范迪门斯岛（1856年更名为塔斯马尼亚岛）曾在1640年被荷兰探险家阿贝尔·塔斯曼发现，但从未有人定居下来。金觉得这地方很适合作为他想要的流放地。1803年，他派遣一名军官在范迪门斯岛的东海岸登陆，升起英国国旗，并宣称该岛属于国王乔治三世。在接下来的几个月里，他们在德文特河两边的霍巴特和里斯顿建立了定居点，这在该岛的东南海岸形成了一个小湾，他们又在北部海岸的兰斯顿建立了进一步的定居点。不到50年，岛上的土著居民几乎全部灭绝。

有多少英国学生听说过这次种族灭绝？

二、塔斯马尼亚猎鸦行动

讲述对塔斯马尼亚原住民的种族灭绝是极具挑战性的。这不仅是因为这些人类像野生动物一样遭到随意的野蛮猎杀，还因为在30多年的时间里，这些杀戮主要是由被定罪的丛林猎人、定居者和农民进行的。没有像西南非洲那样的"灭绝令"，也没有政府组织的军事屠杀，事实上，英国当局对他们的命令和书面承诺都非常谨慎。在长期的伪善传统和对事物"视而不见"的情况下，也许对土著塔斯马尼亚人的灭绝可以被描述为"非常英国式的种族灭绝"。[4]

马克·考克（Mark Cocker）的作品《血之河，金之河》讲述了欧洲对世界各地部落民族的灭绝，令人难忘。根据他的说法，我们对19世纪初岛上原始土著人口的最佳估计是3000至4000人（尽管最近的一些估计数字更高，约为6000人）。他们是狩猎采集者，在过去的几个世纪里，他们进化出了一种生活方式，随着季节性的丰富多样的食物——真菌和蕨类、袋鼠、负鼠和袋熊、海豹和海洋植物、海鸟和蛋、牡蛎和贝类——的供应而迁徙。更大的猎物，如袋鼠和海豹被投掷棍棒或他们高效的硬木长矛，有的10到15英尺长。库克船长曾在1777年探索过这个岛的一部分，他毫不夸张地说，这个国家"能够生产各种生活必需品，气候也是世界上最好的"。不出所料，他对那里居民的评价并不高，用他的话来说，他们是"无知的不幸的人类种族"。遇到库克的土著居民很可能会对他和他的人有同感，而且他们有更充分的理由。

第一次有记录的大屠杀发生在1804年5月3日上午，就在德温特河上的里斯顿定居点外。大约300名包括妇女和儿童的土著居民，从树林里出来追赶正在吃草的袋鼠。负责里斯顿的军官摩尔中尉（Lieutenant Moore）认为定居点受到了攻击，命令他的士兵向猎人群开枪，杀死了许多人。摩尔后来评论说，他想练习步枪，很高兴"看到黑鬼逃跑"。在接下来的26年中，数千人被杀害，这可以被描述为种族灭绝的三个阶段：首先，在北部海岸和岛屿上消灭巴斯海峡土著居民；其次，丛林砍伐者对内陆土著的灭绝；最后，在1825年至1831年的"黑人战争"中，剩余的人口被杀害。

塔斯马尼亚岛的北部海岸一直是土著人猎取海豹的主要地区。但到了19世纪早期，已经有超过200名欧洲海豹猎人在海岸和巴斯海峡群岛定居，海豹皮产业发展迅速，在1800年至1806年间，有十万只海豹被捕杀，以获取海豹皮。这不仅对土著居民的传统食物来源造成了灾难性的影响，而且海豹捕猎者也通过"获取"塔斯马尼亚妇女来破坏当地人的家庭纽带，这些妇女是最熟练的海豹捕捉者，有时通过易货，有时通过绑架。但实际上，她们变成了欧洲海豹捕猎者的奴隶，被用于劳动和性服务，受到骇人听闻的待遇。如果这些妇女试图回到她们的社区，会遭到残酷的暴力对待。一名逃亡者被一群海豹猎人绑在树上，他们割下了她的耳朵和她大腿上的肉，然后强迫她吃下。不出所料，这种行为导致欧洲海豹捕猎者和北塔斯马尼亚人之间的全面冲突，但欧洲人的炮火意味着这场战斗永远不会是平等的；东北海岸成了一个屠场，很快，到处都是土著人的尸体和遗骨。到1830年，我们从科克那里了解到，整个北部地区只剩下75个土著居民，其中72个是男性，没有一个孩子能延续这条血脉。

第二波灭绝发生在内陆，是由袋鼠狩猎引发的。袋鼠肉很快成为霍巴特和朗塞斯顿定居者的主要食物，但随着这些定居点的人口迅速增长，对肉类的需求也不断增加，袋鼠在几年内变得稀缺，尤其是在沿海地区。这反过来又推动了对内陆有袋动物的捕猎——而这片地区一直是土著居民的主要狩猎场。殖民者中最成功的猎人被称为"丛林猎人"，他们使用猎犬，大部分是靠向定居者出售肉和兽皮而幸存下来的逃犯；他们是人们能想象到的最冷酷、最暴力的人，被认为是殖民地里"底层中的底层"。由于袋鼠数量不断减少，人们之间的竞争给了这些殖民者丛林居民一个完美的借口，他们利用无限的暴力来对付内陆的土著居民。在1808年到1824年间，塔斯马尼亚土著居民中有近一半被杀害，超过1000人。

在当代关于这些殖民者丛林居民的排斥行为的记述中，许多丛林居民的精神变态本质是值得注意的。有个人对当时的一位历史学家夸口说，他"宁愿杀一个黑人也不愿抽烟斗"。大多数情况下，土著甚至不被认为是人类，而是"黑乌鸦"或"黑害虫"。一个丛林定居者把被射杀的土著人比作"这么多麻雀"，另一个把土著人当作靶子练习，而第三个丛林定居者射杀塔斯马尼亚人是为了拿他们喂狗。另一些人则喜欢折磨那些被"赦免"的人。罗伯特·休斯（Robert Hughes）讲述了一个名叫胡萝卜（Carrot）的丛林定居者，他强迫一个女人看着自己的丈夫被屠杀，随后强奸了她，然后让她把丈夫被砍下的头颅挂在脖子上"当玩物"。[5]

英国当局正式谴责了这种行为。然而，他们多年来一直依赖丛林定居者为殖民地提供食物，这一事实大大削弱了他们所说的话在道德上的正义性。另一个重要的事实是，土著人显然没有被当作"公民"来对待，事实上，许多欧洲殖民者甚至不认为他们是完全的人类，而是人类和猿类之间的最后一个活着的纽带。因此，认为他们有任何形式的人权的想法是可笑的，他们的游牧生活和缺乏永久居所也意味着他们不能要求任何土地所有权。所有这一切都被丛林定居者理解得很好。事实上，任何其他想要杀害或虐待土著居民的移民团体，他们知道几乎肯定不会有严重的后果。在多年的种族灭绝中，没有一个人因为谋杀原住民而受到审判。

到1824年，塔斯马尼亚的欧洲人口已经增长到12643人，这些人大部分居住在东海岸的霍巴特镇和北部海岸的朗塞斯顿镇附近。绵羊养殖现在已经成为岛上的主要产业，这再次对当地景观造成了巨大影响，减少了森林，进一步影响了塔斯马尼亚土著的狩猎。到1823年，岛上已经有了20万只羊，到1830年，这个数字跃升到100万只——每1000只羊代表一个存活的土著居民。

第三次种族灭绝发生在1825年至1831年，这段时间被称为"黑色战争"，又有700名塔斯马尼亚人丧生，只剩下不到300人存活。英国当局现在已经赶走了大部分的丛林定居者，所以这波杀戮浪潮中的大部分是由农民和牲畜饲养员进行的，通常是在岛屿的偏远地区，在那里，任何来自霍巴特的法令都可以被安全地忽略。"战争"一词有些用词不当；没有军队，没有将军，这场冲突涉及整个岛屿上数百起当地事件，多亏了当时许多目击者的证词，我们才有了关于这些杀戮行为的记录。一位农民剖开了一个土著人的胃，似乎是用刀尖递给他面包；另一个农民把一个杜松子酒夹子放进一桶面粉里，然后高兴地看着一个土著的手被夹子夹断；另一个农民拿着一把空枪玩俄罗斯轮盘赌，然后把一把上了膛的枪交给了一名土著居民，后者随后开枪打爆了自己的脑袋。

我们还了解到，两个外出打猎的英国殖民者在森林里遇到了一群土著居民。大多数人都逃跑了，只有一个身怀六甲的孕妇吓坏了，爬上树躲起来。她被猎人开枪打中了，孩子立刻流产了，然后男人们在一旁饶有趣味地看着她爬到小溪里等死。值得一提的是，在塔斯马尼亚发生这种野蛮行为的同时，人文主义精神正席卷欧洲，浪漫主义运动如火如荼，贝多芬刚刚写好他的第九交响曲，包含席勒的《欢乐颂》——"四海之内皆兄弟……这个吻是献给全世界的！"

不出所料，这种残忍的虐待激起了土著居民最强烈的反抗。在此期间，176名英国殖民者在报复袭击中丧生。这引发了霍巴特的公众集会，促使当局与定居者讨论了可能的应对措施。当时，大多数殖民者支持彻底消灭土著居民的政策——在一次会议上，特恩布尔博士将其与邻国澳大利亚进行了比较，"种族灭绝在新南威尔士取得了最大的成功"，为什么这个政策不能在塔斯马尼亚州也实行呢？政府成立了自己的土著事务委员会，该委员会提出了一种制度，悬赏土著居民而不是杀死他们，并增加使用囚犯看守偏远农场的频率。但杀戮仍在继续，殖民者付钱给四处游荡的民兵组织，让他们巡逻寻找塔斯马尼亚人——本质上是敢死队。这些民兵会攻击他们发现的任何土著居民，甚至是正在和平地围火做饭的团体。他们会被枪决或用刺刀刺死，包括小孩子。"猎鸦"成了一项很受欢迎的运动，家庭会把乡村野餐和杀戮结合在一起。

> 猎杀土著人是最受喜爱的娱乐活动；他们选定某一天，邀请邻近的定居者和他们的家人去野餐……晚饭后，一切都会很愉快，而参加宴会的绅士们会带着枪和狗，在两三个苦役犯的陪同下，在丛林中漫步寻找黑人。有时候，他们会成功地杀死一个女人，或者幸运的话，（可能）杀死一两个男人。[①]

我想起了扬·卡尔斯基，他从楼上的窗户里看到两个希特勒青年团成员在华沙犹太人区兴高采烈地"追捕"犹太人。但在塔斯马尼亚，猎杀人类的是英国人。

一些定居者甚至保留了"战利品"——从他们杀死的塔斯马尼亚人身上割下的身体部位。"有个欧洲人把他射杀的所有黑人的耳朵放进一个腌黄瓜桶里"。我想起马丁·鲍曼（Martin Bormann）14岁的儿子被带进希姆莱的阁楼，看到用人腿做成的椅子和封面覆盖着人类皮肤的《我的奋斗》，受到了终生的精神创伤。但在这里，收藏耳朵的农民是一个欧洲人，他在启蒙运动和法国大革命的价值观中长大——自由、平等、博爱。

1828年11月，总督乔治·亚瑟宣布戒严令，试图安抚殖民地居民。他还提高了抓捕土著居民的赏金——成人5英镑，儿童2英镑。现在，"捕黑"比"猎鸦"更受欢迎，也更有利可图。杀戮仍在继续，尤其是在岛的东部，那里的大河部落和牡蛎湾部落想要为他们在"黑色战争"期间被杀害的240名同胞报仇。1830年，他们杀死了20名欧洲殖民者，总督亚瑟承受着前所未有的压力，不得不采取更严厉的行动。基于英国的狩猎原则，他提出了"狩猎驱赶"的概念，由2000名英国士兵、警察、定居者和罪犯组成的庞大警戒线将从岛的北部向东南部扫荡，迫使所有残余的塔斯马尼亚人进入塔斯曼半岛的"漏斗"。"黑线"是有史以来用来对付澳大利亚土著居民的最大规模的武

[①] 这段引文和随后的引文都来自塔斯马尼亚的土著居民罗斯（H. Ling Roth）的著作。

力〔科克指出，这支军队与征服者赫尔南多·科尔特斯（Hernando Cortés）用来征服墨西哥的武力规模一样〕，耗资约5万英镑。可笑的是，整个行动从10月7日持续到11月底，没有抓到一个土著居民，尽管亚瑟争辩说，至少岛屿东部已经清除了好斗的塔斯马尼亚人。

到1831年，整个岛上只剩下不到400名土著居民，其中一半是被殖民者当作家庭奴隶的妇女和儿童。接下来的20年里，发生在剩下的200多名自由的塔斯马尼亚原住民身上的事情，与1804年以来发生的任何事情一样都令人震惊——这个阶段可以被称为"以基督教仁慈的名义杀人"。这一阶段的核心人物是一位来自伦敦、名叫乔治·鲁宾孙（George Robinson）的42岁前建筑商。就像许多"心地善良"的人一样，他最终造成了无法估量的伤害。他是基督教的福音派信徒，有七个孩子，他非常渴望传播"救赎的好消息"。1824年，在他到达霍巴特五年后，亚瑟总督让他管理25名被囚禁在位于镇子南部布鲁尼岛（Bruny）的土著居民。

鲁宾孙的梦想是将"上帝之言"带给塔斯马尼亚愚昧的残民。但要做到这一点，他意识到首先需要更多地了解他们；他花了几个月的时间学习当地居民的语言和习俗。他很快了解到，与大多数移民看到的"恶魔"侵略形象截然不同的是，他认识的这些人是和平、聪明的。而且，考虑到他们同胞早期受到的残忍对待，我读到鲁宾孙对土著人所遭受的苦难表现出的真诚同情时，真是震惊和感动——正如他在日记中所写到的："对他们施行的暴行难以形容……他们的痛苦远比印第安人在西班牙人手里遭受的痛苦要大得多。"尽管这种阻止塔斯马尼亚人痛苦的冲动是真实存在的，但不幸的是，鲁宾孙也被自我主义和自我重要性膨胀所驱使——正如他写道："这对我来说是一个不小的荣誉，我应该是改善这个不幸种族的状况的不二人选，把他们从奴役中解放出来。"他开始视自己为塔斯马尼亚人的"救世主"，而正是这种基督教的妄想导致了塔斯马尼亚人最终的灭亡。

亚瑟总督现在任命鲁宾孙为土著居民的"调解人"，就在亚瑟的"黑线"在1830年10月到达塔斯曼半岛时，鲁宾孙正在完成他的第一次穿越岛的旅行，去寻找最后幸存的自由塔斯马尼亚人。他和12名布鲁尼土著一起旅行，他们的工作是说服这些自由的男人、女人和孩子改信基督教。

鲁宾孙和他的随从穿过塔斯马尼亚丛林最荒凉的部分，穿过森林和荆棘，穿过山脉和岩石海岸地区。他劝说的主要"武器"是长笛，他会吹笛子来"安抚他们烦恼的心灵"，还有《圣经》。他们的第一次旅行持续了十个月，没有结果，但他的后续旅行成功了。到1831年，他已经说服了54名塔斯马尼亚人归顺；在接下来的四年里，他又带回了140名土著居民到霍巴特，并受到英国当局的"保护"。到1835年，除了230名妇女和儿童被用作家佣外，岛上没有一名自由的塔斯马尼亚土著了。1804年5月3日，鲁宾孙在里斯顿用步枪完成了他的传教生涯。正如许多被驱逐的民族所反思的那样："你们教我们祈祷，当我们仰望天堂时，你们却偷走了我们的土地。"

接下来的岁月更加令人不安。人们决定在塔斯马尼亚岛东北海岸的弗林德斯岛为鲁宾孙带来的最后的塔斯马尼亚人建立保护区。在这里，土著人用欧洲人的名字受洗和洗礼，像小学生一样学习《圣经》、算术和针线活，住在宿舍里。鲁宾孙现在称自己为"司令官"，他们会定期对衣服和床上用品进行检查，就好像弗林德斯岛是一所英国小型公立学校一样。但水供应不足，卫生条件差，疾病很快就流行开来，许多人随之死亡。亚瑟总督的回应是英国殖民手段对邪恶"视而不见"的一个非常典型的例子："即使土著居民逐渐凋零，他们以这种方式面对死亡，也比他们继续对白人居民施加暴行所带来的不可避免的后果要好得多。"

到1839年，只有60名土著居民还活着。到1847年，英国当局最终同意将他们迁回霍巴特以南30英里的牡蛎湾主岛时，只剩下47人了。四年后，这个数字下降到了30人，到1856年，范迪门斯岛正式更名为塔斯马尼亚岛，一份关于牡蛎湾的政府报告指出：

> 牡蛎湾车站住着五个老头和九个老太太——他们肮脏、不清醒、毫无道德，没有活力，没有宗教信仰，有背信弃义的前科，没

有做过一件高尚的事，这个种族正在迅速衰落，它的彻底灭绝几乎不会令人遗憾。

这些官方观点在几年后得到了回应，小说家安东尼·特罗洛普（Anthony Trollope）在澳大利亚和新西兰进行太平洋之旅时①，谈到了当时正在发生的对土著人的大规模屠杀："他们的命运是被消灭；他们的灭亡越早结束——这样就没有残酷——对文明就越有利。"

楚格尼尼的脸经常被称为"最后的塔斯马尼亚人"。[6]我们对她的生活了解多少？那双眼睛看到了什么？她在布鲁尼岛长大，"黑色战争"是她与定居者的第一次接触——17岁的时候，她经历了母亲被水手谋杀，叔叔被士兵枪杀，姐姐被海豹捕猎者绑架，丛林定居者杀害了她的未婚夫，然后强奸了她。她目睹了对自己同胞的暴力，随后同意帮助鲁宾孙，与他一起穿越岛屿，说服她的土著同胞归顺。后来，她成为第一批生活在弗林德斯岛殖民地的人之一，1871年，在牡蛎湾经历了数年绝望的衰落后，她的最后一个亲人去世，她终于孤身一人了。

从这个女人的脸上可以看出这一切。一些人看到了"她对人民命运的强烈反抗"，另一些人谈到了"她天生的尊严"；我从她的眼中看到了愤怒，在痛苦的脸上也看到了不理解。但她自己的语言和思想却难以捉摸。有些人幸存了下来——例如，她选择加入鲁宾孙穿越塔斯马尼亚的探险队，并充当最后一批土著居民的中间人，她反思道："这是最好的办法。我希望我们能救下所有剩下的人。鲁宾孙先生是个好人，会说我们的语言。我说我要和他一起去，帮助他。"她还说，她不希望自己的尸体在死后被肢解，她不希望自己的头骨和骨骼像之前其他人那样在博物馆里展示，她希望被埋葬在"山

---

① 出自《澳大利亚和新西兰》，安东尼·特罗洛普著。新西兰的毛利人人口从24万下降到19世纪末的4万，英国保证毛利人在北岛拥有的土地份额从1100万公顷减少到不足300万公顷。

后"。尽管英国当局作出保证,她的最后这一请求也没有得到履行。

她于1876年5月8日去世,享年65岁左右。在她葬礼的两年后,她的尸体被挖掘出来,塔斯马尼亚皇家学会随后将她的骨架在霍巴特博物馆公开展示,直到1947年它一直保存在那里。在接下来的29年里,她被保存在博物馆档案馆。1976年4月30日,就在她逝世100周年前夕,她的遗体最终被移交给土著代表;她被火化,骨灰被撒在位于布鲁尼岛和塔斯马尼亚海岸之间的登特尔加斯朵海峡（D'entrecastaux Channel）。2002年,英国皇家外科医生学院将楚格尼尼的头发和皮肤样本带回了塔斯马尼亚岛,这些样本是在殖民时期被英国采集的,目的是对被认为是"原始"的人类进行分析、分类和系统化研究。这位杰出女性的最后遗骨在她去世126年后终被埋葬。

三、英国的饥荒与屠杀[7]

1847年，霍巴特的英国当局正在决定如何处理弗林德斯岛上最后残余的塔斯马尼亚土著，与此同时，英国政府在离家更近的殖民地面临着一场迫在眉睫的灾难。连续两年——1845年和1846年——爱尔兰的马铃薯收成都被疫霉，也就是人们熟知的"马铃薯疫霉菌"所破坏。1845年，三分之一到一半的农作物被毁；第二年，疫情暴发的后果更加严重："在72到96小时的时间里，1846年的大部分作物都被毁灭了……破坏得如此迅速和全面，以至于一种大规模的迷失占据了爱尔兰。"[8]据估计，全国四分之三的农作物在几天内烂掉了。在一个以马铃薯为主要食物的国家，这真是一个灾难性事件。1846年秋天，爱尔兰农村出现了第一次有记载的饥荒。随着冬天的来临，很明显，只有采取紧急行动才能避免一场人道主义灾难。

从那以后，关于接下来发生了什么——饥荒（及其原因）——就一直在争论不休，但有一个事实是毋庸置疑的：有100万男人、女人和儿童死亡；据估计，在1845年至1851年间，还有130万人被迫移民（当时全球空前的移民水平①），爱尔兰的人口从1841年的800多万减少到1851年的650万。今天，人们至少对这些数字达成了广泛共识，这些数字来自1841年爱尔兰详细的人口普查，记录的人口为8175124人，十年后，饥荒刚刚结束时的1851年的人口普查

---

① 我不太愿意在这里用"移民"这个词，因为这可能会给人一种人们迁移到另一个国家的相对有序的印象，而实际上，这种被称为"棺材船"的移民船只有着极高的死亡率。仅举一个例子，1847年5月15日至6月17日，超过2000名爱尔兰移民死于魁北克附近的格罗斯岛检疫站。到年底，有2万名移民到加拿大，死亡率为前往加拿大的爱尔兰人的30%〔详情摘自科尔姆·托宾（Colm Tóibín）的《抹去》，《伦敦书评》，1998年7月〕。

显示，只有6552385人（如果考虑到正常增长，人口应大约为900万人）。

为了充分理解这些数字的意义、巨大的死亡人数和移民数量以及它们对国家发展的灾难性影响，值得反思的是，爱尔兰是欧洲唯一一个人口在19世纪中期超过今天的国家。但也许最令人不安的是，这场大规模的人口损失发生在离大英帝国心脏最近的殖民地——大英帝国是当时世界上最富有和最强大的力量。民族主义者和修正主义者可能会在细节上争论——例如，地主在加剧危机中的作用、人们过度依赖土豆作为作物等——但关键的现实很清楚：如果英国政府想要避免爱尔兰的饥荒，它完全有能力和手段做到这一点。

这不仅仅是我的观点。杰出的荷裔美国经济历史学家乔尔·莫凯尔，不带任何民族主义者或修正主义者的偏见，分析了19世纪中期英国和爱尔兰国家的财政现实，他在1983年发表的开创性著作中得出以下令人震惊的结论：

> 毫无疑问，英国本可以拯救爱尔兰。英国财政部总共花了大约950万英镑用于饥荒救济。饥荒发生几年后，英国政府斥资6930万英镑，在克里米亚进行了一场毫无意义的冒险。在1846—1849年的关键时期，把这笔钱的一半花在爱尔兰，就可以挽救成千上万人的生命……我们有理由推测，如果英格兰或威尔士发生了类似的饥荒，英国政府会克服理论上的顾虑，以更大的规模来拯救饥民。因为英国不认为爱尔兰是自己的一部分。[①]

[①] 出自《为什么爱尔兰会挨饿：1800—1850年爱尔兰经济史定量分析》，作者为乔尔·莫凯尔。还应该指出的是，正是莫凯尔的研究首先确定了有100万人死于饥荒（到目前为止，爱尔兰历史学家只估计了大约50万人的数字）。他的研究还提出了另外一个问题，即潜在的额外40万"避免出生"，例如，由于饥饿导致的闭经和其他疾病而没有出生的孩子。

*****

（在斯基伯林），我走进一些茅屋……呈现在眼前的场景是任何语言或笔触都无法表达的。在第一间屋子里，六具饿死的骷髅蜷缩在角落里一堆肮脏的稻草上，脚底盖着一块像破旧的抹布一样的东西，膝盖以上赤裸着，两条可怜的腿耷拉着。我惊恐地走过去，听到一声低沉的呻吟，发现他们还活着——他们在发着高烧，有四个孩子，一个女人，还有一个曾经是男人的人。要把细节讲清楚是不可能的。我只想说，几分钟之内，我就被至少200个这样的鬼影包围了，这样可怕的场景，简直无法用语言来形容。

越来越多的人由于饥荒或发烧而神志不清。他们恶魔般的呼喊还在我耳边回响，他们可怕的形象还在我脑海里挥之不去。

科克郡治安法官 尼古拉斯·卡明斯
1846年12月

到处都是疾病和死亡——曾经坚强的人们逐渐变成了瘦骨嶙峋的骨架——发烧、水肿、腹泻和饥荒在每一个肮脏的茅屋里肆虐，横扫了所有家庭……这里75名佃户被驱逐，那里整个村庄处于赤贫的最后阶段……没有裹尸布或棺材，孩子们的尸体被扔进泥土上匆忙挖掘出的洞里……田野变为坟地，土地变为旷野。

科克考官，1846年12月

在黑暗的角落里……一个家庭，父亲、母亲和两个孩子，紧紧地躺在一起。父亲已经严重腐烂。母亲似乎是最后一个死去的，也许还闩上了门，在一切希望都破灭的时候，人们总是这样做，躲到最黑暗的角落里死去，躲到路人看不见的地方死去。

1847年初，康诺特镇外，一个人打开了城外一间紧闭小屋的门……

*****

最早表达爱尔兰人对饥荒愤怒的声音之一是民族主义活动家兼作家约翰·米切尔（John Mitchel）。作为一名律师，他目睹了饥荒时代的惨象，成为"青年爱尔兰运动"的一员，并于1848年2月创办了一份周报《爱尔兰人联合报》。米切尔对英国统治，尤其是他们对饥荒的灾难性处理的猛烈抨击，令当局大为震惊。1848年5月，他在都柏林被控煽动叛乱罪受审。5月26日，他被判叛国罪，并被判处在范迪门斯岛做14年苦役。同年，仅存的几个塔斯马尼亚原住民被运回本土牡蛎湾。米切尔和其他爱尔兰政治犯花了两年多时间才到达霍巴特（在百慕大和好望角的监狱船上度过了一段时间），但米切尔利用这段时间开始秘密地写他的《监狱日记》，这本日记后来出版了，广受好评。三年后，在一位美国服务员的帮助下，米切尔乘船逃出塔斯马尼亚岛；最终在1853年11月抵达纽约，受到英雄般的欢迎。

在美国，米切尔于1854年出版了他的《监狱日记》；但随后，他对英国政府在整个19世纪40年代末50年代初试图粉饰他们的记录，以此来逃避他们的100多万同胞在饥荒中死亡的责任（他们自己估计有150万人死亡）感到愤怒，他开始写《最后征服爱尔兰》。这本书最初于1858年在报纸上连载，随后分别于1860年（都柏林）和1861年（伦敦和纽约）以图书的形式出版，在大西洋两岸都引起了轰动。今天读着他的文字，愤怒仍在书页上燃烧；这些话好比燃烧弹，或许比炸弹更有威力。他驳斥了英国当局的观点，即饥荒是"自然过程"的观点，甚至可能是上帝的杰作，他试图惩罚爱尔兰人民（引用1847年3月的《泰晤士报》）"从远古时代起，就在根深蒂固的懒惰、挥霍、混乱和贫困中出生和成长"。以下是米切尔的反击：

> 我称之为"人为饥荒"：也就是说，是一场饥荒使一个富饶肥

沃的岛屿荒芜，而这个岛屿曾经每年都产生大量的粮食……养活她所有的人民和更多的人。事实上，英国人把这场饥荒称为"天意的眷顾"，并把它完全归因于土豆的枯萎。但是，整个欧洲的土豆都以同样的方式歉收，然而除了爱尔兰以外，哪里都没有发生饥荒。因此，英国对此事的叙述，首先是一种欺骗，其次是一种亵渎。万能的上帝的确造成了马铃薯枯萎，但英国人造成了饥荒。

135年后，诺贝尔经济学奖获得者、研究饥荒及其原因的权威学者阿马蒂亚·森（Amartya Sen）支持了米切尔的基本论点，他指出："世界上没有任何一场饥荒的死亡人口比例像19世纪40年代[①]爱尔兰饥荒那样大。"尽管几代修正主义历史学家和其他人都批评米切尔的煽动性语调和夸大其词，但理解他的作品引起巨大共鸣的原因是很重要的——因为他指出了两个关键问题。

首先，他强调了在饥荒年份粮食出口的事实："从1946年到1951年的五年饥荒中，受饥荒影响的土地每年生产的粮食都超过了所有人所需粮食的两倍。"然而，就在生产国最需要它的时候，政府却决定出口这种食品。即使在饥荒最严重的时候，英国当局试图强调他们对救济能够实施的努力有限，米切尔解释说："一艘载有印第安玉米的政府船只驶进任何一个港口，肯定会遇上：六艘载有爱尔兰小麦和牲畜的船只。"米切尔关于饥荒时期爱尔兰粮食产量，以及出口农产品数量的断言可能确实被夸大了，他的言论也具有煽动性，但他的主要观点——在饥荒时期，爱尔兰出口了大量粮食——是不容置疑的。

其次，他指出的第二个关键问题是表明英国政府中的许多高级官员都是狂热的空想家，这就解释了他们所作的决定。那些极端的自由市场主义者完全没有让人类的同情心去拯救生命，他们认为不干预原则比其他任何东西都

[①] 选自1995年森在纽约大学饥荒与世界饥饿会议上发表的论文《饥饿与政治经济学：饥荒、权利与异化》。

重要。在一段不同寻常的文字中，米切尔指出了19世纪伦敦桌面屠夫造成的破坏。爱尔兰是一个古老的国家，它遭受了一场比欧洲所经历的任何"七年战争"或"三十年战争"都要更加残酷和血腥的战事。在马德堡的劫掠和普法尔茨的蹂躏中，没有哪一种恐怖和荒凉能与爱尔兰的屠杀相提并论，而这场屠杀仅仅是由官方的繁文缛节、信笺和政治经济学的原则造成的。

100年后，伟大的历史学家A.J.P.泰勒附和了隐藏在米切尔夸张论调背后的核心真相——审视首相、财政大臣和财政部长受意识形态驱动的本质，这使他们对人类的一切忧患视而不见，泰勒说："拉塞尔、伍德和特里维廉都是非常有责任心的人……但他们被最可怕的，也许是人类最普遍的弊病所困扰：相信原则和教条比生命更重要。他们认为经济学家发明的规则就像土豆的枯萎病一样'自然'。"[9]

从1840年到1859年，查尔斯·特里维廉爵士担任很有权势的财政部助理部长，他狂热地信奉当时的正统经济理论——自由资本主义，尤其是曼彻斯特学派在任何情况下都不干预市场的原则。他在1848年出版的《爱尔兰危机》（*The Irish Crisis*）一书中试图证明英国政府应对饥荒的做法是合理的，在这本书中，人们对爱尔兰的受害者不存在同情心："这已被证明……当地的困境无法因为获得国家资助而解脱，否则就会出现巨大的弊端，直接而迅速地导致整个社会陷入混乱。"

如果我们理解了这种极端思维，就会明白为什么在饥荒时期爱尔兰没有试图禁止出口食物，英国财政部也不会为挨饿的邻国提供大量资金。特里维廉没有送食物，而是让他的属下带着亚当·斯密的著作送到爱尔兰，就像传教士带着《圣经》送到野蛮人的土地上一样。[10]

后来的很多争论都与今天所谓的爱尔兰饥荒的"作恶者"有关，大多围绕着意图的问题加以讨论。

英国政府在多大程度上只是把爱尔兰的饥荒看作"天意的眷顾，是上帝对这个岛屿的一种不满"，还是特里维廉所写的"全智全慈的上帝直接一击"？而这种对天意论的信仰可以被视为最小限度干预的正当理由，特里维廉相信上帝是"给爱尔兰人一个教训……不应该得到过多缓解"。还是英国政府想走得更远，意识到这是一个故意减少他们眼中贫穷、落后、信奉天主教和不道德的国家的人口的机会？无疑，米切尔毫无疑问地认为后者是事实，用今天的术语来说，他会认为英国的反应是"种族灭绝"（"意图全部或部分摧毁一个国家、民族、种族或宗教团体"）。

在过去的几十年里，关于这个问题的争论一直很激烈。英国政府的一些行为似乎证明了其有意造成伤害的意图，其中最引人注目的是臭名昭著的格里高利条款，1847年下议院通过了《济贫法》修正案，这意味着，任何拥有超过四分之一英亩[①]土地的家庭，除非他们放弃自己的土地，否则无论是在济贫院内还是在济贫院外，都不得获得救济。彼得·格雷将其描述为"土地清理宪章"，约翰·奥洛克牧师在饥荒后写道："从来没有设计出过这么一个完整的屠杀和遣返一个民族的引擎。"据估计，多达十万户家庭被强行赶出他们的土地和家园，后果往往是致命的。詹姆斯·唐纳利（James Donnelly）称这条法律的影响非常严重，以至于（当时和后来）对种族灭绝意图的指控都是可信的。[11]

土地清理无疑对爱尔兰传统的农业小农模式——所谓的"佃农"阶层——造成了毁灭性的打击。1845年至1851年，5英亩以下的小农场所有者数量减少了一半——从181950减少到88083，而拥有15英亩以上土地的所有者数量从276618减少到90401。所有的这些都导致了人口大量减少，不仅是在爱尔兰南部和西部，比如克莱尔郡在1847年到1853年失去了42%的农场——而且在东部的康诺特和南部的阿尔斯特也是如此。可以肯定的是，这是英国政府更广泛战略的一部分，旨在从根本上改变一个被白厅视为落后和充满"社会邪恶"的殖民地的土地所有权和农业，并且不顾人力成本地这么做——但如果从这个角度出发，说英国政府中的大多数人想要彻底消灭爱尔兰农村人口，那就言过其实了。话虽如此，我也要反驳经济历史学家科马克·奥格拉

[①] 1英亩=0.4046856公顷。——编者注

达（Cormac O'grada）的说法，即"没有人想要把爱尔兰人作为一个种族铲除掉"①——在英国政府高级领导层级里，肯定有一些狂热分子希望采取最极端的措施。例如，著名经济学家和政府顾问纳索·威廉·西尼尔（Nassau William Senior）在1845年饥荒开始时说，他担心饥荒……杀死的人不会超过100万，而这几乎不足以做多少好事。

我们从约翰·罗素勋爵（他在饥荒开始时担任首相）1868年的一封信中知道，这并不是一个孤立的观点：

> 许多年前，伦敦政治经济俱乐部成立了……他们同意一项决议，即解决爱尔兰200万人口的移民问题是解决其社会弊病的最好办法。饥荒和移民所完成的任务超出了立法或政府的能力范围。②

不管英国高级政治人物和顾问们关于种族灭绝意图的辩论是对是错，有意思的是，米切尔最初指责英国故意让饥荒杀死100万人的说法至今仍在流传。1996年10月，美国纽约州立法机构规定，纽约州和新泽西州的所有学校都必须在"饥荒课程"中加入将爱尔兰饥荒作为种族灭绝行为的单元。如果米切尔知道这一点，他一定会很高兴。他也会欢迎蒂姆·帕特·库根最近的作品——《大饥荒阴谋：英格兰在爱尔兰最大悲剧中的角色》。[12] 在这场悲剧中，库根明确称这场饥荒为"种族灭绝"，并批评了多年来许多作为修正主义者、试图淡化这个故事的爱尔兰历史学家。在最后一章，库根令人信服地审视了英国犯罪者所处的文化背景——对爱尔兰人的极端种族主义程度，流行杂志如《爱尔兰鸡尾酒》中描绘的龇牙咧嘴的猴子，总是在密谋对抗英国人。例如，出现在1862年杂志的一篇文章《缺失的一环》中的一段文字：

---

① 《爱尔兰饥荒前后》，科马克·奥格拉达的作品。

② 摘自《致奇切斯特·福特斯克议员阁下关于爱尔兰情况的信》，1868年。

> 在伦敦和利物浦的一些最低级的地区，冒险的探险者们会遇到一种明显介于大猩猩和黑人之间的生物。它们来自爱尔兰，设法从那里迁移过来。事实上，它属于爱尔兰野蛮人的一个部落：最低级的爱尔兰野蛮人种。当和它的同类交谈时，它会发出胡言乱语。而且，它是一种会爬的动物，有时可以看到它带着一筐砖头爬梯子。

所有这些都导致了一种非人化的气氛，导致邻近岛屿上100万人死亡，因为他们不再被视为人类。这样的描述决不局限于当时的流行文化；1842年，牛津历史学家J. A.弗劳德（J. A. Froude）将爱尔兰人描述为"更像肮脏的猿类部落，而不是人类"。同样，在描述塔斯马尼亚种族灭绝和爱尔兰饥荒之间的生动联系时，特里维廉用了"土著"这个词来形容爱尔兰人——在维多利亚时代，这是一种介于猿和人之间的动物的简称。1860年，就在那场饥荒之后的几年，牧师、作家和历史学家查尔斯·金斯利（Charles Kingsley）刚刚被任命为维多利亚女王的牧师，他访问爱尔兰时在给妻子的信中写道："在那几百英里可怕的国土上，我看到了人类黑猩猩，它们一直萦绕着我……看到白色的黑猩猩是很可怕的，如果它们是黑色的，人们不会有那么多的感觉，但是它们的皮肤，除了被晒黑的地方，和我们的一样白。"[1]

考虑到米切尔在19世纪余下的时间和20世纪大部分时间里的爆炸性干预，值得注意的是，很少有人齐心协力地写出关于饥荒的严肃批判性历史。一代又一代的爱尔兰历史学家似乎都被这个话题吓跑了。在20世纪的大部分时间里，争论的两极只围绕着两部作品——它们都存在明显的缺陷。《大饥荒：爱尔兰历史研究》是由两位爱尔兰历史学家罗伯特·达德利·爱德华兹和托马斯·德斯蒙德·威廉姆斯编辑的散文集，于1956年出版，但许多评论家认为这部作品让英国摆脱了困境，奥格拉达认为它缺乏"连贯性和公平性"，从本质上说，它为"英国官僚和政客的态度找到了借口"。它也因为

---

[1] 摘自克里斯汀·沃尔什的《后殖民边境：口述和爱尔兰旅行者》一书。

"脱水的历史"而受到广泛的批评，因为它过分强调了饥荒的行政方面，而缺乏对人类苦难见证的关注。

六年后，塞西尔·伍德姆·史密斯出版了她的畅销书《爱尔兰大饥荒：1845—1849》，这本书是她十多年详细研究的成果。虽然这本书因再次将饥荒的责任坚定地推到英国的身上而受到民族主义者的欢迎，但一些人批评这本书过于情绪化和充满了过多的激情（科尔姆从她的写作方式中看到了持久的优势："她的作品是可读的——这是后来研究饥荒的历史学家极力避免做到的。如果说她过于依赖对人物性格的研究，那么她对细节的掌控，她对当权者的残忍和受难者的痛苦的坚持，以及她构建叙事的能力，都说明了这本书非凡的影响力"[13]）。

但是，撇开这两部作品不谈，在20世纪大部分时间里，历史上对饥荒的关注非常少，这一点令人震惊。值得注意的是，正如历史学家詹姆斯·唐纳利在2001年观察到的那样，在1938年至1988年的50年间，《爱尔兰历史研究》杂志只发表了五篇有关饥荒的文章。直到20世纪90年代，在纪念爱尔兰饥荒150周年活动的推动下，才有了越来越多的关于饥荒及其原因和遗留问题的辩论，也有了更多的出版物。[14]的确，历史学家克里斯汀·基尼利（Christine Kinealy）曾说过："为纪念大饥荒150周年而写的作品，比1850年以来整个时期写的都多。"①

科马克·奥格拉达或许公平地解释说，爱尔兰历史学家直到最近才对真正面对饥荒感到紧张，因为他们通常都是"一群保守的人"，他略带悲伤地指出，"爱尔兰没有E.P.汤普森"。②他还写过关于与恐怖主义有关的恐惧，如果你过分强调英国的罪行，说罗伯特·基（Robert Kee）在1980年播

---

① 引用于《爱尔兰历史研究》的《历史学家和饥荒：一个被围困的物种》，卷30（1997）。

② 奥格拉达（O'Grada）的言论摘自《饥荒前后的爱尔兰：经济史探索》（1800—1925年）。

出的具有开创性的电视连续剧《爱尔兰：电视历史》（Ireland：A Television History）虽然在国际上受到热烈欢迎，但被一些爱尔兰人批评为"向恐怖主义提供援助"。基尼利本人也表达了同样的观点，她在1997年明确写道，爱尔兰历史学家出于担心"给爱尔兰共和军提供意识形态的子弹"而实施了一种"加强的自我审查"。①

但在20世纪90年代开始发生了一些变化，最终使一场更诚实、更有活力的全国辩论得以展开。一部分是因为纪念大饥荒150周年，一些解除封锁的行为无疑与1998年4月的受难节协议有关。在一个国家发展历史中，这样的时刻是震撼性的；在某些时候，当异常更改成为可能时，会出现一些窗口（通常相对较短）。这种变化是不分国界的。它可能始于一个国家，但打破沉默的影响很快就会显现，像海浪一样拍打着邻国。

1997年6月1日，在科克举行的一场音乐会（以"大饥荒事件"作为宣传用语）上，作为150周年纪念活动的一部分，英国政府首次公开承认自己在这场饥荒中扮演的角色。令音乐会现场15000名观众大吃一惊的是，演员加布里埃尔·伯恩（Gabriel Byrne）宣读了新当选的英国首相托尼·布莱尔（Tony Blair）的一份声明：

> 我很高兴有这个机会与你们一起纪念所有在爱尔兰大饥荒中受苦和死亡的人……大饥荒是爱尔兰和英国历史上具有决定性意义的事件。它留下了深深的伤痕。在这个当时世界上最富有、最强大的国家里，竟然有100万人死去，这一事实至今仍令我们感到痛苦。当时伦敦的统治者辜负了他们的人民，因为他们袖手旁观，眼看着庄稼歉收变成了一场巨大的人类悲剧。我们绝不能忘记如此可怕的事件。

这份声明有时被错误地称为"道歉"；但说当时的英国政府"失败

---

① 选自克莉丝汀·基尼的《致命饥荒：爱尔兰的大饥荒》。

了"，并意识到随之而来的"巨大的人类悲剧"，并不等于道歉，也不等于代表国家承担全部责任。有律师背景的布莱尔应该能理解全面道歉的法律后果，以及可能在事件发生150年后随之而来的经济和赔偿要求。但把这些考虑放在一边，这些话仍然非常重要。值得记住的是，此时距离贝尔法斯特协议（Good Friday Agreement）的签署还有10个月，北爱尔兰的和平还远未得到保证，爱尔兰共和军还没有续签1994年的停火协议。这一声明发挥了关键作用，让爱尔兰人民相信，英国并没有被束缚在过去，确实存在着改变的可能性。过去的话语有助于建立对现在的信任，而这种信任带来了对共同未来的希望——所有这一切逐渐导致全面停火和英国及爱尔兰在1998年4月10日星期五签署的协议。历史上沉默的打破促成了一场显著的政治变革。

*****

5月的威尔士西部。小路上满是深粉色的剪秋草、浓郁的毛茛黄，还有一簇簇冒着泡沫的白牛欧芹，向前伸着，在汽车经过时轻敲着车身。还有一些地方散布着一些蓝铃花，在傍晚斑驳的阳光下形成一种紫色薄雾。现在大多数日子里，当我拐进一条小巷或走上一条小路时，都能看到前面有野兔。我们之间总是重复同样的游戏。我停下来，野兔假装没注意到我，然后用那种好奇的，几乎是笨拙的、绕圈的动作，开始朝另一个方向蹦蹦跳跳地跑去，我一路跟随。兔子走到树篱或大门的缝隙处，然后就跑开了。它伸展在草地上，现在动作不那么笨拙了。目睹兔子提速的瞬间总是激动人心的，四肢完美地伸展，当它把场地分成两半，有时会惊动年幼的牛犊或羊羔，它们不习惯看到任何东西以这种速度移动。现在只看得见它黄褐色的耳朵尖，在长草中移动着，然后消失了。

我又回到那条一直延伸到海边的小路上，虽然这条小路已经陷得太深了，只有大门和荆棘树篱上偶尔的缝隙能瞥见前面暗绿色的水。今年开放的山楂花让我停下了脚步——弯弯曲曲的白垩色云沿着树篱滚滚而来，白得不可思议,笑是唯一的回应。我把头埋在鲜花中,感受那种香草的甜蜜,但也有一种酸酸的味道,我不太清楚。这是一种五瓣花,白色的花瓣下有淡绿色的叶脉,几乎看不出来,我以前从未注意过的黑色针状小雄蕊环。

在空气极其清澈的罕见日子里,从海岸边高耸的悬崖上,有时能看到爱尔兰的海岸,甚至能辨认出大洋彼岸的威克洛山。走在这里,我的手机会时不时"哔哔"响起一条短信提示,这些短信总是让我苦笑,嘲笑我们被告知如此智能的技术的无能——"欢迎来到爱尔兰!你在我们的旅行团里,所以别忘了……"但今天海岸小路上很安静,像往常一样,我在黄昏前走了一个小时左右,一团乳白色的云遮住了太阳。今晚的空气很闷,远处雷声隆隆。几乎没有风。我感到不安,好像空气中的带电离子正在影响我的大脑。在经历了一个多星期的晚春酷热后,我希望雷声能更响一些,雨水也能倾泻而下。

有关饥荒的事情一直困扰着我,我也说不清是什么原因。不,事实上,不止一件事,但我要从这件事开始——那些活着和死去的人的名字是多么少。绝大多数的描述,甚至是19世纪40年代的目击者,都倾向于概括和集体化受害者。没有人留下名字。尽管这些描述很可怕,有时甚至是创伤性的,但你往往无法看到遭受痛苦的某个孩子或女子或男子。然而,目击者往往是有真实姓名的,所以矛盾的是,他们生活在我们的想象中,而描述他们的人却不能。这是否可以解释饥荒有时看似抽象的本质?我在想我找到的证词。我坐在一个高高的草丘上,俯视着即将到来的潮水,又读了一遍我打印出来的纸张,这些记录是按饥荒加剧时的时间顺序排列的。

贵格会教徒威廉·福斯特在1846年看到了这些:

> 孩子们都像骷髅一样,他们的五官因饥饿而变得尖利,四肢枯槁,只剩下骨头,尤其是手和胳膊,瘦得出奇,婴儿时期的快乐表情已经从他们脸上消失,只剩下过早衰老的焦虑表情。

同年12月,工程委员会的救济督察帕克少校也看到了一些事:

> 昨天，一位怀抱着死去孩子的妇女在街上乞讨，邮政警卫告诉我，他看到一个男人和三个死去的孩子躺在路边……没有什么能比这个地方的悲惨状况更糟了……星期六，尽管形势如此艰难，市场上还是有充足的肉、面包、鱼，总之什么都有。

亚西纳·尼克尔森是一位美国教师和作家，她花了两年时间游历遭受饥荒的爱尔兰，并于1850年发表了她的记述。她在敦劳费尔看到了这些：

> 亲爱的读者，如果你从未见过饥饿的人，那我希望你永远都不要见到！小时候，我曾被那些鬼怪的故事吓得魂不附体，还见过真正的骷髅。但是无论如何也想象不到这个人的样子……极度瘦弱；他个子很高，眼睛突出，皮肤皱巴巴的，举止稚气而猥琐；当时在那里给我留下的印象，是永远无法抹去的。

后来，她描述说，在多尼戈尔郡的阿尔莫兰，她走进一间小屋，看到一户人家，或者说一个家庭的遗骸：

> 他们站在我们面前，以一种无言、茫然、凝视、愚蠢，但最有说服力的姿势，无声地、生动地说："我们在这里，骨头和肉是按照上帝的形象造的，和你们一样。看看我们！是什么把我们带到了这里？"……我们走进去时，他们向着我们匍匐爬行，并试图表示欢迎。

1847年2月，《每日电讯报》描述了梅奥郡卡斯尔巴的场景：

> 几天前，我走进了一间在沼泽地里挖出来的简陋小屋。一个可怜的女人靠墙坐着。那臭气实在叫人受不了，我一抱怨，母亲就指

给我看墙角里的一张方形的床。里床上是她大儿子腐烂的、完全融化了的尸体。当被问及为什么不把尸体埋起来时，她给出了两个理由：首先，她没有力气出去找邻居帮忙；其次，她一直在等她的另一个孩子也死了，好把他们俩一起埋葬。

《爱尔兰联合报》报道了1848年5月13日举行的一场调查，调查为什么一名死者的嘴被染成了绿色：

> 一个可怜的人，我们不知道他的名字……他躺在路边，没过多久就死了，脸朝下，嘴里嚼着他身下躺着的一小块草皮。

最后，这位匿名的目击者描述的细节如此精确，令人刻骨铭心：

> 饥饿已经影响到了孩子们的骨头，他们的腭骨非常脆弱和薄，只要轻微的压力就会迫使舌头进入上颚。在斯科伯里恩，我遇到了一些孩子，他们的下巴大得连话都说不出来了。在梅奥，饥饿的孩子们已经失声了，许多人处于一种典型的饥饿致死的麻木状态。然而，我从未听到过一个孩子发出痛苦的哭泣或呻吟。在死亡的瞬间，没有一滴眼泪，也没有一声哭泣。我几乎没有看到有人试图改变自己的位置。两个、三个或四个躺在一张床上，他们躺在那里，苦难依旧，永远沉默，不动，就这么死去。①

---

① 一些目击者的报道来自《爱尔兰饥荒的目击者报道》（*Irish Program: witness accounts of the Famine*）；尼克尔森的故事摘自玛格丽特·凯莱赫（Margaret Kelleher）的《可怕的现实》（*The Female Gaze: Asenath Nicholson's Famine Narrative*），由克里斯·莫拉什（Chris Morash）和理查德·海耶斯（Richard Hayes）编辑；《社会主义评论》最后一篇，1995年9月。

当我重读这些话时，我产生了更多的疑问和质疑，我不确定语言表达某些现实的能力。我想知道我们是否用错误的方式处理了这场灾难，几乎所有关于饥荒的文章都逃过了作者的理解吗？那些饥饿的人的沉默，他们听不见的言语，是令人无法理解的。在几十英里外的都柏林、布里斯托和伦敦，饥民与饱民的距离也很近。

在我看来，关注饥荒在历史上如何被描述的争论实际上是一种避免直面事件核心——恐惧的方式（尽管这样引出了一个更广泛的问题，即是否真的有可能再现创伤）。我记得历史学家布伦丹·布拉德肖写过一篇文章，提到了这个问题："饥荒带来的创伤，也许比爱尔兰历史上的任何其他事件都更能说明问题，那就是没有价值的历史实践者无法应对爱尔兰历史的灾难性后果。"在同一篇文章中，他质疑了整个爱尔兰历史的研究方法，他认为这种方法一直重视枯燥的学术研究而不是情感和道德上的反应，最后，他提出了一个非常有力的论点——玛丽·戴利的策略，就像其他写过饥荒的人一样，他断言，是为了让她和她的读者远离严酷的现实："以一种严肃而冷静的语气（展开论述），以此适应学术话语氛围，并借助社会学的委婉语……这样使大脑变得清醒，从而对创伤脱敏。"布拉德肖认为，这种方法是危险的，因为它"否定了历史学家对价值判断的求助，因此，也否定了对人类悲剧作出反应所必需的道德和情感记录"[①]。

但是，布拉德肖在这里所触及的方面肯定远远超出了历史表现的问题。他提出了这样一个问题：史学是否有能力传达创伤事件的现实；也许我们需要寻找其他学科、其他表现形式来真正理解灾难性的事件，比如饥饿或种族灭绝。我想到的是1985年克劳德·朗兹曼的电影《浩劫》从根本上影响了我们对大屠杀的理解。这部电影成功实现了数十年来最杰出的种族灭绝历史学家都未能做到的事情。

---

① 《爱尔兰民族：前现代爱尔兰的民族、民族主义和民族意识》，作者为布兰登·布拉德肖。

我沿着悬崖上方的小路往高处爬。悬崖下面海洋的阴影处，现在已经变成了偏浅灰色的蓝。我只能看到海岸线外3英里处的岛屿，但再远一点就一片朦胧。远处又是一声雷鸣，几乎听不见。一群黑鸟蹲在我前面的篱笆和岩石上，就在小路边上。如果是乌鸦，体型看起来肯定又太小了吧？我走近了一些，可以看到它们弯弯曲曲的、深粉色的嘴——八只"啾啾"成对地坐着，很乐意与我分享它们的空间。《李尔王》（King Lear）片尾的"半空中的翅膀"（wing the midway air）让悬崖上的杂技演员们发出了"啾啾"的声音，当它们耷拉着翅膀垂直坠落时，有时会让我想起孩子们抓着膝盖，尖叫着跳进游泳池的样子。我继续走着，一边走，山雀一边从悬崖上飞下来。

突然，我想到了另一件事——也许你们也有同样的想法——事实上，所有关于饥荒的证词都来自目击者和旁观者。受害者被看到了，证人继续描述，然后写下他们的叙述。即使在最生动的叙述中，这也不可避免地造成了一种距离。例如，米切尔在《爱尔兰最后的征服》中有一段话，描述了他在1847年从他的邮车窗口看到的景象：

> 我们在深冬的时候去了戈尔韦旅行，看到的景象毕生难忘：……蜷缩着的可怜虫，在严酷的天气里几乎光着身子，在萝卜地里潜行，努力把留下的树根挖出来，但当邮车驶过时，他却跑开躲了起来……成群的人和家庭坐在公路上或闲逛，步履蹒跚，目光暗淡，绝望地凝视着无尽的黑暗……有时，我看到屋前有一群孩子，太阳一出来，他们就靠在篱笆上，因为他们站不起来。四肢瘦骨嶙峋，半裸着身子，脸浮肿但布满皱纹，太明显了，这些孩子永远也长不成男人和女人。

即使透过米切尔充满同情的眼睛，我们再次看到了匿名的、痛苦的人类集体化群体——在叙述者短暂的一瞥下，他们仍然是物化的，"可怜物"——无法作为可辨认的个体被我们完全看到。在我读过的所有关于饥荒的书中，我没有看到一个幸存者用自己的话记述，无论是书面的还是转录的。这似乎是关于饥荒的证词的一个惊人的空白。[15]不存在类似于西蒙·斯瑞布尼克、亚伯拉罕·邦巴和菲利普·穆勒在《浩劫》中激动人心的证词——那些直接的、未经调和的声音。或者普里莫·莱维或者奥托·多夫·库尔卡的话。似乎没有任何一本关于饥荒恐怖的书，或长篇记述，是从一个幸存者的角度来写的。奇怪的是，这意味着饥荒和大屠杀及奴隶制相比似乎都离我们的时代更遥远，关于奴隶制存在许多强有力的幸存者的描述。从幸存者的直接视角来看，这种语言的缺乏给想象力带来了巨大的挑战，而对其他现实情况没有帮助。在19世纪40年代，没有视频或音频记录存在，摄影也刚刚发明，所以没有一张照片留存。只有那些可怕的、普通的笔墨画，你可以在任何描写饥荒的地方看到它们。

那么，有什么东西可以向我们传递饥荒带来的真正创伤呢？艺术吗？剧院吗？雕塑吗？电影吗？可能吧。或许我们不得不诉诸文字和音乐，也许它们能带我们离饥荒更近些？特别是诗歌似乎快速地揭示了悲伤和痛苦，这是小说所无法触及的。读帕特里克·卡瓦纳（Patrick Kavanagh）的《大饥荒》（*The Great Hunger*）是一种发自内心的体验。虽然这首诗写于1942年，距离饥荒已经近100年了，但这一事件像阴影般笼罩着整首诗，就好像它的主人公帕特里克·马奎尔（Patrick Maguire）已经将他祖先的痛苦完全内化了，即不惜一切代价生存下去的无情冲动。在诗的开头，我们看到他和他的手下像"受惊的乌鸦"一样飞过马铃薯地，许多年之后，又一个10月收获季节到来后，我们看到他"顶着天气轻拍一个土豆坑/一个老人抚摸一个新堆起来的坟墓"。20多年后，谢默斯·希尼在《挖土豆时》中与卡瓦纳有了联系——尽管现在是一台挖掘机在劈开泥土，工人们蜂拥而至，"就像乌鸦袭击乌鸦的黑色田野"。看到堆在坑里的土豆，希尼直接回到了"活的头骨，瞎的眼睛，平衡/野生的杂乱的骷髅/在1845年的土地上搜索/狼吃了枯萎的根然后死亡"。后来，"嘴巴绷紧了，眼睛僵硬了/脸冻得像一只拔了毛的鸟。/一百万个柳条小屋/饥荒的嘴被割得血肉横飞"。

约翰·休伊特（John Hewitt）和布兰登·肯内利（Brendan Kennelly）的杰出诗歌也与他们的祖先有着更直接的联系。在《刀疤》中，休伊特用大饥荒期间一次难忘的遭遇传达了他对曾祖母的记忆：

> 现在我再也不可能听到那个病人说出的一个字了，
> 　　他敲着曾祖母的百叶窗，说自己要一块面包；
> 因为在他那被污染的呼吸中，弥漫着来自受灾的西部小屋的气味，
> 　　来自黑土豆茎的孢子，
> 　　在他颤抖的胸膛里溅起毒沫。

在《我阴郁的祖先》中，肯内利将音乐的声音和舞蹈的画面与"饥饿之风在每扇门上呼啸"时的寂静进行了对比：

> 我阴郁的祖先，在黑暗中骨瘦如柴，躺着
> 　　不为人知，无法理解
> 　　被巨大的悲伤日夜践踏。

在她的杰出作品《地图学是有限的》中，艾万·博兰带我们领略了"饥荒之路"的空虚和消除（英国人试图创建的"公共工程"项目——通过给饥饿的劳工发工资的疯狂方式，以免除给他们的饥荒救济，但他们得不到任何回报）。博兰描述她来到康纳特边缘的一片树林时，她的伴侣说：

> 低着头，你说：这曾经是一条饥荒之路。
> 　　我低头看着常春藤和粗糙石头上的茅草
> 　　就像你说的那样消失了
> 1847年，他们经历了第二个严酷的冬天，庄稼两次歉收，
> 　　救济委员会给饥饿的爱尔兰人修建这样的道路。

他们死在哪里，路就到哪里去了

一切都结束了。

1847年9月14日，饥荒最严重的时候，音乐家兼歌手克里斯蒂·摩尔（Christy Moore）用轻柔地呼喊重复着爱尔兰"那一天"发生的事情。那一天，成千上万的人躺在那里挨饿，船只驶出科克港：

147桶猪肉，

986桶火腿，

27袋培根，

528盒鸡蛋，

1397桶黄油，477袋燕麦，

720袋面粉，380袋大麦，

187头牛，296头羊，

还有4338桶杂项物资

仅仅一天。

就在同一天，在这个岛另一边的首都，远离饥饿和疾病的地方：

市长夫人在都柏林的豪宅里

举行了一次舞会

当着爱尔兰中尉的面。

跳舞一直持续到凌晨，

大自然以取之不尽、用之不竭的丰富

供应着各式各样最丰盛的茶点。

在那一天。

德斯蒙德·伊根在他1997年的作品《大饥荒》中，探讨了爱尔兰饥荒的遗留问题——一个至关重要的问题是，这样的事件如何继续塑造民众和文化。他反思了饥荒留下的禁忌，尤其是羞耻，以及无法言说的行为：

饥荒的恶臭
仍弥漫在灌木丛中
在悲伤的凯尔特树篱中
你可以抓住它
沿着我们的风景线
每顿饭都有它的味道
听
我们的音乐中有饥荒
饥荒隐藏在我们的脸上
离这里只有一块地的距离
让我们所有的移民都因为活下来而感到内疚吗
将我们从语言中分离
把我们从文化中分离
建立在信念之上
留给了我们自己

太阳已经沉入大海，被低低的云层遮住了，只剩下半小时左右的光亮了。我走到通往内陆的小路上，伊根的话还在我的脑海里。那种被抹杀的感觉，被隔绝于这片土地和自身文化之外。今天所有的爱尔兰人之所以存在，只是因为他们的祖先得以幸存。但是"幸存"这个词包含了许多不同的经历……

*****

回到家里，外面一片漆黑，我点燃了火炉，重新看托宾在《伦敦书评》

上发表的关于饥荒的有力文章《擦除》。[16]今晚我对他写的关于生存及其意义的问题很感兴趣；他似乎触及了民族主义者对饥荒描述禁忌的核心，他说："整个爱尔兰天主教阶层在饥荒中幸存；事实上，许多人因此改善了他们的前景，对于现在的爱尔兰来说，这一遗产可能比那些死去的人或移民的遗产更难处理。"然后，他详细介绍了他父亲在家乡当地的调查，他发现1845年10月，济贫院以每吨2英镑的价格购买燕麦片，到了冬天，这一数字翻了一番，达到每吨4英镑，到1846年底达到每吨20英镑。一些信奉天主教的农民和商人在饥荒时期大赚了一笔——字面上和比喻上都是如此。托宾然后提出了这一点，这不应该被视为英国的责任，而是以一种反映发生了什么事实的方式分散责任：

> 饥荒之后，随着民族主义热情高涨，信奉天主教的爱尔兰，或者简单地说"爱尔兰"（天主教部分不言而喻）被呈现为一个统一的、不可分割的国家。于是，饥荒只能归咎于大洋彼岸的敌人，饥荒的受害者应该是整个爱尔兰民族，而不是人口中的弱势群体。

人们的生存方式和他们的死亡方式一样可怕。在爱尔兰的南部、西部和北部，父母们必须做出选择：哪些孩子能活下来，哪些孩子会死。父亲和母亲选择不吃东西，以便剩下一点点食物给他们的孩子。在成千上万的小屋里，那些勉强维持生计的家庭在看到沿路而来的饥饿的陌生人，有时甚至是他们自己的亲人时，就会紧闭房门。垂死的人散落在路边，一些人爬进墓地，这样他们至少会死在神圣的土地上，尸体经常得不到埋葬，邻居们被发现骨瘦如柴地躺在床上，"脸朝着墙"。这些是人们后来生活的记忆，这些记忆铭刻在幸存者的脑海里，但难以言说。你的家人之所以能活下来，是因为其他人都饿死了。这在爱尔兰人的心灵中留下了难以启齿的耻辱和愤怒，怎么说都不过分。"羞耻……一个正直的人看到另一个人的罪行时会有一种罪恶感产生的感受，因为这种罪行竟然存在"。

另一个人的犯罪。超过100万的人死亡，不是因为他们做错了什么，而是因为他们被认为是"英联邦"的一部分，是"大不列颠"的一部分！这是我的大脑仍然不能理解的地方，这就是为什么我自带一种与生俱来的愤怒。我成长的过程中受到的一切教育都告诉我，你不能这样写，你必须"有分寸"，你必须冷静。不。但这次不是，不是关于这个。在特里维廉对他所谓的"爱尔兰危机"的描述中，饥荒于1847年8月结束。[①]事实上，1847—1948年的冬天是饥饿和死亡最可怕的时期之一，但特里维廉在1847年秋天决定应该停止英国的"救济"工作。施粥所关闭了，数百万人仍然穷困潦倒，忍饥挨饿。即使在济贫院里，也有成千上万的人正在死去。那年秋天，仅利默里克济贫院里，每个星期就有130人死去。但特里维廉已经受够了——用他那句令人心寒的话来说，是时候让"自然原因的作用"发挥作用了："在我看来，为人民做的事情太多了。在这种待遇下，人们非但没有好转，反而变得更糟了。"

然后，他和家人出发去法国度了两周假。第二年，也就是1848年4月27日，维多利亚女王授予他爵士爵位，以表彰他在"爱尔兰危机"期间的"贡献"。此外，他还得到了财政上的奖励，即一年的额外工资，奖励他为国王和帝国所做的贡献。不久之后，饥荒仍在肆虐，《都柏林弗里曼日报》的一篇社论提出了以下三个问题：

- 难道就不能继续采取某种方式，将人们从这种痛苦而持久的饥饿死亡的过程中拯救出来吗？
- 我们生活在一个正规的或负责任的政府之下吗？
- 这样的事情发生在19世纪中叶，在12小时之内就能到达世界

---

① 此处及后文的材料来自罗伯特·基的《爱尔兰：电视历史》（1980年），第四集，BBC和Radio Telefis Eireann联合出品。

第一富裕、宏伟、大权在握的首都的地方，这世界上还有正义和人性吗？

*****

最后，我想沿着走廊走一走，看看饥荒时期特里维廉的财政部、外交部和唐宁街的房间。这里离饿死的人家只有200英里。乌鸦飞得有多远，白厅就有多远。你能想象出所有信件出自这些办公室里，特里维廉和皮尔、拉塞尔和伍德之间曾交换过数百份备忘录吗？所有的这些判决都是在这些富丽堂皇的房间里做出的，房间里的画像俯视着这些政治家，所有这些决定都由政府于文件上签字，盖上了政府的印章。所有的死亡都是在白厅那些红木办公桌上批准的。如何开始量化曼彻斯特政治经济学院（Manchester School of political economics）造成的破坏？那些对国家不干涉的野蛮信仰可以用经济学家纳索·威廉·西尼尔的话来概括，那就是100万人的死亡"几乎不足以做多少好事"。

我可以清楚地看到特里维廉正在他那华丽的财政部办公室里写字，他俯视着查尔斯国王街对面的外交部的圆顶，一边把羽毛笔浸在墨水里。1846年10月9日，大饥荒开始的第二年，成千上万的人正受到饥饿的威胁，这一点毋庸置疑。他是在回复他的同事蒙特塔格尔勋爵（Lord Monteagle），后者是利默里克著名的地主（也是前财政大臣），他曾写信给特里维廉，对第二年土豆几乎全部枯萎表示担忧，并要求财政部助理部长加大政府干预力度。特里维廉停下来思考如何表达他对大洋彼岸危机的看法，然后写道：

> 我想，我看到了一束明亮的光在远处透过乌云照耀在爱尔兰上空……社会邪恶根深蒂固的根源仍然存在，（但是）我希望我这样想不是不敬……这种疗法是由全能的天意以一种出乎意料和意想不

到的方式应用的，却很可能是有效的。①

这不单是他在给同事的信中随意写下的个人意见；他在1848年的作品《爱尔兰危机》(*the Irish Crisis*)的开篇就表达了几乎完全相同的观点，公开宣称"至高智慧从短暂的邪恶中引出永久的善"。②

我们今天怎么可能解释特里维廉对饥饿人口的病态冷漠呢？他认为成千上万的死者，用一位后来的政治家的话来说，是"值得付出的代价"？在他看来，他已经把爱尔兰人民非人化了，就像他的许多维多利亚时代的同胞一样，受到当时报纸和杂志上恶毒宣传的影响，正如我们已经看到的。一旦大量的人口被非人化，那么一种排斥就会随之而来——他们可以被视为居住在恶心的"棚子"里的"猴子"。清理、驱逐、摧毁农舍可以被看作一种防治虫害的方法，一种扫除这样一个社会的污垢和罪恶的机会，以一种新秩序取而代之。历史学家詹妮弗·哈特（Jennifer Hart）可能比许多人更接近特里维廉世界观核心，即他的心理：

> 他把饿死视为一种"惩罚"，一种痛苦的惩罚，但不管怎样，他认为饿死是比破产要小的罪恶，因为通过饿死，爱尔兰和不列颠民族将获得更大的利益。③

我们还需要考虑大英帝国在其所有执政党中灌输的种族至上主义文化——毕竟，英国是被神选中来领导世界的，这就是为什么它的帝国比其他

---

① 引用于诺埃尔·基森的《爱尔兰饥荒：纪实历史》。

② 《爱丁堡评论》匿名出版，第87卷，第175号（1848年1月），标题为"爱尔兰危机"，但随后由特里维廉在同年晚些时候出版了同名的书。

③ 《查尔斯·特里维廉爵士在财政部》，詹妮弗·哈特著，《英国历史回顾》（1960年）。

任何国家都要强大，为什么它统治着世界上这么多地方。

特里维廉的观点无论多么极端，在维多利亚文化中都不罕见。如果认为针对爱尔兰饥荒的政策只是由一小撮意识形态狂热分子决定的，那就大错特错了；现实是，使爱尔兰不干涉政策得以实施并带来如此灾难性后果的文化框架是由统治阶级共识建立的，这是一个由数百名经济学家、政客、公务员、神职人员和记者组成的网络——所有人都把彼此的观点强化成一种致命的种族仇恨、至上主义和放任资本主义的鸡尾酒。特里维廉的观点（摘自《伍德姆-史密斯的大饥饿》一书中的一封信）是："上帝审判把灾难送来给爱尔兰人一个教训，灾难不能被太大程度地减轻……我们必须与之斗争的最大的恶不是饥饿造成的肉体之恶，而是自私者造成的道德之恶。"这将被英国政府、白厅和舰队街的绝大多数同时代人所认同。当然，这并不是说没有其他的声音，没有人反对政府对爱尔兰的政策，只是，至少在当时，这些声音是少数。

1847年11月底饥荒最严重的时候，特里维廉正在为《爱丁堡评论》写文章，试图为英国对爱尔兰的政策辩护，在离他的白厅办公室不到半英里的地方，最新成立的共产主义联盟正在苏豪区大风车街红狮酒店的楼上房间里召开第二次党代会。在这次集会上，当时29岁的卡尔·马克思和27岁的弗里德里希·恩格斯被任命为共青团的策划人。1847年12月和1848年1月，他们共同撰写了《共产党宣言》，并于1848年2月21日在伦敦首次出版。[17]马克思以恐惧的眼光看待爱尔兰海对岸发生的一切，认为"爱尔兰的饥饿变成了任务"是欧洲资产阶级和工人阶级进行阶级斗争的一个关键例子[①]。我们也从他后来的作品中了解到，他继续思考饥荒及其后果——在《资本论》中有一个著名的脚注：

> 个人地主和英国立法机关都故意把饥荒及其后果弄到最糟，以便强制进行农业革命，把爱尔兰的人口减少到地主满意的程度。[②]

---

① 从1847年12月马克思的《雇佣，劳动和资本》开始。

② 《资本论》，第25章，"资本主义积累的一般规律"。

他甚至提到了纳索·威廉·西尼尔的冷嘲热讽，并继续引用他《关于爱尔兰的日志、谈话和短评》中的内容：

> "嗯……我们有了我们的《济贫法》，它是帮助地主取得胜利的重要工具。另一个更有力的手段是移民……没有一个愤怒的朋友会希望这场（在地主和小凯尔特农民之间的）战争继续下去，更不会希望这场战争以佃户的胜利而结束。它越早结束，爱尔兰就会越早成为一个畜牧国家，因为一个畜牧的国家需要的人口相对较少，这对各个阶层都是有利的。"

事实上，马克思在这一章用了整整一节的篇幅来论述对爱尔兰的剥削，他不仅对土地所有权和地主利润的变化进行了非常详细的描述，同时也对爱尔兰人民所受到的待遇进行了尖刻的讽刺和愤怒的抨击——用斯威夫特的话说："1846年的爱尔兰饥荒导致超过100万人死亡，但它只杀死了可怜的魔鬼"——留下了完整的财富，让地主们从中受益。他对爱尔兰的描绘充满了愤怒，将19世纪40年代爱尔兰农业工人的生活条件描述为"可怕得远远超过英国农业工人最糟糕的经历"。他引用1861年一位调查员的话说，这里的住房条件"是基督教和这个国家文明的耻辱"。在大饥荒和随后的"农业革命"之后，"许多劳动者被迫在乡村和城镇寻求庇护。在那里，他们像垃圾一样被扔进阁楼、洞穴、地窖和角落里，最糟糕的被扔进贫民窟里"。

在一篇言辞有力的文章中，马克思详细描述了一个爱尔兰工厂工人遭遇的无情和令人痛苦的贫困生活——每天工作17个小时，周六工作12个小时，每周只挣10先令6便士。这是为了养活一个有五个孩子的家庭——他们的饮食主要是燕麦片，在夏天再加上一些土豆。在这一节的结尾，他反思道："这就是爱尔兰人的工资，这就是爱尔兰人的生活！"然后，他将这种生活与爱尔兰的"土地大亨"（比如达弗林勋爵）从"人民的苦难"中攫取数百万英镑租金的巨额利润进行对比。马克思逐渐认识到，大饥荒的真正的遗产是为了殖民主子的利益,爱尔兰整个小型农业劳动者阶级永久毁灭。他写道,英国贵族和资产阶级有着共同的利益……将爱尔兰变成一个牧场,以尽可能低的价格为英国市场提供肉类和羊毛。它同样有兴趣的是通过驱逐和强制移民减少爱尔兰人口到很小的数量,令英国首都……可以"安全"地运转。①

如果马克思知道,特里维廉之前在给爱尔兰首席济贫法专员爱德华·特威斯尔顿的一封信中,写的关于英国在爱尔兰的策略与之惊人相似的话,他一定会很感兴趣,但可能一点也不惊讶:

> 如果小农户不移民海外,我不知道要怎么合并农场……我们应该在自己的对象上设置默认值……如果小农户走了,他们的地主就会被迫将部分地产卖给愿意投资的人,我们最终会在这个国家找到一种令人满意的解决办法。②

当时的财政大臣查尔斯·伍德爵士赞同这一观点,建议应采取更有力的执行费率支付方式,以便让"压力迫使一些人移民……我们真正想要看到的是清除小农场主"③。

我们应该明白,这种观点在英国政府和那些致力于落实政策的人当中并不普遍。事实上,爱德华·特威斯尔顿就是一个很好的例子,他在大饥荒头几年担任济贫法专员,目睹了政府政策的许多可怕后果。他是那些年来涌现出来的少数几个真正有道德的人之一。1849年3月,在与特里维廉多次争执之后,他终于辞职了,他写了一封爆炸性的公开信给财政部助理部长和整个英

---

① 出自1870年4月9日马克思写给西格弗里德·迈耶和奥古斯特·沃格特的信。

② 引用自《大灾难:1845—1852年的爱尔兰饥荒》,作者为克莉丝汀·科内亚利。

③ 出处同上。

国政府，严厉批评他们对爱尔兰实施的政策。他认为爱尔兰人民的贫困是英国政府的错，他们的"饥荒救济"政策已经变成了灭绝而不是拯救政策，最后他说他不准备再扮演刽子手的角色——英国对爱尔兰的处理是"极大的耻辱"。最后一次猛烈的口诛笔伐很显然是针对特里维廉的，他写道：

> 在我看来，这些人的思想甚至更优越，他们对爱尔兰人民的苦难已经完全麻木了……据说，根据自然法则，那些人都应该死……现在我的感觉是……完全相反：自然的一部分认为我们应该对这些人抱有同情心，而让这些人被留下等死是对自然系统最狭隘的看法。①

就连爱尔兰中尉克拉伦登勋爵也被迫承认特威斯尔顿攻击的大部分内容，他于1849年4月26日致信首相拉塞尔勋爵："我不认为还有哪个欧洲议会会无视爱尔兰西部现在所遭受的苦难，或者冷酷地坚持灭绝政策。"②

*****

在所有关于爱尔兰大饥荒以及特里维廉在其中扮演的角色的著作中，很少有人关注一个引人注目的情节。这一章节深入剖析了桌面屠夫的能力，以及他们如何继续工作的核心。我原以为，作为财政部的高级公务员，特里维廉会整天坐在办公桌前，需要一直待在白厅里——就像米切尔写的那样，在饥荒肆虐的时候，"约翰·罗素勋爵安然无恙地坐在切舍姆宫，穷人救济制度的专员大老远就已经为他们编织好了繁文缛节的网络！"但我最近发现特里维廉确实去了一次爱尔兰——在1847年10月饥荒最严重的时候去了趟都柏林。

---

① 引用自凯瑟琳·迈尔斯的《所有的立场：珍妮·约翰斯顿的非凡故事》。

② 选自克莉丝汀·科内亚利的《致命饥荒》。

但是，很明显，他没有到首都以外的地方去，首都是在大饥荒中最受庇护的地方，所以他没有看到爱尔兰的任何农村地区，而那里的饥荒和疾病最严重。

特里维廉只是住在都柏林的盐山酒店，他给一个熟人马修神父写信道："我到都柏林来住几天，为发展古老的爱尔兰尽我自己的力量。"[①]我们必须提醒自己，特里维廉代表的官方认为，饥荒在1847年8月就"结束"了，因此下令关闭全国各地的施粥所。所以，他在都柏林的所作所为更令人费解。10月7日，他在酒店给《泰晤士报》写了一封私人信件，向英国的读者宣传，下个星期天将在所有教堂举行全国性募捐活动，帮助"爱尔兰西部地区不幸福的人们，如果他们没有得到解脱，他们将在今年再次成千上万地死亡"。这句话竟然出自同一个相信饥荒已经"结束"的人之口！负责协调政府救援策略的人现在正在乞求慈善捐款！ 但是，如果你认为这封信可能表明特里维廉改变了主意，那你就错了。不久之后，他给出了严格的指示，"不能从国家基金中给那些愿意帮助他们穷人的工会提供任何援助"，并且"税率的征收将被强制执行……即使是在那些陷入困境的西方工会"。[18]

特里维廉在《泰晤士报》上发表的文章的惊人之处在于，我们可以在他的话语中察觉到一种极其罕见的情感表达——"不快乐的人"和"成千上万的人死亡"这两个词。就好像他几乎反社会的官方形象正受到来自内部的挑战，就好像杰基尔医生暂时取代了海德先生[②]。也许，突然间，我们可以猜到他为什么意识到他不能离开都柏林。因为如果他直面他的政策所带来的后果，如果他看到了饥饿者的眼睛，他们将不再是抽象的爱尔兰农民集体，而

---

① 引用自《爱尔兰：敌对的政治1789—2006》，作者为保罗·比尤。

② 杰基尔医生和海德医生均出自19世纪英国作家罗伯特·路易斯·史蒂文森创作的长篇心理惊悚小说《化身博士》。小说中的杰基尔医生发明了一种药剂，能够令自己化身为海德先生，他将自己所有的恶意和坏念头都投射到了海德的大脑里。白天，杰基尔行医救人乐善好施，待到夜幕降临，海德先生便会现身，杀人害命，无恶不作。——编者注

是受苦的个体人类，他们会从"他们"变成"他"或"她"。也许特里维廉内心深处知道他无法面对这一切，今天我们会说，他的认知失调——他继续持有矛盾道德立场的能力——将不再能够发挥作用。因为从根本上说，他是一个有责任感的人，一个严格控制自己感情的人，以对敌人持有的怀疑来看待感情。在这方面，他和阿道夫·艾希曼并没有什么不同，他把所有的精力都投入自己的工作中，在白厅的办公桌后，以信件和备忘录的形式发布命令，造成许许多多他未曾谋面的人死亡。他是一个害怕自己人性的人。他曾说，他远离苦难，这使他的判断比在受灾群众中工作的行政人员更加敏锐。[19]

在我们结束关于爱尔兰的讨论之前，我对今后的历史作家还有一个建议，它与我们用来描述过去的词语有关。1801年1月1日，《联合法案》生效，将大不列颠和爱尔兰统一为一个国家——大不列颠联合王国。都柏林的议会随后被废除，现在有100名爱尔兰议员在下议院任职。1922年，随着爱尔兰自由州（Irish Free state）的建立，这种宪政状态才宣告结束。因此，我们必须明白，1845年到1852年，当饥荒肆虐爱尔兰时，它也发生在英国。加剧饥荒的政策是在帝国的中心伦敦制定的，济贫法专员是由白厅任命的，清理农舍的军队和警察的收入来自英国的税收。那么，我们不应该从现在开始使用反映这些现实的语言吗？饥荒不是爱尔兰的，是英国的。[20]我们的语言需要反映出这一点——我们应该开始谈论"英国饥荒"，或者更准确地说，是"在爱尔兰的英国饥荒"。[21]

第四章

直面困境

> 人们曾经拒绝看到的东西永远不会消失,而是会以其他形式一次又一次地回归。
>
> 只要有秘密,它都终将浮出水面,就像一个比水还轻、注定要漂浮的物体一样。[1]
>
> ——苏珊·格里芬(Susan Griffin)

一、打破沉默

1970年12月7日,华沙;

2005年6月2日,贝尔格莱德;

2004年8月14日,奥卡拉;

2016年7月14日,柏林

与过去相比,英国处于一种独特的危险与令人迷惑的位置。这不仅仅是国家叙事核心的沉默问题——我在前面几章中提到的与真相的公布的明显差距只是问题的一部分。因为我们的文化不仅允许进行种族灭绝、奴隶制和大规模屠杀,正如它们的字面意思一样——实际上,地球上没有任何其他国家像我们一样受益于有系统的和极端暴力的殖民主义——而且,还敢在自己开始认真重新审视历史之前就对其他国家进行道德评判。看看英国对第二次世界大战的报道,你几乎总会听到一种(关于我们自己的)道德自傲和(关于他人的)猖獗的判断主义的结合。近千年来,英国没有受到侵略的事实,意味着我们对这种局势所带来的道德混乱和困境完全没有概念。因此,你会看到熟悉的场景:英国历史学家、作家和政治家们反对与法国的合作,哀叹波兰的反犹主义,嘲笑意大利的法西斯主义——所有这些都是由最腐烂的材料制成的基座。我们真的相信自己会做出不同的行为吗？

在我看来，这个问题正是玛德琳·邦廷1995年写的有关占领海峡群岛一书——《模范占领：德国统治下的海峡群岛（1940—1945）》的价值所在。这本书纠正了一个神话，即英国人会更多地抵抗、更少地合作，我们不会允许集中营出现在我们中间。值得一提的是，超过1000人（主要是俄罗斯奴工）在1942年至1945年期间死于奥尔德尼，正如邦廷正确地指出的，"这是英国领土上发生的最大规模的屠杀"。在一个被两次世界大战和阵亡将士纪念日的重要性所困扰的文化中，我们甚至没有为这些受害者建立一座合适的纪念馆，真令人震惊。这件事告诉我们，很多关于我们的集体记忆，关于我们的自我认同，关于我们想保持完整的神话，以及我们想避免面对的现实：

> 岛民对历史的选择性的具体证据是，没有为这些奴工建立公共纪念碑……这让奥托·施佩尔这样的幸存者感到困惑。施佩尔指出，在德国，党卫军集中营遗址已经变成了精心照料的纪念花园，通常还有资金充足的博物馆和档案馆。但奥尔德尼的党卫军集中营则是一片布满荆棘的荒地。施佩尔得到了威利·勃兰特总理的帮助，德国政府同意拿出一半的资金在西尔特遗址上建立一座纪念碑，但施佩尔称奥尔德尼拒绝考虑这个想法。

最后，她对岛民的选择性记忆以及对过去的看法进行了反思：

> 这是因为他们没有记住和承认那些牺牲的人……岛民必须受到审判。他们怎么能轻视奴隶劳工的苦难呢？……特蕾莎·斯坦纳、玛丽安·格伦菲尔德和奥古斯特·施皮茨[①]怎么会被遗忘40年呢？……只有当岛上所有的博物馆里都有这些人的展品，以及为纪

---

① 海峡群岛当局与德国占领军合作将犹太人驱逐到奥斯维辛。

念他们而精心制作的纪念物和牌匾时，只有当岛民们像谈论用荆棘叶泡茶一样畅所欲言地谈论犹太人时，他们才会开始讲述占领运动的故事。①

回到战后时期，我听到过一些所谓严肃的英国历史学家认为，英国殖民遗产不像其他国家那么遭人憎恨的原因之一是："二战"后，英国知道"游戏结束了"，因此"以最小的暴力"放弃了自己的殖民地。试着把这话告诉肯尼亚人民吧。在20世纪50年代早期，肯尼亚正在为独立而斗争，而英国则以异乎寻常的残暴作为回应，直到今天人们才开始理解这一点。最近的学术研究显示，超过十万名肯尼亚人被杀害，一些人死于枪杀和殴打，许多人死于奴隶劳动——这是根据一项名为"通过劳动灭绝"的计划实现的，党卫军应该会为之感到自豪。②

仅举一个例子：1953年至1958年，在恩巴卡西（Embakasi）修建内罗毕国际机场的过程中，数百人因奴隶劳动和体力衰竭而失去了生命。这个靠近机场的劳役集中营被囚犯们称为"撒旦的天堂"。

历史学家卡罗琳·埃尔金斯（Caroline Elkins）说，完成机场建设的压力，加上"茅茅党（Mau Mau）普遍存在的灭绝主义态度"，造成了噩梦般的局面。"营地指挥官……似乎认为他们有责任把犯人累死。"一位名叫尼亚加·恩杜（Nyaga Ng 'Endu）的证人讲述了每天的所见所闻：

每个工作单位必须有50名囚犯。在每个工作日的中午，都有

---

① 这两句话都出自玛德琳·邦廷的《模范占领：德国统治下的海峡群岛（1940—1945）》。

② 数据来源于哈佛历史学家卡罗琳·埃尔金斯（Caroline Elkins）的《英国古拉格集中营：肯尼亚帝国的残酷终结》（*Gulag: The Brutal End of Empire in Kenya*），这是十年研究的成果。

六七名囚犯死亡。如果一名囚犯死了，他所在小组的人就会把他的尸体放到前来收尸的运尸车里。

另一个证人莫莉·瓦伊里姆（Molly Wairimu）回忆道：

卡车会把尸体倒进沟里，然后开走。如果死了很多人，卡车就会在早上10点和下午2点分两次来收尸。在死亡人数没有那么多的日子里，只有一辆卡车会来，但会把尸体堆在车顶，在车边铺上木板以防尸体掉落。他们从来没有掩埋过尸体，尸体就像木头一样被丢弃到壕沟里，直到壕沟被填满——比这房子还高。①

20世纪50年代早期，英国的宣传非常突显在肯尼亚与英国殖民者作战的茅茅游击队之"邪恶"，以及英国对抗这种"邪恶"的战争。的确，在这一时期大约有100名英国农民和定居者被杀，但对这些杀戮的报复是完全不成比例的——比这要大1000倍。这不仅仅是一个杀戮的问题——英国人的残暴超出了人们的理解。1957年，保罗·穆奥卡·恩齐利（Paul Muoka Nzili）被关押在恩巴卡西，有一天他被一个叫邓曼的人按在地上，用钳子阉割。2010年，恩齐利写道："我花了很多年才找到希望，但我从未真正从在恩巴卡西的那天对我所做的事情中恢复过来。"②记住，最重要的是这发生在纽伦堡审判之后仅仅12年，当时英国和其他同盟国正在以所谓的"反人类罪"起诉高级纳粹分子。

---

① 这两段证词都来自2002年首次播出的BBC纪录片《白色恐怖》。

② 高等法院证人声明，2010年11月3日恩齐利起诉外交和联邦事务部，可在利·戴的网站www.leighday.co.uk上找到。许多肯尼亚人目前正在对英国政府采取法律行动，因为英国政府在他们争取独立的斗争中对他们施以酷刑。政府已经对其遭受的酷刑和痛苦表示了"真诚的遗憾"，但尚未解决所有索赔。

肯尼亚——我们历史知识的另一个空白，几个世纪的殖民暴力，像鸦片战争，像塔斯马尼亚岛，像在爱尔兰和孟加拉的英国饥荒——这些疏漏使我们对我们的过去一无所知，因而使我们现在感到羞耻。如果你认为这些问题是学术性的，或者仅仅是关于过去的，那么请考虑一下几百年来这种暴行背后的思想和行为的连续性，英国对其他国家的干预，以及这种行为在今天是如何继续下去的。想想我们所有党派的政治领导人的思想是如何形成的，再想想那些认为伊拉克战争是21世纪解决分歧的最好方式的男男女女们。成千上万的人因为遥远国家的男人和女人相信"干预"是正当的被杀害。这种信念不是凭空产生的，它们是由层层累积起来的历史构成的，这些历史是在不知不觉中形成的民族叙事，往往无人置疑。

那么，社会中的这种沉默是如何被打破的呢？这些禁忌是如何回到格拉斯最初的挑战，最终发声的？在最后三章中，我们看到了英国、德国、法国和美国所犯下的暴行。这些国家主要通过沉默或选择性的历史"失忆"来应对它们的罪恶感，根据每个社会的确切文化而有所不同，但都有某些共同点。这里有件事给我留下了深刻的印象，也许你也一样有印象。人们认为，大屠杀是对整个社会的羞辱。它后来被视为一件毋庸置疑的邪恶事件（除了一些疯狂的种族主义边缘人士），导致德国受到世界几乎所有国家普遍的谴责。除非德国试图对自己的历史进行某种反思，否则它就不会在冷遇中受到欢迎。因此，最终出现了来自国内外的压力，要求打破战后出现的沉默。

然而，英国和美国的例子截然不同，因为他们这些社会是从最初的种族灭绝、奴隶制和殖民主义行为中获得了巨大利益的，并将按这种方式继续受益。让我们暂时关注一下英国，只关注其经济中一直享有世界声誉的部门——金融、银行和保险业。这些部门至今仍占据英国经济的20%，相关行业雇用了300万人。然而，正如我们已经看到的，这一领域中的大多数人，通过大西洋三角贸易获得了权力，奴隶提供了核心的人力和资本。巴克莱银行、苏格兰皇家银行（两家银行仍在世界前50名的金融机构之列）、伦敦劳合社，都是直接从人口货物贸易中发展起来的。汇丰银行（当今世界第14大金融机构）的前身是东印度公司，以及大量利润丰厚的鸦片贸易，这让中国数百万人上瘾。这种不言而喻的"成功的暴力"政策已不可否认地成为英国和美国DNA的一部分。

因此，几个世纪以来，思想和行为的模式被传承了下来，造成极端暴力（通常发生在遥远的地理位置上——奴隶制、毒品成瘾、军火交易、战争、"自由"贸易）首先被容忍，之后成为常态。最重要的是，这两个国家的居民都从我们所谓的"外包"暴力中获得了经济利益。美国和英国拥有世界上最大的武器工业、不成比例的庞大军队以及（至少是美国）保留了发动全球战争的能力，这并非巧合。但这种暴力行为只是公众可见的冰山一角。在控制世界银行的贷款，或者迫使岛民离开他们的土地以便建造空军基地（就像太平洋上的迭戈加西亚岛），或者从地球上最贫穷的一些国家开采石油等方面也存在异常的暴力。

值得考虑的是如何结束这种沉默和否认。对德国来说，这个过程的第一阶段是1945年的军事失败。但是，美国和英国当然还没有遭受过这样的失败。我们没有经历过纽伦堡审判或去纳粹化的事件。这些国家也没有出现我们在南非的种族隔离制度解体后看到的那种冲突和内部清算。因此，没有任何动力去督促我们开始一个真相与和解的进程。我想知道失败，或者某种彻底的国耻，是否是一个社会真正开始审视自己的唯一途径。也许这样一种共同的灾难感能让一种疏通得以发生，就像一个人经历崩溃一样。突然间，一个自由的空间被创造了出来，这个空间暂时还未成形，还处于初期阶段（与变革之前的那一瞬没什么不同），在这个空间里，会发生惊人的行为。

在他的国家毁灭了这座城市和它的人民之后的一代人，威利·勃兰特跪在了华沙的土地上——一个如此简单的举动，却引发了前所未有的反思和讨论。1970年12月7日，当他的膝盖跪在华沙犹太人纪念碑前的石头上时，数百万德国人听到他们自己在用一种不同的方式说话，他们的声音喷涌而出——这与雅克·奥斯特利茨（Jacques Austerlitz）作为难民儿童所经历的过程几乎完全相反："我仍然可以理解我的母语正在消失，我认为那些摇摇晃晃、逐渐消失的声音至少在我的心里徘徊了一段时间，就像有什么东西让我闭上了嘴，在那里乱抓乱撞，当人们想听它说话的时候，它就因为害怕而停止了发出声音，静悄悄的。"[2]

44年前，阿尔及利亚示威者在巴黎遭到屠杀，导演迈克尔·哈内克（Michael Haneke）的伟大电影《隐藏》（*Hidden*）上映。故事的主人公是一名阿尔及利亚男子，他6岁的时候，父母都在大屠杀中丧生。虽然只是简短地提及了这个内容，但成了整个电影的转折点。哈内克记录了殖民主义带来的破坏和暴力对个人生活的影响，以及随后整个社会未能诚实地面对自己的过去。最终，暴力就像班柯的鬼魂，总会回到作恶者的身边，而沉默将被打破。唯一具有讽刺意味的是，这部打破沉默的电影，这部充满激情和愤怒的关于法国及其被埋葬的殖民历史的电影，并非来自法国。旁观者看到的往往更多。哈内克对社会"失忆症"的愤怒是可以理解的，因为他的父亲是德国人，哈内克自己在奥地利长大，而奥地利以并不诚实对待自己的历史而闻名。

在爱尔兰，近年来关于饥荒的沉默也很明显被打破了。1995年，约翰·基伦（John Killen）在《饥荒十年：当代记录（1841—1851）》一书的序言中写道："饥荒的创伤给当时以及随后几代爱尔兰人的心灵造成了沉重打击。愤怒、仇恨、恐惧、同情与羞愧交织在一起，产生了一种不情愿，也可能是一种无能的情绪，来解决这一巨大的……悲剧。"但在过去20年里，这里发生了巨大的变化，类似于打破了一个由沉默和创伤构成的概念大坝。关于饥荒的书籍和文章，在过去的20年里比之前的150年都多得多。在饥荒后创伤这一特定领域，以及几百万人死亡对后代的影响方面，有一些特别值得关注的新研究。克里斯·莫拉什（Chris Morash）、凯瑟尔·普埃特（Cathal Póirtéir）、彼得·格雷（Peter Gray）、肯德里克·奥利弗（Kendrick Oliver）、艾米丽·马克-菲茨杰拉德（Emily Mark-FitzGerald）和玛格丽特·凯勒（Margaret Kelleher）所做的工作，都促成了这场有关今天爱尔兰饥荒遗产的持续辩论。[1]我认为，所有这些发展都表明，饥荒现在在更广泛的文化、心理和哲学方面的表现方式发生了重大转变，而不是20世纪90年代中期以前占主导地位的狭隘的历史方法。

战后最初是对大屠杀保持沉默，从20世纪60年代末到70年代初开始，公开的证词、纪录片和学术研究开始如涓涓细流般涌现，20世纪80—90年代，诺曼·芬克尔斯坦（Norman Finkelstein）撰文，对他眼中的"大屠杀产业"进行了故意挑衅的攻击，它们又变成了一股洪流，这二者之间有一些相似之处。尽管在爱尔兰，最初的相对沉寂期更长——在第一份关于饥荒的主要研究报告发表之前，沉默期超过了一个世纪，《大饥荒：爱尔兰历史研究》（1956年）——自20世纪90年代中期以来，与饥荒相关的写作和文化表现出现了类似的泛滥。奇怪的是，在电影媒体中还没有，但这肯定会及时到来。

随着世界各地大屠杀纪念馆和博物馆蓬勃发展，过去20年来，特别是在爱尔兰、美国和加拿大，纪念饥荒的公共纪念馆和艺术品也急剧增加。事实上，其中一些美学质量令人质疑（就像大屠杀纪念馆的情况一样），但远不如它们存在这一点更重要。其中最著名的可能要数罗文·吉莱斯皮的《饥荒》了，它于1997年公布于世，由六个瘦弱的铜像组成，沿着都柏林的海关码头行走。同样在1997年，一艘饥荒船形的国家饥荒纪念碑在梅奥的默里斯克揭幕。随后，爱尔兰各地也举行了许多其他的艺术作品展览和纪念活动，随后，侨民社区在波士顿（1998年）、悉尼（1999年）、纽约（2002年）、费城（2003年）和多伦多（2007年）举办了更多的活动纪念饥荒。自2008年

---

[1] 一些主要作品包括克里斯·莫拉什的《写下爱尔兰饥荒》（1995年）和《可怕的现实》（1996年）；凯瑟尔·普埃特的《饥荒回声》（1995年），这是一部汇集了饥荒口述历史的先锋之作，在爱尔兰的16个广播节目中播出；彼得·格雷和肯德里克·奥利弗合著的《灾难的记忆》（2004年）；艾米丽·马克-菲茨杰拉德的《纪念爱尔兰饥荒：记忆与纪念碑（爱尔兰历史的重新评估）》。

以来，爱尔兰政府组织了一个全国饥荒纪念日。

*****

2016年7月14日，威尔士半岛

也许在我的一生中最引人注目的"打破沉默"，是一种非凡的巧合，发生在我编辑这页文字的时候。现在距离我第一次读到斯文·林德奎斯特，了解到赫雷罗人和纳马人在纳米比亚的灭亡，已经快20年了。随着我对大屠杀的进一步研究，它越来越困扰着我。我也变得更加愤怒，因为似乎很少有人知道这场种族灭绝——即使是我那些受过良好教育、历史知识渊博的朋友，在我提出这个问题时也显得不知所措。关于欧洲犹太人种族灭绝的著作数量庞大，而关于纳米比亚的赫雷罗人和纳马人种族灭绝的著作寥寥无几，这两者在历史和文化上的差异是巨大的，令人不安的。任何有眼睛的人都能清楚地看到这种代表性不足背后的种族主义倾向。纳米比亚种族灭绝一个特别令人不安的方面是，不仅赫雷罗和纳马的绝大多数人遭到灭绝，而且他们的土地也被偷走一并移交给德国定居者。这种情况一直持续到今天，4000名白人农民拥有95%的土地。

我们看到，在20世纪90年代末，一些东西开始悄悄发生改变。很难确定确切的时间，但逐渐地，越来越多有关赫雷罗和纳马种族灭绝的英文著作出版了，比如，马克·考克在1998年出版了他的巨著《血之河，金之河》，而J.B.格瓦尔德（J. B. Gewaldn）的《赫雷罗英雄》也在第二年出版。[①]随后出现了重要的新研究，特别是关于后冯·特罗萨时期，以及建立在西南非洲的

[①] 从20世纪60年代起，德国历史学家出版了几本重要的著作（特别是赫尔穆特·布莱所著的《1894—1914年德国统治下的西南非洲》和霍斯特·德雷克斯勒的《让我们为战而死：赫雷罗人和纳马人反对德国帝国主义的斗争（1894—1915）》，但在20世纪90年代之前，这些书很少在德国以外的地方出版。

集中营实施暴行的研究。纳米比亚开始提出德国对赫雷罗人和纳马人的赔偿问题。当德国总统罗曼·赫尔佐格1998年访问纳米比亚时，赫雷罗人向纳米比亚提出了正式请求，但遭到拒绝。不久，赫雷罗人民赔偿委员会成立，2001年，他们根据《外国人侵权索赔法》提起了两起诉讼——第一起是2001年6月对三家德国公司提起的20亿美元的诉讼，这三家公司——德意志银行、沃尔曼航运公司和特雷克斯公司，资助并从他们在西南非洲的殖民活动中获利。2001年9月，德国政府被起诉了20亿美元[①]。这些案件后来被法院驳回了，但是现在有一种不可阻挡的增长势头。

2004年8月14日，对赫雷罗人来说是一个重要的日子。它是沃特伯格战役的100周年纪念日，也标志着冯·特罗萨将军和他的士兵们消灭赫雷罗人的主要阶段的开始。一个大型的纪念活动计划在沃特伯格附近的奥卡拉拉举行几天，最重要的是，德国政府被邀请参加仪式。他们接受了邀请，经济合作与发展部长海德玛莉·维乔雷克-措伊尔（Heidemarie Wieczorek-Zeul）代表政府出席了会议。

她走向麦克风时，整个人显得很紧张，这是可以理解的。后来有消息称，她和德国外交部就她讲话的确切措辞存在严重分歧；她希望尽可能有力和明确地承认种族灭绝——这就解释了为什么她现场所说的话在某些关键方面与后来发布的讲话的官方记录不同。

全场一片寂静，仿佛100年来的恐怖和不公的巨大重量都集中在这一瞬间；在这一大群满怀期待的人当中，谁也不知道她要说什么。她用英语说得很慢，有时她的声音几乎断断续续——这就是她在2004年8月14日前半段演讲中所说的话，这是德国政府代表第一次使用"种族灭绝"一词：

> 自从我来到这个国家，我就一直在倾听。我昨天会见了赫雷罗代表和纳马代表，我认为听取他们的意见是一件很好的事。我也很

---

① 有关这些诉讼的信息来自《现代种族灭绝：权威资源和文件集》。

高兴今天能够被邀请，为你们演讲。

今天，我想承认德国殖民者对你们的祖先施加的暴行，特别是对赫雷罗人和纳马人。我痛苦地意识到100年前和19世纪后期他们所犯下的暴行，殖民列强把人民从他们的土地上赶走，当赫雷罗人，也就是你们的祖先反抗时，冯·特罗萨将军的军队开始了一场消灭他们和纳马人的战争。冯·特罗萨将军下达了臭名昭著的命令，要求射杀每一个赫雷罗人，甚至对妇女和儿童也毫不留情。在1904年的沃特伯格战役中，幸存者被迫进入奥马赫科沙漠，在那里他们无法获得任何水源，只能死于干渴和饥饿。在此之后，幸存的赫雷罗人、纳马人和达马拉人被关押在集中营，并被残忍地强迫劳动，许多人没有活下来。

我以德国政府的名义，向这些勇敢的男女，特别是赫雷罗人、纳马人和达马拉人致敬，他们为了孩子、孩子的孩子能在自由中生活而战斗和受苦。我以崇高的敬意向你们的祖先致敬，致敬他们在与德国压迫者的战斗中所做的牺牲。即使在那个时候，早在1904年，也有德国人反对并公开抵制这场压迫战争。我很自豪的是，其中一位是奥古斯特·比贝尔，他是我所属政党的主席。在当时的德国议会中，比贝尔以最强烈的措辞谴责了对赫雷罗人的压迫，并将他们的起义视为争取解放的正义斗争。我今天为此感到自豪。

一个世纪以前，被殖民狂热蒙蔽了双眼的压迫者们，以德国的名义成了暴力、歧视、种族主义和灭绝的代理人。

当时犯下的暴力、谋杀和罪行今天被称为种族灭绝——如今冯·特罗萨将军会被起诉和定罪，这是正确的。

我们德国人承认我们的历史和道德责任，以及德国人当时所犯下的罪行。因此，在我们共同分享的主祷文中，我请求你们宽恕我们的过错和罪恶。[3]

当维乔雷克-措伊尔的话语传入纳米比亚听众的耳朵时,那真是一个令人震惊的时刻。那里也正是在100年前,她的前任洛塔尔·冯·特罗萨将军开始屠杀和灭绝赫雷罗人的地方。这是一个如维利·勃兰特跪在华沙犹太人起义纪念碑前那样有力的时刻。这一时刻终于开启了和解与正义的可能性——尽管这些进程需要许多许多年。

人群中仍有一些人对他们的老殖民对手心存警惕,大声喊着要一个明确的道歉——维乔雷克-措伊尔回答说:"我在演讲中所说的一切都是为德国在殖民统治期间所犯下的罪行道歉。"她解释说,尽管经济援助会增加,但德国政府不会提供任何经济补偿。此外,奇怪的是,尽管这番讲话似乎毫不妥协地承认了德国的责任,但根据德国政府后来的说法,这既不是德国的官方道歉,也不是对种族灭绝的正式承认;她的演讲不会被政府采纳为政策。纳米比亚政府和赫雷罗人民对她的言论产生了分歧。纳米比亚国土部长波汉巴(Hifhepunye Pohamba)对她的讲话表示欢迎,他说,这是我们一直在等待的,等待了很长时间。但赫雷罗人的代表夸依马·里如阿科(Kuaima Riruako)却说,虽然我们对德国政府的道歉表示感谢,但"我们仍然有权将德国政府告上法庭"。

在德国国内和纳米比亚,德国政府受到的压力不断增加。南非法学教授杰里米·萨金(Jeremy Sarkin)与赫雷罗代表密切合作,于2008年出版了他的著作《21世纪的殖民种族灭绝与赔偿要求》(*Colonial Genocide and reparations claims in The 21st Century*)。要求归还保存在德国博物馆和机构的赫雷罗和纳马遇难者的骨头和头骨的呼声越来越高,这些遗骸从2011年开始逐步归还。在绿党和社会民主党的领导下,联邦议院不断提出让种族灭绝得到正式承认的倡议,在2012年3月1日的联邦议院辩论中,维乔雷克-措伊尔强烈批评政府在纳米比亚真正和解问题上拖延行动,但动议被否决。表现殖民与屠杀的文化和历史作品继续成倍增长——2004年10月,大卫·奥卢索加的BBC纪录片《纳米比亚种族灭绝和第二帝国》播出后广受好评,六年后,他和卡斯珀·埃里克森出版了迄今为止关于种族灭绝最伟大的著作——《德皇的大屠杀：德国被遗忘的种族灭绝》。

要求采取行动的呼声继续增长。2015年5月，社会民主党在德国议会发起了另一场运动，卡拉姆巴·狄亚比（Karamba Diaby）博士曾在2000年引用埃利·威塞尔（Elie Wiesel）的话对德国议会发出警告，称那些想要继续前进、翻开过去的"新篇章"，想要忘记艰难历史的人会面临危险。那些阴谋抹掉受害者的记忆，想要翻过这一页的人是在再次杀害他们。2015年，德国外交部开始在其内部指导方针中将大屠杀称为"种族灭绝"，2015年11月，德国任命了特使，以促进德国和纳米比亚之间达成新政策。随着2016年6月德国议会承认土耳其对亚美尼亚的种族灭绝，要求承认纳米比亚种族灭绝的呼声越来越高。绿党议员塞姆·奥兹迈德（Cem Ozdemir）是联邦议院投票的关键人物之一，他评论道："我们的议院有责任迅速承认这场种族灭绝。"

当今天，2016年7月14日，在潘林半岛一个略微潮湿的夏季下午，海面被雾所笼罩，我又回归这一章的时候，我已经花了几个月的时间研究这本书的其他部分。我回到这一章，因为我即将完成关于围绕赫雷罗和纳马种族灭绝的沉默是如何最终被打破的这一节。我用谷歌搜索关键词"德国向纳米比亚道歉2004"，被屏幕上出现的东西惊呆了：

德国承认赫雷罗种族灭绝，并向纳米比亚道歉。

德国将承认对11万赫雷罗人和纳马人民的屠杀为种族灭绝……

我查看了链接，是的，今天下午1点57分柏林传来了消息！我如饥似渴地读了那篇文章。终于承认了……

> 德国将承认1904年至1908年间德国军队对纳米比亚11万赫雷罗人的屠杀为种族灭绝，这是对历史罪行里程碑式的承认。安格拉·默克尔政府发言人表示，德国将向纳米比亚正式道歉。

我又仔细查看了德国政府的网站，上面登着一份白纸黑字——联邦外交部副发言人索桑·切布利夫人在昨天举行的新闻发布会上发表的声明。

当被问及政府为什么第一次用"种族灭绝"这个词来形容对赫雷罗人的屠杀时,她说,她相当真诚地说,"我们没有改变心意",提问者应该知道"从很早的时候,我们就明确提到了种族灭绝"。这根本不是真的。我回到我的笔记,找到了对沃尔夫冈·马辛(Wolfgang Massing)博士的采访,他是2004年德国驻纳米比亚大使。他谈到了历史上"非常黑暗的一章",他谈到德国对所发生的事情"深感遗憾",但他绝对否认存在种族灭绝。事实上,他两次谈到了赫雷罗人的"所谓灭绝"和冯·特罗萨的"所谓灭绝命令"。尽管成千上万的赫雷罗人被杀,"(他)不愿谈论对赫雷罗人采取了系统性灭绝"。切布利在声明中还强调,尽管两国政府寻求对历史事件、德国道歉和纳米比亚接受的共同政策声明,但这些事态发展"不会产生任何法律后果",即德国政府将继续拒绝赔偿,并拒绝纳米比亚提出的赔偿要求。

然而,这一时刻的重要性不容置疑。不仅对于纳米比亚的赫雷罗和纳马人民,也对于德国,对于更广阔的世界。它表明,长达一个世纪的沉默是可以被打破的。这表明,过去的罪行永远无法根除。

*****

这几周来,夏日阳光灼热,草晒得像扁平的稻草。一种近乎地中海的干燥炎热。现在几乎所有的花都凋谢了,罂粟花也枯萎了,只有一群群黄色的豚草和田野里淡紫色的蓟花头东倒西歪。三伏天很快就要到了。夜晚,飞蛾成群地笼罩着小屋。尽管天气闷热,我在写作时还是得关窗,防止它们钻进来。在过去的几周里我反复阅读瑟伦利关于施佩尔的书,让·埃默里和塞巴尔德的《毁灭的自然史》。我发现自己在一件事上与塞巴尔德有分歧——他对德国战后的沉默表现出完全困惑的语气。一个国家发现很难从最严重的创伤中走出来,这真的很令人惊讶吗?

在任何关于沉默的写作中,其核心总有一种张力。演讲接近尾声时,塞巴尔德这样描述来自汉堡大火的女难民，她们抵达斯特拉尔松德火车站时，"说不出发生了什么，震惊得哑口无言，或因绝望而哭泣"，"其中有几个女人……他们的行李里确实有死去的孩子，他们在空袭中被烟雾窒息或以其他方式死去"。他终于明白，"那些从灾难中离开的人所遭受的创伤是无法估量的。这些人中的大多数所要求的沉默的权利是不可侵犯的，就像广岛的幸存者一样，大江健三郎说……即使在原子弹坠落20年后，他们中的许多人仍然不知道那天发生了什么"。

塞巴尔德也未能阐明不同类型沉默本质之间深刻的差异，以及由此对第二代人产生的影响——行凶者的沉默、幸存者的沉默和旁观者的沉默。第一个或许是最容易理解的。在大多数情况下，犯罪者的孩子是最需要打破父母沉默的人——例如，杰拉尔德·波斯纳（Gerald Posner）在《希特勒的孩子》一书中对纳粹主要人物的亲属进行了精彩的采访。尼克拉斯·弗兰克（Niklas Frank）的父亲担任被占领波兰的总督，他试图为父亲在战争期间实施的种族灭绝统治赎罪，马丁·鲍曼的儿子也一样，这一点令人印象非常深刻。2015年的纪录片《我的纳粹遗产》向我们展示了这个过程中所有痛苦的细节。[4] 尼古拉斯·弗兰克回到了他父亲犯下暴行的地方，与他同行的还有另一名罪犯的儿子，霍斯特·冯·沃奇尔（Horst von Wächter），他是战争期间担任乌克兰加利西亚总督的奥托·冯·沃奇尔的儿子。但是，尽管有压倒性的证据，沃奇尔也毫不妥协，仍然不愿意谴责他父亲的行为。

近年来，有几本非常感人的书出版了，通常以传记写就，它们主要关注第二代，有时是第三代，发现了隐藏在家族沉默背后的原因。马丁·波拉克的作品《地堡里的死人：发现我的父亲》探讨了他父亲的生活，他的父亲格哈德·巴斯特博士曾是林茨盖世太保的前头目和一个重要的战犯。在蕾切尔·塞弗特小说《黑暗的房间》的第三部分，我们遇到了法兰克福的一位老师米查，他越来越痴迷于他深爱的"爷爷"在战争中的所作所为。但他遭遇了一堵来自家人无形的沉默之墙，但他确实发现爷爷从东线寄回家的信都在战后被烧毁了（"他想烧毁的是什么？"）。最终米查来到了白俄罗斯，自己去寻找答案。

起初，幸存者的沉默似乎是最令人惊讶的。然而，除了创伤后应激障碍方面和众所周知的幸存者内疚感现象之外，往往无法将创伤经历本身与幸存者对自己的认知分离开来——正如我们在《石头合唱团》中看到的朝鲜战争老兵的证词："恐怖和残暴似乎给他打上了烙印，让他在自己的脑海中与丑陋不可分割。"幸存者的子女往往难以忍受父母的沉默，有时甚至会受到虐待。残酷的经历，尽管很少被提及，却经常传递给下一代。安妮·卡尔夫（Anne Karpf）在《战后》（*The War After*）一书中动人地描写了这一点。旁观者的沉默是最复杂的，也是最具政治爆炸性的——正是这种沉默在今天对我们的影响最大，所以我将在后面的章节中回溯这个问题。

我仍然想知道，面对暴力和创伤的个人沉默与整个社会更广泛的沉默之间的联系，或者如何理解这种沉默在个人和集体层面上的打破。我不确定一个国家的人民是否真的有可能完全理解集体（以他们的陆军、空军或石油公司的形式）强加给另一个人的痛苦，或者感受到一种真正的共同责任感。接受易卜生的命题是一回事，"每个人都对他所归属的社会负有责任和罪责"；[5]人们真正感受到这种共同的责任和罪恶感却是另一回事。当然，在个人层面上，这是我们对被判有罪的人所给予的一种期望。偶尔，人们希望整个国家都能意识到这一点——例如，战后，人们普遍认为德国人民和德国政府都应该认识到纳粹主义给世界造成的破坏，并为允许希特勒主义持续12年承担集体责任。

然而，我想知道在英国和美国，有多少人对2003年非法的伊拉克战争及其后果所造成的破坏负有责任，这场战争造成了数十万人的死亡。在我的记忆中，数以百万计的人举着横幅，佩戴着写着"不是以我的名义"的徽章。但不幸的是，那的确代表了我们所有人的名字。不管你是否参加反战游行，是我们的税收支付了购买战斗机和炸弹的费用，正如德国纳税人在战争中为党卫军和灭绝营支付了运行成本一样。

我的本能告诉我，同理心是打开这个盒子的钥匙。我相信，这种卓越的人类品质可以以我们尚未理解的方式发展；事实上，我想说的是，如果我们不进化出同理心，那么我们就不能作为一个物种生存下去。我还认为移情是有可能远距离传播的，不仅是地理上的，而且是历史上的。我从不认为过去可以与现在分开；我只对过去感兴趣，因为它能改变我们今天的行为。我希望一场关于历史理解和同理心的革命已经开始。如果美国人民能够感受到他们国家的第一批人在被武器和疾病毁灭时所感受到的荒凉，哪怕是一瞬间，他们还能支持那些通过大规模和系统性践踏人权来执政的政权吗？如果英国人能够，哪怕是短暂地，体验到数以百万计的人在奴隶船上忍受的恶臭和恐怖，我们还能以同样的方式看待跨国贸易或伦敦金融城的罪行吗？

这些都意味着希望。但是，我不太乐观，有时觉得我们甚至还没有开始提出问题。当我们国家的首相对爱尔兰100万人的死亡表示"痛苦"时，当任何关于奴隶制赔偿的讨论仍然被大多数政治家以完全困惑的态度迎接时，当石油公司以我们的名义经营，把利润带回我们的国家，却被允许继续伤害世界上较贫穷地区的环境和人民时，也许我们还没有开始这段旅程。当我看到德国自战争以来所经历的过程——纽伦堡审判、去纳粹化程序（尽管有缺陷），以及最近在德国所有教育中对大屠杀的中心定位——我确实为我们的国家感到羞耻。作为一种文化，我们还没有到达我们的纽伦堡——我们的审判时刻——更不用说我们的斯潘道，我们的反思过程和赎罪的欲望。我们也许已经将帝国的大部分地区非殖民化了，但还没有开始将我们的思想非殖民化。我仍然看到一个帝国发展的连续性——体现在我们的思想、语言、行为、贸易、公司各个层面。从1562年霍金斯贩卖奴隶到21世纪初英国参与在伊拉克的非法战争，所谓的"成功的"暴力在一个世纪又一个世纪重复上演。

我经常在想，在这方面，我们的子孙后代会怎样看待我们——我们作为一个整体，竟然无法正视我们的过去。1953年5月，阿尔伯特·施佩尔从斯潘道的牢房里给女儿席德（Hilde）写了这封信：

不过我要向你保证，我对那些可怕的事情一无所知。美国人后来告诉我，他们从没想过我会这么做。尽管如此，我还不能就此罢休，因为扪心自问，我的地位很高，如果我想知道的话，我能知道些什么呢？即使这样，也许不是全部，但肯定有很多……我把我的命运看作是上帝的审判——不是因为我触犯了任何法律（在这个意义上，我的过失相对来说是最小的），而是因为我如此轻易地、不假思索地随波逐流而产生了更深的罪恶感。

我们的孙辈也会以同样的方式评判我们吗？他们可能会觉得我们从来没有问过那些我们应该问的关于过去的问题。我们生活在文化盲目性的状态中。袖手旁观，享受着贸易和权力带给我们的所有财富，从未真正考虑过代价。就这样随随便便，不假思索地随大流了。

二、电力和飓风

2014年2月，从伦敦到威尔士西北部

写作上出现停顿。在这七个月里，不可预知的生活和挑战阻碍了我的进步。但现在，终于，又一次西行了。这次不是去彭布罗克郡，而是往北，去斯诺登尼亚边缘的一个河口。我不顾一切地回到书本中去。尽管天气预报说冬天天气很糟糕，但开始往车里装行李，想着今晚再次西行时，我的内心仍充满了强烈的兴奋。

*****

过去的几个月里，让我更加焦虑的是，母亲在8月份摔了一跤，很严重，摔断了髋部。她出院后，我在萨福克郡的家中照顾了她一个月。我并不知道如何与像她这样精力充沛又独立的人在一起生活。她身体好了以后，我们每天都沿着小路走向小桥散步。她挽着我的胳膊，走得很慢，每次都想走得更远一点。就是在这条小路上，40多年前，我们还是孩子的时候，她帮助我们迈出了人生的第一步，教我们学会骑自行车。

而今，在生活令人眩目的轮回里，是她紧紧抓着我的手臂寻求支持。这是她平生第一次拄着拐杖慢慢地走，我意识到，在一个从未认识她的人看来，她可能看起来很"老"，这让我震惊。她总是一个精力充沛的人，一个照顾别人的人，一个帮助她的虚弱的朋友，在他们康复的时候陪伴他们的人。现在她正在很努力地学习做一个病人，虽然不是很成功，但是她也学着给予自己多些耐心。

回到萨福克郡的农舍总有一种奇怪的体验——既熟悉又迷茫。也许对于大多数回家、回到他们长大的房子的人来说，体验是一样的。我哥哥一家现在住在这栋楼里，我姐姐一家住在他隔壁。"家庭公社"——我有时这样称呼它。不管怎样，这是我多年来第一次回到那里待了一个月，也是我第一次买东西做饭，试着去适应我母亲素食的饮食习惯。我对自己能暂时放下工作和生活感到惊讶；我感到一种解脱，因为我必须处理这种情况，完全为了你爱的人存在。做到这点，一点儿也不难。她睡觉时，我做饭或看书；等她醒了，我就走到楼下的房间，就在花园旁边，因为她不能走楼梯，我们把它变成了她的临时卧室。我会看看她是否想吃点什么，我们会聊会天，或者，如果她有更多的精力，偶尔一起读点东西。我记得在康复期间，我们读过短篇小说《心灵的简单》和《佩雷拉的坚持》，在萨福克郡这个阳光明媚的房间里，福楼拜的诺曼底外省村庄和塔布奇的里斯本，可以如此生动地再现几个世纪以来的风貌。

到了晚上，等她睡着了，我就会回到起居室，处理电子邮件，和家人一起吃晚饭，聊聊"病人"的情况。我经常阅读到凌晨，有时在睡觉前，我会打开前门，走到果园里，看看8月的夜空，希望能从英仙座流星雨中瞥见一颗流星。过去的几年里，我住在那里的时候，养成了一个晚上才有的习惯——在我逗留期间至少有一次，不管什么季节，不管脚下是霜冻还是夏天的月光，我都会在睡觉的房子周围慢慢地走。建筑物的后面，河水涨得很高的时候，你可以听到几百码外的水声，强劲地流过磨坊，有时候还能听到猫头鹰的叫声，或者是风吹过树林的沙沙声。但是，当我围着房子转圈，看着熟睡的窗户时，我总是在想，希望里面的每一个人都幸福。这个简单的动作让我回到了以往，那时我们的祖先可能会在定居点边缘的栅栏上巡逻以抵御黑暗带来的危险。但对我来说，今天是反思我们拥有的幸福、面临的困难和一切脆弱的时候。我想这算是一种祈祷吧。

就在我母亲手术后几天的某个晚上，我开始了绕着房子的漫游。我在清晨散步的时候，所有精力都用在了希望她继续康复，希望她的痛苦消失，希望她重新回到活跃的生活中的祈祷上。我走到房子尽头，来到她的临时卧室旁，惊讶地看到屋里的灯还亮着，灯光透过落地窗洒在花园里。透过玻璃，我看到她睡着了，胸口上还放着一本书。书页碰着她左手的手指。至少我觉得她在睡觉。我整个人凝神屏息，仔细观察她呼吸的迹象。度过了我生命中最漫长的20秒之后，我看到放在她胸口的这本书，随着呼吸，慢慢地上升，然后缓缓地下降。我等待了一段时间，只是为了确保我脑袋没有坏掉。整个宇宙现在缩小到这个单一的动作，看，几英寸的手，一本书，一个呼吸的身体……是的，起起落落还在继续，现在我又可以呼吸了。一种压倒性的解脱随之而来。我离开玻璃窗边，继续在房子周围走来走去，想知道是否有人计算过人一生中呼吸了多少次。看着我母亲呼吸，我突然开始想象她看着我们在医院的第一次呼吸，那是我们生命中最惊人的时刻但是无人能记起。

我有一种感觉，我刚刚进入人生的另一个不同阶段。这是对难以想象的结局的一种预演。还有我们自己的目的。无论我们的年龄有多大，我们永远都不会准备好。瞬间我们就会穿越回到过去，有一句话跳入我的脑海，但是从哪里来的我现在记不起来了——"因为，在他死的时候，他……像所有的人一样，为他的母亲哭喊。"[6]

*****

这种冲击一直持续到深秋。在人生中，有些时候，也许随着年龄的增长，这种时候会越来越少，你会幻想着自己可以控制生活中的环境，你有能力做出动态选择。然后生活让你感到卑微，你意识到很多存在都是不可控制的。死亡、爱情、疾病、悲伤——这些都是无法正常表现或预测的。圣诞节前，我的一个好朋友又一次患上了可怕的抑郁症。她每隔一段时间就会经历抑郁症发作，但上一次差不多是十年前的事了，我们所有亲近她的人都希望她能打破这个循环。看到自己爱的人遭受这样的痛苦是很艰难的，但你知道自己能做的很有限。感受相对的无力——超越了单纯的存在，只需要保持冷静，给予爱。

另外两个朋友也经历了动荡的几个月——一个刚丢了工作，另一个不断受到公司经理的中伤和欺负。在过去的几个月里，我试着倾听、建议和关心，比平常更多。也许这样做是有好处的，完全响应他人的需求。至少在一段时间内是这样。

*****

天气预报说今晚的天气很恶劣，但我满怀期待地把箱子塞进车里，躲避着伦敦的阵雨。现在我抽出了整整八天时间来修改手稿。我把这周可能会用到的书和论文都带来了，然后把床上用品和其他包堆在后座上。最后，我把冰箱里有限的东西转移到收纳箱里，还放了咖啡、咖啡研磨机、茶、牛奶、一些洋葱汤和几罐吉尼斯黑啤酒。我打算在7点半左右离开伦敦，避开最拥挤的交通高峰时段；估计我可以在凌晨两点到达威尔士的小屋。像往常一样，等车装好后，给自己做最后一杯浓黑咖啡，今天还喝了一杯莱姆西普咖啡，试着抵御即将到来的寒冷。

打完最后一通电话，发完电子邮件，我就离开了，开车慢慢地穿过伦敦东部黑暗潮湿的街道。最糟糕的交通高峰期已经过去，我在雨中停了下来。几分钟后，我上了M11公路，一路向北，大约一小时后，像往常一样，第一站是去剑桥加油、喝咖啡。这个地方总是吸引着我，这个双车道旁的霓虹灯岛，因为它离"梦想的塔尖"和学术界的距离是你能想象到的最远的地方。一个60多岁的男人在这里工作，衣着简朴但很友好，他经常值夜班。我们聊了一会儿，我出去喝了杯咖啡，然后打电话给照看小屋的女人说我会来，但会很晚才到，不想打扰她。她告诉我，没问题，钥匙就在门廊的老地方。她还告诉我，隔壁邻居梅根还没回来，从圣诞节前就没人来过，所以小屋有一段时间没打扫过了——希望不会太脏……此时此刻，我考虑将昆汀·克里斯普（Quentin Crisp）关于生活中不需要清洁的建议传授给她，但是当她听到"在头四年之后，脏污不会变得更糟"的时候，可能会感到震惊。我习惯在较小的道路上开车，但我的体力略有不支，加上收音机预报坏天气要来了，所以我一直坚持在双车道和高速公路上行驶。再过一个小时我就会到达伯明翰，再向西前往布里奇诺和什鲁斯伯里。路上经过了我在英国最喜欢的路标，就在离马奇温洛克不远的地方——在这个路标上，维格威格和荷马的定居点的绝妙搭配。

在什鲁斯伯里之后，我决定翻山越岭，尝试一条新的西行路线。起风了，通往诺克因的乡间小路，风吹着锈迹斑斑的树叶。我正在听广播里的一场讨论，讨论一本我多年前读过并且很喜欢的书，格雷厄姆·格林的《堂吉诃德大人》。嘉宾们热情洋溢地谈论共产党市长和主教所代表的不同信仰体系，和他们之间的友谊，这让我一回到伦敦就想重读这本书。还有另外一本书，我想是挪威人写的，关于冰和少女之间分享的秘密，听起来也很有趣。其中一位嘉宾描述了他不久前在蒙特利尔的一个地下室里的经历，当时停电严重，持续了好几天，他和其他100人一起躲在地下室里，感觉到周围到处都是冰。正如评论家所说，在我的心目中，这些边境的道路和它们2月光秃秃的树木，完全与另一个冰雪王国联系在一起。

在黑暗中，我感觉到了右边的伯恩山脉这个庞然大物。房子更加分散，地面更加起伏。现在11点多了，每15分钟左右才会见到一辆车。突然间，在一个十字路口，出现了一座灯火通明的房子。我对住在这些地方的人的生活充满好奇。石桥、拐弯，必须减速到三挡，有时是二挡。开车通过兰加诺格——一个奇怪又熟悉的名字，尽管我不知道为什么。一个男人摇摇晃晃地走出一家酒吧，有那么一会儿，他好像要跌倒在路上了。我调转车头，避开他，眼前山脉才真正开始。第一阵雨来了，车灯探出头来，告诉我正爬过林木线，进入一处岩石景观，只有金雀花丛点缀着山路。车子越爬越高，我看到两只羊在路中间睡觉，搞得我不得不在拐弯处急刹车，它们似乎很生气被打扰，慌慌张张地走开了。在极好的时机，迪伦为我所知道的所有歌曲做了一个最美妙的开头——"当你在华雷斯的雨中迷失，这也是复活节的时间……"我停在山谷顶上小便，在狂风暴雨中，我的"弧形转弯"在车灯下变成银色。我感觉土地向我左边倾斜，山谷远处另一边的农舍里发出一道光。然后我在夜色中呼啸而去，只有广播里小提琴家齐默尔曼先生的音乐声陪伴着我。

道路如发夹式转弯，向下，向下，朝着下面山谷中舒适的灯光走去。只有一辆车在我前面穿过这个封闭的镇，在我的脑海里，它总是与塞巴尔德的牧师和妻子，以及小雅克·奥斯特利茨联系在一起，战争期间，他在这个寒冷的教区里长大。道路再度向上，穿过阿里尼格，我看到左边的水库闪闪发光，1965年，为了给利物浦提供水源，卡佩尔·塞林（Capel Celyn）村被洪水淹没，摧毁了这里的整个社区，在这个过程中，无意中引发了威尔士民族主义新一轮热情的浪潮。现在是《约翰娜的幻象》的陌生版本，更不稳定，更沉重。这并不怎么管用，但我仍然欣赏迪伦总是不停地重新诠释，尝试不同的东西。此时的雨正斜着倾泻而下，《瘦子之歌》在这片格外荒凉的景色中听起来从未像今天这样宏大过：

> 你曾和教授们在一起，他们都很喜欢你的长相。
> 你和优秀的律师讨论过麻风病人和骗子。
> 你看过F. 斯科特·菲茨杰拉德所有的书；
> 众所周知，你很博学，
> 但这里发生了一些事情，
> 你还不知道，对吧，琼斯先生？

已经半个小时没有过一辆车了，周围没有任何东西在动。在离特劳斯瓦尼兹路口一两英里的地方，我从后视镜里看到远处车灯如斑点。虽然我的车速是每小时60英里左右，但它们似乎越来越近了。这完全不合理，但我身后这辆车，在这样的风景中，似乎一点也不仁慈。这些年来，有太多的惊悚片都是这样的：坏事都是从后视镜里看到的汽车开始的。我加速了，但灯光还是越来越近。如果我能在他们抓到我之前赶到交叉路口就好了！著名的"滚石"自由贸易大厅现在开始。"犹大！"迪伦也咆哮着回应。我到了转弯处，正对着哈勒克，这里的路灯让我感觉平静了一些。但我还是想甩掉后面的车。朝山下的盖利丹驶去，轻轻加速到了每小时70英里。在底部转弯，左转到哈莱克。我停了下来，回头看了看，看到前灯向波思马多格飞驰而来，我松了一口气。我在追我的人后面大叫，也许完全没必要这么做。现在，离我的目的地更近了，真不错，离哈克尼只有六个小时车程了。

广播里的预言越来越像世界末日。又一场"大风暴"要来了！1987年10月的"飓风"被反复提及，电台主持人兴奋得几乎喘不过气来，说得好像他们拥有《圣经》中可怕预言的能力。但是，在威尔士西北部山脉与大海交汇的地方，风肯定已经达到了大风的强度，现在马路上布满了树枝，我小心翼翼地开车绕着它们走。快到目的地了。我沿着小路走到最后一扇门，打开它时，我看到鸟儿一阵阵被从海里吹过来，肯定是对即将到来的事情进行的早期预警……

*****

生活在西方城市，尤其是像伦敦这样的大都市，你常常感觉远离了恶劣的环境。要真正相信天气会造成混乱并夺走生命，需要相当大的想象力。在这座城市，可能每三四年才会下一场雪——即便如此，那也是一场很礼貌的雪。雪通常在晚上温和地到达，好像不想打扰任何人，然后慢慢消散（通常在24小时内），没有引起任何真正的问题。事实上，恰恰相反。如果学校停课，这不仅对孩子们来说是一种解放，而且我经常在想，看着父母们在被雪封住的伦敦公园里玩耍，从日常生活中解放出来一天，他们一定也会用不同的方式看待天空中这片白色的到来。一个重新开始的机会。在城市里，你也可以躲避上涨的洪水。伦敦最猛烈的暴风雨似乎很少会将一棵树连根拔起。

冬天的时候，学会倾听，就像陆地上的旱船一样，你会听到航运预报，听到坎布里亚郡偏远村庄被雪堆隔绝的消息，听到萨默塞特郡的居民被洪水淹没的消息。如果你在安全的城市之外冒险，偶尔会有一个特殊事件直接影响到你——倒下的树或淹水的道路——但大多数时候，我们几乎没有注意到断电或洪水给人类带来的痛苦。"成千上万的家庭今晚仍没有电力供应"成为冬天里一种舒适的背景音乐，它带来了意想不到的副作用，让城市居民下意识地颤抖，并在宽慰的战栗中更深地埋入羽绒被下更深处。对这些词的熟悉程度可以追溯到童年——"爱尔兰海，从7度升到8度，能见度差；罗卡尔，8度，偶尔9度，严重，正在上升……"

*****

我在烛光下写下这些话。两根高高的蜡烛在河口附近一个陌生房间里瑟瑟发抖。我的银色小收音机里传来了晚间新闻，一个来自伦敦的男人的声音，深沉而令人安心，告诉我威尔士和英格兰西部的4.1万户人家今晚仍处于断电状态。这些能源公司说，他们正在尽一切努力重新恢复电力供应。这是一种奇怪的感觉，感觉被包含在新闻中。我不再是一个超然的大都市听众，现在我是4.1万户人家中的一员。我很奇怪地想到了耶和华见证会（Jehovah's Witnesses），以及我小时候读过的一本插图花哨的小册子。这本小册子非常准确地描述了只有4.4万人被选中获得救赎。这似乎是一个极其随意武断的数字，在某种程度上是荒谬的，但在20世纪70年代的背景下，我从小到大看到的淡而无味的"轻宗教"（religion lite），我记得我很钦佩这种厚颜无耻的做法，居然给来世设定了一个数字。但是4.1万人离这个数字还差一点——尽管仍然足以填满一个足球场。今晚有一种被选中的感觉。在我们共同的不适中，在我们对火把电池和蜡烛的突然焦虑中，被选中。一种抽象的团结，跨越了面目不明的黑暗山脉。

我于两个小时前抵达小屋旁，停下车时，大风猛吹着汽车。我总算赶上了，总算在暴风雨加剧之前把车停好了。我松了一口气，打开手电筒，快步走向房子。手在门廊里沉重的石头下面摸索着钥匙。我打开门，一股寒冷潮湿的气味弥漫在冬天空荡荡的石头房子里。然后自动按下大厅里的电灯开关。灯没亮。真糟糕！我用手电筒检查了保险丝盒，没有跳闸。然后把所有的开关都关掉，再打开。还是漆黑一片。我走进小厨房，然后，用手电筒，看到整个插座被烧了，烧焦了墙壁，塑料碎片散落在地板上。也许是雷击？还有一个插座烧坏了，在客厅的台阶下。该死。我原以为今天的挑战只是在真正的恶劣天气到来之前抵达这里，但现在，开车后我精疲力尽，却又要面临着另一堆困难。一间冰冷的房子，没有电，没有热水，对帮助我感冒痊愈也没什么帮助。我突然想起那个女人今晚说的话，梅根还没回来。当然，我之前怎么没想到呢？大概没人会住在她山上的小屋里吧——2月份肯定不会吧？我记得她曾经告诉过我一个秘密的入口，就是从房子旁边的木棚进去的。翻过来的旧木船掩盖了废弃的厨房入口。那一定值得一试……

我把房门关上的时候，风又刮起来了，雨点几乎是横着落下的。我赶紧上了车，沿着小路往回开，弯弯曲曲地走了几百码，到了山顶下梅根的小屋。我把一件大衣套在头上，冲到木棚里，拉开门，向墙边冲去，手电筒的光束映出了船壳。我躲到它后面，然后伸手去拉那古老的门闩，我听到了轻轻地咔嗒一声开门的声音，不禁松了一口气。小屋成了我的避难所。我的手电筒现在能看到梅根厨房里熟悉的一切。最后的避难所。我按了按电灯开关。但是，今晚第二次，什么也没发生。真让人抓狂。尤其是现在，我可以看到河口另外一边遥远村庄映出的灯光。我走到外面，爬上山顶，顶着每分钟都在加剧的风速，毫无疑问，这边一片黑暗。从菲斯蒂尼奥格一直到哈勒克，每座村庄，每座农舍，一切都笼罩在黑暗之中。好吧，今晚什么也做不了。至少梅根的房子有一个木炉，所以我可以在上面加热食物，早上煮一锅水用来煮咖啡。

停电。对地球上大多数人来说，这只是一个现实的存在——至少对那些足够幸运的人来说，他们有电，能够每日或每周处理事情。但对于我们这些生活在过去被称为"发达世界"的人来说，已经习惯于控制自己所能控制的，这是一种发自内心的冲击。我们真的不知道该做什么，我们几乎没有参考点。我的第一反应是去拿手机，试图控制我们的愤怒。"为什么？！什么时候停的？停多久？我该怎么办……？！这不可能！"对于40岁以上的人来说，可能对20世纪70年代早期结束的希思政府的矿工罢工还存有遥远的记忆。三天工作周、飞行纠察队、在烛光下吃饭、煤油加热器……但这一切似乎是很久以前的事了，实际上是另一个世纪的事了，当时工会仍然很强大。在我们这个时代，没有电似乎是荒谬的。无能为力。

我自己回想起我们在"平台"所做的最富有诗意的项目，当然也是最理想主义的项目：20世纪90年代早期的一幅作品《家园》[7]，让伦敦人思考最无形的物质——光是如何进入城市的，尝试分解用于发电的煤的组成元素，电缆中的铜线，甚至他们使用过的灯泡玻璃——追溯这些材料的生产地点（南威尔士希尔文煤矿，葡萄牙阿连特霍内维斯-科沃铜矿，匈牙利尼亚卡尼兹萨电灯泡工厂）；当然，这些公司大多为英、美两国大型跨国公司所有，如力拓（Rio Tinto）和通用电气（General Electric）。这个项目的哲学出发点超越了亚当·斯密"看不见的手"的概念——我们尝试了一些更激进的东西，提出了一个问题，即是否有可能将极其复杂的国际贸易系统人性化。在资本主义历史上教导我们的"生产者"和"消费者"群体之间建立共鸣。如果像伦敦这样的城市里的人们能够看到葡萄牙铜矿工人的面孔或者匈牙利电灯泡制造商的生活，真正认识到彼此间共通的人性，那么许多隐藏在国际贸易抽象本质背后的假设将不得不改变。

在我们准备这个项目时，我读到的最引人注目的一篇文章是乔治·奥威尔对资本主义核心脱节的思考——从未谋面的生产者和消费者之间的分离。他住在肯特镇，在通往维根码头的路上工作，考虑到整个社会都依赖煤炭和矿工（就像我们今天依赖石油和天然气一样），但他认为自己在伦敦的生活和开采过程之间没有真正的联系：

我们都知道生活"必须有煤"，但我们很少或从不记得煤都用在什么地方。我坐在舒适的煤火前写作。现在是4月，但我仍然需要一堆火。每两个星期，运煤的马车就会来一次，穿皮背心的工人把煤装在散发着柏油味道的结实麻袋里，叮当作响地扔进楼梯下的煤洞里。只有在我绞尽脑汁的时候，才会把这种煤矿和遥远的矿井劳动联系起来。那只是"煤"——生活必需的东西；黑色的东西不知从哪里神秘地冒出来，就像甘露，只是你得付钱。你可以很容易地开车横穿英格兰北部，却一次也不记得，在你所处的道路下面几百英尺的地方，矿工们正在挖煤。但在某种意义上，是矿工们在推动你的汽车前进。用头灯点亮的井下世界之于地面就像根对于花一样必要……

因为矿工们竭尽全力拼命劳动，上层人士才能得以保持身份。你、我、《泰晤士报文学评论副刊》的编辑、诗人们、坎特伯雷大主教，还有《马克思主义婴幼儿读本》的某位作者同志——我们所有人相对体面的生活都要归功于地下那些辛苦劳作的矿工，他们全身黝黑，喉咙里积满烟尘，用钢铁般的手臂和腹肌挥动着铁锹向前。

在"家园"项目的开展过程中，我记得与一位名为蒂龙·奥沙利文（Tyrone O'sullivan）的矿工交谈过，他当时是南威尔士海沃恩全国矿工工会的分会秘书。他告诉我，他非常支持我们的倡议，因为"任何能让人们意识到，在伦敦或其他任何地方按下开关就有电力供应，这不是魔法，而是人们的劳动为城市带来了电力，这是很重要的"。在项目后期，我们讨论了如何才能断绝人们认为"电力供应是理所当然的"这种想法。我们想知道，除了医院等基本服务外，每年有一天断电的可能性有多大。强制断电一天是否意味着我们在一年中的其他日子里从来没有把这样的资源视为理所当然？

好吧，现在我有机会自己去发现了。我拿着手电筒在厨房抽屉里翻了一遍，找到了几支蜡烛和几盏夜灯，很快我就点着了烧木头的炉子。壁炉周围有一堆不错的干灰，所以我都不需要从隔壁的小屋里拿木头来就能点火。我对炉子通风系统印象深刻——不到五分钟火焰就蹿起来了。从孩提时代起，我就喜欢这一刻——火燃烧时，太阳储存在木头里的能量开始释放。你知道它被抓住了，火焰贪婪地舔舐着大树枝。至少我今晚不会觉得冷了。我在厨房里找了找，又找到了两个又小又重的带盖平底锅——我要用它们来烧水，在炉子上加热食物。其他的橱柜都空了，梅根一定是在旅行前清理了她的冰箱，因为只剩下半罐废弃的黑橄榄和一些干枯的生姜。没关系，车里有我的应急口粮。我在一个钉子上发现了一把备用的前门钥匙，然后迅速到外面去拿我的东西。

大风逐渐演变成暴风雨。房子旁边的梧桐树现在几乎被刮成了45度。我意识到在这样的夜晚把车停在梧桐树下是不明智的，我最后一次出去，把车沿着路往回开了一百码，转了个弯，靠近大门停下来。从海上刮来的风异常猛烈，我要用尽所有的力气才能打开车门。我急匆匆地回到屋里，弯下腰，保持身体离地面较近，以免被风吹翻。一只老狐狸笨拙地从我面前的小路上走过，低着腰，看上去只有湿透了的狐狸才会显得那么悲惨。今晚和另一只"忍受着无情风暴袭击"的动物在一起，我感到一种强烈的陪伴感——我们俩都向各自的避难所走去。

我拉开身后的门，松了一口气，浑身颤抖起来。我查看手机，刚过凌晨3点。客厅已经开始解冻了，我把旧沙发尽可能地靠近火炉。然后我就想到了食物。人是贪婪的，我翻遍了收纳箱，拿出了半条面包、一大块旧切达干酪、一罐汤和一罐吉尼斯黑啤酒。从来没有这么有限的资源却给我带来了这么大的快乐。我从梳妆台上拿了一只玻璃杯，拉了拉罐子顶部的环，听到小部件轻轻松开的声音，然后把黑色的液体慢慢地起泡倒进玻璃杯里。数小时的旅行后我第一次感到口渴。我品尝着每一滴黑色液体，又往炉子里放了更多的木头，加了一些更厚的木头进去。我拿着蜡烛走进冰冷的厨房，找到碗、勺子、开罐器。然后回到我的"茧"里，再次感受温暖。我看着洋葱汤因为加热慢慢地化开，锅边有小气泡，我加了几块切达干酪，看着它们像丝一样融化，又切了一块面包。我吃得很开心，很久没有这种感觉了。简单的甜洋葱，黑色的肉汤和带有盐味的奶酪。我完全沉浸在这一刻，温暖的一刻。躲避暴风雨，在平常与世隔绝的生活中，感受这些东西是多么的困难。

我环视着这间客厅，此刻只有一根蜡烛和柴火的光亮。房间一侧厚重的黑木梳妆台占了一大块空间，我突然看到了在灯光下反射的瓶子……走过去一看，在那瓶威士忌（我从来没有真正喜欢过）旁边，竟然有一瓶阿玛尼亚克白兰地！我真是喜出望外。所以现在，除了身体暖和过来之外，我的精神也可以解冻了……我想梅根不会介意的。我倒了一小杯白兰地，喝了一口。香气扑鼻而来，随后甜甜的热气在我的喉咙里荡漾。我试着确切地判断这种快感从何而生，是鼻孔、舌头和喉咙之间的相互作用；小啜一口和更有男子气概的衡量方法之间的区别，我得再倒一杯才能让我的研究更深入。这时我打开我的小收音机（幸好在离开前已经充好电了），舒伯特的乐曲立刻充满了整个房间。这时我开始咯咯地笑。不到一个小时，我就从绝望变成了兴奋。幸福的孤独，一个星期的写作承诺，远离所有的分心和荒谬的城市以及它的虚荣与焦虑。火、阿玛尼亚克和舒伯特，对我来说够了。

音乐会结束时，播音员透露这是今晚早些时候在班戈录制的（只有30英里远，就像乌鸦飞过最高的山脉一样），音乐厅今晚被狂风袭击了，我们可能已经从广播中听到了，但演出必须继续。我睡觉前，转到晚间新闻，有一篇来自克瑞斯的报道，在水的另一边，一位记者说，阿伯达隆，甚至西部更远地区刚刚记录到超过每小时108英里的阵风，但强飓风正迁往内地。我想知道"飓风级的风"和"飓风"本身之间的确切区别是什么？我在思考这个问题时，手机开始不停地发出欢快的声音，我暂时回到了我的城市世界。但我看到了来电人名时，我的心就振奋起来。一个亲密的朋友，比朋友更重要的朋友。"现在是凌晨3点半，你怎么还不睡觉？！"我问他。朋友只是想知道我没事，我安全到达了。当我告诉他这里有多狂野时，我能听到他声音里温柔的揶揄，因为他提醒我，狂野才是你喜欢的，不是吗？他对这里停电没有表示太多同情，他说如果你2月份来这些地方的话，这种情况肯定要发生。是的，我不得不勉强承认他是对的。

关掉手机，我突然感到疲倦。我把脚伸到离烧柴炉的玻璃只有几英寸的地方，当温暖穿过袜子的毛线时，我的脚趾时而卷曲，时而舒展。现在有点困了。我逐渐进入梦乡，厚厚的羽绒被裹在我的身上，所有驾驶和抵达的焦虑现在正在消退……木头燃烧时令人无限舒适的轰鸣声，炉子上的金属轻轻地滴答作响，火焰闪烁，在天花板上印出了图案。

*****

4点30分，我猛然惊醒，一时不知身在何处。这陌生的声音——接近悲伤的哀号，一种尖锐的声音——是外面暴风雨变成飓风的声音。然后，令人震惊的是，一声刺耳的轰鸣声达到了高潮，听起来像岩石碎裂。我本能地、荒谬地弯下腰，好像天花板就要塌了似的。那一定是从屋顶上掉下来的石板，除非烟囱本身不见了……我起床时，羽绒被还像斗篷一样裹在身上，我小心翼翼地拉开窗帘，但黑暗中很难看到什么。我能做的只有希望这是飓风的高峰。我在想，要多大的力气才能使窗户的玻璃弯曲破裂。柴火几乎要烧光了——只剩下一根木头的几根余烬，灰烬中还残留着一些黑色的焦橙色斑点——房间里的温度大幅下降。墙上的钟告诉我现在是凌晨4点半。

回去睡觉之前，我去了楼上的卧室，这里的风更大了，我知道天亮前的几个小时气温会下降得更厉害，又拿了一件羽绒被下来。我跪在冰冷的石头地板上，重新打开炉子，打开沉重的金属门。我把灰烬刮下来，把剩下的余烬凑在一起，放入一些干树皮，然后撕下比火柴棍还粗的木屑。尽可能轻轻地，向这些木屑吹气，几分钟后，一股灰白色的烟腾起，随后木屑被火焰穿透。现在我可以把小树枝和引火物放进去，等它们把小木头接住，几分钟之内，门开了一英寸，让穿堂风起作用，它又开始咆哮了。然后我把通风口调到最低，在里面放上更多的木头，让它尽可能彻夜燃烧。我把沙发移到离火炉更近的地方，然后躲进我的羽绒被窝里，双脚离火炉最近。即使盖着被子，我也能感觉到热量在起作用。几秒钟后，我闭上眼睛，闪烁的天花板再次消失，很快我就进入了梦乡。

*****

充满焦虑的梦。不完全是噩梦，但我醒了两次。我回到了剑桥，和一个身份不明的同伴一起。那地方比我记忆中要美丽得多，现在被一座美丽的小山所主宰，这让它具有一种奇怪的意大利风情。但这里有一种高度紧张的气氛，充满强烈的意见分歧，一群人发出威胁，一种迫在眉睫的欺凌感……醒来后，所有细节都模糊得令人沮丧。灯光照亮了窗帘。我伸手拿手电筒，墙上的钟显示现在已经8点半了。我总共睡了五个小时。这还不够，但至少飓风的咆哮已经减弱，现在听起来像大风了。我去洗手间。有一股强烈的气流从某处吹来，蜡烛可能要熄灭了。我用完后冲水时，黄色的液体螺旋般地飞走了。至少它不依赖电力。我在厨房门口犹豫着；我该假装睡了一整晚，还是说这很荒谬？现在泡一杯茶，看看晨光，还是试着多睡一会儿？我仍然因为疲倦而昏昏沉沉，又回到了沙发上。望向窗外，树木仍在风中弯曲，但真正危险的时刻已经过去了。在早晨后的灰色阴霾中，我看到六块石板，它们是在夜里从小屋上掀起来砸在院子里的。这棵梧桐树的一根大树枝几乎完全被扭断了——就像一只胳膊从窝里伸出来一样——但这棵树仍然挺立着。下面的海水翻涌着，把各种各样的漂浮物带到了岸边。冬天的早晨是灰白色的。

回到沙发上的"茧"里，我又闭上了眼睛，但睡意一去不复返。我回顾了这周将要面临的写作挑战。汉娜·阿伦特一直在我的脑海里，我刚刚重读了《艾希曼在耶路撒冷》。她和希尔伯格（Raul Hilberg）在一起，这是我理解这些问题的关键，但我不确定这些问题是否应在书中有强烈表现。我直到最近才发现，《纽约客》1963年第一次分章节出版她的作品时，她所面临的政治迫害有多严重。德国导演玛格丽特·冯·特罗塔在她最近的一部电影中深刻地捕捉到了这场有组织的诽谤和恶意歪曲的运动[①]。我翻了个身，看着炉子，想看看火焰是不是还在闪烁，但什么也没有。风似乎减弱了一些。在某种程度上，我再次漂移，瞬间感觉我是汹涌的大海中央漂着的一艘船……

又睡了几个小时，最后一次醒来，我的鼻子露在羽绒被外面，非常冷，身体的其他部分仍然感觉很温暖。炉子灭了，房间里又冷了起来。我想，我必须爬起来重新点燃它，但我也知道这样做将意味着失去床上仅存的一点点热量。我叹了口气，从被窝里爬出来，穿上一件毛衣，又穿上一件外套。我又点燃了炉子，去厨房把小锅装满水，再把它放回炉子上。把烧热的水拿到浴室，让热水冲走我法兰绒上冰冷的湿气，然后是早上的惯例，感受热气在我的脸上，但没有比今天早上更可爱的了。再来一锅水沏茶。没有电，所有事情都要花更长的时间，但我不着急，实际上我更欣赏等待的行为。我喝得也更慢了，拉开窗帘，把椅子挪到窗前，看看昨晚造成的破坏。即使在白天，这个房间的光线也相当差。但由于炉子是唯一的热源，我只好在这里写作了。我的笔记本电脑几乎没电了，所以我只好手写了。一切都很尴尬，我听到自己在叹气，但马上有另一个声音告诉我"继续做下去！不要认为因为今天的一些实际挑战，你就可以用比平时少的字数来逃避这一切"。大约一小时后，事情变得更容易了。我发现自己适应了新环境。

四个小时后，我休息了一下，吃了一顿很晚才吃的午饭——喝了昨晚剩下的汤，吃了剩下的面包和奶酪。在厨房里，我看到三只蓝山雀，无视仍在吹的风，全神贯注地从窗外摇摆着的喂鸟器里取种子。我很好奇它们的啄食顺序——确实如此——其他鸟儿在相邻的灌木丛中排队等候，当它们的兄弟姐妹带着战利品走开时，另一只就会俯冲下来。今天，我试探性地迈出了第一步。地面浸透了水。我走到木屋隔壁。小推车被风吹过院子；我把它取回

---

① 《汉娜·阿伦特》（2012年），由芭芭拉·苏科瓦担任主演。

来，在上面放了许多木头。我把木头堆在里面，决定沿着小路走一会儿，看看一夜之间发生了什么变化。就在山顶那边，两棵二三百年历史的老橡树，就像一对雏菊一样被连根拔起。树根周围漆黑的、几乎生锈的泥土像裂开的伤口一样粗糙。树根还紧紧地抓住石板，就像人死后的手指紧紧地握着一样。沿着山谷往下走，能看到几十株白桦，比橡树的根浅，像火柴棍一样扁平。树木外科医生的工作将持续一年甚至更长的时间；至少有人能从这些破坏中受益。

我被刚才看到的震惊了。我走回山顶，那里的手机信号时断时续。我在一个废弃谷仓的背风处避风，给照看小屋的女人打了电话。她住在南边几英里外的一个村子里。她知道停电会持续多久吗？受影响的区域有多广？她为停电道歉，说这是我们昨晚谈话后才发生的，否则她肯定会警告我的。但是河口这一边的村庄和房屋仍然没有电，尽管她刚刚听说哈莱克的电力恢复了。她和隔壁的农民谈过了，他们说今晚9点可以恢复供电，但他们不能保证。很明显，他们知道问题出在哪里，而且有一整个团队的人在解决问题。我告诉她我暂时住在梅根家，但是下面的小屋里还有一个问题——电源插座坏了，所以即使其他地方恢复了供电，我也很确定那里不会通电。她说可能是一周前的闪电造成的，之前这种情况在小屋发生过一次。总之，她再次表示了歉意，然后她给了我一个当地电工的电话号码，这个电工以前在小屋工作过，了解老式的电线。

我回到了小屋，觉得精神振作了一点。我想是人类对安慰的需求吧。根据刚刚得到的信息，我决定下一个首要任务是购买食物和汽油，如果哈莱克恢复供电，那商店就会重新开门营业。我沿着小路向汽车走去时，又开始下雨了，好像因为被排除在晚上的娱乐活动之外而感到生气。威尔士的雨横贯群山，天空更加昏暗。我上了车，车沿着路慢慢地开下去，看到另一棵橡树被连根拔起，但很幸运，它倒在了地里，没有横亘在路上。在最下面的那扇门上，我只花了几秒钟就打开了，然后又关上了，我全身都湿透了。我走到大路上，然后右转。十分钟内只有一辆车超过我。唯一的声音是最高速度时挡风玻璃刮水器疯狂拍打的声音。显然，所有理智的人都在屋里，等待着这糟糕的天气过去。终于，我看到了前方的小镇，看到路灯还亮着，我松了一口气，这里的电力肯定恢复了。

我把车停在小石柱外面，然后跑进去。当我满身泥污地出现在门口时，店主抬起头来。她并不是很热情地告诉我，她今天要提前打烊，实际上还有最后5分钟，所以我得快点了。我内心的狩猎采集者掌控了一切。我拿着篮子，把任何有用的东西都铲进篮里。面包、培根、黄油、啤酒、饼干、电池、牛奶、切达干酪、胡萝卜、汤、鸡蛋，更多的蜡烛……在收银台，我看到了半瓶白兰地，又忍不住了。那女人把它从高高的架子上拿下来，不以为意地轻轻叹了口气，把费用加到我的账单上。面对这样的清教主义，我更开心地笑了，拿起零钱，提醒她今晚要保持温暖和舒适，听到这话，她皱起了眉头。但我已经得到了我需要的东西，回到了现在似乎是黄昏，但可能只是乌云密布的户外，大雨仍在倾盆而下。我在小镇边上加油，那一定是整个北威尔士最贵的汽车修理铺，但我必须加油。开车回去，越过无形的权力边界，回到无力的状态，但现在有了补给，我在想我是不是真的开始享受过去12个小时抛给我的连续挑战了。

回到小屋，炉子又复活了，一种更现实主义的情绪占据了上风。我做了我遇到困难时通常会做的事——为所有可能的情况做准备，但总是从最坏的情况开始。这种情况没发生时，你只能感到惊喜——通常情况下是不会发生的。那么，如果再断电24小时，或者48小时，甚至更长时间呢？我该怎么办？然后呢？在无能为力的状态下，这种新奇感会持续多久？我能坚持多久不冲凉，不泡澡？或者没有煮熟的食物吃？我决定等36个小时——如果第二天早上还没有电，我就回伦敦，把这当成一次经历。我在橱柜里找到一罐酸辣酱，回到暖和的地方，又吃了一些面包和奶酪。随着我作出决定，我觉得自己已经夺回了一个重要的控制因素。我不再只是一个被动的接受者，不管电力是否被释放回电缆中。我煮了一些咖啡；当然不能磨碎我从伦敦带来的咖啡豆，但我从另一个橱柜后面掏出来的速溶咖啡并不像我记忆中那么难以下咽。回到窗口，我又拿起了笔。

*****

一两分钟后，我抬头看到房间的另一边有一盏灯在发光。我花了一段时间才意识到这一切的全部意义。悄无声息，出乎意料地，来电了！我高兴得大叫一声，冲进小屋，把我能找到的每一件电器都打开，好像不相信只有一盏灯有电似的。后来我回想起，几乎是在我接受自己无能为力的状态的同一时刻来电的。

但现在，太阳快要落山了，我要去看看我经常写作的小屋是否恢复了供电。五分钟后，我下山，再次按下开关。不，还没有。混蛋！它一定和我想的一样，连在烧坏的插座上。我在山顶上拨打了那位电工的电话，并没有抱太大的希望能打通电话。但是格温·戴维斯在第二声铃响的时候接电话了，尽管这是周六，快到傍晚了，他还是同意立即出来。他离这儿不远，刚完成一项工作，实际上是在回家的路上。几分钟后，一辆白色面包车出现在山顶上。

格温30多岁，身材高大，对人友好，充满自信，这种自信来自解决实际问题的能力。我对电插座的诊断很快就被驳回了，理由非常合理，那根本不是电插座，而是电话插座——他给我看了电线，告诉我闪电经常击中电话线这样的地方。但不管怎样，不应该影响电力。他让我拿着手电筒，开始测试电力。他做了个鬼脸。有好消息，也有坏消息。好消息是有电从电源输入；坏消息是，看起来主保险丝坏了，这种类型的保险丝并不常见，所有的商店现在都关门到星期一。我愁眉苦脸，解释说我非常渴望开始我正在创作的这本书的下一章，而且我只能在这里才能真正做到。这句话似乎有些效果，因为格温接着说："等等，我刚想起一件事。跟我来，你可以把门打开，这样会快一些。"很快我们就以我不敢尝试的速度行驶在公路上。他问我在写什么，我给了他一个总结，决定忽略我已经在这方面工作了15年的事实——我不认为这会给像格温这样的人留下深刻印象，他习惯于在几分钟或几小时内解决问题，而不是几年。

关上门，回到车里，他问了我一个让我震惊的问题："告诉我，你认为悲伤和诗歌之间有关系吗？"我需要时间来做出回应。"嗯，我……是的，我想有。我认为原因可能是，在极度悲伤的日子里，我们感觉自己比生命中的任何时候都更鲜活。但你为什么这么问？你觉得这其中有联系吗？"

他告诉我，他的一个好朋友，现在在新西兰生活和工作。几年前，这个人卷入了一场可怕的矿难，他的20多个同事在那场矿难中丧生，但他活了下来。格温最近拜访了他，这位在他的生活中从未写过任何东西的朋友向他展示了他在悲剧发生后即刻创作的一首震撼人心的诗时，格温感到很惊讶。格温也经历了类似的事情。他告诉我，他是在隔壁村子长大的，和住在"那边"农场的姑妈住得非常近（他指着我们开车经过的树木繁茂的山坡）。姑妈突然去世后，格温伤心欲绝，那些日子里，他发现自己也在写一首诗。他在学校里从来就不擅长语言或文学之类的东西。直到今天，他都不知道这些话是从哪里来的。但是他在葬礼上念了这首诗，大家都很感动，问他诗人的名字。他告诉大家这是他自己写的时，却没有人相信。

我下车打开了第二扇门，那是在公路下几百码的地方，我告诉格温，他的经历让我想起了剧作家丹尼斯·波特说过的话。他描述了他在迪恩森林长大的许多工人阶级社区中很多人的生活，以及人们只有通过疾病和住院才能找到一种解放的悖论：

> 这些人中的许多人从来没有机会关心自己的生活——你知道，他们一直在工作，他们有抵押贷款、孩子、婚姻、辛劳、活动、习惯——所有这些都让你认为你是由别人定义的——而我们都是独立自主的人。而大多数时候，生活告诉我们，我们不是（只有在）战争或个人危机中，才会发现自己比所认为的要英勇得多……我们可以开始感受一些东西，比如对自己生活形态的感知。[8]

我们都有内在的力量，等待别人将它赐予我们。有时候我们等了一辈子，但它一直都在那里。我们与生俱来的创造力令人惊叹。事实上，许多人从未真正看到他们所拥有的东西，或觉得它在任何方面都没有价值，还有许多人完全看不到这束火焰，这让人深感不安。这样的现实总是让我震惊——我们本能的创造力在童年和青少年时期受到虐待、束缚、毁坏和嘲笑。这是漏斗效应，缩小就业或上大学的范围——我们中很少有人能在这个过程中生存下来，也许只有一小部分。

我想起了我所读过的最痛苦，也是最重要的一篇文章，那是很久以前一个朋友给我的，他当时正在接受成为撒马利亚会志愿者的培训。这是一个十几岁的男孩写的，他自杀了，但在一张纸上留下了他的唯一痕迹。这个男孩的精神被他成长的社会摧毁了：

> 他总是想解释一些事情，但没有人在意。
> 所以他画画。
> 有时他只是画，什么都不是。
> 他想把它刻在石头上或写在天空中。
> 他会躺在草地上，仰望天空
> 那只会是天空和他内心需要倾诉的东西。
> 在那之后，他画了这幅画。
> 这是一幅美丽的画。他把它藏在枕头下
> 不让任何人看到它。
> 他每天晚上都会看着它，想着它。
> 即使天黑了，他闭着眼睛，也仍然能看见。
> 那是他的全部，他很喜欢。
> 他上学时，把它带在身上，
> 不是给别人看，而是像朋友一样和它在一起。
> 学校的事很有趣。

他坐在一张方形的棕色桌子旁,和其他方形的棕色桌子一样
他以为会是红色的。
他的房间是一个方形的棕色房间,和其他所有方形房间一样
狭窄、拥挤且僵硬。
他不喜欢胳膊一动也不动地拿着铅笔和粉笔
脚平放在地上,一动也不动,老师在一旁看了又看。
老师走过来对他说,
让他像其他男孩一样打领带。
他说他不喜欢,她说没关系。
在那之后,他们抽签。他画的都是黄色的
这是他感觉到的清晨。它是美丽的。
老师走过来对他微笑。"这是什么?"她说。
"你为什么不画一些像肯恩画的那样的东西呀?"
从那以后,他妈妈给他买了一条领带,他总是像其他人一样画
飞机和火箭船。
他把旧画扔了。
当他独自躺着看天空时,天空又大又蓝
以及所有的一切,但他已经不在了。
他的内里是方正的,棕色的,双手僵硬。
他和其他人一样。还有里面所有的东西
那个需要倾诉的人已经不再需要了。
不再推了。粉碎了。
僵硬了。
就像其他事情一样。

*****

　　雨还在下。只听到车里挡风玻璃刮水器的声音，我们俩都陷入了沉思。远处，在小山的背风处，一个村庄的灯光映入眼帘。灰色的教堂，灰色的屋顶，看不到商店或酒吧。格温把车停在他的小工作室外面。我在车里等着他去看是否有合适的保险丝，我在想格温刚刚告诉我的事，还有那个死去的男孩。为什么在我们的社会中，有些人的声音从未被听到，或者被听到得太晚，而另一些人则觉得他们拥有上帝赋予的说话权利。我走在伦敦布鲁姆斯伯里区和菲茨罗维亚区绿树成荫的广场上，看到到处都是蓝色的建筑群时，这种感觉尤为强烈。一开始，你可能会对这些漂亮房子所蕴含的创造力和智力成就感到惊讶，但是，再进一步思考，你肯定需要探究构成这种创造力基础的阶级和特权结构。所有未被承认的劳动，厨师、保姆和仆人的大军，以及使莱斯利·斯蒂芬斯、弗吉尼亚·伍尔夫和邓肯·格兰特能够呼吸到文学和艺术的纯净空气的财富。创造性表达与天赋或基因没有多大关系，而与小时候的成长环境有很大关系。

　　这并不意味着伟大的艺术或思想不能来自那些生来享有特权的人，但它确实说明我们应该更仔细地审视这种特权的现实。当创造性表达、美、激情、音乐、诗歌和艺术永远无法呼吸或说话时，它们会发生什么？这一推论甚至更重要，也更令人不安。数百万从未被听到的失落的声音，阶级、种族、厌女症、恐同症，都成为不宽容的牺牲品。这种创造力的损失是无法估量的，不仅对人民本身，对我们社会的演变也是如此。我思考的不仅仅是正式的创造性表达——书籍、艺术或音乐的创作——我还想到的是人类如何创造自己、塑造自己，以及能够过一种充分表达的生活意味着什么。这样的生命如何能激发其他生命，那种冒险和实验的感觉。

　　挡风玻璃上的雨刷还在有节奏地拍打着，我透过雨刷向窗外灰色的石头村庄望去。马路的另一边，我看见三个青少年在公共汽车候车亭里抽烟喝酒。黑暗中很难分辨他们是男孩还是女孩，他们都穿着帽衫，互相递着一个瓶子。我对这三个人感到了一种团结的痛苦，想起了在农村与世隔绝、远离城镇、还不会开车的青少年时代，甚至连当地的酒吧都去不了，如果有的话。然而，他们的梦想和其他人的一样激烈和美丽，而且在这里成长肯定也有补偿——靠近山脉、森林和海洋……也许这解释了很多？我试着想象一个伦敦电工或水管工在不自觉地谈论悲伤和诗歌——但我不能。并不是说他们不考虑这些问题，而是和一个陌生人谈论这些问题的想法——不，这是不可思议的。也许威尔士这些地区的岩石和河流，以及歌曲和故事的深厚文化，对所有在这里长大的人产生了某种无形的影响。

格温拿着两根保险丝回来了——"我知道我这里有这个东西。我相信其中一个会有用的，我们试试"。很快，我们就开车回了海边的小屋。受到刚才讨论的启发，回去的路上，我向格温介绍了巴西教育家兼活动家保罗·弗莱雷——以及他最后一本书《希望教学法》中我永远也不会忘记的一段描述。他讲述了30年前，自己是如何被邀请到巴西东北部的累西腓市，在该市贫困地区的阿马雷拉大厦做了一场关于自由与教育权威之间关系的演讲。当时大厅里挤满了当地人，主要是城市工人和劳工，弗莱雷讲了很长时间，引用了皮亚杰关于儿童道德准则发展的著作内容：

> 我讲完的时候，一个40岁左右的人举起手来，给我上了一课，这是我作为教育者一生中所接受过的最清晰、最伤痕累累的一课。我不知道他的名字，我不知道他如今是否还活着。可能不会……
>
> 他举起了手，做了一场我永远无法忘记的演讲，它永远灼烧着我的灵魂，对我产生了巨大的影响……几乎在每一个让我感到荣幸的学术典礼上，我都能看到他站在很久以前那个大礼堂的一条过道上，昂着头，目光炯炯有神，用响亮、清晰的声音说话，非常自信地陈述着他清晰的演讲。
>
> "我们刚刚听到，"他开始说道，"保罗·弗莱雷博士说了几句好听的话。其实是很好的话，很容易理解的口语，其中一些甚至

很简单,人们很容易理解,其他的则更复杂。但我想我明白所有词语想要表达的最重要的东西。现在,我想问这位博士几件我的同事们意见保持一致的事情。"

他用温和而敏锐的目光盯着我,问道:"保罗博士,先生,您知道我们住在什么地方吗?你到过我们的房子吗?"他开始描述他们条件恶劣的房子。他告诉我那里缺乏设施,所有人都挤在极小的空间里。他谈到生活缺乏最基本的必需品。

他谈到了身体的疲惫,谈到了不可能实现的美好明天的梦想……

我逐渐听明白他讲话的意图。我没精打采地坐在椅子上,没精打采是因为我想让自己陷进去。椅子在旋转,我的想象力和身体的欲望都在飞翔,我想找个洞躲进去。他停顿了几秒钟,把听众打量了一番,又一次盯着我说:"博士,我从来没有去过你家。但我还是想给你描述一下我的家,先生。你有几个孩子?男孩或女孩?"

"五个,"我说——我又往椅子上缩了缩。"三个女孩,两个男孩。"

"好吧,博士先生,您的房子肯定是这片空地上唯一的房子,他们管它叫'oitao livre',就是带院子的房子。先生,这其中一定有一间是您和您妻子的房间。另一间大房间,是给三个女孩的,还有一个房间给两个男孩住。有带自来水的浴室,厨房里有阿诺家用电器,还在房子外面配置了一个女佣住的房间——比你孩子的房间小得多。有一个小花园……前面的草坪。先生,您一定有一个可以用来堆书的房间——一个'书房',一个图书馆。从您说话的样子,我可以看出来您读了不少书,先生,您的记忆力很好。"

没错,一点不多,一点不少。那是我的房子。另一个世界,宽敞舒适。

"现在，博士先生，我们看看这其中的差别吧。我知道，您回家会感到疲惫，甚至可能因为你手头的工作而头疼。思考、写作、阅读，做你现在正在做的那种演讲，这也会让人疲惫不堪。可是先生，"他继续说，"您回家后发现孩子们都洗好了澡，穿好了衣服，干干净净、吃饱穿暖是一回事——而回家后您发现孩子又脏又饿，又哭又闹，这是另一回事。你就不得不在第二天早上4点起床，然后一切又周而复始，循环往复——痛苦、悲伤、绝望。如果有人打孩子，甚至像你说的'越界'，那并不是因为他们不爱自己的孩子。那一定是因为生活太艰难了，他们没有太多选择。"

这是阶级问题，我现在说……

那天晚上，在回家的路上，我对妻子颇有怨言。虽然她很少陪我去开会，但每次开会时，她都会提出很好的意见，总是对我很有帮助。

"我想我已经说得很清楚了，"我说。"我觉得他们不明白我的意思。"

"保罗，会不会是你不明白他们的意思？……我想他们听懂了你说的主要内容。工人说得很清楚。他们理解你，但他们也需要你理解他们。"

当我讲完这个故事时，我们已经顺着路开回山顶上的第一个门。格温一直在专心地听着。

"是的，我明白学者为什么不高兴了。但我不太同意这个故事的观点——至少在我理解中是这样。"

"为什么不呢？"

"嗯，我是在一个工党家庭长大的，是真正的工党——社会主义——而不是新工党的废话。总之，你知道我们一直被教导什么吗？'体力劳动者和脑力劳动者'——我们都是工人阶级，无论你是电工还是老师——我们应该专注于我们工作的一切，难道不是吗？"

回到小屋后，我摆弄了几把钳子，做了一些奇怪的调整，格温把其中一个主保险丝插进去，我们等了半秒钟，随后听到了浴室里风扇启动时发出的嗡嗡声，我们高兴地按了按其他开关。来电了！现在我可以为下周的写作做准备了。我从心底感谢格温，他挽救了局面。但他不要我的钱，说这是他的旧保险丝。不管怎么说，他很喜欢我们的谈话，这对他来说已经足够了。"对了，"他问我，"我想你大概知道'谈话'这个字是从哪儿来的，是不是？啊，不知道吗？我妹妹，我们家最聪明的人，她告诉我'con'和'versare'是'turn（转过来）'的意思。'turn with someone'，然后变成'你知道''把某物翻过来''谈论某物'。这就是我们一直在做的，不是吗？把事情颠倒过来——反过来！"在令人出乎意料的词源中，他微笑着挥手离开了，而我在思考我们这个世界权力的本质。风暴的力量，一个孩子的力量，一个声音的力量，一个社团的力量，一只手的力量和一支笔的力量。

电力从我左边3英尺的墙上伸出来，经过插座，铜插头，再通过一根白色电缆，进入我笔记本电脑里，屏幕上正在生成这些奇怪的图案。试着弄明白我仍然不完全理解的过程，大脑中为神经末梢提供能量的通道让我的手指在按键上移动。对我来说，这就像一趟跨国旅行一样神秘，中国的煤炭或美国的天然气到达利物浦码头，通过铁路和卡车运到发电站，通过电缆到山谷的变电站，最后抵达水边的小屋。所有这些看不见的面孔，所有这些我将永远见不到的人，而且很可能，他们也永远不会读到这些文字。手的力量，心灵的力量……所有的这些我们至今仍无法连接。

第五章

施害者、受害者、旁观者

一、受审的建筑师

阿尔伯特·施佩尔在斯潘道的牢房里待了20年，7305天（包括5个闰年）。牢房长3米，宽2.7米。在监狱墙后的花园里干活，也是他获得自由的地方，他开始"环游世界"的地方。在这种情况下，我一次又一次地回到他身边。就好像这是一个真理，有一种诱人的东西就在我触手可及的边缘，它总是把我拉回来，说："不，你还没看到它呢——继续找，再仔细找。"要做到这一点，我知道我们需要超越施佩尔的公众形象；或者不是超越，也许隐藏在他精心构思的字里行间，然后我们也许能看到、感觉或体验到更深层的意义（就在我写这篇文章的时候，在我的房子外面，一只小小的灰色蜘蛛刚刚迅速降落到我的笔记本电脑屏幕上，就像一个伞兵降落一样，但是他来时的那条线已经看不见了）。

我想起了这个短语——"就像灾难的幸存者"。纽伦堡审判之后没有被处决的七名纳粹领导人，跌跌撞撞地四处走动，不知道自己为什么还活着。然而，即便是在审判进行期间，施佩尔也与他以前的同事们隔绝了，而这种隔绝在斯潘道只会加剧。但是，在他的孤独中，某种东西开始成长起来：他想要看清真相，想要处理他自己对已经引发的灾难所应肩负的责任（蜘蛛现在从我屏幕的上角缓缓地、无情地旋转着朝我正面爬来。我用一根手指穿过它身后那条看不见的线，把它移回到桌子上）。

施佩尔是唯一一个幸存者，部分是因为他是唯一一个完全接受纽伦堡审判中纳粹统治下所产生的集体责任的人，正如他反复强调的那样："因为他是犯下这种罪行的政府一员。"这是一种讽刺，因为他是所有被告中意识形态最薄弱的。这可能是一个高风险的辩护策略，但他对责任的承担，以及在审判中有尊严的行为（与他的许多共同被告相比），使他免于在纽伦堡法庭开庭时被判死刑。

尽管他与希特勒的私人关系很亲密，但在法官眼中，在整个审判过程中，他成功地将自己与他的纳粹同胞区分开来，因为他们有着残暴的法西斯主义和野蛮的反犹主义——他给人的印象是一个深思熟虑、善于反思的建筑师，他的职业生涯刚开始时就是这样。这一策略不但挽救了他的生命，也造成了他的孤立，因为他的地位给予他一种道德优越感，这使其他被告深感愤怒，其中一些人认为他是叛徒。与施佩尔不同，他们中的许多人不承认法院判决的合法性；的确，戈林曾轻蔑地谈到"胜利者的正义"。但施佩尔彬彬有礼的态度，对法庭的尊重，以及对纳粹时代犯下的罪恶的忏悔，从当局的角度来看，没有比这更有用的了——他们试图把这次审判作为战后德国人民再教育的工具。对于纽伦堡审判的组织者来说，有一位纳粹的最高领导人，曾一度是德意志帝国第二强大的人，接受法庭的合法性，并对所发生的事情表示忏悔，这是无价的。

然而，施佩尔的辩护是否有效尚不确定，这是一种走钢丝的行为，它集中在他承认责任——作为纳粹政府的高级成员——却从未承认罪行（因为罪行意味着清楚自己犯下的暴行，而施佩尔总是极力否认这一点）。因此，就像他所有的共同被告在审判开始时一样，施佩尔对所有的指控都表示"我无罪"。但他在接受英国广播公司纪录片的英文采访时表示，他完全坦然地承担了责任：

> 我说……我要对所有这些事情负责，对所有的奴隶劳动负责——我并没有避免向法官们清楚地说明我所做的事情。甚至当这是希特勒的命令时，我也觉得自己有责任。其他被指控的人他们一直声称这是希特勒的命令。我没那么做。[1]

事实上，他对"责任"的定义似乎比许多人预期的还要深入：

> 还有另一个问题一直萦绕在我的脑海里——那就是我要对所有

那些我不知道的事情承担多大的责任……在我还是政府的主角时，我也要为发生的一切负责，即使并不知情。

乍一看，这似乎是一种高度原则性的立场，一种明确的承担责任的态度，然而（就像施佩尔经常做的那样），事情并不像表面上那样。作为帝国的军备和战时生产部长，他拥有征用数百万工人用于制造坦克、武器和弹药的最高权力（到1944年已达到1400万）。其中许多人，随着战争形势的恶化，是被占领国家的"强迫"劳工（通常是奴隶劳工的委婉说法），人数越来越多。在那里，人们在可怕的条件下工作，预期寿命往往只有几周或几个月。施佩尔还授权使用集中营的囚犯和战俘作为强迫劳工，这是违反《日内瓦公约》的。

那么，面对如此严重的指控，施佩尔现在将如何处理他"完全责任"的问题？他以惊人的技巧——每个魔术师都会引以为豪的技巧——将招募强迫劳工政策的大部分责任，及其可疑的合法性，转移到他的副手弗里茨·索克尔身上。他的副手权力要小得多，从1942年起就一直是负责劳工调配的全权代表。值得注意的是，法官们似乎接受了这一辩护。就连美国的检察官罗伯特·杰克逊似乎也接受了施佩尔的观点，并对索克尔进行了区分。他称索克尔为"自埃及法老以来最伟大、最残忍的奴隶贩子，他将外国人民驱赶到奴役之地，其规模甚至超过古代尼罗河王国的暴政时期"。还有施佩尔，他只是"参与了计划和执行计划，把战俘和外国工人引入德国的军工企业"。[2]这种区别并不仅仅是法律辩论的修辞问题，对辩护人来说，这是一个生死攸关的问题。审判结束时，索克尔被判死刑，施佩尔被判20年监禁。他的策略奏效了，他还活着。

在我看来，许多写过施佩尔的人认为，他可能会被判处死刑，这种观点是错误的。例如，瑟伦利觉得，在判决下达后，他"几乎感到失望——他在'内疚的狂喜中'自己期待着（死刑）。就像他说的那样，他们说20年以后，其他人都死了，他自己看来，这是对他的贬损"。[3]但这是不对的，原因有二。第一，除了少数个例外，施佩尔对其他被告绝对是蔑视的，认为他们中的大多数是"罪犯"和暴徒——因此被判与他们同样的命运，他会认为这是对他最后的侮辱。第二个原因，可以从施佩尔在审判开始三个月后发表的一篇发人深思的评论中找到。他与美国心理学家、前军事情报官员、纽伦堡法庭的监狱心理学家古斯塔夫·吉尔伯特博士进行了交谈，后者在整个审判过程中都可以自由接触囚犯。在此期间，他获得了许多前纳粹领导人的信任。吉尔伯特1947年出版的《纽伦堡日记》（*Nuremberg Diary*）对这些人的心理有着深刻的见解。

我们从吉尔伯特那里得知，1946年2月9日，施佩尔和他在牢房里，回忆了自己的建筑生涯，以及与希特勒的友谊。他们正在讨论（1945年1月）施佩尔知道战争失败的那一刻，并告诉了希特勒。但是他的元首说，德国无论如何都会继续战斗——正是在这一刻，施佩尔意识到"他决心要彻底摧毁德意志民族"。然后，吉尔伯特做了一件非常巧妙的事情——他向施佩尔展示了他自己拍摄的"美丽的德国乡村"照片……希特勒统治之前的德国；然后对比的是几排德国囚犯的照片（被摧毁的人力）、慕尼黑的废墟（被摧毁的城市）、一座被炸毁的桥梁（被摧毁的建筑）和达豪集中营被谋杀的囚犯……"他看着那些画，变得越来越冷酷"。这一举动让施佩尔情绪异常激动，他爆发了：

> 总有一天我真要豁出去，毫不留情地把对整个事情的看法都说出来！我想坐下来，写一篇关于这个该死的混蛋纳粹的最后一篇文章，讲出名字和细节，让德国人民彻底看到整个体系是多么腐败、虚伪和疯狂！我不会放过任何人，包括我自己——我们都有罪。我也忽略了赤裸裸的事实！

在这之后，我们从吉尔伯特那里得知，他问施佩尔："是否愿意把这些都写下来？"而施佩尔的回复很清楚地表达出他希望避免死刑："他说等审判结束后再写,他会觉得更自由。"

*****

在纽伦堡审判的三天里,施佩尔对法庭上播放集中营和东线暴行的纪录片镜头,以及大屠杀幸存者的证词感到震惊。第一次是在1945年11月29日,一部名为《纳粹集中营》的电影在法庭上放映,展示了盟军军事摄影、摄像师在战争结束阶段集中营被解放时拍摄的生动图像,包括扭曲的尸体在地上到处都是,或者挂在带刺的铁丝篱笆上,还有挖掘机在堆砌尸体。施佩尔后来说这对他来说是一个绝对的转折点。在这一点上,抽象的东西突然有了形式,一般化的"受害者"变成了有呼吸的人,他们因为纳粹政权而遭受野蛮的痛苦——他曾如此认真地服务于这个政权。其中一个证人是塞缪尔·拉兹曼,他是特雷布林卡集中营为数不多的幸存者之一,于1946年2月27日作证。

那天下午,他站在证人席上,个子矮小,戴着眼镜,穿着时髦,看上去和战前的那个会计一模一样。他说出的句子很有条理,很简洁,他描述的是1942年8月到1943年8月他在特雷布林卡的犹太人特遣队度过的一年,这些话让法庭安静了下来:

> 起初,我的工作是把被谋杀的人的衣服装上火车。我在营地待了两天之后,我的母亲、姐姐和两个兄弟被从维纳格罗瓦镇带到了营地。我不得不看着他们被带到毒气室。几天后,当我把衣服装上货车时,我的伙伴们发现了我妻子的文件和一张她和孩子的照片。这张照片是我家人留给我的唯一东西。

俄罗斯检察官斯米尔诺夫曾问拉兹曼:"一个人到达特雷布林卡集中营后能活多久?"

> **拉兹曼**：从脱衣服到走到毒气室的整个过程，对一个男性来说需要8到10分钟，女性15分钟左右。女性要花15分钟，是因为她们在去毒气室之前必须把头发剃掉。
>
> **斯米尔诺夫**：为什么要剪掉他们的头发？
>
> **拉兹曼**：根据大师们的想法，这些头发是用来为德国妇女制造床垫的。[4]

此时法庭大法官劳伦斯介入。和法庭上的许多人一样，他无法理解自己所听到的话。即使是在庭审记录了无修饰的简练中你也能从他问问题时的声音中察觉到他的惊讶。

> **劳伦斯**：你是说从他们被带出卡车到被扔进毒气室只有十分钟？
>
> **拉兹曼**：如果说的是男性，我肯定不会超过十分钟。

拉兹曼还描述了他在"军医院"（Lazarett）的所见所闻，那是一种对"医院"的侮辱（外面挂着红十字会的旗帜）——那些太年轻、太年老，或因为生病而无法走到毒气室的人均被射杀。这片杀戮之地是小队长门兹的领地：

> 他们把一位老妇人和她的女儿带到了这栋楼里。后者已经快要分娩了。她被带到"军医院"，被安置在一块草地上，几个德国人前来观看分娩。这种景象持续了两小时。孩子一出生，门兹就问她的祖母——也就是这个女人的母亲——她更愿意看到谁先被杀。祖母恳求先被杀。但是，当然，他们做了相反的事；把刚出生的婴儿杀死，然后是孩子的母亲，最后是祖母。

据拉兹曼估计，1942年火车运输高峰期，"平均每天有3批60节车厢的运输车到达"——"我相信，他们平均每天在特雷布林卡杀死1万到1.2万人"。有一个细节一定让施佩尔不寒而栗，拉兹曼还透露，一些来自特雷布林卡附近城镇和村庄的犹太人，是用卡车运到特雷布林卡的，卡车上印有"施佩尔运输"的标志。

在这些审判的日子里，在这些证人亲自作证的时刻，施佩尔感到他的内心发生了某种变化：

> 当听说有成百上千人被杀害时，这是超出规模的，是无法想象的。但是这个……是我第一次能想象出发生了什么，做了什么。是的，这让我感到内疚。

也许他第一次懂得了那种被释放的野蛮行径有多么凶残。多年来，他一直生活在犯罪却不自知的状态中。而且，尽管他笼统地谈论着"责任"，但这只是一个曲折的反思过程的开始，这种反思将占据他的余生。

二、519号房：走入黑暗

就像有时在脑海里播放的电影一样，自从我在20世纪90年代开始为这本书做研究以来，我的脑海中有这样一个画面很多年了。我试着描述一下：

> 我看到一个男人，45岁左右，刚从伦敦金融城下班回来。这是一个柔和的夏夜，没有必要把车开进车库里。他能听到花园里传来孩子们的声音，当他沿着房子的一侧走着时，他有了一种强烈的幸福感，停下来闻闻他去年种的忍冬。
>
> 当天早些时候，这位在英国一家主要石油公司担任要职的男子向董事会提交了一份报告的最终电子版。这份报告提出的建议被采纳了——尼日利亚南部康沃尔的一段海岸线将很快被开发。他无法将伦敦周围各郡枝繁叶茂的夜色与当天早些时候的工作联系起来。他不能，或者可能不会允许自己，将自己的生活与那些即将因为他的工作——在伦敦金融城的一间办公室里把数字输入电脑这样的简单操作——而受影响的尼日利亚人的生活联系起来。

如果我们能发现这些男人和女人的内心变化，事情就有可能改变。一种难以想象的改变。我从来不认为大多数在公司或任何有权势的组织工作的人是邪恶的。在我看来，那些在激进主义世界中以及在其他世界中喜欢妖魔化他人的人的简单化总是空洞的——需要与"他人""敌人"保持尖锐的距离。就好像承认了这些人的人性，你在某种程度上就让他们逃避了对自己行为的谴责，让他们摆脱困境。绝对不是这样的，事实上，恰恰相反，我们需要更加严谨地分析企业的破坏性影响，同时更深刻地理解企业是如何运作的（特别是从组织心理学的角度），虽然需要以一种更为复杂的方式来审视公司和国家之间的相互关系，我们还需要更加微妙地看待人类思维的运作方式。

所以，我的出发点是人类。去掉"公司"的标签，告诉人们，人类的主要定义不是他们做什么，而是他们是谁。接受这样的事实：早上离开家去上班的女人或男人与你或我并不是不同的物种——他们可能在担心垂死的父母，他们也可能在思考似乎已经冷却的友谊，他们还可能在想他们生命的意义。凌晨时分，内心的声音向我们袭来：你在生活中真正想要的是什么？是爱还是陪伴？这就是你要的吗？

我毫不怀疑，早上离开家的那个男人或女人，与上面勾画的那个充满怀疑、同情、困惑、有爱的人差距有多大。他们也会在脑子里算计，检查短信和电子邮件，想他们今晚回家路上的购物清单、明天晚上的保姆、需要更换的手机……基本上，他们是一个个我们能在混乱的现实中认出来的人。但后来发生了一些事，而且发生在拉开家里的门和摇摇晃晃地走进工作的大厅之间。有些东西在思想中改变，有些东西在转换，有些东西被暂停，这远远不止是私人自我和公共自我之间的转换。在家庭和工作之间，有些东西被封闭了，非常危险的事情发生了。爱的能力，忍受痛苦的能力，建立人际关系的能力，都被放在一个保险箱里，直到一天结束。而这种情绪现在也不必妨碍商业的发展了。这就好像人们以某种方式允许自己（至少在接下来的几个小时内）把他们的同理心放在一边，把他们的同情心放在一个密封的盒子里。还有其他的力量也在发挥作用——尤其是在一个需要你所有防御，所有警惕性，来应对他人不断操纵的世界中生存的需要。有时候，光是想想就让人筋疲力尽……

*****

2011年7月

我坐在伯克贝克学院（Birkbeck College）五楼一间平淡无奇的办公室

里，这是今年夏天以来为数不多的炎热天气之一。透过我左边唯一的一扇窗户，可以看到一棵梧桐树的叶子在微风中轻轻摆动；在我的右边是学术期刊和儿童发展书籍的书架。我从一个朋友那里借用这个房间，他是心理学教授，这周他和家人在度假。几分钟后，一个60多岁的男人会走进来，坐在我对面，我们将开始一个大约一个半小时的采访。

我还是很惊讶这个人同意见我。他是壳牌公司20世纪90年代最具影响力的人物之一，也是负责协调高管对围绕布伦特·斯帕尔和肯·萨罗威瓦及其八名奥戈尼同伴被处决事件的媒体风暴做出回应的团队的一员。20世纪90年代末，他在所谓的"企业社会责任"运动的诞生中发挥了关键作用。

十多年来，我一直在思考如何能采访到他。我经过了大量的计划和思考才走到现在这个阶段，让我想要与之交谈的人——高级管理人员——觉得能够和我坐在一个房间里。三年前我有了一个想法。我被介绍给一所知名商学院的研究主管，受邀给那里的学生做几场关于组织中的人们如何能够将他们的个人道德和组织的"价值观""划分"到不同的心理盒子的主题演讲，这些学生来自不同的企业背景。这些研讨会的反应很强烈。我意识到，我触及了当代企业生活中暴露出来的一根神经。

我开始与商学院讨论一项提议，与一位组织心理学家建立伙伴关系，就道德分工问题采访企业高管。经过大量的搜索，我们最终找到了伯克贝克的研究伙伴，一位在组织价值观相关领域发表过论文的资深学者。因此，我们的三角研究伙伴关系诞生了，我们称之为"商业领导力中的伦理划分"，[5]决定将最初的研究重点放在所有在石油行业工作过的高管身上。在接下来的几个月，我们与潜在的面试者进行了接触，然后才得以进行采访。在一个案例中，从最初的邀请到让对方同意见面花了一年多的时间。

在接下来的三天里，我们将采访六个人。所有这些人在过去40年左右的时间里都在石油行业的最高层工作；除了一人之外，所有人现在都退休了。他们的年龄在50岁到72岁之间，四个男人，两个女人。他们工作过的公司包括壳牌、英国石油、阿莫科和道达尔，他们工作过的地方包括（除了伦敦）美国、印度尼西亚、法国、日本、安哥拉、尼日利亚、阿拉斯加和哥伦比亚。

我在等待今天的第一个受访者时，反思了为这些人创造安全感的重要性。事实上，这是我的组织"平台"与一所商学院之间的合作，加上学术研究通常需要的严格的道德标准，这肯定会有所帮助。我采访的所有人，除了一个之外，要么已经退休，要么不再在石油行业工作，这也是他们同意接受我采访的一个关键因素。我还想知道，选择大学大楼作为采访地点是否有帮助。也许是学术界提升了安全感。7月，也是一个很好的时间，暑假，正常的防御机制降低了一点。

*****

但即使是现在，我也能感觉到要采访的人内心非常紧张。我第一次设法与这位曾经是壳牌公司董事会的资深人士交谈时，他在电话里花了半个小时解释为什么他对我的研究没有多大"用处"。然后，当这不起作用时，他开始调查我的背景和方法。他听起来非常焦虑，很长一段时间后，我才说服他，我不是从一个传统的、激进的判断主义的立场来处理这个问题的——我的兴趣更多的是与组织心理学有关，看看当人们试图处理自己的道德感和组织价值观之间的紧张关系时所发生的详细过程。在那之后，他打电话推迟了我们的第一次会面——因为突然的医疗问题。所以，两天前，我在彭布罗克郡搞创作时又给他打了电话，向他解释说，第二天我将开6个小时车回伦敦——纯粹是为了采访他，因此我想确保不会再有其他问题。他让我别担心，他说他会去的。所以，今天早上我很早就到了伯克贝克，布置好了房间。

我的教授朋友和我没有时间去学院办公室办理正确又官僚的房间预订手续。他只是简单地把钥匙给了我，给我发了封电子邮件确认所有协议，然后说："如果你不想被打扰，最好在门上挂个标志——任何有首字母缩写的东西都可以。"人们不问是因为他们不想觉得自己很蠢。研究的题目是什么？听起来不错——把它变成首字母就行了！于是我打印出了以下标识，贴在了门上：

请勿打扰

ECBL访谈正在进行中

到目前为止还没人打扰我，看来他的主意奏效了。我下楼去买了咖啡和一些冷饮。然后我走到正门，等待第一个受访者的到来。好几个月的准备就为了让一个人进入一个房间，进行一个半小时的谈话。

那个人很准时。我从《今日商业》（*Business Today*）和《金融时报》上的照片中认出了他。今天他没有打领带，看起来很精明，因为不在工作状态，穿了淡蓝色亚麻布衬衫，雅致的象牙色夹克和长裤，搭配休闲鞋。我们握手时，他满脸通红，眉头紧锁。"听着，我今天来是为了亲自告诉你，我想我还是不能参加采访了。我非常抱歉，我知道给你添了很多麻烦，但是……你看，我昨天晚上看了你们组织的网站，我对你们所做的工作有了更多的了解。我被那些不实的陈述震惊了，我开始问自己这个研究将被如何应用。你知道，虽然我现在已经退休了，但我必须非常小心。"

我已经预料到了这种反应，也已经想好了该如何应对。所以我现在花了20分钟和他交谈，向他解释，就我们在这个领域所做的研究而言，"平台"是非常受尊敬的，如果我们不谨慎地对待出版的内容，我们不可能在石油行业的问题上工作超过15年，我们会仔细检查每件事，而且，我们的董事会有两名律师，他们会确保所有信息的准确性。我再次强调，根据我发给他的研究标准，他对自己的材料有完全的控制权，如果他对自己说的任何东西感到不舒服，他可以在事后对所有或任何部分进行编辑。最后他平静了一点，同意我们可以继续讨论了。

但这向我表明，人们敏锐地意识到讨论石油行业职业发展轨迹的政治本质，但在个人层面上，人们知道这样的对话可能会带来极其痛苦的问题，这些问题涉及他们身份感的核心——你成年后的大部分精力都花在了什么上面。他们本能地知道，谈论这些问题和他们自己的道德准则，可能会开始推倒他们花费了大部分工作生涯建造并保持的壁垒。

*****

这天，我还想起了我以前的一个学生在十多年前给我的一个警告。阿尔贝托是安达信公司的一个雄心勃勃的人，[①]一个在全球各地奔波的咨询顾问——我有时想知道，安达信在安然丑闻中倒闭后，他身上发生了什么。他在伦敦工作了一年，就要回马德里时，我们出去喝了最后一杯，坐在兰姆康德街（Lamb's Conduit Street）一家酒吧里，回忆过去六个月的经历。我们相处得很好，他是一个非常敏感、聪明的人，我非常喜欢和他一起上课。这更像是和一个书生气十足的同事交谈；有几周，我觉得他教给我的比我教给他的要多——比如，天主事工会是如何在佛朗哥的领导下巩固其地位的，或者一个来自布努埃尔自传中的故事，或者在伦敦哪里可以买到最好的塞拉诺火腿。

总之，现在阿尔贝托直接问了我的其他工作——"平台"到底做了什么？我经常提到的对公司的研究是什么呢？这就是所谓的"出租车时刻"，完全活在当下的兴奋，知道你可能再也见不到对方了，所以完全敞开心扉又会失去什么呢？因此，我详细阐述了自己的立场，描述了我们最近在石油行业所做的工作，告诉他肯·萨罗威瓦和壳牌公司在奥戈尼的情况。我毫无保留地说出了自己的看法。我谈到了自己很迷恋企业心理学和在公司工作的人

---

① 安达信是20世纪后期世界上最大的会计和咨询公司之一。2001年，安信达在对美国能源公司安然（Enron）的审计中被判犯有欺诈和共谋罪，随后公司解散——尽管其于2000年从主公司分离出来的咨询部门仍以埃森哲的名义继续运营。

们如何使自己远离公司所带来的影响这两个方面，勾勒出了项目未来的发展轨迹，以及我正在进行的工作的更广泛的意图。阿尔贝托聚精会神地听着，不时点头，鼓励我继续说下去。在那副圆圆的眼镜后面，我很难揣度他的反应；奇怪的是，即使在最好的情况下，他的脸也无动于衷。过了10到15分钟，我停了下来。阿尔贝托现在微笑了，他放下了酒。下面是我对他说过的话的回忆：

> 我同意你说的很多话，考虑到我的工作，你可能会很惊讶，但我认为有两件事你错了。首先，我很惊讶你的概括方式。你会把"激进分子"当作某种集体实体来谈论吗？在公司工作的人就像其他群体的人一样不同——同性恋、异性恋、困惑、聪明和无知，自私和……你教我的那个反义词是什么？利他主义，是的，就是这样。但大多数人只是想和其他人一样熬过月底。其次，你刚才谈到的这些人——石油高管、会计、规划者——过去十年我认识他们中的许多人，令人震惊的是，他们在各个方面都和你很像，比你想象的要多。他们都是大学毕业生，很多人读《卫报》或《独立报》，他们去剧院，听音乐会，对文化非常感兴趣，你会惊讶于他们中有多少人关心更广泛的问题，他们是地球之友和国际特赦组织的成员。把"他们"看作另一个物种是错误的。

阿尔贝托虽然是泛泛而谈，但他说的一些话让我印象深刻。我读到的关于战争、种族灭绝和种族主义的书越多，我就越发确信，如果犯罪者不先使用致命的第三人称复数——"他们"，这些都不可能发生。这个单词常被拿来给几乎所有的恐怖和压迫行为辩护，无论是戈培尔反对犹太人，斯大林反对富农，卢旺达千丘自由广播电视台（Radio Télévision Libre des Mille Collines）反对西族人，布什反对他的"自由的敌人"。在杀戮之前，首先是简单化。

今天，如果有人用"他们"来概括任何群体，我们都会感到震惊——笼统地谈论任何一大批人或群体都显得很愚蠢、荒谬——想象一下，听到有人说"学生是X"或"犹太人是Y"，你会立刻觉得有偏见，并对随后的话不以为意。这是我们社会进步的标志，我们现在比以往任何时候都更加意识到普遍化与种族主义、恐同以及其他偏见之间的联系。然而，在欧洲的背景下，有一群人仍然经历着其他人用最恶毒的和种族主义的方式对他们进行概括——这群人就是吉卜赛人。

几年前，我还在教这门课的时候，就清楚地体会到了这一点。当时，捷克城镇乌斯蒂纳德拉伯姆当局下令在吉卜赛人居住的城镇周围修建围墙——建成一个现代化聚居区。这引起了激烈的反应，欧盟提出了强烈的交涉，时任捷克总统瓦茨拉夫·哈维尔（Václav Havel）称这是"不可接受的"，几周内这堵墙就被拆除了。当时，我和我的夜校学生讨论这个问题，他们是一群来自非洲、南美洲和欧洲具有不同背景的成年人，其中一些还是难民，这时一位来自意大利巴里的医生——一位友好而聪明的女性——再也无法容忍自由派的谴责：

"好吧，这堵墙可能有点硬，但你必须承认吉卜赛人是个问题。他们很脏，到哪儿都偷都抢。"

"你是认真的吗？"

"绝对的！在我的城市，我们为他们建造了一个全新的区域，公寓都是很现代化的。你知道他们做了什么吗？他们把这些都拆散了，卖掉了金属管道。不，真的，这是真的，他们很乐意像猪一样生活。"

在这一点上，我所有关于自由讨论的教学原则都被抛到了一边，我变得非常愤怒——这是我多年教学生涯中唯一的一次——我问她解决方案是什么。也许"吉卜赛人"，就像她所说的，都应该被关进集中营？或者为什么不直接杀死他们，就像60年前的大屠杀那样？我开始讲种族灭绝是如何以代词"他们"和"他们的"开始的。当其他学生开始加入讨论，讨论转向他们自己的种族主义经历时，我松了一口气。过了一会儿，医生阴沉着脸陷入了沉默。后来，我试图分析为什么这个人让我这么愤怒。我以前听过对吉卜赛人的偏见——可悲的是，这似乎是我们社会中最无所不在的种族主义形式之一[①]——但她在这里的表达几乎有些肆无忌惮。也许我是在生自己的气，因为我对她的印象是错的，所以这就像被打脸一样。尤其让我震惊的是，这是一位受过教育的30多岁的女性，一名医生，而医生理应是具有"关怀理念"的职业之一。

但我没有处理好。我发了脾气，还想嘲笑她，而不是像通常一样，让其他学生与她争论。也许我是担心班上其他一些没发言的人会默默支持她的观点吧。也许我太过担心那些弱势的学生，他们遭受了种族主义的折磨，但还不具备语言技能来表达他们的经历，而这是与意大利医生斗争所必需的。不出所料，她没有回来上课，我感到一阵后悔，因为我没有利用自己的地位来展开批评和讨论，而是结束了它。

但是，回到阿尔贝托所说的——如果我们听到偏执的人说"吉卜赛人都是这样的"，或者种族主义者疯狂地对穆斯林进行概括，那么我们如何概括在石油公司、银行工作的人或者政治家？批评他们的行为，而不是个体。你可以毫不妥协地谴责这种行为，但不要抹杀这个人。我想到了本哈德·施林克（Bernhard Schlink）的书《朗读者》中的一段精彩文字，他描述了主人公内心的困惑——一名学生刚刚意识到，几年前与他有过第一次性经历和关系的女人汉娜，在战争中对犹太人的骇人听闻的屠杀负有责任：

[①] 在我修改这一章时，意大利新任内政部长马泰奥·萨尔维尼（Matteo Salvini）承诺将"言语变成行动"，开始将数千名吉卜赛人驱逐出意大利。2018年6月19日，《卫报》："极右翼意大利部长誓言采取'行动'驱逐数千名罗姆人。"

> 对汉娜的罪行，我本想既表示理解，又加以谴责……假若我试图理解它，就感觉无法再像本应该谴责的那样去谴责它；假若我要像本应该谴责的那样去谴责它，那么理解的空间就没有了……理解和谴责，我本想好好面对这两者，可这两者不可兼而得之。

谴责或理解，这种二分法一直存在于我们心中，是我们一直在用的光谱。基塔·瑟伦利的作品再次浮现在脑海中，对斯坦格尔和施佩尔这些经历了多年审判和谴责的人有着非凡的耐心和好奇心。有人会说她太过于包容了，我非常不同意。因为她永远不会忘记他们的人性，他们的不安全感，他们的疑虑（以及他们的虚荣和自我欺骗），她能让我们超越"犯罪者"的标签，比任何人都更近距离地看到标签背后的立体的人，无论以前还是以后。这样一来，我们可以更多地了解这些人的心理——也许最可怕的是，他们在成为种族灭绝组织一部分的同时，还保持着积极的自我叙述能力。

我也想知道，衰老与渴望更多地关注理解而不是谴责之间是否有关系。随着年龄的增长，我变得越来越为怀疑而着迷。与我年轻时相比，生活似乎更加丰富和细腻了。我对问题比对答案更感兴趣，我现在认为好奇心和爱是密不可分的。在我看来，找到最美丽、最有力的问题似乎是一种最有用的生活方式。年轻的自我看起来多么遥不可及！福音派学生积极分子坚定而公义地燃烧着，坚定地信仰着。我认为，我再也无法和那个年轻人说话了。我不确定他是否会倾听。如果他会，我可能会对他说，"要去爱这些'问题的本身'，[6]像是爱一间锁闭了的房屋，或是一本用别种文字写成的书……一切都要亲身生活。现在你就在这些问题里'生活'吧"。

*****

在伯克贝克的那个小房间里，一个接一个的男男女女来到这里，谈论他们的工作、生活和所做的道德选择，然后离开。我完全没有准备好接受这样的经历；持续数小时的倾听强度，不想漏掉任何一个单词或语调变化，每一个都可能很重要。受基塔·瑟伦利对待受访者方式的强烈影响，我做出了一个决定：（采访期间）我会完全抑制自己去评判或质疑别人告诉我的东西的本能。最重要的是对参与的每个人都尽可能以一种善解人意的方式，让他们用自己选择的语言表达自己，尽可能多地了解他们的背景、道德价值观，以及他们开始工作时他们想实现的目标。当然，这有时是极其困难的；我能感觉到自己很多次都被束缚住了，但我从未失去控制，因为我知道这会让采访停止，而且，在这个过程中，也会让我失去找到我想要发现的东西的所有可能性。

这种方法带来的结果让我很惊讶，我想我的受访者也很惊讶。他们来的时候很紧张，期待着学者和激进分子的唇枪舌剑，攻击与防御，但取而代之的是一个想要了解他们，想知道他们在生活中所做的选择的人。热情、礼貌、谦逊，能够看到一个故事的许多方面，同时也了解他们面对的复杂困境。结果，这六位男女都以我觉得很了不起的方式敞开了心扉。我对这样的过程在大多数受访者中引发的情绪完全没有准备；在某些方面，这与咨询过程惊人地相似，人们试图为自己所做的道德选择寻找语言，反思自己生活的不同阶段。在不同的时刻，那六个人中有四个明显被感动了。其中两个人竟然哭了。最后，阿尔贝托的警告得到了证实——我情不自禁地喜欢上了"他们"中的大多数，因为他们不是"他们"，而是六个独立的个体。他们不会给我一个"公司线路"（有两个例外）。其中一些人诙谐幽默，自嘲自谦，有一个人甚至一再警告我："我说的任何话都要持保留态度，因为这是很久以前的回忆，（因为）你倾向于记住，你知道，积极的事情……当你把事情做好的时候。"

几个月后，我从这些录音中翻阅了数百页的文字记录，每一个"呃"，每一个"哈"，每一个"你知道"，都被抄写员忠实地记录了下来。在伯克贝克的那些日子又栩栩如生地浮现在我的脑海中，我再次体验到了谈话中的话语。虽然在实际的采访中我没有评判或质疑，但现在可以真正开始分析了。[7]

在所有这些谈话中,有六个时刻显得尤为重要。下面逐字引用了受访者的话,我的回答也是如此——当然,我在采访中无法表达自己:

时刻一

安娜(前壳牌公司员工)。

我们已经谈论了15分钟关于1995年萨罗威瓦和他的同事被处决的事件,同年发生的布伦特斯帕尔石油钻井平台倾倒丑闻和对公司的影响,以及壳牌对此事的内部回应。然后她说:

> 壳牌公司确实感到被围攻了……不仅仅是加油站的抵制行动……在德国,人们向加油站投掷燃烧弹。他们从行驶的汽车上用猎枪向我们前院的人射击,我一点也不夸张,丹,一点也不……壳牌公司表示,"看在上帝的分上,没有人应该为此而死去"!我们最担心的是有人会因此受伤。
>
> (安娜的评论"没人应该为此而死去"对我来说似乎很不寻常。考虑到我们刚刚花了15分钟讨论了20世纪90年代在尼日尔三角洲与石油有关的冲突中丧生的数百人,以及奥戈尼九人被处决的问题。我觉得她是想通过这些评论让我同情壳牌公司——好像她想把壳牌公司变成这里的受害者似的。)

时刻二

大卫(前壳牌公司员工)。

我们一直在讨论在种族隔离时期,壳牌公司留在南非的巨大争议。我提出了一个问题,壳牌公司员工受到来自他们自己家庭和社会外部人士的道德问题的影响有多大。他描述了一个晚上,与壳牌公司在南非的总经理共进晚餐时的情景：

> 我：所以，你要承受来自外界的全部压力。我的意思是，认为有一个密封的小世界是错误的，不是吗？
>
> 大卫：我永远不会忘记，其中一个……嗯……我想是在非洲的某个高层人士，他在那里被描绘成——他们做了一个关于他的纪录片，我碰巧和他以及当时负责那个地区的主管共进晚餐，电话响了，他回到房间，他说，"我儿子刚刚指控我杀人！"因为，看着电视……然后他说，"我不明白我怎么能向他解释，现在播放的不是……"我的意思是，这个男人的心碎只是……太可怕了！
>
> （大卫讲起这个故事时哭了起来。我们再一次看到了这种颠倒现实的感觉——在壳牌公司工作的人似乎并不认为它是世界上最强大的公司之一，而是将其视为公众不公正判断和发泄不满的脆弱受害者。）

时刻三

保罗（前英国石油公司员工）。

我们一直在谈论保罗在南美洲一个石油开采国家所扮演的角色，那里发生了杀戮和严重侵犯人权的事件，记者公布了当地准军事人员被石油公司收买以提供安全保障的证据。到目前为止，保罗在采访中一直表达得非常清晰，但当我让他同情受影响的社区时，他的表达能力完全崩溃了：

> 我：我的意思是，这实际上是一个更具假设性的问题……但是你……你有没有想象过自己站在某个村民的立场上？你有没有想过你在他们那种情况下会是什么样子？
>
> 保罗：我的意思是，我确实去参加了几个会议，公共会议，坐

在那里，你知道，为了……嗯……在那里，社区领导人和……你知道，在……呃……首都是哪里来着？当然，你知道，他们……有些人会说，哦，他是一个游击队员，他与准军事组织有联系……它非常……事实并非如此。但是，是的，我的意思是，答案是这就是全部的意义，嗯……嗯……你知道，呃……你知道，地面上的东西。我的意思是，我们在地面上影响最大的东西对我们在地面上影响最大。所以，你知道，这确实确保了，你知道，让当地社区感觉更舒服。

（四句话里有15次犹豫。这生动地说明了他在回答这个问题时感到不安。还有，这里有一句话不管你读多少遍都毫无意义。"但是，是的，我的意思是，答案是这就是全部的意义，嗯……嗯……你知道，呃……你知道，地面上的东西。我的意思是，我们在地面上影响最大的东西对我们在地面上影响最大。"我也很惊讶，保罗在这个国家已经待了两年，所以以他的资历，他只觉得有必要参加"几次公开会议"，这说明他与当地受影响社区的直接接触有多么少。当然，他在这里没有回答我的问题，我的问题集中在英国石油公司员工是否有能力同情那些在现场受到影响的人。值得注意的是，在发展中国家工作过的受访者中没有一个直接回答过这个问题。）

时刻四

托尼（前英国石油公司员工）。

我们一直在讨论同样的问题——与当地村民的接触程度，以及他是否能站在受影响村民的角度考虑问题。

托尼：当我接触这类问题时，我的早期经验是参与在N建造一个新的液化天然气工厂的项目,它涉及一个村庄的搬迁,这个村庄的名字是——这是80年代早期的——F村。我记得这个名字,因为这是一个非常有趣的插曲。这令人惊讶,在那个时候,这绝对是让人大开眼界的,村民们提出的要求,呃,还有一些……基本上,一个非常基本的农业村,变成了一个有各种有趣的,不仅仅是农业、渔业,还有许多缺乏可见证据的外来农业形式的村庄。但是,当然……还有一位年长的村长,我似乎记得他有点……在石油公司来之前,他基本上住在一个泥棚里,后来他决定住在一个两层楼高的混凝土房子里,上面铺着厚厚的地毯。这是在N。所以,呃……他和他妻子有各自使用的卫生间。所有这些要求基本上都得到了满足。

(这里的随意假设,以及潜在的种族主义,很能说明问题;托尼的话说明了一种可以称为新殖民主义的思维。关于液化天然气项目的七个单词:"涉及一个村庄的搬迁"——很可能出自19世纪大英帝国某个偏远地区的殖民地行政长官之口。我想知道,如果有一天,一家外国能源公司来到苏塞克斯村,告诉他们所有人都必须"搬迁",因为他们的村庄下面有天然气储备,托尼认为他在苏塞克斯村的家人会做何反应?)

时刻五

在同一次采访中,托尼描述了他在海外任职期满回到英国石油公司总部后,在健康和安全方面明显强迫性的文化:

> 最让我震惊的是……回来后最明显发生改变的是安全文化,因为我回来的第一天,发生了两件事:我没有扶着扶手就爬上了总部的楼梯,一个非常初级的员工告诫我应该抓住扶手——我想,天哪

（笑）……！是的。有一天你可以尝试一下——如果你在英国石油公司走下楼梯时不扶扶手，绝对会有人（毫不留情地）向你提出抗议。第二件事是，我坐上一辆出租车，和一个资历较浅的同事一起去城市另一头开会。上了出租车后，我的同事对我说："你需要系好安全带。"

但这种对健康和安全的痴迷显然没有延伸到地面上的行动。然后，我们反思了2010年墨西哥湾深水地平线（Deepwater Horizon）灾难的原因：

> 我：所以关注微观层面，但在宏观层面……就不关注了！
>
> 托尼：是的。
>
> 我：我的意思是，在某种程度上，这是相当令人震惊的。
>
> 托尼：太令人震惊了。
>
> 我：它们之间的区别是？
>
> 托尼：嗯，这是一个经典的例子，公司说服自己发生了一些事情，但实际上并没有发生，并且它只是在处理症状，而不是原因和出现的基本问题，如果你愿意的话，看到这些真的很有趣……这实际上是绩效文化与HSE[①]之间的基本矛盾，前者关于实现目标——财务、运营、进度、时间，后者意味着不承担风险，也就是说，如果要在完成预算或时间目标和安全之间进行权衡，你就会面对一个根本的矛盾。
>
> 我：这很有趣。
>
> 托尼：哪一个主导呢？最好的表现就是所谓的绩效合同，在英国石油公司，所有达到一定级别的高管都有，我认为95%的奖金、

[①] HSE指的是健康（Health）、安全（Safety）和环境（Environment）三位一体的管理体系。——编者注

薪酬……是关于工作表现的。5%是关于HSE的。

时刻六

伊莎贝尔（前英国石油公司员工）。

伊莎贝尔是唯一一个因为道德原因离开公司的受访者。在某些方面，尤其是她一直坚定地倡导人权，她一开始加入了该公司，之后又持续了13年，这着实令人惊讶。我们讨论了她认为自己和同事之间的不同：

> 他们有不同的看法。这并不是因为他们没有任何道德，而是他们能够……好像能把他们留在门口，对吧？所以……通常，他们是基督教徒，你知道，虔诚的宗教，去教堂，他们会做这些事情在……你知道的，我在"家长教师协会"和孩子们一起做所有这些事情，然而，当他们进门时，他们能够把这些推到一边，在某种程度上，变成……不同的人。但我从来都做不到，因为我把所有的东西都带进来了……所以，这是相当困难的，因为他们不能完全理解。他们会说，"嗯，那很好，但是，你知道，你不能……"有一个人对我说："把你的良心留在门口吧。"

在她的任期结束时，她越来越多地挑战这种文化，但也感到越来越受孤立：

> 我离开的时候，（他们常常）害怕我来参加会议，因为我实际上……和他们进行过真正的辩论……告诉他们，他们在说一堆废话，他们根本不知道自己在做什么。而且，呃，你知道，他们……他们怎么能谈论联合国人权宪章之类的事情……然后把这个贴在他们的墙上，当他们把所有东西都打碎的时候，你知道吗！？……而

我越来越孤立了。非常孤独。的确很孤独，真的。

她是仅有的两名直接谈到目睹石油行业在当地的影响是多么令人不安的被采访者之一。同样，和保罗一样，她越陈述自己在地面上看到的，语言就越不连贯，犹豫也就越多：

嗯，你会看到污染，你会看到嗯……你知道，比如在三角洲，由于天然气燃烧，天变黑过。我的意思是，气体燃烧是相当不同寻常的，我的意思是，它是……只是贫穷，还有这么多的财富，他们作为外国人的极端生活方式，你知道，那种封闭的社区。我发现这很困难，我一直想出去，我真的会出去，这让他们很抓狂。你知道，他们认为我是一个安全隐患，从这个意义上说，因为他们不想让我闲逛，因为我——我会做任何事来摆脱我的司机和类似的事情，所以我可以去走走……这很难做到，所以……但是贫穷……你知道，你会看向窗外，你会看到孩子，你知道，或成年人，在垃圾桶里寻找东西，你知道，你也会从其他同事那里听到可怕的故事，你知道，有人被枪杀。你知道，他们确实在外面看到过，尸体被抬走……你知道，它是，你知道，你知道，你会看到这些事情发生，呃，和……对我来说，在那个阶段，因为我一直待在非洲，看着这一切，我一直在想，你知道，石油毁了这个国家。所以，我的……我开始把一切都归咎于石油。你知道，也许这不是完全正确的，但我开始把一切都归咎于石油。因为对我来说，石油助长了一切，因为这些国家都是依赖石油的大国，比如尼日利亚和安哥拉，所以你开始把一切都归咎于石油。

就在她最后离开之前，她对一位即将退休的同事说："我很高兴我现在要走了，因为……在安哥拉的工作困扰了我这么久，我觉得，你知道，这很好——我晚上可以睡得更好了。"我觉得这很不寻常。

她学到了什么？她的道德观在这一时期发生了怎样的变化？

> 我认为，你必须坚持你的立场，并且你必须好好表现……你必须以你想要被对待的方式去对待别人，我总是想要设身处地地为别人着想，我不怕对别人说这些，无论在哪里，你知道……我想，你……你必须这么做。你必须有道德。

*****

这些天的对话还留下了什么？我非常震惊的是，几个受访者强烈地强调他们的道德和宗教原则——也许在某种程度上，他们想把这些作为一件斗篷，保护自己不受我的怀疑（虽然没有说出来，但仍然可以察觉出来）：对他们是否愿意在像石油行业这样可疑的行业工作的怀疑。也许这太愤世嫉俗了。在这些人的背后，也可能有真正的宗教和道德冲动。不过，如果是这样的话，我真的无法理解他们怎么可能为自己的行为辩护——例如，即使在萨罗威瓦和他的同伴被处决后，他们仍留在壳牌公司，帮助捍卫公司。

我们采访的人之间还有其他的共同点，两名壳牌公司前雇员用同样的理由试图解释在种族隔离时期壳牌公司留在南非的原因。这让我明白，该公司内部有一条发给所有员工协调一致的"底线"。顺便说一句，看看安娜和大卫使用的语言很有意思——这让这家石油公司听起来更像是当地的社会服务提供者，而不是营利性企业：

> **安娜**：我相信壳牌公司是那个社会中一股向善的力量，纳尔逊·曼德拉在获释后说，他很高兴壳牌公司能留下来，壳牌公司在挑战政府的黑人住房问题上发挥了重要作用，给黑人提供住房在当时于技术上是非法的，他们修改了法律，允许壳牌公司为黑人提供

住房，壳牌公司在那个时期所遵循的标准是，尊重人权和多样性。我觉得壳牌就像极度黯淡的时期里出现的灯塔，其他公司都在裁员和逃离，但是壳牌公司说，不，如果我们对一个国家做出承诺，那么我们就会长期投入；我们不是只想搞砸，抢到能抢到的东西，抢到许多钱然后逃跑。我们不会对今天的政府做出承诺，我们会对这个国家的人民做出承诺……因此，我对壳牌公司在南非的表现感到自豪和钦佩，嗯，他们展示了领导力。

大卫：我认为其中一件没有得到欣赏的事情是，呃……呃……我们实际上被鼓励留在南非。我们还为许多非国大成员创建了教育基金会。我们在南非的总经理过去经常在报纸上刊登反种族隔离的广告……我的感觉是，留在那里，并试图，呃，影响人们的想法，因为，再一次，人们没有意识到，那是一个点，小数点，你知道，那是我们利润的百分之零点零几左右……这很有趣，有一个可怕的，嗯，困境，公司的高层们真的不愿意留下来，但他们觉得，他们是唯一有影响力的，能够通过发声影响现实，而大多数人或公司不敢。而且，你知道，我们与非国大的联系实际上在当时也是相当密切的，以一种积极的方式……事实上，是他们上台……执政的时候，我们才让他们拥有我们的大楼。

安娜和大卫都强调了壳牌公司在影响南非种族隔离时期的政府与和平过渡过程中所发挥的关键作用。然而，双方都没有看到这一立场与他们的论点之间存在巨大的矛盾，即壳牌公司不能在肯·萨罗威瓦及其同事被处决的案件中影响尼日利亚政府。他们一再表示，他们不能被视为"干涉"尼日利亚的政治，并试图最小化壳牌公司在尼日利亚的权力，说"我们是在尼日利亚的一家合资企业，我们不该拥有公司的大部分股权"。这两位壳牌前高管都看不出这些立场之间存在明显的矛盾。大卫走得更远，甚至似乎同情阿巴查的军事政权：

当然，尼日利亚政府的反应……就是，不要干涉我们的政策。但是，出于极大的尊重，就尼日利亚政府而言，肯·萨罗威瓦并不是因为他所说的关于石油工业的言论而受审，但在奥戈尼部落有五人被杀①，他们的观点是，他和他的亲信应对这五人的死亡负责，世界上似乎没有人对这五名不同意萨罗威瓦先生意见的奥戈尼部落人感到丝毫关切。所以……还有他们的压力，当然，我的意思是，问题是，如果像壳牌这样的公司试图公然干涉英国政府，每个人都会举起手来，你知道，他们会奋起反抗。

但壳牌公司并不是唯一一个与南非历届民族主义政府有业务往来的公司。几年前，我曾听到时任英国石油公司首席执行官的约翰·布朗（John Browne）为他们在种族隔离时期也留在南非辩护：

当然，在南非种族隔离的艰难时期，英国石油公司留在了南非，提高了员工的教育水平，最大限度地增加了在公司工作的黑人人数。这在当时并不是完全受欢迎的，但它在适当的环境下，播下了种子，这些种子后来长成了大树——一些优秀的人可以成为政府的一部分——优秀的人在那里成为工业的一部分。[8]

我认为，这样的语言叙述在21世纪是非同寻常的。不仅仅是因为使用的语言，还有语言背后的思想，这些思想似乎完全植根于殖民主义。我们几乎可以听到索尔兹伯里勋爵谈论"将英国文明……带到地球上最黑暗的地方去"。[9] 英国石油公司去南非，他们播下"小种子"，当地居民随后接受教育，总有一天他们可能会得到信任来接管自己的国家。

---

① 尼日利亚政府声称，萨罗威瓦的同伙杀害了四人，而不是五人（这一指控从未得到任何事实证据的支持）。

通过这些采访，我最终意识到地点和道德责任之间的相互关系。员工接触石油开采现场越多，道德的可疑性就越大；在英国总部工作的时间越长，对公司的信任度就越高。这可能就是为什么你在石油公司的职位越高，你被派到石油开采现场亲身体验公司的石油开采活动的机会就越小的原因。这就好像公司意识到，如果高级管理人员不得不与他们的工作直接相关的人会面，他们将更难继续有效地工作。通过电脑屏幕保持这样的距离会安全得多。这样你就不必去体验，不必用你自己的眼睛去看，不必与那些被你所在公司工作摧毁生活的人对视。

*****

组织中的人是如何杀人的：另外四个因素

- 语言和非人化
- 抽象受害者：从个人到无名大众
- 疏远自己与暴力行为的关系
- 将个人责任转移到当局的责任上

语言和非人化

如果你改变关于"他者"——一个潜在的受害者——的语言，从一个有知觉的存在变为一个物体的语言，就会变得更容易把那个人看作一个物体，然后这样对待他们。这方面的有组织杀戮非常普遍，在不同的国际环境中都可以找到这样的例子。

我们已经看到了用"装载"这个词来描述在苏拉卡车上被毒气袭击的人；整个备忘录都在回避使用暗示受害者是人类的词语（"97000人已经被处理"等）。但我们也应该明白，在整个集中营系统中，用"人"来描述囚犯是被禁止的。相反，"卡住"（"项目"或"件"）才是正确的术语；而在死后，"身体"或"尸体"这两个词就不能使用了——事实上，使用这样的语言是违反纪律的，正确的表示死人的替代词是"碎片"（Figuren）。

另一种常见的非人化语言的方式是把人类变成动物，通常是最小的、最受鄙视的生物。希腊上校统治下的施刑者称受害者为"蠕虫"。在卢旺达大屠杀中，胡图族人称潜在的图西族受害者为"蟑螂"（inyenzi）。斯坦格尔是特雷布林卡集中营的前指挥官，他清楚地表明了动物和人类之间的联系，他对基塔·瑟伦利这样说：

"多年以后，当我有一次去巴西旅行时，"他说，他非常专注，显然在重温那次经历，"我乘坐的火车在一个屠宰场旁边停了下来。围栏里的牛听到火车的声音，小跑到围栏前，盯着火车看。它们离我的窗户很近，一个挤着另一个，隔着栅栏看着我。我想，看看这个，这使我想起了波兰，这就是人们在走进罐头之前的样子……"

"你说的是'罐头'，"我打断他。"是什么意思？"但是他没有听我说，也没有回答我的话，而是继续说下去。

"从那以后我就不能吃罐头肉了。那些大眼睛……它们看着我……不知道它们很快就会死去。"他停顿了一下。他的脸绷得紧紧的。这时，他看上去又老又累，又真实。[10]

*****

在报告中，特别行动队（Einsatzgruppen）[①]——在1941年到1942年间寄回

[①] 特别行动队是纳粹德国组建的流动屠杀分队，主要由德国党卫军和警察组成。——编者注

柏林的报告中，我们也看到了一种完全非人化的语言，其中从未提及人或受害者，取而代之的是一系列奇怪的委婉语：

"清理活动"

"安全措施"

"严重的措施"

"特别清算"

"必要清算"

"以模范的方式进行的行动"

"报复行动"

"反击措施"

"特殊任务"

这些报告通常都含糊其词，也很少有被杀害的人的名字——但即使出现，这些人也只是作为一个集体出现："在最初的几天里，只有96名犹太人在格罗德诺和利达被处决。我已经下令加强这些活动。"[11]

*****

但我们不应该把这种非人性化的语言看作一种历史现象，它一直伴随着我们的时代。想想在战争环境中广泛使用的非人性化委婉语，例如，奥威尔式的术语"外科手术式打击"（死亡=健康）现在已经广泛取代了"轰炸式袭击"或"攻击"。或者看看军事分析家蒂莫西·加登爵士在伊拉克战争前夕发表的令人窒息的演讲：

战争似乎不可避免，武器设计师们将期待着另一个实地测试新产品的机会……集束炸弹仍在美国和英国的库存中。在这里，小型

炸药雨被释放到目标区域，它们可以有效地对付分散的军车群。¹²

"产品"听起来应该和其他任何消费品一样。

"shower"①指的是雨，指的是"这可能只是一场阵雨"（即短暂的阵雨），但其实我们说的是人类发明的最可怕的武器之一，它会以数千个小地雷的形式爆炸。

注意"被释放"（is released）的形式——被动结构，所以这一行动的代理人——杀手——变得隐形。注意使用动词"释放"而不是"爆炸"。

最后，这些武器可以有效对抗"军车群"，即没有任何人类驾驶的无生命物体。

技术术语尤其擅长于消除杀戮过程中任何人性或痛苦的痕迹。以美国空军一份"情况说明书"中对MQ-9"收割者"无人机能力令人激动地描述为例。这架无人机，也被称为"捕食者B"，据说被用于针对动态执行目标，其次作为情报收集资产。鉴于其显著的游荡时间、宽范围传感器、多模式通信套件和精确武器……它提供了针对高价值、短暂和时间敏感的目标（TSTs）的自主执行杀伤链（查找、修复、跟踪、目标、执行和评估）的独特能力。¹³

所以，人类被简化为一个缩写词（"TSTs"）——因为杀死一个缩写词要比杀死一个有血有肉的人容易得多。

*****

另一种去除人性的方法是去掉他们的名字，用一个数字代替。这在世界各地的监狱和军事系统中都很常见，通常被认为是试图打破个人阻力的第一步。普里莫·莱维在《这是不是个人》中描述了他在奥斯维辛变成数字的那

---

① 演讲原话中的"炸药雨"原文为"shower of small munitions"。后文出现的"is released"同样出自原文。——编者注

一刻：

> 我已经知道我是Häftling（囚犯）。我的号码是174517；我们已经受洗，我们将在左臂上文身，直到死去……看来这才是真正的入会：只有"出示自己的号码"，才能得到面包和汤……他们需要几周甚至几个月的时间来学习它的德语发音。许多天来，当自由的习惯还在引导我寻找手表上的时间时，我的新名字却讽刺地出现了，在皮肤下用蓝色字符文的数字。

很多年前，我看到了这张照片，是在约翰·伯格（John Berger）关于西欧移民劳工的著作《第七个人》（*A Seventh Man*）中看到了由摄影师让·莫尔拍摄的照片。画面中，一个人的胸口上写着一个数字"3"。

第一个让我震惊的是看到一个人被简化为一个数字、一个物体。第二个让我震惊的是我们意识到这个人是一个土耳其移民工人，这个数字是一个德国公司的德国医生在检查这个人是否适合工作时写的。第三个让我震惊的是，我意识到这发生在20世纪70年代，第二次世界大战结束30年后——我们认为已经从我们的世界上永远消失的非人道行为模式仍在延续。

抽象受害者：从个人到无名的大众

如果你不再把一个人看作一个独立的个体，而只把他们看作是无差别群体的一部分，那么杀死他们就容易得多。这一标准与之前的非人性化概念有显著的重叠，尽管语言方面预示着这一点；如果你没有在你的语言中，也就是在你的思想中，开始去人性化的过程，你就很难做出这种行为。

在电影《第三个人》接近尾声的时候，有一个著名的场景，哈利·莱姆（奥森·威尔斯饰）和我们的叙述者霍利·马丁（约瑟夫·科顿饰）一起坐在摩天轮上俯瞰战后的维也纳。莱姆，这个微笑着的当代恶魔，用这样的话诱惑着好人:"如果下面这些点中的一个永远不动了,你真的会感到怜悯吗?如果我为每一个停着的点付你2万英镑,你真的会让我留着我的钱吗?或者你会计算一下你能抽出多少点吗?"

再说一遍,尽管是虚构的,但这个例子恰恰反映了人类思维中极其危险的一面:将我们自己和我们所爱的人强烈个性化的能力——我们的思想和情感是多么复杂和微妙啊!——同时,也简化了别人的生活。在极端情况下(特别是在感知到"敌人"的情况下),将所有"他们"归类为一个集体的、匿名的群体。我再次回到瑟伦利采访弗朗茨·斯坦格尔的例子,继续引用之前的引用:

"那么你不觉得他们是人?"

"货物,"他毫无表情地说道。"他们是货物。"他举起手来,又放下手,做了个绝望的手势。

"你是什么时候开始把它们当成货物的?你刚才说的那些话,你第一次来到特雷布林卡的时候,你看到到处都是尸体而感到恐惧——那时候他们对你来说就不是'货物',对吗?"

"从我第一次在特雷布林卡看到屠杀营的那天开始。我记得沃斯站在那里,在满是蓝黑色尸体的坑旁边。这与人类毫无关系,也不可能有关系;那是一团——一团腐烂的肉。沃斯说:'我们该怎么处理这些垃圾?'我认为不知不觉间我就把它们当成了货物……"

"有那么多孩子,他们有没有让你想想自己的孩子,如果你处在他们父母的位置,你会做何感想?"

"不,"他慢慢地说,"我不能说我曾经这样想过。"他停顿了一下。"你看,"他接着说,语气仍然很严肃,显然是想在自己内心找到一个新的真理,"我很少把他们单独看待。我常常把他们看作一个巨大的群体。我有时站在墙上看到他们在管子里。可是——我该怎么解释呢——他们一丝不挂，挤在一起，奔跑着，被鞭子赶着，就像……"这句话渐渐变小了。

这里使用的"货物"一词，不可避免地让人想起英国金融家和商人在奴隶制和奴隶运输中反复使用的术语。对于伦敦金融城和爱丁堡等其他金融中心的银行家和保险公司来说，奴隶从未被视为人类。所以它们被烙上热熨斗上的烙印（就像过去给牛烙上的烙印一样），被简单地视为可以交易的财产。在船只沉没的情况下，死亡不再被提及，而是以"货物丢失"的情况指代。

如果没有一个把受害者抽象化的过程，战争就不可能发生。下面是一位曾参与轰炸摧毁德累斯顿的人描述的感受，或者说缺乏感受：

你在回家的路上，你做了你应该做的事，你从来没有想过地面上发生了什么。我的意思是，如果你这么做了，而且你想得很深入，那你就不能胜任这份工作。

无论常规轰炸有多么可怕，至少轰炸机机组人员每次执行任务都是冒着生命危险的。今天，我们已经进入一个空中远程杀伤的时代——无人机战争，"飞行员"不再需要在飞机上投掷导弹和炸弹，甚至不必和受害者在同一个国家；事实上，他们经常在8000英里之外，在世界的另一端，通过计算机终端操作无人机。21世纪的科技意味着凶手和受害者之间的距离越来越远，这只会进一步使被杀者匿名化，进一步降低行凶者的责任感——这两个因素都让凶手的作案过程变得容易得多。在这种情况下，对受害者的抽象化，以及由此产生的情感疏离只会增加。

BBC记者斯蒂芬·萨库尔（Stephen Sackur）采访了几名英国皇家空军（RAF）飞行员，他们在内华达州克里奇美国空军基地执行美英联合无人机任务，主要针对阿富汗的目标。[14]空军中校朱尔斯·贝尔解释说：

我们有大约20到25个屏幕，我们可以不断地监测……简单来说，我们使用的是来自内华达州的卫星，它们向上连接美国，向下连接到正在阿富汗战区飞行的飞机……我们能够在大约两秒的时间延迟下，以驾驶任何常规飞机的方式操纵飞机……我们有一个我们称之为地面控制站（GCS）的东西，它可能是大篷车大小，通常有三名工作人员，即我们的飞行员、传感器操作员和任务协调员，以一个团队来操作飞机。

开火的决定最终由飞行员自己做出，但我们知道，他们"几乎肯定会在地面支援部队的要求下使用武器……他们是最能判断武器效果需求的人。"信息分析师安迪·巴维斯托克接受了采访。他认为，自己在距离冲突地区8000英里以外的地方，拥有他所谓的"更强的态势感知能力"，因为他"不必担心自己的安全……（他）可以专注于手头的任务"。他还认为："你可以分辨出什么时候是一群人在战术上移动，或者是一群人在灌溉田地……如果他们是战士，他们移动的方式会……有所不同。"（我觉得他的观点并没有特别让人放心。）

其中，最令人不安的一点是杀戮的过程变得如此抽象，所有参与其中的人都完全麻木了。杀戮完全变得例行公事，只有摄像机、传感器和屏幕；没有噪音，没有恐怖，没有流血，没有人性——在你的办公桌上杀戮得干干净净。你下班的时候，可以开车回家，正好可以给你的孩子读个睡前故事。这是当时也在内华达州的美国克里奇空军基地的英国皇家空军军官马克·詹金斯讲述的：

詹金斯：这是一种奇怪的情况。我的妻子和两个孩子跟我在一起……我去做我的工作，然后可能花十分钟在中队向上汇报，之后放松，和其他人聊聊今天的工作，然后我要开45分钟的车回家，所以我只要打开收音机，听播客，随便什么，一路开车回家——然后，等我回到家，我就直接融入了家庭生活。

萨库尔：你能让这事过去吗？即使有一天你不得不使用你的武器——你知道你杀了人，但你可以在一天工作结束时放下它？

詹金斯：你必须放下。是啊，好吧，这会让你很难受的。是的，如果你不难受，你就不是人类了。但我还有家人，我需要陪在家人身边，所以我自己处理（这问题）。我和我的妻子谈论——只是关于所发生事情的一般情况，显然我不能说得具体……是的，我可能有点不对劲……可能这一两天心情有点怪。

但是，这些无人机袭击造成了成百上千的平民伤亡，还有8000英里外所有被摧毁的家庭又将如何呢？那2001年到2012年期间在无人机袭击中丧生的201名儿童呢？[1]据推测，即使是五角大楼也不能将这些人归类为"战斗人员"。尽管无人机操作人员受到的影响令人不安，但对目标人群的影响才是真正可怕的——尤其是当这些被杀害或致残的人与"恐怖主义"毫无关系时：

> 来自北瓦济里斯坦的古尔·纳瓦兹（Gul Nawaz）正在给自己的田地浇水，突然听到无人机导弹的爆炸声。"我到达时，看到我的房子和我哥哥的房子已经完全被摧毁了，家里的人都死了。"古尔·纳瓦兹的11名家人被杀，包括他的妻子、两个儿子和两个女儿，以及他的哥哥、嫂子和四个孩子……"我责怪巴基斯坦和美国……是他们毁了我的家庭。我们过着幸福的生活，我和塔利班没有任何联系。我的家人是无辜的……我想知道，为什么我是受害者？"[2]

---

[1] 数字来自新闻调查局。

[2] 美国非政府组织CIVIC关于巴基斯坦西北部平民伤害和冲突的报告，2010年10月。

*****

最后，在这一节中，有一个既可怕又引人注目的例子，说明当一个人突然从匿名的群体中出现，并且可以被视为一个人时，会发生什么。这段话摘自匈牙利医生米克洛什·尼亚斯利（Miklós Nyiszli）的证词（摘自他1946年的著作《奥斯维辛：一个医生的目击叙述》），他曾和门格勒一起在奥斯维辛-比克瑙担任病理学家。尼亚斯利已经完全习惯了每天目睹数千人在毒气室被杀害。但在某一天，一件前所未有的事情发生了。尼亚斯利当时在1号火葬场附近值班，那里又有3000人刚刚被毒气杀害，之后发生了以下事件：

> 毒气室的犹太人特遣队的头儿气喘吁吁地来到这里，眼神里充满了恐惧和惊讶，差点把我房间的门铰链扯断了。
>
> "医生，"他说，"快来。我们刚刚在那堆尸体的下面发现了一个女孩还活着。"
>
> 我抓起随时准备好的仪器箱，冲向毒气室。靠着墙，在巨大的房间的入口处，在一半的其他尸体掩盖下，我看到一个女孩正在垂死挣扎，她的身体抽搐着。我周围的毒气室特遣队员们都惊恐万分。在他们可怕的职业生涯中，从来没有发生过这样的事情（原文如此）。
>
> 我们把仍然活着的身体从压着她的尸体中移开。我把这具小小的年轻的躯体抱在怀里，把她抱回与毒气室相邻的房间，通常毒气室的人在那里换衣服工作。我把她放在一张长椅上。这是一个虚弱的年轻女孩，几乎就是个孩子，顶多只有15岁。我拿出注射器，扶起她的手臂，进行了三次静脉注射，她还没有恢复意识，呼吸困难。我的同伴们用一件厚厚的大衣盖住了她冰冷的身体。一个人跑到厨房拿了一些茶和热的肉汤。每个人都想帮忙，就像她是他们自己的孩子一样。

反应很快显现。孩子一阵咳嗽，从她的肺里咳出了一团厚厚的痰液。她睁开眼睛，目不转睛地看着天花板。我密切关注着每一个生命的迹象。她的呼吸变得越来越深，越来越有规律。她的肺被气体折磨着，热切地吸着新鲜空气。因为注射，她的脉搏变得可察觉。我不耐烦地等待着。注射剂还没有完全被吸收，但我看到几分钟内她就会恢复意识：她的血液循环开始使她的脸颊恢复颜色，她那张精致的脸又变成了人形。

她惊讶地环顾四周，并瞥了一眼我们。她仍然没有意识到在她身上发生了什么，仍然无法分辨当下，无法知道她是在做梦还是真的醒了……她的动作越来越活跃；她试图移动她的手和脚，把她的头向左又向右转。她的脸一阵抽搐。突然，她抓住我的大衣领子，抽搐地抓着它，用尽全身力气试图让自己站起来。我又让她躺下了几次，但她继续重复同样的动作。渐渐地，她变得平静了，仍然伸着四肢，完全没有力气。她的眼睛里闪着大颗的泪珠，从她的脸颊上滚落下来……我了解到，她今年16岁，是和她的父母一起乘坐车队从特兰西瓦尼亚来的。

特遣队员们给了她一碗热汤，她贪婪地喝了起来。他们不断给她送来各种菜肴，但我不能让他们给她吃任何东西。我盖住她的头，告诉她应该试着睡一觉。

我的思绪以令人眩晕的速度变化着。我转向我的同伴们，希望能找到一个解决办法。我们绞尽脑汁，因为我们现在面对的是最困难的问题：既然这个女孩已经恢复了生命，该如何处理她呢？我们知道，她不可能在这里待很久。

在火葬场的犹太人特遣队里，我可以对一个年轻女孩做什么？

我知道这个地方的历史：无论是从车队还是从犹太人特遣队来的，从来没有人从这里活着出来过。

思考的时间所剩无几。中尉穆斯菲尔德来这里监督工作，这是他的一贯作风。他从敞开的门前经过，看到我们聚在一起。他走了进来，问我们发生了什么事。甚至在我们告诉他之前，他就已经看到了那个在长椅上伸着四肢的女孩。

我做了一个手势，让我的同伴们离开。我打算尝试一些我知道……注定要失败的事情。在同一个营地和同一个环境中待了三个月，尽管发生了一切，我们之间还是产生了某种亲密感。此外，德国人一般都很欣赏有能力的人，只要他们需要，就会在一定程度上尊重他们，即使是在集中营……从我们多次接触中，我已经能够确定穆斯菲尔德对医学专家的专业素质非常推崇……他经常到解剖室来找我，我们就政治、军事形势和其他各种问题进行交谈。他的尊重似乎还源于这样一个事实，即他认为解剖尸体和他血腥的杀人工作是关联的活动……

这是我必须要对付的人，我必须要说服他让一条生命得以幸免。我平静地讲述了我们所面临的可怕情况。我向他描述了这个孩子在脱衣室里所遭受的痛苦，以及在毒气室里死亡前的可怕场景。当房间陷入黑暗的时候，她吸入了几口毒气。不过也只有几口，因为她脆弱的身体在与死神搏斗的过程中，在众人的推搡下倒下了。碰巧，她的头倒在了潮湿的混凝土地板上。这一点湿度使她没有窒息，因为这种毒气在潮湿的条件下不会发生反应。

这些都是我的理由，我要求他为孩子做点什么。他认真地听我说，然后问我到底想做什么。我从他的表情中看出，我让他面对的是一个几乎不可能解决的问题。很明显，这个孩子不能留在火葬场里。一个解决办法是把她放在火葬场的门前。一个由妇女组成的特遣队总是在这里工作，她可以溜进她们中间，在她们工作结束后陪同她们回到集中营营房。她永远不会说出在她身上发生了什么事。在这么多的人中，有一个新面孔的出现是不会被发现的，因为集中营里没有人认识所有其他的囚犯。

如果她再大三四岁，这招可能就管用了。一个20岁的姑娘应该能清楚地了解自己奇迹般的生存状况，并有足够的远见而不会把这事告诉任何人。她会等待更好的时机，就像其他成千上万的人一样，来讲述她的经历。

但是穆斯菲尔德认为，一个16岁的年轻女孩会天真地告诉她遇见的第一个人，她从哪里来，她看到了什么，她经历了什么。这个消息会像野火一样蔓延，我们都会为此付出生命的代价。

"没有办法回避，"他说，"这孩子非死不可。"

半小时后，这位年轻的姑娘被领进，或者更确切地说，被抬进了炉房的走廊。在那里，穆斯菲尔德派了另一个人代替他去做这件事。一颗子弹打在了她脖子后面。

疏远自己与暴力行为的关系

矛盾的是，许多桌面屠夫强烈地将自己与亲手杀人的人拉开距离。

事实上，在这种情况下，桌面屠夫们往往会对自己做出有利的评价，与那些亲手杀人的人形成鲜明对比。从本质上讲，这些桌面屠夫过度关注最后的暴力行为，以此来减轻他们自己对暴力的起因所承担的同样巨大的责任。

桌面屠夫在面对身体暴力时表现出很明显的紧张不安，以及避免直接经历这种暴力或其直接后果的愿望，乍一看似乎令人惊讶，但实际上是相对常见的，特别是在组织中的权力高层，在这个位置往往没有必要参与，甚至没有必要目睹暴力行为。例如，阿尔伯特·施佩尔描述说，希特勒非常讨厌直接目睹暴力，以至于很难说服他去看望受伤的士兵或去前线："通常，他不仅避免身体上与暴力接触，而且还避免视觉上与暴力接触。"[15]在战争后期，这意味着，无论对士气多么重要，要让他访问前线或被轰炸过的城市几乎是不可能的。

1961年，当阿道夫·艾希曼在耶路撒冷受审时，他从未质疑过自己在大屠杀后勤方面的工作，但当他被指控亲手杀人时，他勃然大怒："杀害犹太人与我毫无关系。我从来没有杀过犹太人，也没有杀过非犹太人——我从来没有杀过一个人。"这种"故意的短视"很引人注目——桌面屠夫抗议说"我从未杀过人"，因为他们几乎从未看到受害者因为他们的命令而被杀。事实上，如果面对直接杀戮的描述，他们往往会表现出愤怒。例如，汉娜·阿伦特在旁听艾希曼的审讯时，就在他的行为中准确地观察到了这一点：

> 在审判过程中，当证人讲述党卫军人员的残忍和暴行时，他表现出无可置疑的真诚愤怒……而真正引起他激动的并不是关于将数百万人送上死路的指控，而只是一位证人指控他曾经将一个犹太男孩打死（该证词被法庭驳回了）。[16]

在斯坦格尔身上可以看到完全相同的特征，一名特雷布林卡幸存者指控他是几名党卫军军官中的一员，曾被授命向一辆抵达的运输车方向开枪。

> 斯坦格尔坚持说他从未向人群开枪，他似乎对这一指责比其他任何事情都感到愤慨，并认为一个事实无关紧要，即无论他是否向人群开枪，这些人还是在不到两小时后就死于在他控制下的行动。[17]

在这里有三个人，在德国国家的不同层面工作，他们都对大规模的、工业化的杀戮负责。三个人都相信他们自己的手是干净的，他们个人从来没有杀戮或暴力。从心理学上讲，这似乎表明了一种对暴力行为本身重要性的"迷信"，这随后产生的影响是减少了（在他们自己看来）他们对自己造成的行为的责任——在他们的案例中，就是种族灭绝的概念化和实施。

虽然这可能是这三个人极端自欺欺人的证据，但我认为我们仍然可以在今天的法律制度和更广泛的文化中看到这种过度关注暴力行为本身的方面，而对暴力的原因关注不足。在战后对桌面屠夫的判决中就有这种现象，但也许这种特征也延续到了今天的许多新闻和活动中，在这些活动中，人们过多地关注政府或公司行为的暴力最终结果（被摧毁的村庄、受伤的平民、死亡的尸体，等等）。而没有足够的精力关注这些行动的因果关系——宣传、资助、政治/军事/公司合作——这些因素首先导致了暴力。

将个人责任转移到当局的责任上

如果你是一个大组织的一员，你总是有可能降低自己的责任感，并把最大份额的责任转嫁给其他人，尤其是那些更有权威的人。

这也许是所有类别中最常见的，而且与今天围绕企业心理和行为的问题联系最为直接。我认为，自20世纪90年代末以来，所谓的企业社会责任运动（Corporate Social Responsibility）的发展实际上产生了令人不安的效果，削弱了公司内部的道德和伦理框架。在公司内部建立特定的部门来处理道德、环境和人权问题，使得在公司工作的大多数员工将自己的责任感推给这些部门，从而降低了他们个人的道德代理感，这往往会造成灾难性的后果。

这种责任转移的过程是由两个相互关联的方面组成的。首先，你只是"巨大机器上的一个齿轮"的感觉（这种感觉随着组织规模的增加而增加）——即使是相对高级的人物在面对渎职或犯罪时也会试图使用这个借口。其次，你只是在组织内部"执行上级的命令"。这两种借口甚至在战后被集中营指挥官和他们的副手等高级人物广泛使用。1945年11月15日，迪特尔·维斯利切尼（艾希曼的副手）在纽伦堡给史密斯·布鲁克哈特中校的一份证词中，我们可以清楚地看到这一点。尽管他自己已经将成千上万的犹太人驱逐出斯洛伐克，但他回忆了1942年8月初与艾希曼在柏林的对话：

艾希曼说……经过长时间的耽搁和大量的讨论，希姆莱下达了一个命令，要求消灭所有的犹太人。当我问他谁将承担这个命令的责任时，他说他准备给我看这个由希姆莱签署的命令。然后我要求他指给我看。这个命令属于绝密。这次讨论发生于他在柏林的书房里。他坐在办公桌前，我坐在他的对面，就像我现在坐在上校对面一样。他从他的保险柜里拿出了这份命令。那是一份很厚的文件。然后他搜寻了一下，拿出了这张命令。它是写给安全警察和安全服务处（海德里希）的。命令的内容大致是这样的："元首决定立即开始对犹太人问题的最终处置。"暗语（原文）"最终处置"的意思是犹太人的生物灭绝……这是官方的命令。它被一个红色的边框包围着，作为一个特殊的递送文件……是的，紧急文件。这份文件给我留下了深刻的印象，它给了艾希曼任何他认为合适的权力。[18]

特别行动队的指挥官奥托·奥伦多夫曾做出一个惊人的类似描述，尽管他亲自监督了对9万多犹太人和游击队员的谋杀，但他再次将责任完全推给了他的上级官员（在他看来是希姆莱）。我们可以看到这个过程，因为他在1946年1月的审判中，就他和其他特别行动队指挥官在1941年6月22日从帝国元首那里得到的一份简报作证。

提问：你是否与希姆莱就这项命令进行过其他谈话？

奥伦多夫：是的，1941年夏末，希姆莱在尼古拉耶夫。他召集了特别行动队的领导人和士兵，向他们重复了清算命令，并指出参加清算的领导人和士兵对执行这一命令没有责任。这个责任是他一个人的，也是元首的。

提问：你自己也听到了这种说法？

奥伦多夫：是的。[19]

*****

1961年，在耶鲁大学，斯坦利·米尔格拉姆受到当时在以色列进行的艾希曼审判的直接影响，开始了他著名的研究"对权威的服从"。[20]

1963年，米尔格拉姆在《非正常和社会心理学杂志》上发表了《服从的行为研究》。这篇文章震惊了世界，因为它发现普通人有能力服从科学"权威"人物，对他们看不到的受害者进行（他们认为是）严重的电击——实际上是在隔壁房间的演员模拟痛苦的尖叫声。这个实验的志愿者是从广泛的社会背景中招募的，并为他们的时间付费；"科学研究人员"（穿着合适的白大褂）告诉他们，他们正在帮助进行一项与"记忆研究"有关的"学习实验"。

然后，他们被分配到"老师"的角色，必须向"学习者"提问（学习者被安置在隔壁的房间，所以不能被看到，只能隔着墙说话）。然后，"老师"被安置在一台大型机器前，上面写着"ZLB型电击器"，开关从15伏（"轻微电击"）到75伏（"中度电击"）到255伏（"强烈电击"）到375伏（"危险的严重电击"），最后是450伏（"XXX"）。然后，"老师"在"科学研究人员"的指导下，向"学习者"提出一系列问题。如果"学习者"答错了，"老师"就会被告知进行电击；电击的严重程度会增加，直到最后可以在"450伏"的水平上进行电击（据说是危险的，甚至是致命的电击）。如果老师在任何阶段犹豫是否要实施电击，科学"权威"人物就会反复告诉他们，"实验需要你们继续"，"你们绝对要继续"。

在米尔格拉姆进行第一次研究之前，他要求他在耶鲁大学的心理学学生预测他们认为实验的结果是什么。学生们认为只有1.2%的参与者会进行最大限度的电击。第一轮实验的实际结果是，65%的参与者给予（他们认为是）450伏的最大电击。而所有的参与者都给予了高达300伏的电击。绝大多数参与者没有对是否进行电击的决定承担个人责任，而是简单地将责任推给房间里他们旁边的权威人士——反复询问穿白大褂的"科学家"以获得保证。

"你确定它没问题吗?那个人在里面听起来不是很好。"

"是的,很好,请继续进行实验;为了科学的利益,这是必需的。"

"好吧,医生,如果你确定的话……"

其他常见的反应包括"如果他出了什么事,谁来负责?"这样的评论——对此,科研人员会回答:"责任在我——请继续,实验需要你继续。"

在随后的几年里,其他心理学家重复了米尔格拉姆的实验,得到了惊人的类似结果。米尔格拉姆还进行了几次实验,但有变化。结果发现,"老师"和"学习者"之间的距离是一个关键因素——也就是说,当实验在他们两个人都在同一个房间里进行时(因此彼此都能看到),"老师"服从电击命令的可能性要低得多。这一发现让我们回到了我之前描述的情况(抽象化受害者),如果你能看到潜在受害者的脸,那造成痛苦或死亡就比你的暴力可以匿名实施——例如从飞机上,或无人机上,或像这里的原始实验中,从另一个房间里——要困难得多。在随后的其他实验中,人们发现,如果科学权威人物不在同一个房间里发号施令,"老师"就更不可能服从了。例如,当命令是通过电话下达的时,给予"450伏"终极电击的百分比从65%下降到21%。最初的实验只使用男性作为参与者,但在随后的研究中发现,女性和男性一样服从,在权威人士要求她们实施严重电击时,她们也同样准备好了。

*****

如果我们离开实验室,我们可以看到这种推卸责任的做法在现实世界的背景下是如何运作的。在接受《旧金山考察者》的采访时,一位曾在死囚牢房工作的狱警解释了他参与多次处决的过程。他的角色是将囚犯的腿绑在毒气室的椅子上,但他似乎并不觉得自己对被处决的126人的死亡有任何责任:"我从未扣动过扳机。我不是刽子手……当我在他们的腿上捆绑时,我从来没有感到不安。但当我回到家后，我就会想到这个问题。但后来它就消失了。然后，最后它只是另一项工作。"①

但是，对于桌面屠夫心理学中责任推诿的这一方面，最突出的见解也许来自克劳德·朗兹曼在《浩劫》中对沃尔特·斯蒂尔进行的简短采访。斯蒂尔是一名纳粹党员，后来成为帝国交通部第33部门的负责人。他的部门负责在被占领的波兰组织"特殊列车"（Sonderzug），包括用于将人们运送到特雷布林卡、贝尔泽克、索比堡和奥斯维辛-比克瑙灭绝营的列车。然而，他声称对这些集中营的性质或被送往这些集中营的大量人员一无所知，反复强调他只是一个"文职人员"，一个无害的官僚。读了这些话你就会明白，如果没有整个被占领的欧洲的数以百万计的斯蒂尔，就不可能发生大屠杀，而整个军队的桌面屠夫们从来没有离开过他们的办公室。

> **朗兹曼**：你从未见过火车？
>
> **斯蒂尔**：没有，从来没有。我们有这么多工作，我从来没有离开过我的办公桌。我们没日没夜地工作。
>
> **朗兹曼**：GEDOB是指Generaldirektion……？
>
> **斯蒂尔**：Generaldirektion der Ostbahn（东行交通总局）。1940年1月，我被分配到克拉科夫GEDOB。在1943年中期，我被调到华沙。我是首席交通规划师，交通规划办公室的主任。
>
> **朗兹曼**：但你的职责在1943年之前和之后都是一样的吗？
>
> **斯蒂尔**：是的，唯一的变化是我成了这个部门的负责人。
>
> **朗兹曼**：战争期间你在GEDOB的具体职责是什么？
>
> **斯蒂尔**：工作与在德国的工作没有什么不同，编制时刻表，协调特殊列车和普通列车的运行。

---

① 这个例子取自阿尔伯特·班杜拉在《人格与社会心理学评论》（1999年）中发表的宝贵论文《在实施非人道行为中的道德脱离》。

朗兹曼：有一些部门吗？

斯蒂尔：是的。第33部门负责特殊列车……和普通列车。特殊列车是由第33部负责的。

朗兹曼：你一直在关注特殊列车？

斯蒂尔：是的。

朗兹曼：特殊列车和普通列车之间有什么区别？

斯蒂尔：普通列车可以被任何买票的人使用。比如从克拉科夫到华沙，或者从克拉科夫到伦贝格。专列则必须要订票。这列火车是特制的，人们支付团体票价……

朗兹曼：现在有专列吗？

斯蒂尔：当然，就像当年一样。

朗兹曼：节日列车可以是特别列车？

斯蒂尔：是的。比如，对于外来务工人员，回家过节的工人，就有专门的列车。否则交通问题就无法处理了。

朗兹曼：你告诉过我，你在战后接待了女王的访问？

斯蒂尔：战后，是的……

朗兹曼：如果皇室成员乘坐火车访问德国，那是一种特殊的火车吗？

斯蒂尔：是的，那是一种特殊的火车。但其程序与为团体提供的专列等非常不同。国事访问是由外交部处理的。

朗兹曼：我可以问另一个问题吗？为什么战时的专列比战前或战后多？

斯蒂尔：我知道你想说什么了，你指的是"重新安置专列"。

朗兹曼：是的，"重新安置"。

斯蒂尔：这些列车就是这么叫的。帝国交通部订购了这些列车——来自柏林交通部的命令。

朗兹曼：在柏林？

斯蒂尔：是的。而这些命令是由柏林东行交通局执行的。我说得很清楚了吗？

朗兹曼：非常清楚。但是当时什么人在被"重新安置"？

斯蒂尔：我们并不清楚。只有当我们自己从战争中逃出来的时候，我们才知道他们可能是犹太人，或者是罪犯，等等。

朗兹曼：犹太人，罪犯？

斯蒂尔：罪犯。各种各样的。

朗兹曼：罪犯专列？

斯蒂尔：不，那只是一种说法；你不能谈论它。除非你对生活感到厌倦，否则最好什么都不要说。

朗兹曼：但是，在那个时候，你知道这些火车是开往特雷布林卡或奥斯维辛的？

斯蒂尔：我们当然知道。这些火车……我有目的地——我的是最后一个辖区。例如，从埃森出发的火车必须经过伍珀塔尔区、汉诺威区、马格德堡、柏林、法兰克福/奥得、波斯南、华沙等。

朗兹曼：你知道特雷布林卡意味着灭绝吗？

斯蒂尔：不，当然不知道！

朗兹曼：你不知道吗？

斯蒂尔：上帝啊，不知道！我们怎么可能知道？我从未去过特雷布林卡。我待在克拉科夫和华沙，只是坐在我的办公桌前。

朗兹曼：一个办公室文员？

斯蒂尔：我是个办公文员，只是个办公文员。

朗兹曼：但令人惊讶的是，特殊列车部门的人对"最终解决方案"一无所知。

斯蒂尔：我们当时处于战争状态。

朗兹曼：因为其他为铁路工作的人知道，像火车守卫这样的人。

斯蒂尔：是的，他们看到了。他们确实看到了。但至于发生了什么……

朗兹曼：特雷布林卡对你来说是什么？奥斯维辛呢？

斯蒂尔：对我们来说，特雷布林卡、贝尔泽克和所有的这些都是集中营。

朗兹曼：一个目的地。

斯蒂尔：仅此而已。

朗兹曼：但不是终点？

斯蒂尔：不，人们被关在那里。我们被告知，"一列火车正从埃森、科隆或其他地方过来。必须腾出空间，因为战争，盟军正在推进，这些人必须被安置在集中营里。"

朗兹曼：你什么时候发现的？

斯蒂尔：嗯，当消息传开时，当它被低声说出来时。

朗兹曼：从来没有人公开说过。

斯蒂尔：天啊，不！你会被立即拖走的。我们听到了一些消息。

朗兹曼：传言？

斯蒂尔：是的，传言。

朗兹曼：在战争期间？

斯蒂尔：接近尾声的时候。

朗兹曼：1942年没有吗？

斯蒂尔：天啊，没有。毫无头绪！也许是在1944年底。

朗兹曼：1944年底？

斯蒂尔：不是之前。据说人们被送往这些集中营，那些健康状况不佳的人可能无法生存。

朗兹曼：灭绝事件对你来说出乎意料吗？

斯蒂尔：完全出乎意料。

朗兹曼：你不知道吗？

斯蒂尔：完全不知道。那个集中营——它叫什么名字？在奥佩恩区……对——奥斯维辛。

朗兹曼：奥斯维辛是在奥佩恩铁路区吗？

斯蒂尔：是的。奥斯维辛离克拉科夫不远。我们从来没有听说过这个消息。

朗兹曼：它离克拉科夫有60公里。

斯蒂尔：是的，不是很远。

朗兹曼：你知道……？

斯蒂尔：什么都不知道，一点线索都没有。

三、石油商人与折断的翅膀

这个人的名字在我脑海中出现了很久——一个前石油工人,荷兰人。他现在50多岁了,有一个奇怪的名字,听起来像在跳舞——博普-范-德塞尔。15年来,我每隔一段时间就告诉自己:"你为什么不试着去联系他?一定会有办法找到他的。但是,就像生活的运转方式,其他的任务喊得更响亮,有最后期限,得到了关注,而我的荷兰人又被埋没了,在我的额叶皮层深处的某个地方,并没有完全被遗忘,而是在100万个其他的冲动中丢失了,被挤得看不见了。

他接受过海洋生物学家培训,并在这一领域工作了几年,然后于1989年成为壳牌公司的环境顾问。他以此身份在荷兰工作了三年,然后在1992年被派往尼日利亚工作,担任壳牌公司的环境心理研究主管。接下来的两年半时间让他深感震惊,并改变了他的生活轨迹。他试图将他在壳牌公司的工作与他在尼日尔三角洲每天所经历的事情协调起来——天然气燃烧的巨大火柱就在村庄旁边,曾经生态丰富的红树林沼泽现在被石油熏得浓黑,还有三角洲人民的痛苦。他对尼日利亚政府感到愤怒,但也对西方石油公司可以允许这一切以他们的名义进行感到困惑:"无论我走到哪里,我都可以看到壳牌公司没有正确操作他们的设施。他们不符合自己的标准,也不符合国际标准。我看到的所有壳牌公司的场地都被污染了。我看到的所有壳牌公司的码头都被污染了。我很清楚,壳牌公司正在对该地区进行破坏。"①

因此,在1994年底,他采取了唯一符合道德规范的行动,从壳牌公司辞职。当时正值全球对尼日尔三角洲局势的担忧日益加剧,肯·萨罗威瓦和奥戈尼运动给尼日利亚的阿巴查政府和在那里运营的所有石油公司,特别是壳

---

① 纪录片《世界在行动》,格拉纳达电视台,1996年5月13日。

牌公司和雪佛龙带来了巨大的麻烦。

他的公开辞职在他的祖国引起了震惊，这一做法打破了企业所坚持的行为准则。作为对大量经济和物质利益的回报，员工受到某些"义务"的约束——其中最主要的是，任何分歧都要在内部解决。个人永远不会公开。因此，一种沉默的文化被创造出来，一种视而不见的文化，而且在一段时间后，它几乎不需要被强制执行，因为员工自己已经将这种行为内化。自我审查比外部施加的规则要有效得多，甚至与同事谈论疑虑也变得不可想象。正是在这种情况下，人们才有必要观察他公开辞职后的反应。他是为数不多的曾就该石油公司在尼日利亚的所作所为发表过意见的壳牌公司员工之一，尽管无疑有数百人曾想过这个问题。当证据每天就在你身边，你怎么能不说呢？

我一直想知道，在这个人提交那封辞职信之前的几天和几周里，他的脑海里到底发生了什么。然后，在提交的那一刻，是解放的浪潮，还是疲惫不堪，抑或是恐惧？如果我们能够发现更多关于他为什么能够采取这种行动的原因，那么在今天类似的情况下，在其他人身上可以开辟出什么？超越公关和"企业社会责任"的绷带，超越年度报告的粉饰。即使从伦敦金融城铺着地毯的办公室里也能察觉到，村庄里弥漫的油烟臭味，石油使海水变黑，机动警察开始射击，子弹刺穿血肉。

*****

今天晚上，7点刚过，我和博普-范-德塞尔通了话。15年来，他的身影一直在我的脑海里，我终于通过一个记者联络人设法得到了他的电话号码。我怀着某种惶恐的心情把号码按进手机，听到长长的哔哔声在北海对面呼唤。一个男人的声音出现了。我解释说，我想和他谈谈已经很多年了，我被他在尼日利亚对壳牌公司采取的道德立场所打动。他一开始听起来有点谨慎，但是，他知道"平台"的工作，他听说过我们在伦敦为肯·萨罗威瓦和奥戈尼九人组的其他成员建立的纪念馆。我问他，是否准备参加一些关于个人道德和他们所工作的公司的价值观之间关系的新研究。我解释了我在商学院和伯克贝克的研究伙伴。他说他非常感兴趣,但强调说他在壳牌公司工作已经是很久以前的事了,他不确定自己是否能记住所有的细节。但是,是的,他愿意接受采访,而且他在环境基金会的新工作使他每隔一段时间就到伦敦来。所以我们安排好了,我会把项目的更多细节发给他,然后他告诉我他下次来的时间,我们到时再做采访。我放下电话,对事情如此简单感到惊愕。也许这是一个更广泛的比喻,指的是我们生活中那些在我们头脑中弄得如此复杂,但实际上相对简单的事情……

我从办公桌前转过身,伸手抚摸我的灰猫塔卡,他[①]刚从花园进来,情绪很激动。他躺在我正在看的地图上,伸出他的爪子,让我去挠他的肚子,然后他就会调皮地咬我。但后来我发现他嘴里真的有东西,一个深灰色的小东西,可能是只老鼠。"塔卡!那太糟糕了,给我吧。"但再走近一点,我发现那不是一只老鼠,而是一只一动不动的小鸟,一只年幼的篱雀。他以前从来没有捉住过一只鸟,他真是个没出息的猎人,每当看到一只鸟,他就会不由自主地发出一种"咯咯"声。这是一只猫对这些长着翅膀的生物的不公平的抗议,它们来去自如。我拍拍手,令我吃惊的是,塔卡偷偷地溜走了,把那只受惊的鸟留在了我的地板上。荒谬的是,我开始向这只鸟道歉:"哦,对不起!你这个可怜的小家伙!"尽管我是在农村长大的,但我非常害怕受伤的动物,这可能是由于我十岁时试图杀死一只长满黏液瘤、盲目地在房子附近乱蹦乱跳的小兔子造成的创伤记忆。我的哥哥,以一种严肃的方式对待这类事情,他说唯一人道的做法就是杀死它,然后邀请我去做,作为一种测试。我跟着这只可怜的兔子在我们的果园转了一段时间,然后鼓起勇气,捡起一根大木头,朝它的头上砸去。它倒下了,抽搐了一下,然后不知怎么的,它又站了起来,"扑通"一声又倒下了,微微向一边倾斜。我又敲了一次,情况是一样的,它就是不死。然后,我不得不用圆木的全部力量反复地

---

① 本段及下一段的原文在指代灰猫时使用的是"he"。——编者注

疯狂地猛砸它，几分钟后，它确实停止了移动。但在那次经历之后，我知道我再也不能杀死动物了。

我紧张地接近这只鸟，但至少它还活着。小小的黑眼睛在周围不熟悉的环境中闪烁。但随后我被担忧刺伤了——它的一只翅膀倾斜着伸出。该死，我现在该怎么办？也许它看起来比实际情况更糟糕？我知道我没法用手拿起这只鸟，就去拿了我的园艺手套。当我走近时，这只鸟凭借其求生的动物冲动，发疯似的想飞走，但无法真正离开地板——它的翅膀显然已经断了。它最后落到了我的桌子下面。我无法解释我对这件事有多么震惊。这只被吓坏的鸟儿是多么的脆弱和易受伤害。而事实上，我几乎无能为力，无法帮助它。我走到前厅，发现塔卡看起来很腼腆（如果一只猫能看起来很腼腆的话）；我不能真的对他生气，那是他的本能之类的。但我要确保他今天不能再造成任何伤害了，并关上了门。

我赶紧回到另一个房间，那只鸟还在我的桌子下面，现在一动不动了。我发出安抚的声音，跪下来，用手套把鸟捡起来。它轻得离谱，我想连一盎司都不到。然而非同寻常的是——整个生命在几分钟前还在以其难以想象的复杂性工作，现在却因为我的猫而在生与死的边界上闪烁不定。我把它抱到外面，放在草地上，它的眼睛仍眨着，完全无声。理性地说，我知道我应该杀了它。这么多年过去了，我还能听到我哥哥的声音，但我知道我做不到。会不会有奇迹发生？翅膀会不会只是轻微受损？如果我今天有更多的时间，我会打电话给我哥哥征求意见，但我必须进城参加一个重要会议。我决定把它留在这里，去拿一个水碟，然后把水碟托起来，让水几乎接触到它的小嘴。然后，考虑到食物问题，我在附近的土里挖了一条虫子，我把它放在碟子旁边，我希望它是诱人的，就在碟子旁边。但现在鸟儿没有动静了，除了那双黑色的眼睛。它仍然活着，仍然在我们居住的世界里。

我匆匆赶到市中心去开会，现在又感到一阵悔恨，不仅是对那只受伤的鸟，也是对那只不幸的虫子。我对自己如此随意地将鸟的生命价值排在虫子的生命价值之上感到震惊。当然，一个真正的佛教徒会把鸟儿和虫子都视为同样有价值的生命，同样是宇宙的一部分吗？

*****

几个小时后，我回来时，我立即走到花园里，祈祷那只鸟不要再在那里了。当然，它还在，在完全相同的位置，鸟喙靠在碟子的瓷边上。但现在它已经死了，眼睛半睁着。我把尸体挪到花园后面，在木头堆后面找了个地方，用一种没有实际意义的温柔把鸟放下，然后用树叶盖住它。我回到屋里，把塔卡从他的前厅监狱里放出来，试图弄清自然界中的排名——人类、猫、鸟、虫子。

世界是多么脆弱。带着它生活意味着什么？这有可能吗？如果我们开始考虑我们内心每时每刻都可能出错的上百万件事？如果我们开始从一棵红树林中看到宇宙，或从一条河中看到整个星系，我们将如何穿越这个世界？考虑人类行为的多重后果，这不仅仅是改变我们的政治体系——它需要我们的思想和思维方式的重新布线。不只是关心猫和狗，而是要考虑到蠕虫、昆虫、蚂蚁值得我们尊重，拥有生命的价值。不仅要爱树木和花朵，还要爱所有生长的东西，甚至是最小的蕨类，最不起眼的草。我突然想起肯·萨罗威瓦在他为自己的人民和三角洲地区而战之初写过的关于西方石油公司的贪婪：

> 石油开采已经把奥戈尼变成了一片荒地：土地、河流和小溪被完全和持续地污染；大气已经受到毒害，充满了碳氢化合物蒸汽、甲烷、一氧化碳、二氧化碳和煤烟，这些气体在非常接近人类居住的地方每天24小时地燃烧了33年。酸雨、石油泄漏和石油井喷已经摧毁了奥戈尼地区……
>
> 这种不加控制的环境污染和退化的结果包括生态系统的彻底破坏。由于石油的毒性，红树林已经退化，取而代之的是有毒的尼帕

棕榈树；雨林已经落入跨国石油公司的手中，所有的野生动物都死了，海洋生物消失了，农田因酸雨而变得贫瘠，曾经美丽的奥戈尼乡村不再是新鲜空气和绿色植被的来源。一个人所看到和感受到的周围的一切都是死亡。[21]

现在一股愤怒袭来，我意识到这是我无法表达的鄙视——资本主义，至少在目前的形势下，它完全否认了世界的脆弱性。这甚至不是一个问题。唯一的语言是金融，唯一的标准是增长，其他的东西都是分散注意力的。从富时100指数、道琼斯指数、穆迪指数或国际货币基金组织的角度来看，地衣、蚂蚁和森林的世界可以被消灭。它们只是没有必要存在，它们没有生产力。

当石油工人到达尼日利亚河口或西伯利亚苔原时，他们实际上看到了什么？我猜想，这些地方的地面上存在的一切——无论是受影响的社区还是挡路的森林——在他们心目中都只是将石油运出那里的潜在障碍。石油，就是必须不惜一切代价开采的黑金，这让我想到布莱克的话——"在一个守财奴的眼里，一基尼远比太阳美丽……"[22]那棵树能使一些人喜出望外，而在另一些人眼里只是一棵绿色的挡道的东西。"

什么联结？一切都是联结的。如果你对这些最小的东西下手，你就是对我下手。

虫子、鸟、猫、人类。

四、文明的牺牲者

1632年，伦勃朗绘制的《杜普教授的解剖学课》真正巩固了这位刚从莱顿来到阿姆斯特丹的年轻艺术家的声誉。

26岁的伦勃朗为自己的创作感到自豪是可以理解的——这是他第一幅签名的画，他在画布顶部的显著位置签上了自己的教名：Rembrandt f.［ecit］1632（向观众宣布，"伦勃朗创作了它"）。今天，《杜普教授的解剖学课》可以在海牙的毛里茨海斯博物馆里看到，尽管它已经被广泛复制，你可能已经很熟悉了。我以为我也知道这幅画；如果你问我这幅画是关于什么的，我会说这是对启蒙运动的表现——不，也许不止如此——在绘画中体现了"科学进步"的概念，特别是解剖学学科的发展，对17世纪医学研究的发展至关重要。杜普教授一定是当时著名的外科医生，而其他人物无疑是他的同事，也许包括委托伦勃朗创作这幅作品的人。

然而，我从未真正仔细研究过它，直到几年前它出现在我面前的《土星之环》中。在他对这幅图的解释的一开始，特点是认同边缘化和被遗忘的人的塞巴尔德，把我们的注意力从著名的外科医生转移到中心的死者身上。那是阿德里安·阿德里安索恩（Adriaan Adriaanszoon），又名阿里斯·金特（Aris Kindt），一个来自阿姆斯特丹的小偷，在解剖课前一小时被处决。在一个大胆的视觉策略中，伦勃朗在他白色的身体和它的位置上呼应了圣殇（pietà）①的形式——被处决的人变成了死去的基督。塞巴尔德命名这个人的简单操作中，权力的解构发生了——仅仅在几分钟之前还是一个物体（尸体）的东西，再次变成了一个人，在这一刻，我们想更多地了解阿德里安——比塞巴尔德，或其他任何人，可以告诉我们的更多。

---

① 圣母玛利亚膝上抱着基督尸体的图画，被称为"圣殇"。——编者注

他真的像塞巴尔德所说的那样，是"一个小偷"吗？他真的只是因为偷了一件大衣而被绞死吗？还是像其他人认为的那样，他被判犯有攻击罪或武装抢劫罪？然后许多其他问题在我脑海中形成：如果"金特"是"孩子"的意思，那么他有多大？这个绰号背后是否有某种感情？甚至会不会是一种讽刺，因为如果你仔细看这张脸，会发现这不是一个年轻人。他结婚了吗？他有孩子吗？他的家人是否被告知，他的身体将被用来推动科学进步的进程？他们同意这样做吗？在1632年1月的那一天，当他在付费观众面前被解剖时，他们是否在瓦格布瓦剧院里？解剖课结束后，阿德里安的尸体是如何归还给家人的？他被埋在哪里？

但再看这幅画，更大的问题出现了。关于我们自己和这个主题之间的关系，特别是在权力和责任方面。"启蒙运动"的另一面是什么？我们的文明需要什么来推进？谁从"进步"中受益？谁是牺牲品？这是否就是瓦尔特·本雅明所写的"所有关于文明的记录，同时也是关于野蛮的记录"的意思？而我们与这幅画中所代表的不同阶级之间的关系是什么？这些目光是多重的、令人不安的——杜普医生专注于付钱的观众，他在外科医生公会的两个同事在看他，另外两个在看被处决者的手臂，剩下的三个似乎在看我们，挑战我们作为观众的地位。我们是与杜普，与阿德里安，还是与其他观看的外科医生保持一致？我们最认同谁？伦勃朗把我们都放在瓦格博——这一进步的圣殿的观众席上作为证人，所以我们可能会感到某种高尚的参与。这几乎可以肯定是错位的——毕竟，这种活动的门票在当时是极易告罄的。人们会排几个小时的队来获得入场券，会发生争吵。因此，更准确地说，我们在这里只是作为窥视者，把整个场面当作一种娱乐来观察，相当于17世纪的恐怖真人秀节目。

伟大的大屠杀历史学家劳尔·希尔伯格（Raul Hilberg）将他的最后一本书命名为《施害者、受害者、旁观者》。我想知道他可能会如何看待这幅画。显然阿德里安是这里的受害者；杜普博士和他的同事，虽然不是直接的施害者，但肯定是阿德里安被处决的受益者。而那些旁观者，那些目击者呢？当然是观众，推而广之，还有我们自己。旁观者——他们的责任是最关键的，也是最不被理解的。

*****

如果我们能够完全理解《杜普教授的解剖学课》所依据的心理学原理，我们可能也会更多地理解今天仍然存在的一种心态。当然，现在已经不再对被处决的罪犯进行公开解剖了，但关于社会发展与这种"进步"所涉及的伤亡之间关系的基本思想过程仍然存在。大量的国际贸易，包括绝大多数的采掘业，特别是采矿业和石油业，恰恰是基于一个不言而喻的假设，即世界被划分为所谓的"进步区"（即这些公司所在的国家和地方，以及他们的消费者和股东居住的地方）和"牺牲区"[①]（即矿物或石油所在的国家和地方，基本上被视为开采的场所，居民被视为边缘人，只是为了帮助开采和出口的过程而必须处理的）。公司可能会制作大量的报告和出版物，详细说明他们对"伙伴国家"的"社区发展"的关注，可能会发起数以百计的联合国倡议和非政府组织对话，但这些甚至没有开始影响已经存在了几个世纪的根本性的虐待心理。

这种心理在我们的社会中非常普遍，我们大多数人甚至没有对此提出过质疑。我们可能只见树木，不见森林。一个西方石油公司在一个内战肆虐的国家工作，或在一个军事独裁的国家工作，或在一个没有独立司法或媒体的国家工作，这种想法是可以接受的——认为我们的公司在这样的环境下工作是可以接受的假设令人吃惊。我们似乎无法理解，当一个公司的年营业额使其所在国家的国内生产总值相形见绌时，它将产生不可避免的、灾难性的后

[①] "牺牲区"这个术语最初是在苏联被创造的，表示在核战争中被牺牲的地区，但最近被美国环境作家史蒂夫·勒纳和克里斯·赫奇斯用于描述被剥削的和环境恶化的工业区。

果。或者在与东道国政府的正式谈判开始之前，其国家间的法律团队和游说者已经确定了交易范围。我们的社会似乎只有在一个公司公然做错事，冒犯了当权者时，才会表示关注或批评（因为这种行为可能会威胁到不受质疑的现状的存在）。我是在2011年10月写这一章的，当时以下三个公司滥用职权的案例已经引起了英国媒体的注意。

英国独立电视台（ITV）报道称，世界上最大的钢铁公司安赛乐米塔尔（Arcelor Mittal）对捷克共和国的俄斯特拉发（Ostrava）造成了严重污染，以至于很多天孩子和老人都被要求待在室内；在郊区，15%的儿童患有哮喘，许多儿童每天都需要使用吸氧器。

《卫报》披露，根据"平台"等媒体的报道，壳牌公司向尼日利亚三角洲地区的政府军和武装组织支付了成千上万美元，导致鲁穆埃克佩镇在2005年至2008年间被毁，60人死亡，数千人流离失所。

英国广播公司（BBC）的《新闻之夜》（Newsnight）对苏格兰爱丁堡毛纺厂（Edinburgh wool Mill）进行了专题报道，强调了这样一个事实，即他们宣传的"苏格兰设计"的服装实际上是在蒙古制造的，工厂里的工人绝大多数是朝鲜工人。工厂不给这些工人支付工资，而是宁愿直接付给朝鲜政府。

当然，所有这些侵犯人权的行为都得到报道并受到媒体的审查，这是完全正确的。然而，在同一时期，还发生了什么？例如，石油公司，特别是英国石油公司，在过去30年里维持穆巴拉克在埃及的统治（包括最近几年投资的170亿英镑）中所扮演的角色受到了多大的关注；或者是公司现在在新的体制下所扮演的角色？我有时觉得我们只看到一棵棵树，而看不到整个森林。

但仅仅关注这些暴行的肇事者是不够的。作恶者可能实施杀害、掠夺或贸易的行为，但旁观者往往会成为这种行为的"受益者"。正如17世纪荷兰的居民得益于通过解剖死刑犯的尸体而取得科学知识的进步，所以我们今天也是康拉德所说的"死亡与贸易的欢快舞蹈"[23]的受益者。我们驾驶飞机，几乎没有考虑过我们所依赖的石油，这些石油在动荡中从国家流出，就像血液从动脉流出一样。通常，这些发生了无数暴行的国家远离旁观者的直接视线，有时甚至是在世界的另一边。这在心理上更容易接受，因为这样就没有必要对相关受害者进行道德清算。我们不需要看着他们的脸。

*****

1939年，"二战"爆发前，我父亲的祖母维奥莱特·希尔达·沃特豪斯（Violet Hilda Waterhouse）买下了萨福克郡的一座农舍和大约50英亩的土地。我的父亲和我的姑姑是在这里长大的（那时他们不在全国各地的学校上学）。我和哥哥姐姐也是在这里长大的，我的侄子和侄女现在都长大了。所以这是我们家族四代人的重要组成部分，它似乎已经成为我们的一部分。它是我世界中心的宁静所在，即使我几个月不去那里一次。它的存在意味着我觉得自己能够熬过伦敦这种有时感觉像是危险和不安全的生活。尽管在其他地方也会受到优待，享有某些特权，但我比其他任何地方都更了解和热爱这里。在一个树木繁茂的山谷里，到达并进入车道感觉就像进入了另一个国家，一种避难的感觉，远离了繁忙的世界。一条缓慢的河流在花园的尽头蜿蜒而过，有穿过树林的小路，有白蜡树、橡树和七叶树。2月，它被成千上万的雪滴覆盖；夏天，我们在外面吃饭，在一棵黄色的树下，在斑驳的树荫下。这是一个梦幻般的空间，无论何时我在那里，它对我来说仍然是奇迹。

但是，我的祖母是如何在1939年购买一所农舍和土地的呢？她是赫伯特·福内瓦尔·沃特豪斯爵士和伊迪丝·弗洛伦丝小姐的女儿，在世纪之交她和她的妹妹多蒂出生的时候，赫伯特爵士已经成为伦敦首屈一指的外科医生之一，在他的职业生涯后期，他曾为英国首相（阿斯奎斯、波纳尔·劳）和王室成员做过手术。和杜普医生一样，他在查令十字医院（Charing Cross Hospital）和后来的皇家外科学院（Royal College of Surgeons）都曾是解剖学的先驱。在第一次世界大战期间，他是彼得格勒（今天的圣彼得堡）英俄医院成功的关键人物——这是英国人民送给他们的俄罗斯盟友的人道主义礼物，当时他们在东线遭受重大伤亡，医疗资源不足。沃特豪斯被任命为首席外科医生，在1915年至1917年间，这座位于涅夫斯基大道的贝洛萨尔斯基-贝洛泽尔斯基宫（Belosselsky-Belozersky Palace）的临时医院挽救了数千条生命。由于他在彼得格勒的多年工作以及对英俄关系的贡献，他在1917年返回英国时被授予爵士称号。

沃特豪斯一家住在温波尔街7号的一所豪华房子里，维蒂和她的妹妹在成长过程中一无所有。但维蒂从小就是个叛逆者。年轻时，她因听到有关伦敦东区恶劣住房条件的报道而被政治化，并开始帮助当时正在这个问题上做开创性工作的伊迪丝·拉姆齐爵士（Dame Edith Ramsay），以及菲利普·汤因比（Philip Toynbee）等人。维蒂把自己卧室里的家具、镜子和珠宝卖了出去，并把所得收入和她的大部分个人零用钱都捐给了伦敦东区的住房项目，这激怒了她的父母。后来，她宣布要当演员，引起了更大的恐慌。她与赫伯特爵士僵持了一段时间，最终达成了妥协——她可以去皇家戏剧学院，但前提是她必须先完成一个更正统的学位。所以她去了牛津的萨默维尔学院，获得了英语学位，然后去了皇家戏剧学院，在那里她最后一年获得了金牌。

然而，最大的丑闻还没有发生。当维蒂遇到牛津历史学家理查德·格里顿，并一头扎进爱河时，她已经成为一名演员，在舞台上和电台上都取得了一定的成功。理查德成功地写了三卷本的系列——《英国人民近代史》，这使他名声大噪，使他成为早期地方历史的先驱之一；他还写了一部创新的作品——《伯福德记录》*①。这段罗曼史的一个不同寻常点是理查德50多岁，而维蒂比他年轻30岁。更大的挑战是理查德已经结婚了——娶了另一位牛津历史学家玛丽——并在伯福德过着稳定的生活。1929年，理查德和维蒂私奔到了巴黎，留下了一片混乱。牛津禁止他在大学里再任职，玛丽伤心欲绝。

---

① "我们认为，在英国没有哪个小镇的记录比格雷顿在这本书中展现的更具耐心和学术关怀。他的作品值得牛津大学出版社给予其公正和丰富的形式进行推荐。"
（1921年2月5日《观察家》评论）

这对夫妇留在了法国，但理查德在巴黎能保住的唯一工作就是偶尔为相对自由的《曼彻斯特卫报》（Manchester Guardian）做记者。他们的大部分生活费用都是通过维蒂的家族财富支付的。不久之后，我的父亲和姑妈都出生在巴黎，他们住在布洛涅森林附近的富裕地区，这也掩盖不了"非婚生"的事实——这在当时是一个严重的社会耻辱。

几年后，理查德重病，意识到最好的治疗是在伦敦而不是巴黎，他们在1934年回到英国，找到一个白金汉郡圣吉尔斯的房子，希望离牛津足够远，从而把丑闻远远甩掉。在这个阶段，理查德患上了胃癌，并于1936年去世，尽管维蒂十分独立，但她的身份始终是一位单身母亲。这个小家庭在希尔家又住了三年，但是在保守的英格兰的中心，维蒂感到很不自在。对这位年轻寡妇的任何同情很快就被恶毒的流言蜚语所取代，当她和理查德的故事最终被曝光时，她已经无法继续在那里生活。

维蒂开始寻找一个更偏远的地方生活，远离流言蜚语。她的姐姐多蒂住在奥尔德堡（和她的"伙伴"特蕾莎住在一起——在那个年代，这样的安排羞于启齿），因此对萨福克郡有了一些了解。在那些日子里，在铁路电气化和随后的萨福克通勤化之前的几年，那里仍然是一个相当黑暗的郡，没有被城市的延伸所驯服，有杂草丛生的树篱和许多蜿蜒曲折的车道有待探索。这是一个远离萨里郡和白金汉郡郊区白色围墙的世界。所以，显然，当维蒂在《泰晤士报》的背面看到一张农场出售的小照片时，便对其一见钟情了。这套伊丽莎白时代的农舍、谷仓和50英亩土地的价格不到1000英镑。20世纪30年代是农业极度萧条的时期，土地价格处于历史低点。维蒂一看到便宜货就会把它抢购一空。我父亲第一次见到这个地方时就爱上了它；姨婆吓坏了。在她看来，这地方"不文明、野蛮，离伦敦远得不能再远了！"——这一切都使我父亲感到高兴。

不久，这个地方就不仅仅是这个小家庭的避难所了。维蒂对自己作为未婚母亲所受到的待遇感到震惊，她为"危难女士"建立了自己的避难所。她鼓励那些已经怀孕、后来被自己的家庭抛弃的未婚年轻女性来农舍避难，住上几周甚至几个月，有些人在孩子出生后还会住很长时间。后来，除了支持重建哈德莱的天主教教堂外，她还投身监狱改革事业，成为一名监狱探访者。她受到了一名天主教牧师的书《我们所拥有的公司》的影响，这本书对20世纪40年代恶劣的监狱条件提出了许多问题。她写信给作者，问她能帮上什么忙；牧师建议她去看望切姆斯福德监狱里的一个年轻人，他的状态很不好。他叫杰拉尔德·凯恩，伦敦爱尔兰人，天主教徒。他曾是伦敦一个武装团伙的司机，被判长期监禁。维蒂拜访了他，他们很快发现除了其他爱好外，他们都喜欢下棋。几年后他最终被释放，他们结婚了，杰拉尔德和她一起住在萨福克郡的房子里。另一个人寻求一个新的开始，远离流言蜚语。直到我长大后，才开始欣赏我祖母非凡又非主流的人生轨迹——从温普尔街皇家外科医生的住所到切姆斯福德监狱的牢房。

我小时候认识的维蒂已经是白发苍苍，像鸟一样，显得遥不可及了。虽然直到后来才被正确诊断，但她已经有了老年痴呆症。杰拉尔德几年前就离开了她，所以她现在独自住在家里。她说话的语气在我们听来就像是另一个时代的不可能的豪华口音，对待我们的态度似乎是维多利亚时代的正统态度。有一天，我们的父母（相当令人担忧地）让她照顾我们一下午，她坚持要给我们做香肠当午餐，尽管她一小时前就给我们做了这顿饭。当我的哥哥解释说我们已经吃过了，她的回答是专横而尖锐的，就像哈维沙姆小姐一样，她反问道："我是家里的女主人！我决定我们什么时候吃午饭。年轻人，我说得够清楚了吗？"

后来，我的父母试图向我们解释，她"失去了记忆"，这个概念对一个孩子来说是无法理解的。当我们丢失东西时，可以再次找到，所以我们总是觉得这种失忆可能只是一种暂时的状态。对我的父亲来说，这一定更难，因为他总是和她非常亲近。多年后，他描述了与她下棋的情景——维蒂一直是个技艺高超的棋手，奇怪的是，在其他能力消失很久后，她仍然能够集中精力下棋。但在那一天，在他们的游戏即将结束时，维蒂显然告诉他："你真的必须见见我的儿子马克，我想你们两个会相处得非常好。"

虽然这时——20世纪70年代初——维蒂显然在挣扎,但她有强烈的独立性,并顽固地拒绝搬出农舍。我们每个星期天都会过来接她去做弥撒。对我们来说,这所房子有发霉和潮湿的味道,而淡绿色的墙壁不知为何也是其中的一部分。在我的脑海中,墙壁的颜色与她起居室椅子旁的小桌子上多年未完成的企鹅版格雷厄姆·格林的《问题的核心》有关。一个星期天,当我父亲准备让她离开这个家时,我和我哥哥穿过书房,走过有溜冰鞋和网球拍这些另一个时代的遗物的台阶,我们发现天花板已经塌下来了。我们跑回去告诉马克,他以为我们只是在胡闹,我们最终说服他来看看。但最后一根稻草是在一个周末,在房子里的任何地方都找不到她。后来,人们发现她非常平静地坐在花园尽头的河里,完全不知道她是怎么到那里的,而且体温很低。在那一刻,我的父母知道她不能再继续独自生活下去了。

所以,维蒂来和我们一起生活了一年左右。后来这也变得不可能了,我的父母作出了一个困难但不可避免的决定,为她找一个家,或者说是好几个家——因为她会反复逃跑,像一只受伤的动物,试图找到回农舍的路,她对农舍有着原始的热情。我的父母会收到来自埃塞克斯和萨福克各地警察的电话,说我的祖母被找到了,已经走了二三十英里。这是我可以认同的一件事,即使作为一个小男孩,逃跑和行走——是的,这值得认真尊重。她最后住进了位于科尔切斯特的几家安全医院。这时,她的阿尔茨海默病已经到了晚期,当我们去看她时,她几乎不知道我们是谁。我最后一次见到她的时候,这位神态自若的女士已经变成了一个影子,对我们带来的一盒巧克力比其他东西更感兴趣。当我们离开时,我记得我打了个寒战,看着其他病人围着她去拿巧克力,就像乌鸦在攻击尸体。

1973年,我们搬进了后来不得不重建的农舍。随后的九年里,我们度过了快乐而又不太平静的时光,我也上了大学。只有在离开家之后,我才真正开始与这个地方建立起新的关系。也许是通过别人的眼睛看到了它,就像第一次一样——大学里的朋友们都不相信那里的美景。我父亲在1985年的那场大火中死于田间,这种田园风光才被打破。从那时起,我的母亲在我们的帮助下，在田里种植了5000多棵树，我的姐姐和哥哥在这里建立了自己的家庭，现在新一代的孩子在树下玩耍——我的侄女和侄子。这个循环已经是第三次圆满结束了。

*****

但是，这种对我的家庭历史细节的涉猎，与施害者、受害者或旁观者有什么关系？

几年前，我帮助母亲清理一个旧餐具柜，我们发现了一盒我从未见过的文件。在这些文件中，我发现了我祖母的母亲——赫伯特·沃特豪斯爵士的遗孀伊迪丝·弗洛伦斯·沃特豪斯女士于1931年4月14日的遗嘱，其中还列出了赫伯特爵士去世时持有的所有股票和股份。我惊讶地看到，她留下了超过84000英镑（相当于今天的400多万英镑）。这些钱都去哪儿了？据推测，很多都用于维蒂的慈善事业——也许是用于重建哈德莱的天主教堂。但其中一些钱也用于购买萨福克郡的农舍，更不用说我们在埃塞克斯郡的第一栋房子了，维蒂也为之花了钱。

但所有这些钱的来源是什么？又被投资到哪里去了？与遗嘱一起的还有我曾祖父母的所有股权清单，这份清单很有用，当我翻看这些清单时，我突然感到一阵寒意：

英俄石油公司

布宜诺斯艾利斯和太平洋铁路公司

巴伊亚市

南非联合金矿公司

德班鲁德波尔特深金矿有限公司

印度铜业公司

帝国化学工业公司

巴拿马股份有限公司

......

这就像阅读一份大英帝国及其相关伙伴的清单，一张数百年来伪装成"自由贸易"的全球化犯罪行为的名单。当我翻开文件时，手开始颤抖，我意识到我们的家庭已经从一些可以想象的最卑鄙的企业活动中受益。我们的"进步的"家园是建立在最腐朽、最腐败的基础上的。

后来，我开始研究其中一些公司。我发现，德班鲁德波尔特深金矿有限公司是一个巨大的金矿，今天仍在约翰内斯堡外经营金矿。我发现它开设于1897年，"它在一个压迫和极端侵犯人权的环境中蓬勃发展"。在1993年之前的100年里，它生产了2100万盎司的黄金，为全世界的股东带来了数十亿美元的利润，包括我的曾祖父母。从这片土地上开采的黄金的确切数量是已知的，但在这段时间内矿工的死亡和伤亡人数却没有记录。印度铜业公司成立于1930年，是一家英国公司，位于印度东北部恰尔肯德邦的盖西拉，合并了新奔铜矿带的多个不同矿山和工厂。1972年，印度政府将该公司收归国有，成为印度斯坦铜业有限公司（Hindustan Copper Ltd）的一部分，一些原来的铜矿仍在用这个名字运营。我从他们的网站上得知，拉哈（Rakha）、肯达里（Kendadih）和卡普里（Chapri）的铜矿总储量为1亿2354万吨；但是很难找到任何关于劳动条件或采矿历史的信息，我只是找到一个参考："在印度采矿……因侵犯人权和污染环境而臭名昭著"。所以，如果这在今天是真的，我只能想象30年代早期的情况。

多年以后，我仍然在思考我的自由派、人道主义家庭与这个多年来无人阅读，写在碗柜里发黄的纸上的故事之间的关系。萨福克这个角落的宁静，以及80年前在这些矿场和油田工作的人们的剥削、血腥和恐惧，就像突然间能看到皮肤下的头骨。

然而，也许在这方面，我的家庭故事与其他中上阶层家庭没有太大的不同。任何有祖传财富的家族几乎肯定都有类似的持股和投资模式，这为大英帝国提供了金融支柱。如果我们把网撒得更广，几乎每个人都成了同谋，尽管方式不那么戏剧化。任何有抵押贷款或养老金的人，任何有投资的人，任何有救济金的人——在某种程度上，几乎每个人都通过国际金融与这种支撑我们社会顺利运转的利润和剥削的故事联系在一起。当我开始这项研究时，我遇到的两个例子表明了这种相互关系的真实情况：我看了一份详细说明我那完美自由主义者的母亲的养老金计划的报告，是一份大学退休金计划，我发现美国参议院在两家石油公司上有大量投资：英国石油公司（3.73亿英镑）和壳牌运输与贸易公司（3.22亿英镑）。[24]我不知道退休的学者们会怎么看待他们的养老金中的很大一部分来自道德上令人怀疑的石油行业。

*****

我相信，我们中的许多人肯定对这些问题感到困惑，觉得这些问题一直在困扰着我们，有时被深深埋在心底，但之后又会周期性地回来，清晰而持久地让人不安。我们的舒适是建立在什么之上的？巴尔扎克不是曾经说过，"巨额财富的秘密是被遗忘的罪行"[25]吗？我们现在似乎都是国际金融体系的受益者，而这一体系往往会演变成犯罪行为。谁是这些事件的受害者？是当进步区和牺牲区相遇时，那些被毁灭的人。我们几乎看不见它们……我们所谓的"发展"越大，这些内心的声音似乎就建立得越多。随着本世纪的到来，历史学家埃里克·霍布斯鲍姆（Eric Hobsbawm）雄辩地描述了与世界上的其他人建立联系所面临的巨大挑战，以及"全球化"这个好听的标签背后的悖论：

> 在一个充满这种不平等的世界里，生活在"被偏爱"地区实际上是与那些地区以外的人的经验隔绝，更不用说他们的反应了。我们需要巨大的想象力和大量的知识，才能打破我们舒适的、受保护的、自恋的飞地，进入一个不舒适的、不受保护的、大多数人类物

种居住的更大的世界。我们与这个世界是隔绝的，即使我们只要点一下鼠标就能获取所收集的全部信息，即使世界上最偏远地区的图像在白天和晚上的任何时候都能被看到，即使我们比以往都有更多的人在不同文明之间旅行。这是全球化的21世纪的悖论。[26]

我有时会想，在一些基本问题上，我们是不是不应该相信自己本能的、内心的声音。同样的声音问皇帝为什么不穿衣服：

> 孩子的声音说：
> "什么是利润？它是如何产生的？
> "但钱到底是从哪里来的？"
> 孩子的声音知道，纸张不能创造价值。
> 劳动是一切的起点和终点。
> 而所有的财政部经济学家团队、整个世界银行，
> 所有金融报纸的粉红色版面都无法改变我脑中的那个声音。
> 一个像正义一样清晰的声音。

也许最重要的问题是——我们如何才能与他人的生活联系起来？我们如何才能向我们星球上无法获得清洁水、电或健康服务的大多数人的经历敞开心扉？尝试和联系，即使是在想象力的层面上，或在知识的层面上，都是令人不安的，甚至是痛苦的——然而，这种冲动也使我们成为人类的核心。这是普里莫·莱维的可怕警告背后的冲动——描述了两个世界之间的传输，而实际上，这两个世界是一体的。

> 你们这些安全生活的人
> 在你们温暖的房子里
> 傍晚时分，你们回来了。

发现热腾腾的食物和友好的面孔。

想想看，如果这是一个在泥泞中工作的人

一个不懂和平的人

一个为一片面包而战的人

一个为"是"或"不是"而死的人。

想想看，如果这是一个女人，

没有头发，没有名字

她的眼睛是空的，她的子宫是冷的，

像冬天里的青蛙。

默想这一切的发生。

我把这些话推荐给你们。

把它们刻在你们的心中

在家里，在街上

在睡觉前，在起床后。

对你的孩子重复这些话

否则你的房子就会倒塌

疾病也许会阻碍你。

你的孩子也许会转脸不看你。

*****

打破我们的泡沫的挑战并不仅仅涉及跨越发达世界和贫困地区之间的广阔地理区域。在同一个社会中，可能存在着令人震惊的鸿沟，而人们却无法看到。最近，我在听演员安东尼·谢尔的广播采访，他开始谈论他20世纪60年代在南非的成长经历。

采访者：在种族隔离制度的年代，你在成长过程中的政治意识如何？

谢尔： 完全没有，这对我来说是一件相当震惊、不安的事情。如果我回顾我的青年时代，想想我的家庭是多么舒适，那是一个多么快乐的童年，一个由海滩和灌木丛组成的童年，所以我们过着非常幸福的生活——而我们正处于上个世纪的暴行之一——种族隔离制度的中心。直到我来到这里的戏剧学校，通过英国人的眼睛看到南非，我才真正了解到种族隔离的情况。当我告诉人们这些时，我可以听到人们认为我在试图找借口或者道歉。我没有。我在陈述一个关于人类的令人震惊的事实——我们可以生活在暴行的中间，如果我们不想注意它，就不会注意到它。

采访者： 那么，对你来说，重新评估你的童年有多大的挑战性？

谢尔： 这很困难，还因为我的祖父母都是逃离迫害的犹太人，在世纪之交从东欧（主要是立陶宛）去了南非——所以他们知道被迫害是什么滋味。然而，一旦他们在南非表现良好时，就支持种族隔离政府——不是以积极的方式，只是以那种中庸路线的方式，他们投票给民族主义政府。他们没有进行……你可能会想到的是明显的比较，即他们在东欧是二等公民的感觉，而南非的黑人现在也是如此。他们怎么能不做这种比较呢？但是，这又是非常典型的人类行为，不是吗？[1]

如果你认为这是人类建立一堵墙来阻挡周围发生的事情的一个相当极端的例子，请思考一下我们社会中惊人的不平等水平。在当代的英国，我们已经习惯了有"食物银行"，因为我们有100万同胞没有足够的食物。这是对世界上最富有的国家之一的可耻的指控。我们很多人会指责政府的政策，官方

---

[1] 采访者是莎拉·沃克（BBC电台3台，《基本经典》，2016年1月12日）。

报复性的态度。是的,这确实是问题的一部分。但也请想想我们是多么努力地不去见这上百万人。你可能有无可挑剔的自由左派观点,但你创造的隔离自己的墙可能像钢铁一样坚不可摧。

哲学家伊曼纽尔·列维纳斯着迷于当我们真正注视另一个人的脸时会发生什么,以及这样一个看似简单的动作可以触发的一切:

> 他者面孔的道德"权威"在我对对方的"无限责任"中被感觉到……他者的面孔带着无限的道德要求向我走来。[27]

这些观点也被现任坎特伯雷大主教贾斯汀·韦尔比(Justin Welby)在2012年7月21日《卫报》与贾尔斯·弗雷泽(Giles Fraser)的一次采访中提到——韦尔比强烈同意列维纳斯的观点,即"他人的面孔才是人类责任的真正所在"。如果这是真的,那么反过来也一定是真的——如果你看不到对方的脸,就很难感到人类的义务。我惊讶地得知,韦尔比曾在石油行业工作了11年,在法国的埃尔夫石油公司工作,后来在伦敦金融城的安特普莱斯石油公司担任集团财务主管。更值得注意的是,他的主要知识领域是西非,他曾在尼日尔三角洲工作过。我很好奇,他显然是一个有强烈的宗教和道德信念的人,怎么会花时间在这样一个妥协和剥削的环境中工作。他是否发现自己有时不得不回避一些他无法忍心面对的事情?

韦尔比在这次采访中说的话给我留下了深刻的印象。他谈到了金融和银行业的腐败问题,以及"金融大爆炸"①后伦敦金融城从面对面交易转向电子交易的变化:"看着某人的眼睛做一些不诚实的事情,与通过电话或屏幕做不诚实的事情有所不同。"这与另一个例子有关,当我们看着别人的脸,当我们直视他们的眼睛时,会发生什么?1974年在纽约的一次演讲中,汉

---

① "金融大爆炸"是指1986年由撒切尔政府领导的伦敦金融业政策变革。——编者注

娜·阿伦特评论说，杀死一只狗比杀死一个人容易，杀死一只老鼠或青蛙更加容易，杀死昆虫则完全没有问题——问题就在那一瞥里，在眼睛里。[28]

这两句话都与霍布斯鲍姆和利瓦伊的观点相关联。所有这些从根本上讲都是关于同理心的关键需求，在我们今天的世界中，连接人们所面临的巨大想象力挑战，以及如何直接、面对面的接触对促进这种连接至关重要。我回想起我在伯克贝克交谈过的石油行业的男男女女们。我不确定有多少书籍或纪录片能让他们中的一些人相信，他们的公司多年来在许多国家的行为是错误的。但是，以莱维纳斯为灵感，我想知道如果我把壳牌公司的大卫介绍给鲁穆克佩的一个村民，会发生什么？她的家人曾被安全部队杀害。如果他们能花几个小时在一起，也许一起散步或一起吃饭？我想邀请壳牌公司的安娜见见肯的遗孀玛丽亚·萨罗威瓦。他们可以在夏天的傍晚一起坐在花园里，他们会发现彼此几乎是同龄。他们可能还会谈论共同的宗教信仰，慢慢地，几乎是不知不觉地，他们可以看着对方，眼睛对视，开始表达无法通过屏幕或手机表达的东西。我希望有一天能尝试一下……

但如何在不同的世界之间传递信息，仍然是霍布斯鲍姆面临的挑战。我非常清楚地意识到，我们生活在一个对他人的痛苦越来越免疫的时代——那些我们最亲密的家人和朋友圈子之外的痛苦。那么，怎样才能突破我们在自己周围设置的无形障碍，那些我们用来保护自己的屏障和过滤器呢？我们如何开始突破世界上极端苦难的常态化——每年冲上地中海海滩的数百具人类尸体，在也门使用的英国武器残害的数千人，以及在叙利亚战争中被杀害的数十万人，这场战争现在已经持续得比第二次世界大战更久？这种几乎我们所有人都生活在其中的状况，可以用一个肮脏的词来概括——"同情疲劳"。

科伊塔、图恩卡拉、艾莎和莫迪凯

在过去10年或15年里，我想不出有多少这样通过书面文字传播的例子——也许电影和新闻报道具有更直接的传播力。我在想，为什么某些书面描述还是能够"通过"呢？你会想到自己的例子，被你所看到或读到的东西突然压倒。这里说三个让我震惊的故事。即使在今天，我也觉得很难再读到它们，甚至不敢承认这些事件发生在我们居住的世界上。这是1999年8月5日史蒂芬·贝茨为《卫报》写的一篇短文。

死亡的偷渡者留下了对非洲的恳求

布鲁塞尔检察官办公室昨天表示，两名年轻的非洲偷渡者周一被发现死在布鲁塞尔一架飞机的起落架上，他们留下了一封手写信件，解释了促使他们实施如此危险计划的艰难经历。15岁的科伊塔·几恩（Koita Yaguine）和16岁的通卡拉·福德（Tounkara Fode）来自西非的几内亚，他们的尸体周一在一架正在加油的比利时航空公司飞机的起落架上被发现。这架飞机从几内亚的科纳克里起飞，在马里的巴马科停留。

检察院的一位女发言人说将进行尸检，查明他们是否死于缺氧或暴露于寒冷。她说，不知道尸体被发现时，他们已经死了多长时间。这两人为他们的旅行做了精心准备，每人都穿了几条裤子、套头衫和夹克。但是，在零下55摄氏度的高海拔地区，这些东西和他们的塑料凉鞋完全不能拯救他们。

震惊比利时的不是这些男孩的死亡，而是在他们的衣服里发现的那封信，信中显示他们完全预料到会在试图逃跑的过程中死亡，并恳请欧洲帮助非洲的年轻人……这封信是用颤抖的法语写给"各位阁下、各位议员和欧洲的负责人"的，是一封求救信。这封信显然是上周四写的：

"正是为了你们的团结和慷慨，我们才呼吁你们向非洲提供帮助。如果你们看到我们牺牲了自己，失去了生命，那是因为我们在非洲遭受了太多的苦难，需要你们的帮助来与贫穷和战争作斗争……请原谅我们冒昧地写这封信。"

也许，真正理解今天全球化和移民影响的唯一方法是拍摄一部电影，从这样一架飞机的轮子上实时拍摄，记录这些孩子的记忆和想法，他们对外国城市的梦想随着他们的死亡而消逝。

我想到了安妮·麦珂尔丝在《漂泊手记》（*Fugitive Pieces*）中的这句话："历史是无道德的，事件已经发生。但记忆是道德的，我们有意识地记住的就是我们的良心所记住的。"

*****

2008年11月3日《卫报》非洲记者克里斯·麦格瑞尔（Chris McGreal）发表的另一篇短文：

索马里强奸受害者，13岁，被石头砸死

索马里一叛军政府以通奸罪将一名13岁的女孩用石头砸死，这名女孩的父亲报告说她被三个男人强奸。国际特赦组织表示，控制南部城市基斯马尤的青年党民兵组织安排了50人在大约1000名观众面前用石头砸死了艾莎·易卜拉欣·杜胡洛。为了杀人，一辆装满石头的卡车被带到了体育场。

国际特赦组织表示，杜胡洛与逮捕她的人发生了争执，不得不被强行带进体育场。

在石刑过程中，许多目击者告诉国际特赦组织，护士奉命检查艾莎……被埋在地下时是否还活着。人权组织表示："他们把她从地下移出来，宣布她还活着，然后又把她扔进了埋她的洞里，继续进行石刑。"声明还说："在体育场内，当一些目击者试图挽救她的生命时，民兵成员开火了，并开枪打死了一个旁观者的男孩。"

国际特赦组织称，根据她的外貌，人们最初猜测她23岁，但从她的父亲那里证实，她还是个孩子。他告诉国际特赦组织，当他们试图向民兵报告她被强奸时，这个孩子被指控通奸并被拘留，而被指控的人都没有被逮捕。"

我至今仍然觉得无法理解这篇文章，它让我感到绝望，比绝望更绝望。每读一次，就会再次感到震撼。关于人类对其他人类所能做的事情的病态，唯一不是无可救药的就是简短地提到了一些人试图拯救艾莎的生命。还有那个不知姓名的男孩也死了，也许是为了救她。

*****

然后就是痛苦的传递，在某些方面，偶尔奇迹般地可以通过写作来实现。在乔治·斯坦纳（George Steiner）的一部短篇小说《A.H.的圣克里斯托瓦尔港》（*The Portage to San Cristóbal of A.H.*）中，有一句话的篇幅长达三页，其痛苦的咆哮声深深地印在了我脑海中。[29] 在我所读过的所有关于大屠杀的文章中，这种移情想象的尝试是无可比拟的。斯坦纳将一个被灭绝的世界瞬间带回了现实：

在萨洛尼卡的花园里，牧师最小的孩子莫德凯·扎斯马尔（Mordechai Zathsmar），正在享用他的粪便；1942年11月8日，他们在阿纳姆霍夫特大街，抓走了利亚·伯斯坦（Leah Burstein），让她父亲看着；他们把肉钩挂在通往蒙特鲁日（Montrouge）的道路向南转的两棵酸橙树上；在诺维·斯维亚特·希（Nowy Swiat xi）三楼的储藏室，《1280—1655年东欧代数思想史》（*History of Algebraic Thought in Eastern Europe 1280–1655*）的作者雅各夫·卡普兰（Jakov Kaplan）不得不在她的尸体上起舞；在俄亥俄州怀特斯普林斯市，拉赫尔·纳德尔曼（Rahel Nadelmann）每晚醒来时，嘴里都会冒出汗水，原因是31年前，在汉诺威的玛瑞艾莉（Mauerallee），三个从党卫军招募活动中溜达回家的歹徒用警棍把她的双腿捆了起来；杜克特·鲁斯·莱文（Doktor Ruth Levin）和她的侄女不得不用头发打扫沃格尔警察局的厕所；在对恩格斯塔德（Engstaad）的火灾袭击中，雅克布森夫妇不得不跪在掩体外面，直至燃烧弹引爆；斯特诺维茨（Sternowitz）因为与一个雅利安女人卢德米拉（Ludmilla）交谈，在锡伯尔附近的树林中被捕，给他灌满了水，用钢琴线把他捆起来；布兰卡（Branka）看到有人在坡道附近烧毁玩偶，当她尝试把自己的玩偶藏起来的时候，被带到了火堆旁；伊莱亚斯·科恩菲尔德（Elias Kornfeld）、莎拉·埃尔博根（Sarah Ellbogen）、罗伯特·海曼（Robert Heimann）在下萨克森州纽瓦尔德（Neuwald）体育馆的生物课前，（被命令）脱掉衣服，张大嘴，以便霍斯特·康采尔（Horst Küntzer）教授向他的学生们清楚地展示种族特征，海曼在马特豪森（Matthausen）再次赤身裸体时仍记得这一个小时的课程；莉莲·古雷维奇（Lilian Gourevitch）为她在特维尔街的三个孩子拿到了两张黄色的工作证，序列号是BJ7732781和BJ7732782，并被命令选择哪个孩子去乘坐下一趟交通工具；在距离诺维拉6千米的沼泽地里，警犬发现了躲藏在那里的奥尔多·马泰（Aldo Mattei）和他的家人，就在一个星期前，武装党卫军向北撤退，完成了逃亡者的登记；五个犹太人，一个吉卜赛人，一个脑积水患者，在意大利罗维戈（Rovigo）的省督府被抓；在维尔纳（Vilna）的最后一个普珥节，扮演哈曼的人割断了喉咙，记住他，看守人莫里茨，他的胡子几乎被这些人演完后在锅炉房拿剃刀一根根地扯下来，又贴上了假胡子；17世纪末的版画收藏家、医生和中提琴演奏家多夫曼（Dorfmann）躺在布痕瓦尔德的6英尺乘4英尺半的牢房里，既不能跪也不能蹲，混凝土冰裂了，眼睁睁地看着自己被撕裂的指甲上流出脓液，头皮被刮得干干净净，头痛欲裂，直到狱卒抽出鞭子，他才喃喃地说出了维亚纳阿尔贝蒂纳博物馆（Albertina Museum）阿尔贝蒂纳霍比马斯的目录号码；列日市查彭街21号，安·卡萨诺瓦(Ann Casanova)朝门外大喊，想把两个人留在外面，以免被她母亲发现，老太太从四楼的窗户摔到了启动的汽车引擎盖上，她的假牙撒了一地；在库尔曼一家被带走后，那条丝质头发的母狗汉娜，在上锁的公寓里饿得奄奄一息，她咬了主人家里的鞋子，那是塞缪尔·罗斯巴赫（Samuel Rossbach）为他漂亮的脚量身定做的，哈加迪奥，哈加迪奥在特雷布林卡的鞋厂里被抓到正在切割皮革，因为蓄意破坏，他被迫在石灰中爬行，而在边上11岁的鲁本·科恩（Reuben Cohen）不得不宣布"所有破坏者和统一战线的颠覆者也是这样的下场"；哈加迪奥、哈加迪奥，直到邻居、城市工程师埃伯特和伊尔塞·施密特等人闯入时，才发现那条狗几乎奄奄一息；他们将狗扔进了垃圾坑，翻遍了库尔的衣柜、他妻子的梳妆台、孩子们的阁楼以及摇摆木马、千斤顶和化学装置，而在多恩巴赫（Dornbach）附近的铁路边上，哈加迪奥这孩子被父母从火车上扔了下来，外套上缝着钱，还有一张纸条，写着需要求救和饮水，他被两个回家的男人发现，躺在离北面开关100码的铁轨上，塞住嘴，绑住脚，等着下一趟火车驶来，在寂静的夏日夜晚，远处传来火车的轰鸣，那两个男人看着、吃着；库尔曼一家人都知道煤气味道就是毒气的味道，但他们认为孩子是安全的，在呼啸的风中，孩子重复了两遍那个丝质头发母狗汉娜的名字，然后就再也无法闭上眼睛抵挡那冲天的阴影；在迈达内克（Maidanek）每天有1万人（死去）；阿贾隆（Ajalon）大喊，我不是疯子，你能听到我吗；无法想象，因为人数太多了；在特雷布林卡的一个角落里，有70万具尸体，我现在就数一数，亚伦（Aaron）、亚罗维奇（Aaronowitch）、亚伦森（Aaronson）、阿比莱克（Abilech）、亚伯拉罕（Abraham），我要数出70万个名字，你得听着，瞧亚舍（Asher），我不像对你那么了解西蒙（Simeon）、以利·巴拉赫（Eli Barach）和那个男孩，我要把祷文念到地老天荒，时间静止，也不会读到100万个人名；在贝尔泽克有30万人，弗里德伯格（Friedberg）、弗里德曼（Friedman）、弗里德曼、弗里德斯坦（Friedstein），他们都在烈火和毒气中消逝，在切尔诺（Chelmno）的狂风中化为乌有；在切尔诺那呼啸的黑色狂风中，伊斯雷尔·梅耶（Israel Meyer）、艾达·梅耶（Ida Meyer），以及四个孩子，都被杀害并扔进索比堡的坑中；在贝尔森（Belsen）第三区的4113811个人中，有一位是所罗门·莱茵菲尔德（Salomon Rheinfeld），他在美因茨（Mainz）的办公桌上留下了赫梯语语法的未校正校样，而他的助手、新晋升的教授埃贡·斯克莱歇尔（Egon Scleicher）则声称这是他的，但是无法完成；还有一位是皮匠贝林（Belin），他们用大桶里的硫酸洒在他的脸上，他被拖在一辆粪车后面穿过科尔松的街道，却还唱着歌；还有一位乔治·瓦尔特（Georges Walter），当他们把他从马罗街的晚餐中叫出来时，他正在享用一份调味丰富的法式白炖小牛肉，他不理解，告诉家里人这是个管理失误，连多一件衬衫都不能拿，等淋浴门关上，天花板上又传来窃窃私语声时，他还在咬牙切齿地询问原因；一个是大卫·波拉切克（David Pollachek），在莱塔赫的采石场里，听说他是第一小提琴手时，他的手指被折断了，每次打击的巨响中，都会让他想起他在斯拉尼克庭院里那棵老灌木，在传票发出后的最后一个晚上，他又一次尝试去抚摸它的每片叶子；他们当中的一位，或许不是纳撒尼尔·施泰纳（Nathaniel Steiner），被及时送到了美国，但还是因为未能得到及时救治而残疾，还有很多人，由于没有编号，无法统计，所以也就不记得了，就像内坦松（Nathansohn）那样被活埋在比亚利斯托克（Bialistok）［由现在施泰尔布吕克（Steyerbrück）的旅馆老板瓦赫特迈斯特·奥特玛·普兰特尔（Wachtmeister Ottmar Prantl）计时］被鞭子抽了9小时14分钟，按照普兰特尔所说，血像新酒一样从他的头发和嘴巴里喷出来；200万人，简直无法用语言来描述，因为，很难想象，克拉科夫城外那座雄伟的塔楼里，有200多万人在那里被活活闷死，机场公路上的路牌还在那里，奥斯维辛看得到低矮的山丘，我们能想象1个人在哭，2个在挨饿，10个在燃烧，但是他知道，如果人数超过100万，那么，信念就无法维持，思想也无法容纳，阿加隆高呼，假如我们每个人都能在今天早上起床前说出10个人，从布拉格墙上雕刻的96000人中说出10个，从躲在罗马地窖中的31000人中说出10个，从马托森、德兰西、伯克瑙、布痕瓦尔德、特莱辛斯塔特或巴比亚尔（集中营）的人中说出10个，600万中的10个；我们不可能完成这项工作，哪怕我们谈了一整晚，一直说到时间的尽头，也无法带回一丝生的气息，无法带回柏林的艾萨克·洛维（Isaac Lowy）、但泽（左肩有胎记）的艾萨克·洛维、萨格勒布的艾萨克·洛维、维尔纳的艾萨克·洛维、来自图卢兹的关门时哭喊着要吃酵母的面包师艾萨克·洛维，差不多已经安全了，签证都要被批准了，我没有疯，但祷告文就像紫丁香的影子，经过一日风化，凋零了枯萎了，失去了记忆，他把祈祷化为了灰烬，直到每一个名字被重新提起、再次被说出，是的，是每一个塞格德（Szeged）孤儿院里无名的孩子们，卡托维茨（Katowic）下水道里的哑巴的名字，马托森（Matthausen）被撕裂的妇女未出生的婴儿的名字，汉堡收容所大门前不断敲打、带着黄星的女孩的名字，找不到她的任何踪迹，只在路上留下了一个褐色的影子，直到每一个名字都被记住，直到念完为止，人生在世，永无安宁，你听到了吗，西蒙，没有地方，没有从仇恨中释然，只有把每个人的名字都读完，因为一个又一个的字母被读完，一个也没有落下，你听到了吗，这些音节将构成上帝的隐秘之名。

第六章

文明与野蛮的距离

一、文明的距离

　　言语是种子。有时，从我们不知道的地方吹来，它们可能在我们体内沉睡多年，等待着生长的条件。阳光和雨水，有时还需要园丁的一点帮助。没有什么可以自己生长。心灵的生态和地球的生态一样相互依赖，我们需要作家、思想家和思想，就像任何植物需要氧气、硝酸盐和水一样。接下来的几页汇集了几位心灵的园丁的思想。

　　我一遍又一遍地回顾这五位作家的文字。他们做到了即使是最杰出的历史学家也做不到的事情：他们都对20世纪的暴行中文明和野蛮的相互关系做出了令人信服的阐述。这个问题一次又一次地出现，就像一个没有答案的谜语，一个萦绕着你的画面。但这些是比其他人更接近的声音——乔治·斯坦纳、普里莫·莱维、斯文·林德奎斯特、豪尔赫·森普伦和让·埃默里。

　　在大学的最后一年里，我看到了斯坦纳《语言与沉默》序言中的这些话。

> 　　我意识到，当历史学家说野蛮和政治野蛮是人类事务中的普遍现象时，他们是对的，没有哪个时代是没有灾难的。我知道，19世纪和20世纪的殖民主义大屠杀，以及与之相伴的对自然和动物资源的冷酷无情的破坏……是深刻的邪恶的现实。但我认为，那种声称具有普遍直接性的想象力是虚伪的……我自己的意识被现代欧洲的野蛮爆发所占据；被对犹太人的大规模屠杀所占据；被纳粹主义对我试图定义为……"中欧人文主义"的特殊天才的破坏所占据。我并不要求这种狰狞有任何独特的特权，但这是塑造我自己的生活并与之最直接相关的理性、人道的期望的危机。
>
> 　　它的黑色并不是在戈壁沙漠或亚马孙的雨林中产生的，它来自

内部,来自欧洲文明的核心。被谋杀者的哭声在大学校园内的耳语声中回荡,虐待行为在远离剧院和博物馆的街道上进行。在18世纪后期,伏尔泰自信地展望着酷刑的终结;意识形态的屠杀将成为一个被驱逐的阴影。在我们自己的时代,文学、哲学、艺术表达的高级场所成为贝尔森集中营的背景。

我不能接受这样一种肤浅的安慰,即这场灾难纯粹是德国的现象,或者是植根于某个极权主义统治者身上的一些灾难性的不测。在盖世太保离开巴黎的十年后,伏尔泰的同胞们正在折磨阿尔及利亚人……在一些相同的警察地窖里……事实是,既定的文明媒体——大学、艺术、书坛——不仅没有对政治兽性进行充分的抵制,而且还经常站起来欢迎它……为什么?在高度文化的精神、心理习惯和非人道的诱惑之间有什么联系,至今几乎没有人理解?

后来,在他的作品《在蓝胡子城堡》中,斯坦纳更加明确地提出了智力挑战。

很少有人试图将20世纪野蛮的主要现象与更普遍的文化理论联系起来。对于非人的结构与周围的、当代的高度文明的基体之间的内部关系,没有多少人问过,也没有人把这个问题放在心上。然而,我们所经历的野蛮行为在许多确切的地方反映了它所产生的并试图亵渎的文化。艺术、智力追求、自然科学的发展,以及许多学术分支在空间上和时间上都与大屠杀或灭绝营非常接近。我们必须关注的是这种接近的结构和意义。为什么人文传统和行为模式被证明是对抗政治兽性的如此脆弱的屏障?事实上,它们是否是一道屏障,或者说,在人文文化中看到专制统治和残酷行为的明确诉求更为现实?

在这么多枯燥乏味的学术文章中（我在剑桥大学时正值后结构主义理论的全盛时期），能看到如此清晰和充满激情的文字，真是令人激动。我本能地感觉到，斯坦纳在明确这些问题是正确的。在那个时候，我甚至不可能找到答案，但是这足以让我把这些问题记录在我的脑海里，等待着这些问题能够再次被带入光明。许多年后，在阅读斯文·林德奎斯特的《消灭所有野蛮人》时，这句话跃然纸上，有力地提醒了我那些最初的问题。

> 种族灭绝的思想离人文主义的核心并不远，就像布痕瓦尔德集中营离魏玛的歌德故居不远一样。

受此启发，回想起斯坦纳早期的话语，一个想法开始在我的脑海中形成——一次可能成为对文明与野蛮之间关系的思考的散步。

1999年7月，一个偶然的机会，"平台"专家被邀请到德国波鸿的汉娜·赫茨格暑期学院任教，该学院专为年轻艺术家、作家、戏剧导演、电影制作人和剧作家开设。夏末，我们计划在保加利亚的索非亚大学举办一个为期两周的研讨会。看着欧洲地图，我意识到从鲁尔到索非亚的火车之旅，离魏玛只有几英里了。我的同事J和凯同意我们在魏玛待上几天，我决定构想一下从歌德的避暑别墅（他最喜欢的写作场所之一）散步到布痕瓦尔德集中营大门，就在魏玛镇的西边。[1]

*****

当时，布痕瓦尔德在我脑海中历历在目，因为我刚刚读了豪尔赫·森普伦的杰出回忆录《文学或生命》，他讲述了在集中营中幸存的经历。1944年1月29日，森普伦抵达布痕瓦尔德时才20岁，他曾是索邦大学的优秀哲学学生，尽管年轻，但已经是一名共产主义活动家和法国抵抗运动的老兵。他在布痕瓦尔德一年多的时间，从1944年1月到1945年4月，几乎与普里莫·莱维和让·埃默里在奥斯维辛-莫诺维茨的受奴役时间完全相同。然而，森普伦的写作结构和他的关注点与莱维或埃默里截然不同。他对文学、哲学和行动主义的参与贯穿全书，他讲述了与狱友们就当时的知识分子和辩论进行了生动对话。有时，森普伦描绘的布痕瓦尔德给人的感觉是一所给游击队员和马克思主义哲学家的流离失所的大学。

让·埃默里在《心灵的极限》中写到了在这些地方完全不同的经历。战后，他在达豪读到他的一位荷兰朋友、该集中营的幸存者尼科·罗斯特写的《歌德》时，感到非常惊讶。这本书讲述了尽管身处集中营，一些囚犯仍能过上丰富的智力生活，"更多、更深入地阅读和学习，在每一个空闲时间！古典文学就是红十字会包裹的替代品"。埃默里描述了这种活动在奥斯维辛是多么不可能。在达豪，就像在布痕瓦尔德一样，主要是政治犯，而这个群体包括许多知识分子。"在达豪，有一个集中营图书馆；对于奥斯维辛的普通囚犯来说，一本书是难以想象的东西。"他们的每一丝精力都被投入到残酷的苦役中，第二天，如果你遇到了另一个思想家或作家，任何尝试进行知识分子式对话的努力很快都会枯萎和死亡："来自索邦大学的哲学家给出了单音节的、机械的答案，最后完全沉默了……他只是不再相信心灵世界的真实性了。"

但布痕瓦尔德也是地狱般的存在，尽管森普伦评论说莱维的"经历比我的要可怕得多"。从1937年7月开放到1945年4月被美军解放，超过55000人在那里丧生——政治犯、同性恋者和残疾人、犹太人、斯拉夫人、波兰人、罗姆人、辛提人、耶和华见证人，以及其他许多没有信仰的人。布痕瓦尔德和奥斯维辛还有一个共同点。在这两个地方，火葬场的炉子一天24小时都在燃烧，由同一家公司托普夫父子公司（Topf & Söhne）制造（来自靠近魏玛的埃尔富特镇）——他们在与党卫军打交道时提供了很大的帮助，他们被要求提供更有效的炉子来焚烧人类。

在森普伦的笔下，最让我感动的是，在布痕瓦尔德，即使是在极其困难的情况下，许多囚犯之间的团结精神在某种程度上仍能得以延续，在森普伦的案例中，这当然是一种兄弟般的温柔，来自共同的政治承诺和哲学价值观，即使是纳粹主义在最极端的情况下也无法完全熄灭。

这本书的开篇是森普伦对1945年4月集中营解放的描述，以及他如何遇到三名盟军军官（两名英国人、一名法国人），他们看着他，似乎都很震惊。森普伦解释说，树林里如此安静，是因为火葬场的烟雾把鸟儿赶走了，"肉体烧焦的味道就是原因"。军官们因明显的厌恶而退缩。森普伦接着思考，传达他设法活下来的经历有多难。他对"不可言说"这个词非常不耐烦，而它在战后的文人中非常流行。

> 简而言之，你可以说出一切。你经常听到的"不可言说"只是一种托词，或者说是懒惰的表现……语言包含一切。你可以说到邪恶，它的诗意般的快乐，它罂粟的味道。你可以谈论上帝，这是很重要的。你可以说到玫瑰、露珠，说到一个早晨的跨度。你可以说到温柔，以及善良的无限帮助。你可以谈论未来，在那里，诗人闭着眼睛、摇着舌头冒险……
>
> 但人们能听到一切，想象一切吗？他们能够理解吗？我开始怀疑，在第一个时刻，在与来自以前的人、来自外面的人、来自生活的使者的第一次会面中——当我看到三个军官目瞪口呆的，几乎是敌对的，当然还有怀疑的眼神。他们无言以对，无法面对我。

再次阅读这段文字，想想其与普里莫·莱维的相似之处——解放莫诺维茨的年轻俄罗斯士兵骑马时的尴尬目光；在特雷兹比尼亚车站站台的经历。你知道你已经从一种难以启齿的经历中幸存下来，但来自"生活世界"的人将无法听到你所经历的一切。虽然森普伦没有提到莱维在特雷兹比尼亚的经历，但在《文学还是生活》的结尾处，对他们的经历之间的共同点进行了延伸思考，这是森普伦在1987年从广播中听到普里莫·莱维自杀的消息后所引发的。

1987年4月11日，普里莫·莱维也难逃死亡厄运。1945年10月，在他从奥斯维辛集中营返回的漫长旅程之后，他开始撰写他的第一本书《这是不是个人》。他匆匆忙忙地、狂热地写下了这本书，带着一种幸福。他后来写道："我所遭受的一切，所经历的一切，正在灼伤我的内心。""与活人相比，我感觉自己与死人更亲近，我为自己是个男人而感到内疚，因为男人建造了奥斯维辛，而奥斯维辛吞噬了数百万人，包括我的许多朋友，还有一个与我心心相印的女人。我觉得通过讲述我的故事，仿佛在净化自己。我觉得自己就像柯勒律治的《古代水手》。"

事实上，柯勒律治诗中的一句话是莱维最后一本书《被淹没与被拯救的》的题词。

> 从那时起，在一个不确定的时间。
> 痛苦重现。
> 直到我那可怕的故事讲完为止
> 我的心在燃烧。

"我写了，"莱维继续说，"简明的诗带着血腥味，我以一种令人眩晕的冲动讲述我的故事，大声陈述或奋笔疾书，讲述出来，如此频繁，如此彻底，最终逐渐形成了一本书：通过写作，我恢复了零星的平静，重新成为一个人……"

普里莫·莱维在多个场合谈到了他在这一时期的感受，谈到了写作朴素的乐趣。从字面上看，正是通过写作，他感到自己真正回到了生活中。

然而，这部克制的杰作，充满令人难以置信的诚实、清晰和同情心的叙述。杰作完成时，这本无与伦比的书却无人问津。每家大出版社都拒绝了它，它最终由一家小出版社出版，但完全没有人注意到。普里莫·莱维随后放弃了所有的文学追求，专心致志地从事他的化学工程师事业。

于是，他所描述的一个梦，一个被驱逐者的噩梦，似乎成了现实：你回到家，将你所经历的一切热情地、详细地告诉你家里的每个人。但是没有人相信你。最后，你的故事产生了一种不安，激起了越来越深的沉默。你周围的人——甚至是你爱的女人，在最痛苦的噩梦中——终于站起来，背对着你，离开了房间。

因此，历史似乎证明了他的正确性：他的梦想已经成为现实。漫长的岁月之后，他的书《这是不是个人》才突然获得了读者，赢得了众多公众的心，开始被翻译到世界各地……

莱维的第一本书是一部杰作，但在触动读者方面完全失败，第一本书到第二本书《休战》（*La tregua*）之间的时间跨度，实际上与1945年我写作尝试失败和成功写完《大航海》之间的时间跨度相同。这最后两本书是在同一时期写的，几乎同时出版。莱维的书在1963年4月，我的书在5月。

森普伦一次又一次地谈到被驱逐者和幸存者之间无法交流经历的事情。正如他所说，这带来了一种不真实感，也许你的真实经历是梦——或梦中梦。而这些"梦"，或者说是噩梦，可以入侵生活的其他部分，将你与你最亲近的人隔绝开来。他又一次提到了莱维。

一个可以在任何地方唤醒你的梦：在绿色乡村的宁静中，在与朋友的餐桌旁……有时与爱人在一瞬间相爱。简而言之，任何地方和任何人：一种深刻弥漫的绝望，确信世界末日会到来的痛苦——无论如何，它是不现实的……莱维说，没有什么能阻止这个梦继续，没有什么能减轻它带来的秘密痛苦。即使你求助于所爱之人，即使有一只友好的或充满爱的手向你伸出来……即使他们猜到了发生在你身上的事情，压倒了你，消灭了你。没有什么会改变那个梦的方向……

现在，一切都变成了混沌：我独自置身于一个灰色浑浊的虚无的中心，现在，我知道这个梦意味着什么，我也知道我一直都知道它。我再次置身于拉格，而在拉格之外没有什么是真的。其余皆是短暂的停顿，或者说是对感官的欺骗，是一场梦：家庭、盛开的大自然、家。①

如何传播痛苦的生活经历是本书反复强调的一个问题。森普伦描述了战后几个集中营幸存者之间的讨论，他们大多是学者，讨论的重点是如何传达他们所经历的"极端的邪恶"。纪录片这种形式是不可能的，因为几乎所有最重要的事件都没有被记录下来，所以剩下的就是文学了——但不能仅仅是报告，仅仅是对恐怖的描述，它需要探索与邪恶有关的人类灵魂。森普伦说："我们需要一个陀思妥耶夫斯基！"

然而，这种传递不仅是从森普伦和他的战友向世界传递，也是向森普伦和他的同伴传递。在书一开始，他讲述了一段困扰他一生的经历。周日下午是一周中囚犯可以控制时间的唯一时段。布痕瓦尔德的地下共产主义者（森普伦的组织）利用这段时间进行秘密集会。他们为此选择了医务室的地下室传染病病房——原因很简单，党卫军对传染病的恐惧意味着他们几乎从未涉足那里。1944年冬天的一个雪天，德国共产党领导人卡明斯基在医务室召开了一次会议。

那个星期天，我穿过雪花纷飞的营地，进入医务室大院。在隔离室门口，我用靴子底轻轻敲打着门阶右侧专为此目的而设置的铁棒。卡明斯基把我们带到一起，听一位奥斯维辛集中营幸存者的

---

① 原文为意大利语。

讲述，他是一位波兰犹太人，在那年冬天的一个疏散车队中抵达这里。我们在地下室尽头为传染病人保留的小房间里坐下来……卡明斯基解释说，在奥斯维辛，这个人曾在一个犹太人特遣队工作。我们并不知道那是什么……

森普伦随后讲述了这个人是如何对他们讲述的，以及他的话所带来的破坏性影响。

我已经不记得那个波兰犹太人的名字了……但我确实记得他的眼睛。他的眼睛是冰蓝色的，就像一块破碎的玻璃边缘。我也记得他的姿势。他坐在椅子上，身体绝对笔直，绝对僵硬，双手放在膝盖上，一动不动。在讲述他在犹太人特遣队的经历时，他的手一次都没有动过。

我的确记得他的声音。他德语流利，声音沙哑，一丝不苟，坚持不懈……只有在他的声音中，他那压倒性的情绪才会爆发出来，就像地面上的浪潮猛烈地搅动着看似平静的水面。可能是害怕没有人会相信他……因为纵观历史，有一些大屠杀的幸存者……但没有，也永远不会有任何一个人从纳粹毒气室里侥幸存活。没有人能说出：我当时曾在那里。只是在周围，在前面，或在旁边，就像那些在犹太人特遣队的人一样……

他说了很久；我们默默地听着，在他的故事中，我们被苍白的痛苦怔住了。突然，当路德维希点燃一盏灯时，我们意识到寒夜已经降临，我们已经被笼罩在黑暗中一段时间了。我们的身体和灵魂已经沉入了那个故事的夜晚，令人窒息，没有任何时间感。

"就是这样，"卡明斯基说，"永远不要忘记……德国！我的国家是有罪的——让我们永远不要忘记这一点！"现场一片寂静。奥斯维辛集中营犹太人特遣队的幸存者，这个波兰犹太人……一动不动，他的双手平摊在膝盖上：瞬间石化，继而崩塌，陷入绝望的记忆中。

我们也一动不动。

尽管森普伦的文风很温柔，但它也可能忽而毫不留情面。他描述了在学校的最后一年受到莱维纳斯论文的启发，并在莱维纳斯的推荐下，购买了海德格尔的巨著《存在与虚无》——他对这本书没有太多印象。他后来了解到海德格尔与纳粹主义的可憎联系，以及这如何让他的朋友、犹太诗人和大屠杀幸存者保罗·策兰感到困惑——这位严谨的、所谓的人文主义哲学家从未与纳粹主义的不人道行为保持距离。战后，策兰和海德格尔一起住在他位于黑森林的木屋里，森普伦讲述了发生的事情，或者说，在这种情况下，没有发生的事情。

> 你可能还记得，保罗·策兰想从马丁·海德格尔那里得到的是一份关于他对纳粹主义立场的明确声明。特别是在希特勒的集中营灭绝犹太人的问题上。你也肯定记得，策兰没有成功。他只找到了那种沉默，有些人试图用空洞的唠叨来填补，或者从记忆中抹去。海德格尔对德国人的罪责问题保持了明确的沉默。卡尔·雅斯贝尔斯在他的一些信件中以破坏性的哲学严谨性谈到了这种沉默。

然后，森普伦翻译了策兰《托特瑙山》一诗中的一些句子——这是关于在海德格尔的留言簿上，在他自己的名字之前可能写着什么的沉思。他希望从这位哲学家那里得到一句发自内心的话，关于他们谈话中未说的内容。一个从未出现过的词。森普伦继续说：

> 我想到了德国语言的命运：纳粹党卫军命令的咆哮话语……以及卡夫卡、胡塞尔、弗洛伊德、本雅明、卡内蒂、保罗·策兰本人

的语言——在20世纪30年代创造了宏伟和丰富的德国文化的其他许多犹太知识分子的语言。因此，颠覆的语言：批判性理性的普遍肯定的语言……那天在马丁·海德格尔的留言簿上留下的希望并没有实现。这位哲学家没有说出任何发自内心的话语来填补这种沉默。此后不久，保罗·策兰在塞纳河溺水身亡。

让·埃默里（原名汉斯·梅耶，1912年生于维也纳）的生活和经历与整个文化和语言的腐败有着惊人的联系。普里莫·莱维讲述说，梅耶在一个被德国同化的犹太家庭中长大，他几乎不认为自己是犹太人，对希伯来语和犹太复国主义一无所知。他在大学里学习德国文学和哲学，这是他热爱的语言，他用这种语言写作，开始了他的批评家生涯。但当纳粹在1938年吞并奥地利时，他意识到自己在祖国没有前途，于是移民到比利时，他甚至觉得自己被放逐出了自己的母语。他把自己的名字改成了让·埃默里（他原名的一个变体）；他这个有修养的嗜好德国的人文主义者，现在试图用法语写作。他还觉得，在这个时候，出于个人尊严，更充分地接受他的犹太身份是很重要的。随后，他在比利时参加了抵抗运动，1943年被盖世太保抓获，在布伦东克堡垒遭受酷刑[①]——他在《心灵的极限》一书中写到了这段难忘的经历。此后，他被送往奥斯维辛的莫诺维茨，在那里，他和莱维一样，成为法本公司巨大的丁钠橡胶厂的一名奴工。

在《被淹没与被拯救的》一书中，莱维生动地描述了在奥斯维辛集中营残酷对待德语的不同方式。他和他的意大利同胞们学会了理解一种原始的形式——只是在他们的生存依赖于它的时候。但莱维认识到，像让·埃默里这样讲德语的囚犯，会经历他的母语被腐蚀的恐怖。

他的痛苦在某种程度上……是精神上的，而非物质上的。他受苦

[①] 塞巴尔德在《奥斯特利茨》开篇描述了埃默里在布伦东克的经历。

是因为德语是他的母语，因为他是一个热爱语言的语言学家：就像一个雕塑家看到他的一个雕像被玷污或残缺而受苦。

莱维描述了埃默里在奥斯维辛的完全错位，他感觉自己是一个彻底的局外人，尽管周围的人显然是在说他的母语。但集中营的德语是"一种野蛮的行话，他听得懂，但当他想说的时候，他的嘴会被烧焦"。就像其他大屠杀的所谓"幸存者"——像策兰，像莱维——让·埃默里从未从他的经历中恢复过来；他也在1978年自杀了。他在维也纳中央公墓的墓碑上的文字极端的严酷。

让·埃默里

1912—1978

奥斯维辛第172364号

*****

1999年7月8日 魏玛

我们在一个闷热的夏日夜晚抵达魏玛。车站外伫立着的巨大横幅提醒我们，它是今年的"欧洲文化之城"。我们找到了旅馆，然后走回市中心。我们在国家剧院旁稍做停留，第一次世界大战后，1919年1月选举结束，魏玛国民议会曾在这里短暂地举办了德国议会，时间为1919年2月至8月，这是德国妇女第一次获得投票权，也是第一次根据比例代表制进行的选举。这也是《魏玛宪法》全面确立德国为议会民主制的地方。

剧院前面有著名的友谊双雕——约翰·沃尔夫冈·冯·歌德和约翰·克里斯托弗·弗里德里希·冯·席勒，这里的两位精神巨人。一个扎着马尾辫的年轻小伙子，一个音乐学生，正在主广场上用钢琴弹奏古典曲目。如何才能真正掌握魏玛在德国文化中的意义呢？它以德国思想的双子星歌德和席勒的故乡而闻名,歌德一生中的大部分时间都生活在这里——1775年,26岁的他来到这里,直到近60多年后的1832年去世。他和席勒于1794年在魏玛相识,然后在这里建立起深厚的合作友谊,直到席勒1805年早逝。我们手里的《简易指南》以令人钦佩的简洁方式这样写道:"在魏玛,歌德与赫尔德、席勒和其他人一起,发展了德国古典文化的理想,将其作为个人精神发展的一个过程。"英国没有可以直接与之相比的地方——我想你必须把莎士比亚的斯特拉特福、布里顿的奥尔德伯格,以及华兹华斯和柯勒律治的湖区融合在一起,才能接近魏玛所拥有的艺术中心的感觉。

不仅仅在文学方面,它也是最伟大的音乐家和艺术家的聚居圣地。巴赫年轻时在魏玛生活和工作了九年(1708—1717),担任公爵府的音乐总监。在搬到魏玛前一年,他与妻子玛丽亚·芭芭拉结婚,他的前四个孩子也是在这里出生的。在这里,他创作了许多杰出的管风琴和大键琴作品,他也在这里开始定期创作大合唱作品。在19世纪,李斯特在1842年至1861年期间在那里度过了近20年的时间,创作了他最优秀的合唱和管弦乐作品。在视觉艺术方面,1919年,瓦尔特·格罗皮乌斯与克利和康定斯基在那里发起了革命性的包豪斯运动。它成为文学和音乐朝圣的目的地,托尔斯泰和瓦格纳等大人物都曾到访,并住在中央广场上的大象酒店。正如我们已经看到的那样,它还为短暂的魏玛共和国和议会提供了名称——那14年与随后12年的纳粹主义时期永远联系在一起。所有这些充满活力的文化和政治活动都是一个大城市所羡慕的,然而我们到达时感到震惊的一件事是,它是如此之小——一个只有大约6万居民的城镇。

我们向北走,穿过歌德广场,几分钟后到达魏玛广场,我听说那里有一个名为"现代的兴衰"展览正在进行,展示魏玛作为"欧洲文化之城"的那一年。展览是封闭的,但我们看到了它所处的相当阴森的建筑——省公共集会所(Gauforum),这是一座纳粹时代的建筑,由希特勒喜欢的建筑师之一赫尔曼·吉斯勒(Hermann Giesler)设计。今年夏天,该展览将希特勒的私人艺术收藏品(从各方面来看都很俗气——许多平淡无奇的裸体和飞向远山的巨鹰）与民主德国时期的艺术搭配，成功地引起了巨大的争议。这触动了魏玛的神经，部分原因是这个城市以前属于民主德国，而这个展览的策展人是联邦德国人，纳粹主义和民主德国之间隐含的等同关系在许多方面也不太受欢迎。

外面展出了一些照片，还有关于魏玛及其复杂历史的内容丰富的展板——其中一张照片显示，就在我们几分钟前看到的歌德和席勒雕像旁，数千人在一次纳粹集会上敬礼。一个展板告诉我们，1929年12月，纳粹在图林根州的地方选举中获得了11%的席位，这足以使该党在议会和政府中获得第一个代表席位。《艺术与种族》一书的作者保罗·舒尔茨-瑙姆堡被任命为文化部长，并被任命为魏玛联合艺术学校的校长，其具体职责是清理包豪斯时代的"文化布尔什维克主义"残余。他的第一个行动是将康定斯基、克利、科柯施卡、迪克斯等人的所有艺术作品从魏玛的博物馆中移出，并于1930年下令销毁奥斯卡·施莱默在包豪斯主楼梯上的美丽壁画。这是纳粹对他们所谓的"堕落的艺术"（Entartete Kunst）的第一次宣战。七年后，在慕尼黑，纳粹以同样的标题举办了臭名昭著的展览，这显然打破了所有的出席纪录，超过200万德国人前来嘲笑达达和毕加索的立体主义的"颓废"之处。

我们继续朝河边走去，经过凯格尔广场（Kegelplatz）上的前盖世太保总部，找到了一家有吸引力的酒吧和餐厅，外面的酸橙树下放着桌子。晚饭时，我们看了看地图，谈了谈明天的步行，以及我准备的读物。我们将向西北方向走，离开小镇，翻过埃特斯贝格（Ettersberg），然后穿过山顶的布痕瓦尔德（"山毛榉林"），前往营地。如果J和凯乐意相信我的计划，我们将默默地走完魏玛和布痕瓦尔德之间的距离。我们唯一的伙伴将是森普伦的声音——我选择的读物。我们将每隔800码就停下来（无论我们碰巧在哪里），听他说话。我还会在这些地方拍两张照片——显示我们正在去往的方向，以及我们来的方向。因此，根据步调的任意性，我们可能会在繁忙的车流旁边、在树篱的阴凉处或在好奇的村民的注视下听到这些话……

J和凯对这个计划很满意；我们点了咖啡和白兰地，谈起了过去的夏天和许多一起走过的旅程。我注意到旁边的桌子上有一群年轻人。在他们的行为中，彼此之间有一种轻松，待在这个地方的放松状态，让我意识到他们一定来自这里。我喜欢这种方式，每隔几分钟，就有另一些朋友加入这个团体，拉起额外的椅子，笑声不断，香烟不断，故事不断。我们往回走，经过格罗皮乌斯曾经住过的房子，再往前走一点，是鲁道夫·斯坦纳的故居，穿过魏玛绿树成荫的街道，来到我们的小旅馆。

1999年7月9日，魏玛至布痕瓦尔德

我们走进市中心，在席勒大街上找到一家咖啡馆，吃了一顿迟来的早餐。我去给相机拿更多的胶卷，然后来到市中心东部的一片草地上。在这里，歌德著名的花园小屋仍然矗立着，靠近他喜欢在夏天写作的地方——伊尔姆河。这座小屋是1776年萨克森·魏玛公爵送给他的，他一直使用到1832年去世。《威廉·迈斯特的学习时代》和《浮士德》的大部分内容都是在这个宁静的地方写就的。

在木制建筑外的草地上，我坐在长椅上，读到了这些句子：

> 在活生生的自然界中，没有任何事情是不与整体相联系的。当经验孤立地出现在我们面前时，或者当我们把实验看作是孤立的事实时，这并不是说这些事实确实是孤立的。问题是：我们如何找到现象之间的联系？[2]

然后我们开始步行，时间是中午12点45分。在接下来的几个小时里，我们将只会听到来自森普伦的话语。在这个地方，只有幸存者的话语会被说出来。

我们想象豪尔赫·森普伦在这里，就是在这个地方，在那个美好的4月下午，在集中营解放后仅几天，他陪同美国军队的沃尔特·罗森菲尔德中尉①，开始讨论其他德国流亡者——阿多诺、布莱希特、霍克海默、马尔库塞、布洛赫和汉娜·阿伦特——在这里的花园小屋的巨大贡献。1945年的那一天，花园小屋被挂上了锁。罗森菲尔德随后朗诵了布莱希特的以下一段话：

> 德国啊，苍白的母亲！
> 你的儿子们向你做了什么，
> 　　使你坐在各民族中间
> 　　变成嘲笑和害怕的对象！②

我们再次向西走到市中心，但这次我在数步数——每隔100码就把硬币从我的右口袋移到我的左口袋，以免数错。当我们在800码后停了下来时，非常方便地，我们正好靠近歌德在弗劳恩普兰的别墅。

森普伦：与罗森菲尔德中尉的魏玛之旅

我们到达这座小城市的时候，街道上几乎空无一人。我对它的距离感到惊讶：布痕瓦尔德与魏玛的第一批房屋之间只有几公里的距离。当然，从集中营里看不到这座城市，它建在埃特斯贝格的对面，俯瞰着一片绿油油的平原和宁静的村庄。但魏玛非常近，当我们到达时，在那里4月的阳光下几乎是一片荒芜。罗森菲尔德中尉驾驶着吉普车缓缓穿过街道和广场。我们看到，市中心的整个集市北侧都被盟军的炸弹破坏了。然后罗森菲尔德把吉普车停在了歌德故居前的弗劳恩普兰大街上。

---

① 罗森菲尔德一家是犹太人，起初来自柏林，但在20世纪30年代纳粹上台后移民到了美国。

② 原文为德语。——编者注

最后给我们开门的老人一点也不友好。起初，他想拒绝我们进入。他告诉我们，在这种情况下，进入参观必须得到当局的特别许可。罗森菲尔德中尉告诉他，实际上，在这种情况下，他自己，罗森菲尔德中尉，就代表着当局——实际上就是当局本身，大写的A，在它的极端奇点上：所有可以想象的权威。这一事实显然让这位热心守护歌德博物馆家园的老德国人感到不安，但他无法阻止罗森菲尔德中尉进入这座日耳曼文化的圣地。于是他进入了……我跟在中尉后面。老人关上前门时（我有时间辨认门上的拉丁文题词，上面写着这所房子是由乔治·卡斯帕·海尔默斯豪森于1709年，为了上帝的荣耀和城市的美化而建造的），他向已经去探索房子的罗森菲尔德中尉和他肩上挂着的自动手枪投去纯粹仇恨的目光。然后，那双黑色的、不信任的眼睛，充满了绝望的愤怒，上下打量着我。确切地说，他看的是我的装束。我必须得说它有点不寻常，而且不是很体面。他毫不迟疑地弄清楚了我是从哪来的，这不大可能使他放心。

实际上，我们参观这所房子并不需要导游……罗森菲尔德谈得相当有见地，提供了大量的相关信息。老看门人还是跟着我们。有时我们听到他在我们身后嘀咕。他很想让我们明白，我们是多么不配亵渎这样一个地方的不速之客。他列举了来自欧洲各地的作家和艺术家的名字，近年来他曾亲自带领他们穿过这所高贵的房子每个房间。然而，罗森菲尔德中尉没有理会他的喃喃自语，继续告诉我他所知道的一切——他知道很多——关于歌德在魏玛的漫长生活。最后，这位老纳粹可能因为我们没有反应而感到沮丧，他在我们背后更加大声地叙述了希特勒的最后一次访问，当时他住在魏玛的大象酒店。声音中涌动着对那个非凡人物的赞美之情，对那位元首的敬佩之情。罗森菲尔德中尉突然再也受不了了，他转过身来，抓住老人的衣领，把他拖到一个橱柜前，把他推了进去，锁上了门。我们得以平静地完成访问，远离他绝望和恶毒的声音。

我们走出小镇广场，老房子让位给热闹的商店和咖啡馆一条街，街上种着一盆盆树苗，似乎在试图抵消周围的商业气息。成群结队的学生在宽敞的书店里浏览，衣冠楚楚的退休人员在喝咖啡、吃点心。一个普通的夏日下午，头顶上的云层快速移动。我再次查看地图，在一个角落停了下来。J和凯就在后面几码远的地方。我们穿过一条繁忙的道路，现在似乎正朝着镇子的郊区走去。800码的距离让我们在一家药店外停了下来，一个年轻女人正把她的自行车锁在外面的车架上。

森普伦：魏玛的公民拜访他们的邻居，1945年4月

> 几天前，魏玛的一些居民聚集在布痕瓦尔德火葬场的院子里：妇女、青少年、老人。很明显，没有达到持枪年龄的男人——那些可以持枪的人仍然在持枪，继续进行战争。这些平民是在一队美国黑人士兵分队的护送下，乘坐大巴来到这里的……
>
> 那天，他们中的一些人站在火葬场院子的入口处，靠在通常用于阻止进入该地区的高大围栏上。他们的脸犹如僵硬的、无表情的青铜面具，严厉地注视着一小批德国平民。我想知道他们可能在想什么，他们对这场世界反法西斯战争可能有什么看法，这些美国黑人在第三军的冲锋队中人数众多。在某种程度上，正是这场战争使他们成为正式的公民……无论他们的社会背景如何，无论他们的出身多么卑微，尽管他们因肤色而受到公开或隐蔽的羞辱，但征兵使他们有可能成为拥有平等权利的公民。仿佛杀戮的权利最终让他们获得了自由的权利……
>
> 不管怎样，那天在火葬场的院子里，一个美国中尉（用德语）对来自魏玛市的几十名妇女、男女青少年和老人讲话。这些妇女穿着颜色鲜艳的春装。这位官员以中立的、含蓄的声音说话。他解释

了火化炉的工作原理，并提供了布痕瓦尔德的死亡数字。他提醒魏玛的平民，在七年多的时间里，他们一直生活在火葬场的烟雾之下，无动于衷或沆瀣一气。

他对他们说："你们这个美丽的城市，如此干净、整洁，充满了文化记忆，是古典和开明的德国的中心，似乎对生活在纳粹火葬场的烟雾中没有丝毫顾虑！"

妇女们（至少有不少人）无法抑制自己的眼泪，用戏剧性的手势乞求原谅。她们中的一些人很乐意这样做，甚至感到相当虚弱。少年们在绝望的沉默中寻求庇护。老人们望着远方，显然不愿意听这些话。

午后的热浪袭来。快出魏玛了，我们穿过城镇西北部边缘的一个轻工业区。

很快，我们就来到了郊外，在一条尘土飞扬的小路上，朝着埃特斯贝格的绿色弯道前进。偶尔有一排杨树，十几棵，还有零星的房子，整齐的瓦片屋顶，当我们经过它们的大门时，狗会睡眼惺忪地出来一探究竟。这很可能是歌德和他的密友埃克曼200年前定期散步时走的路。他们最喜欢的散步方式是把他们从繁忙的魏玛带到埃特斯贝格，在那里他们会认真地讨论存在的意义、语言的起源和宗教信仰的本质。我们绕过下面的一个村庄，在稍远处的一条小河边停下来，在一些柳树的树荫下吃饭。只有水声和远处山坡上的农场的拖拉机声。

森普伦：和他以前的教授在一起，他死在56区，残疾人区

一周又一周，我看着死亡的黑光在他们的眼睛里渐渐亮起。我们分享着这份确信，就像分享面包一样。死亡正在逼近，遮住了他们的眼睛，而我们分享它，就像……这是兄弟情谊的象征。一个人分享自己生命中剩余部分的方式……我们之间唯一的区别是我们还剩下多少时间，还有多少距离要走。

我把手放在莫里斯·哈布瓦赫（Maurice Halbwachs）瘦弱的肩膀上（轻轻地，轻轻地）：骨头几乎要碎了，处于断裂的边缘。我和他谈起了他以前在索邦大学的课程。在过去，在其他地方，在外面，在另一种生活中……临终前，他会微笑着，像兄弟一样把目光投向我。我和他就他的书进行了长谈。

在最初的那些星期天，莫里斯·哈布瓦赫还能说话。他急切地想知道事情的进展，想知道战争的消息。他问我——我在索邦大学当学生以来教授的最后一个教学问题——我是否已经走上了正轨，是否找到了我的天职。我回答说，我对历史感兴趣。他点了点头，为什么不呢？……

然而，很快，他就再也没有力气说一个字了。他只能听我说，而且要付出超乎寻常的努力。

他倾听；我谈到了春天即将结束，并传递了来自战场的好消息，帮他回忆他在书中所写的内容，以及他教学中的教训。

临终前，他还会微笑，像兄弟一样凝视着我。

最后一个星期天，莫里斯·哈布瓦赫甚至没有力气去听了。他只能勉强睁开眼睛……

我握住了这个垂死之人的手……作为回答，我只感觉到他的手指传来最轻的压力，一个几乎无法察觉的信息……莫里斯·哈布瓦赫教授已经到了人类抵抗的极限……

然后，我惊慌失措，不知道我是否会呼唤某个神灵来陪伴莫里斯·哈布瓦赫，但又意识到需要进行祈祷，努力控制自己的声音……我背诵了波德莱尔的几句诗。这是我唯一能想到的东西。

"哦，死神，老船长，是时候了！让我们起锚吧……"①

---

① 原文为法语，后一处引用同。——编者注

他的眼睛微微一亮，仿佛是出于惊讶。我继续背诵。当我背到"你所熟悉的我们的内心却充满了光芒"时，莫里斯·哈布瓦赫的嘴唇微微颤抖了一下。临终前，他微笑着，像兄弟一样凝视着我……

我们继续走。转向北方，爬上埃特斯贝格这个平缓的山丘，向山顶浓密的墨绿色树林边缘攀登，进入布痕瓦尔德。回头向东望去，可以看到远处的魏玛，南边是图林根州的平原。到达森林后，沿着山顶的轮廓向西走去，我们现在正从树木中寻找营地的最初痕迹。主要是山毛榉，也有橡树，非常茂密，很难看清前方。最终，这条小径通往一条长而直的道路，这条道路一定是在1934年建造集中营时修建的，这是德国继1933年达豪之后修建的第二个集中营。我们现在在埃特斯贝格的另一边，到处都是零星的混凝土树桩（这就是森普伦描述的"老鹰大道"的全部遗迹吗？）。在这条荒芜的道路尽头，就在一个被毁坏的加油站后面，营地的围墙和正门出现在我们面前。大门的一旁有一个警卫室，很奇怪，大门本身似乎很小（与森普伦记忆中穿过的"巨大的大门"不同），上面写着迎接所有新囚犯的嘲讽信息——"Jedem Das Seine"①。森普伦和他的同伴们是在晚上到达的，经过几天的运输，疲惫不堪，迎接他们的是嘈杂的暴力："喧闹声、狗吠声、步枪托的撞击声，在探照灯的刺眼光芒下，在泥泞中穿行，走完了整个老鹰大道。"

在大门下面，那些可怕的字眼还刻在我们的头顶上，我们停了下来。计数结束了：从歌德的花园小屋到布痕瓦尔德的大门一共10166码。这两地现实相距不到6英里——歌德在他的花园小屋中写作，森普伦惊恐地抵达大门前。

---

① 字面含义是"各取所需"；比喻含义是"各得其所"。

*****

现在是傍晚时分，我们惊讶地发现营地仍在向游客开放。但停车场几乎是空的，所有的客车都回城了。我们走进大门，对这个地方的广阔感到惊讶，它在山坡上向西延伸。也许有六个特拉法加广场那么大，但完全被森林所包围，只能从空中看到，或者从北面的平原上点缀的村庄。在这一大片土地上，我们只看到四个人——一个母亲和两个孩子，以及一个独自行走的老人。

森普伦：与他的朋友阿尔伯特——营地的风景

> 阿尔伯特和我站在小屋的门槛上的那一刻，我们愣住了，就在我们重新踏入新鲜空气中的时候。我们站在屋内臭气熏天的阴暗环境和室外4月的阳光之间的交界处，一动不动。面前的是蓝天，隐约地点缀着毛茸茸的云朵。除小营地的木屋和帐篷之外，周围大部分是绿色的森林。远处是图林根州的山脉。简而言之，歌德和埃克曼在埃特斯贝格散步时一定看到过这一永恒的风景。

在我的生命中，我第一次觉得自然界和树木的美丽似乎是一种嘲弄。在这个如此残暴的地方，树木在春天继续长出叶子，难道不是一种野蛮的冷漠吗？至少，这些鸟儿有礼貌地从这个不自然的地方消失了，那里的火葬场炉子的烟熏得空气都很难闻。不过今天，大约有20只小雀鸟在我们头上叽叽喳喳地叫着。我们穿过营地，停顿了一下，看到一个标志，告诉我们这里曾经存在过什么。除了门楼、火葬场和一个仓库之外，营地内几乎所有以前的建筑物都被夷为平地。但是，每个小屋和建筑先前的位置都被精确地标记在矩形的碎石上，并被命名。从缺失中创造意义的力量。

我们找到了医务室的轮廓，没有任何建筑留下，但它在我的脑海中完全生动起来——在那个寒冷的星期天，森普伦和他的战友们在这里聆听犹太人特遣队的幸存者，带来他们无法理解的奥斯维辛的消息。我走下一些台阶，惊讶地看到医务室原来的一些地砖和石头，想知道隔离区会在哪里。我往下看，突然被一个我无法相信自己看到的物体震惊了。在门口右侧的地面上，有一个严重生锈的金属靴刮，几乎是马蹄形的——我意识到这是森普伦那天用来把靴子上的雪刮掉的那个铁刮。一件最小的东西，但55年来传承的力量却让我停下了脚步。仿佛在这空旷的地方，森普伦突然在那里，在我的肩膀上，打着手势。在这样一个时刻，过去和现在成为一个单一的、融合的现实。

森普伦：他在1992年回到布痕瓦尔德

森普伦只回过一次布痕瓦尔德，那是在1992年3月，参与拍摄彼得·梅斯伯格导演的有关该集中营的德国电视纪录片。陪同森普伦的是他的两个孙子，托马斯和马蒂厄·兰德曼。他们在营地遇到了一个向导，一个"沉默寡言、胡子拉碴"的40岁男人。森普伦正在描述他到达集中营以及登记职业的时刻——这是一个至关重要的时刻，年轻的森普伦当时并没有意识到这一点。为他登记的德国囚犯（森普伦猜测，他和自己一样是个共产党员）不想把他记为一个"学生"。森普伦继续讲他的故事，向他的孙子和导游解释。

> 然后，可能是受够了我的固执，他挥手让我到一边，给下一个排队的人让路……他在我的卡片上写下了"学生"，我想那时他是相当生气的。

> 这时，导游开口了，平静、平和，但很坚定。"不，"他说，"他不是这么写的！"

> 我们转向他，惊呆了。

> 他没有写下"学生"两个字，他写的是完全不同的东西！

> 那人把手伸进他的上衣内袋，拿出一张纸。

> "我读过你的书，"他告诉我……"所以，知道你今天要来，

我就去找你在布痕瓦尔德档案中的登记卡。"

他笑了笑。

"你知道德国人多么喜欢秩序！所以我找到了你的卡片，就像你到达当晚所填写的那样。"他把那张纸拿出来给我看。

"这是它的复印件！你可以自己看一下，那个德国同志并没有写下'学生'！"

我用颤抖的手接过纸张。不，他没有写"学生"，那个不知名的德国同志。毫无疑问，在一些语音联想的引导下，他写的是"粉刷工"（Stukkateur）。我看了看我的卡片，我的手在颤抖。

44904

乔治·波利特·森普伦

10.12.23 马德里 西班牙人。粉刷工

1944年1月29日

这就是我的登记卡上的内容，在我到达布痕瓦尔德的那晚填写的……我被登记为一名粉刷工人，这么简单的一件事会让我免于被大规模地运往多拉，那里是一个地下工厂的施工现场，V-1和V-2火箭将在那里组装。一个地狱般的地方……半个世纪后，我手里拿着我的登记表。我在发抖。默斯伯格一家、托马斯和马蒂厄·兰德曼，他们都过来找我了。他们对我的故事的最后这一意外转折感到震惊，盯着那个荒谬而神奇的词，"粉刷工"，它很可能救了我的命。我还记得那个德国共产党人的眼神——一种来自死亡的远方的眼神——他当时试着解释为什么在布痕瓦尔德做一个熟练工人会更好。

森普伦的记忆是可靠的。1944年1月和2月，多拉工厂（位于布痕瓦尔德西北40英里的图林根山区）正以最大限度运作，且死亡人数高得惊人。此时

的军备和战时生产部长阿尔伯特·施佩尔在森普伦到达前七周就已经参观了这个地下工厂。他发现在那里工作的囚犯的生存条件很"野蛮","他们的死亡率特别高"。[3]这是施佩尔一生中仅有的几个时刻之一,他似乎暂时理解了他在柏林的办公室里管理的这个抽象的技术官僚世界的人类代价。这引发了身体和情感的崩溃,他在1944年1月住进了医院——就在这个月,森普伦的匿名登记员把他从运送到多拉的途中救了出来。

我们该离开了。我们找到了"歌德的橡树"曾经矗立的地方,据说他不仅在那里与埃克曼散步,还在那里遇到了他的情人夏洛特·冯·施泰因。我们读到,希姆莱因为这些联想而故意将集中营设在这里,似乎是在嘲弄歌德的知识分子后代,他们将居住在这个疯狂的地方——"看看你们的启蒙运动给你们带来了什么?你所有辉煌的国际理念,你们的哲学,现在对你们有什么帮助?"我后来发现,在不到一英里远的地方,东边的森林里隐藏着宏伟的狩猎小屋——埃特斯贝格宫(今天是一家酒店),它是在17世纪初为威廉·恩斯特公爵建造的,也是巴赫定期为其赞助人举办音乐会的地方。在返回正门的路上,我们绕过了深灰色的火葬场建筑,高耸的烟囱仍在那里。不理解,还是不理解。我们可能知道发生了什么事,但在这个夏日看到烟囱在这里,在蓝天的映衬下显得格外刺眼,这又是另一回事——这是另一种层次的认识。在这个夏天的夜晚,我们最后看了一眼遥远的图林根州平原,我读了森普伦的最后一段话。

森普伦:回家

> 同样的风,永恒的风,吹过永恒的埃特斯贝格。
>
> 我们与萨宾和彼得·默斯伯格一起乘车抵达,发现电视摄制组正在等待我们。我们走在通向布痕瓦尔德入口的老鹰大道上。但这里没有希特勒的鹰,也没有高大的柱子将它们抛向曾经被火葬场的烟雾熏黑的天空。这里有一条路,党卫军的宿舍区还剩下几间营房。巨大的入口仍然矗立着,上面是瞭望塔。我们在大胡子导游的

陪同下穿过大门，他一直在那里等着我们。我的手拂过大门上的锻铁铭文字母"JEDEM DAS SEINE"：各得其所。

我不能说我被"触动"了，这个词还不够有力。我意识到我要回家了。在通往地狱的大门口，我不得不放弃的并不是希望；恰恰相反。我放弃了我的晚年，我的失望，我生命中的错误和失败。我回家了。我的意思是，回到我20岁时的世界：它的愤怒、激情、欢笑、好奇。最重要的是，它的希望。我放弃了一生中积累在灵魂中所有致命的绝望，重新发现我在20岁时被死亡包围时的希望。

我们已经跨过了大门，埃特斯贝格的风扑面而来。我说不出话来，感觉要疯狂地跑过广场，冲向小营地，冲向莫里斯·哈布瓦赫死去的第56区，冲向我帮迭戈·莫拉莱斯闭上眼睛的医务室小屋。我一句话也说不出来，我一动不动地站着，被眼前这块空地的戏剧性之美所震撼。我把一只手放在托马斯·兰德曼的肩膀上，他在我身边。我把《美丽的下午》献给了他，以便在我死后，他可以记住我对布痕瓦尔德的回忆。现在对他来说，这将是一件容易的事了。可能也更难了，因为不那么抽象了。

我把一只手放在托马斯的肩膀上，仿佛在召唤他来作证。很快就会有一天，布痕瓦尔德将不再有一个幸存者，关于布痕瓦尔德的直接记忆也将不复存在，再也没有人能够用来自身体的回忆而不是理论上重建的话语，来描述出那是什么样子：饥饿、疲惫、痛苦、绝对邪恶的刺眼存在——正是因为它隐藏在我们所有人之中，作为我们自由的条件。任何人的身体和灵魂都不会再被火葬场炉子里烧焦的肉体的气味打上不可磨灭的烙印……

我想，我最私人的记忆，也是我自己保留得最多的记忆……使我成为我自己……使我区别于其他人，至少是区别于其他人……使我与人类隔绝——除了几百个例外——即使它确立了我的身份……在我的记忆中燃烧着卑鄙的恐怖火焰……也有自豪感……来自对火葬场的气味是永恒的、令人窒息的记忆：陈腐、令人作呕……埃特斯贝格山上的肉体被烧焦的气味。

不过，总有一天，没有人会真正记住这种气味：它将只不过是一个短语，一个文学引用，一种气味的概念。因此，没有气味。

当我们走出正门时——我们是最后一个离开的，颇具讽刺意味的是，一个保安正等着要把我们锁在这个集中营外面——J把我们叫到门房。现在已经是晚上8点多了，我们通过一系列信号，同意结束沉默——现在已经超过七个小时了。凯找到了党卫军建小动物园的地方，就在围墙外面，而J在门房里发现了别的东西，但只是看得见而已。我们透过窗户窥视J发现的营地模型，很快意识到布痕瓦尔德的另一个现实——营地的工业区最初是巨大的，和整个营区一样大。然而，当我们走到模型上标明这一区域时，所能找到的只是一个小告示，上面显示了DAW工厂曾经的所在地——德意志钢铁工厂，囚犯们在这里作为奴工为德国的战争机器制造设备。再往南300码是古斯特洛夫兵工厂，在那里有更多的布痕瓦尔德囚犯被迫工作。正如在奥斯维辛-布纳集中营一样，党卫军把相邻集中营的囚犯视为可用于战时生产的消耗品，无论是武器和设备（与DAW和古斯特洛夫合作），还是布纳-莫诺维茨合成燃料和橡胶（与法本公司合资）。在这两个案例中，种族灭绝分子和企业再次通力合作。

然而，布痕瓦尔德的这个关键组成部分——企业/工业方面——根本没有被记录下来。绝大多数的工厂已经消失在森林中，没有任何迹象。就像在奥斯维辛集中营一样，似乎大屠杀的核心部分——党卫军和企业的勾结——并不是理想叙事的一部分。关押犯人的集中营被铭记，他们曾经工作过的地方，往往到死都被遗忘了。事实上，这些"工作场所"是由拜耳、爱克发、巴斯夫、赫斯特、西门子、安联、德意志银行等仍然是我们经济和社会的一部分的公司资助、建设、经营和保险的，这可能告诉了我们需要知道的关于政治便利的信息——选择性记忆与选择性遗忘。我想知道，普里莫·莱维，这个道德上最不知疲倦的人，死的时候为什么正在研究这个课题？《被淹没与被拯救的》的续集将"调查与纳粹集中营有关的德国工业（巴斯夫、西门子、拜耳）"。[4]

莱维密切关注法本公司战后的发展，并对公司许多高级人员所谓的"复原"感到震惊。1953年，他和其他1万名前奴隶劳工开始向公司要求赔偿（清算中）。1959年，德国法院判给每位幸存者122.7德国马克的赔偿金。我们还了解到，他在战后担任锡瓦（Siva）清漆生产主管和化工公司利维（Levi）的采购员时，不时会见到法本公司和其他曾在奥斯维辛经营过的德国公司的前代表。1954年7月，他在位于科隆附近勒沃库森（Leverkusen）的拜耳（也曾是法本集团的一部分）总部会见了拜耳的经理。第一次，他故意让这些人回顾公司的过去——他后来把这种渴望已久的遭遇称为"谈话时刻"：

> 在拜耳，莱维特意向前法本的实业家们介绍自己，"莱维，你好吗？"当拜耳的一位董事注意到一个意大利人会说德语"最不寻常"时，莱维反驳道："我叫莱维。我是犹太人，我在奥斯维辛学会了你们的语言。"对方结结巴巴地道歉，接着是一阵沉默。①

一天的炎热仍然伴随着我们，我们步行走出森林直到埃特斯贝格尽头。我们决定在这里绕道一小段，下到在上山时看到的一座灰色纪念塔——走近时，我们看到了一座巨大的青铜雕像，代表布痕瓦尔德被解放的囚犯。它完全以社会主义和现实主义模式完成，举起拳头和旗帜，我们后来发现，这是1958年由当时的民主德国政府完成的，庆祝对法西斯主义的抵抗。如今看着这座纪念碑，不可能不带点苦涩的讽刺意味，因为1945年纳粹集中营的"解放"并不是布痕瓦尔德的终结。"二战"后，德国被分成四个军事占领区——英国在西北部，法国在西南部，美国在南部，苏联在东部——苏联内

---

① 伊恩·汤姆森引用普里莫·莱维的话，《1954—1961年德国之旅》第十六章。

务人民委员部在布痕瓦尔德建立了2号特别集中营,用于关押政治犯,使用了大部分保留下来的集中营基础设施。根据苏联的记录,在1945年到1950年集中营关闭期间,有超过7000名囚犯死在这里,但死亡人数可能要高得多。1937年至1950年间布痕瓦尔德集中营的延续,是欧洲纳粹主义和斯大林主义共性的最生动的例子。

我们下了山,来到一个叫加本多夫的小村庄,我们在来这里的路上绕过了它。J说,阅读和地点的巧合在今天是多么的强大——例如,当我们听说战争结束后魏玛的居民被带到布痕瓦尔德时,我们看到了郊区的购物者。到达村子时,可以听到从教堂传来低沉的铜管乐队的声音。我们找到一家小酒吧,很快就喝下大杯啤酒,吃了腌鲱鱼卷。铜管乐队的声音越来越大,村民们从家里出来鼓掌,这是一种愉快的,但也有点奇怪的气氛,当然,我们像疼痛的拇指一样在这里显得格外突出。一个少年走近我们,问我们从哪里来——"英国人,是吗?"——然后模仿向我们开枪的样子。我们笑了,有点紧张,付了啤酒钱,然后返回魏玛。

等我们回来,魏玛就不一样了。毕竟我们今天经历了这么多,如果不是这样的话,那才会惊讶。我们累了,不是因为步行——只有11英里左右——而是因为我们的所见所闻带来的强烈感觉。我们在小旅馆里休息,然后在另一家餐厅吃晚餐,再次坐在外面的一个小广场上。我们更多地反思这一天,谈论我们这一代是几个世纪以来第一个没有经受过战争考验的一代。当然,我们对此很感激,但我们想知道,如果没有经历过这种过程,是否会失去什么。我们计划明天去索菲亚的路线。凯累了,回到了旅馆,我和J找了另一家酒吧夜酌一杯,真希望明天是个休息日,这样我们就能有一点时间消化,然后继续前进。

1999年7月10日,从魏玛到索菲亚

今天上午,我们设法在铁路枢纽耶拿换乘了去索菲亚的火车。站长担心这列国际列车可能不会停在这里。我们指着托马斯·库克的《欧洲列车时刻

表》，想要得到安慰，但他发出了一声恼怒的抱怨，我们认为他的意思是，我们不应该相信时刻表。但是，最后，我们的希腊快车确实决定在这里停下来，我们带着背包，满怀感激地爬上了车。

到了晚上，我们就能穿过匈牙利，到了午夜，就能穿过塞尔维亚边境。凌晨去诺维萨德会很奇怪，凯和我在那里有朋友。毫无疑问，正是这些联想让我们今晚在餐车里边喝啤酒边聊天。我们回顾了昨天的散步，回到了斯坦纳的作品，那是这一章的开头，他所说的"中欧人文主义"与集中营的野蛮相接近。凯回忆说，当我发现万湖会议一半的与会者都有博士学位时，我感到震惊。但这真的值得大惊小怪吗？"得了吧，他们是法学博士、神学博士！这些主题应该以人权和伦理为中心吗？不一定。那么，从一开始就成为学术界一部分的更广泛的质疑文化又如何呢？希腊哲学的影响，尤其是柏拉图思想和苏格拉底质疑的概念？"J随后也加入讨论，反思了教育中还有其他更专制的传统——不知道19世纪的普鲁士教育体系对质疑有多少重视。或者，在这个问题上，他自己在接受的20世纪70年代的教育中也有这样的经历。

然而，更宽泛的问题来了，权力和知识分子之间的联系比我们通常想象的更紧密。普里莫·莱维在他关于让·埃默里的文章《奥斯维辛的知识分子》中提到了这种相似性。他谈到了一种共谋，埃默里正确地指出了这一点，然后继续说：

> 就其本质而言，知识分子……倾向于成为权力的帮凶，并赞同它。他倾向于追随黑格尔的脚步，把国家、任何国家都神化；它存在的唯一事实证明了它的存在。希特勒德国的编年史中充满了证实这种倾向的案例：哲学家海德格尔，萨特的导师，诺贝尔奖获得者、物理学家斯塔克，德国天主教的最高权威、红衣主教福尔哈伯，还有无数的其他人也一样。

爱尔兰作家芬坦·奥图尔（Fintan O'toole）更进一步解释："不仅仅是有创造力的人最终无力对抗枪支和集中营，还有有文化的人任由无知的杀手摆布。更糟糕的是，有教养的人和无知的杀手常常是同一个人。"

在1994年卢旺达事件中，可以看到惊人的类似勾结——受教育者和种族灭绝的实施者之间的勾结。费格尔·基恩在《血的季节》中提出了这一点。

> 我在穿越卢旺达的旅程中，遇到了许多杀人犯：种族灭绝是一种大规模的共谋犯罪，人们很难避免遇到曾参与其中的人。他们站在每一个路障上，站在每一个军营里……有几个人看起来是真正的精神病患者。其他大多数人都是衣衫褴褛、大字不识的农民，很容易被激起对图西人的仇恨。也许我遇到的最阴险的人是受过教育的政治精英，他们有魅力、有修养，能说流利的法语，能就战争和民主的性质进行长时间的哲学辩论。

菲利普·古雷维奇（Philip Gourevitch）在《向您告知，明天我们一家就要被杀》中描述了1994年卢旺达种族灭绝的许多冲动可以追溯到1957年9名胡图族知识分子发表的被称为《胡图族宣言》的文章。他还引用了基加利的一位律师的话说：

> 那些拿着钱或被迫杀人的农民都在仰视社会经济地位较高的人，看他们如何行事。因此，有影响力的人或大金融家，往往是种族灭绝中的大人物。他们可能认为自己没有杀人，因为他们没有亲手夺取生命，但人们却在等待他们的命令。

受过教育的人、白领、桌面屠夫。但我不确定我们在试图确定欧洲人文主义中究竟是什么导致了灭绝营，而且致使林德奎斯特在《消灭一切野蛮人》中如此生动地勾勒出的种族灭绝殖民主义的早期心态方面走得更远。或者说，把目光投向欧洲以外，例如，胡图族对图西族的种族灭绝。是什么冲动，什么能量，推动了所有这些举措？是对种族纯洁的渴望？对某种变态的"完美性"的追求？林德奎斯特引用了所谓的"自由主义"哲学家赫伯特·斯宾塞（Herbert Spencer）对19世纪中期的进步和对种族纯洁的需求的看法，并强调这种观点在当时绝非极端。

> 他在《社会静力学》中写道……帝国主义通过把劣等种族从地球上清除出去而为文明服务。"正在制定完美幸福的伟大计划的力量，不考虑附带的痛苦，消灭阻碍他们的人类部分……不管是人还是畜生，都必须摆脱障碍。"

我们也应该记住哲学家爱德华·冯·哈特曼的建议，不要延长"处于灭绝边缘的野蛮人的死亡挣扎"，以及"真正的慈善家"应该如何帮助加速这一进程。

这些陈述清晰地体现了"文明"内部的灭绝主义冲动，令人震惊。他们似乎支持阿多诺的论点（引用弗洛伊德的话），"文明本身产生了反文明，并日益强化它……如果野蛮本身被铭刻在文明的原则之中，那么在反抗它的企图中就存在着某种绝望的东西"。[5]

而且，我现在发现自己越来越远离斯坦纳关于文明和野蛮之间"接近"的观点，并考虑到这两种情况实际上可能是同一种情况，就像17世纪伦敦的咖啡馆（以及里面所有关于文明的高雅谈话）都建立在奴隶贸易和大西洋三角的基础上。如果我们认为现在的社会好得多，我们已经摆脱了这种野蛮的文明，那就看看我们这个时代的一个例子。我们的政府现在雇佣律师（代表我们）来确定一个男人或女人（代表我们）可以被折磨到什么程度，以及（代表我们）可以使用什么酷刑方法，而不是一次使用"酷刑"这个词。

这些受过高等教育的男女就在我们身边。

他想着世界这样安排，结果人类文明每天犯下罪行——一个人犯下这些罪行会被终身监禁。他想人们对这些现象见怪不怪，要么不理不睬，把它们称为时事或政治或战争，要么辟出一个跟人类文明无涉的空间，把它叫作私人生活。

理查德·弗拉纳根的《深入北方的小路》

二、野蛮的距离

2005年，几份文件在很短的时间内进入了公共领域。在这个狭小的窗口中，我下载了本章所论述的文件。这些备忘录——至少是我能够详细阅读的四份，其他的被严重删减——是由在美国司法部部长办公室工作的两名律师在2002年8月至2005年5月期间发给中央情报局首席顾问约翰·里佐的。在长达124页的文件中，他们详细描述了布什政府高级法律官员之间的辩论，关于到底什么是"酷刑"，什么"强制审讯技术"可能是被允许的，以及关于"痛苦"的主体性和"严重精神痛苦"的意义的哲学讨论。这些人后来提供的法律建议决定了关塔那摩（Guantánamo）和阿布格莱布（Abu Ghraib）拘留中心对嫌疑人的待遇。

以下是两名涉案男子：

杰伊·拜比在杨百翰大学（Brigham Young University）学习经济学，1977年毕业，随后在杨百翰大学的J.鲁本·克拉克法学院获得法律资格。他于1984年开始在美国司法部工作，2001年晋升为助理司法部长，领导法律顾问办公室。1986年，他与教师戴安娜·格里尔（Dianna Greer）结婚，育有四个孩子。他活跃于耶稣基督后期圣徒教会，也就是俗称的摩门教。1973年到1975年间，他自愿为智利圣地亚哥的教会执行任务——他在那里的时间恰好与美国支持的政变相吻合，这场政变推翻了阿连德并开启皮诺切特军事独裁统治的早期。如今，他是第九巡回上诉法院的一名法官。

史蒂文·布拉德伯里于1980年在斯坦福大学获得了英语专业的学士学位，随后在密歇根大学法学院继续深造，并于1988年获得研究生学位。在2004年加入法律顾问办公室之前，他主要从事私人法律业务，在那里他被任命为首席副助理司法部长。他与席德·卡恩（Hilde Kahn）结婚，他们有三个孩子，詹姆斯、威廉和苏珊娜。2013年，史蒂文和席德向弗吉尼亚州费尔法克斯市托马斯·杰斐逊科技高中捐款超过5000美元。如今,布拉德伯已回归私人执业,是华盛顿德赫特律师事务所(Dechert LLP)的合伙人。

*****

花几个小时看这些备忘录会让人觉得很丢脸,为我们的社会所能做的事感到羞耻。自从人类诞生以来,酷刑就一直存在。在早期,甚至在没有一个词来描述它是什么之前,男人会使用暴力来相互攻击以得到他们想要的东西。残酷吗?绝对的。比其他动物对彼此做的事更令人震惊吗?毫无疑问。但令人震惊的是,一个本应为维护法治而存在的职业被严重歪曲了。没有比那些受过高等教育的人写的冷冰冰的、客观的备忘录更可耻的了,这些备忘录的目的是让美国政府折磨那些从未被指控过罪行的嫌疑人(他们也没有被提交到任何法庭)。你阅读这些文件时,可能会想起我们在柏林遇到的那些资深律师,他们在讨论如何通过"法律手段"来组织大屠杀。在纳粹德国用来指代酷刑的语言和今天美国政府用来指代酷刑的语言之间也有着非常精确的联系。1936年,盖世太保的海因里希·穆勒(我们最后一次提到他是在万湖会议上)获得授权,实施"强化审讯"[1];2005年,总检察长办公室的史蒂文·布拉德伯里(Steven Bradbury)就"强化审讯技术"提出了建议。[2]

以下摘录自2002年8月至2005年5月间发出的四份备忘录。一字未改。

---

[1] 《参与者:万湖会议上的人》,汉斯-克里斯蒂安·亚什和克里斯托夫·克罗伊穆茨(合编)。

[2] 《给约翰·A.里佐的备忘录》,史蒂文·布拉德伯里,2005年5月10日,第10页。

备忘一：绝密［被涂黑的文件——部分删节］

日期：2002年8月1日

发件人：杰伊·S.拜比，助理司法部长

致：约翰·里佐，中央情报局代理总法律顾问

主题：审讯基地组织成员

你希望将审讯转移到你所说的"增加压力阶段"。作为增加压力阶段的一部分，祖巴伊达（Zubaydah）将只与一个他以前没有见过的新的审讯专家接触，以及"生存、逃避、抵抗、逃脱"（"SERE"）训练心理学家，他从审讯开始就参与其中。这一阶段可能只有几天，但也可能会持续30天。在这个阶段，你要使用十种技巧，你要相信这些技巧会打乱他对他认为自己将会得到的待遇的期望，并鼓励他披露上述的关键信息。这十种技巧是：（1）转移注意力；（2）围墙；（3）面部抓握；（4）面部拍打（侮辱式扇脸）；（5）局促的禁闭；（6）靠墙站着；（7）压力姿势；（8）剥夺睡眠；（9）将昆虫放在禁闭箱里；（10）水刑。您已经通知我们，这些技术的使用将在必要的基础上，并不是所有这些技术都将被使用。审讯小组会结合使用这些技巧，让祖巴伊达相信，他能影响周围环境的唯一方式就是合作。然而，你已经告诉我们，你希望这些技巧以某种升级的方式被使用，以水刑为顶点，但不一定以这种技巧结束。

在备忘录的后面，他分析了"严重的疼痛或折磨"的法律含义，并解释说"为了使疼痛或折磨上升到酷刑的程度，法律要求它是严重的"。在经历了以上列出的所有十种"技巧"后，他得出结论："没有一种建议的技巧会造成这样的痛苦。"他是这样描述水刑的：

如我们所知，使用水刑时，受试者的身体反应就像受试者正在

溺水一样——即使受试者可能很清楚自己实际上并没有溺水。你已经告诉我们这个程序不会造成实际的身体伤害。因此，尽管受试者可能会体验到与溺水感相关的恐惧或恐慌，但水刑并不会造成身体上的痛苦。正如我们在第2340A条备忘录中解释的，第2340条中使用的"痛苦和折磨"最好被理解为一个单一的概念，而不是区别于"痛苦"的不同概念。见第2340A条第3号备忘录。水刑不会造成任何痛苦或实际伤害，在我们看来，它不会造成"严重的痛苦"。即使有人更仔细地分析该法规，试图将"痛苦"作为一个独特的概念来对待，水刑也不能说造成了严重的痛苦。水刑仅仅是一种被控制的急性发作，缺乏通常用于痛苦的一段漫长时间的内涵。

在备忘录稍后部分，拜比讨论了水刑造成的精神伤害问题：

> 虽然水刑局构成了迫在眉睫的死亡威胁，但长期的精神伤害必须导致违反关于施加严重精神痛苦或折磨的法定禁令。见第2340A条备忘录第7段。我们之前的结论是，长时间的精神伤害是某种持续时间的精神伤害，例如持续数月或数年的精神伤害。长时间的精神伤害不仅仅是在国家警察的审讯中所经历的压力。根据您在SERE学校对使用这些方法的研究，以及其他心理学和审讯领域的专家的咨询，您不认为使用水刑会导致任何长期的精神伤害……在没有长期精神伤害的情况下，就不会造成严重的精神痛苦或折磨，而使用这些程序就不会构成规约意义上的酷刑。

拜比指出，中央情报局已经咨询了审讯专家、心理健康专家和心理学家，并"建立了祖巴伊达的全面心理档案"，确定"使用这种程序"是否会导致长期的精神伤害。他的结论是：

对这些关于祖巴伊达的信息以及使用这些技术的效果的依赖，更普遍地显示了一种善意的信念，即在审讯祖巴伊达时使用这些方法不会造成长期精神伤害。此外，我们认为这不仅代表了一种诚实的信念，而且是一种基于你们提供给我们的信息的合理信念。因此，我们认为没有施加长期精神折磨的特定意图，因此，没有施加严重精神痛苦或折磨的特定意图。据此，我们得出结论，根据本案的事实，单独使用这些方法或行为过程不会违反第2340A条。

这里有三个词让我印象深刻——"一种善意的信念"、"一种诚实的信念"和"一种合理的信念"。就好像，通过使用额外的形容词，可以为没有信仰、没有诚实和没有合理性的观点找到正当的理由一样。

*****

备忘录2/3：最高机密［文件被涂黑——部分内容被删减］
日期：2005年5月10日，17：50
发件人：史蒂文·G.布拉德伯里，首席副助理检察长
收件人：约翰·A.里佐，高级助理司法部长，中央情报局高级副总法律顾问
主题：在审讯高价值基地组织被拘留者时综合使用某些技术

这份备忘录由史蒂文·布拉德伯里在同一天下午从"司法部第15号现场"发出，构成了一份长达66页的文件，延续了拜比前一份备忘录的主题，但对所涉及的"技术"以及它们符合美国法律的程度进行了更详细的阐述。他特别关注不同审讯程序的组合如何可能达到酷刑的法律定义；他还热衷于让所有参与的中央情报局人员，特别是审讯者和中央情报局医疗服务办公室（OMS）的成员意识到在这一领域需要注意的问题。他首先详细介绍了对待

被拘留者的第一个阶段：

> 根据背景文件，在飞往审讯地点之前，被拘留者要接受体检。然后，在飞行过程中，他被"牢牢地铐住，并通过使用眼罩、耳罩和头罩来剥夺视觉和听觉"。一名机上医务人员监控他的状况。保安人员也监测被拘留者是否有痛苦的迹象。抵达现场后，被拘留者"发现自己完全被美国人控制"，并接受"精确、安静、几乎是临床"的程序，旨在强调"环境变化的艰巨性和突然性，对接下来会发生什么的不确定性，以及（被拘留者）可能对美国拘留的潜在恐惧"。他的头和脸被剃光；他的身体状况通过裸体时拍摄的照片被记录下来；他被进行医学和心理学访谈，以评估他的状况，并确保没有使用任何特定监禁技术的禁忌证。

他还解释说，中央情报局所有设施的拘留条件包括使用"白噪声"和持续的光线。

> 虽然我们不讨论使用白噪声（不超过79分贝）和持续照明的合法性，但我们注意到，根据你提供的材料，（1）职业安全与健康管理局已经确定，每天24小时连续暴露在高达82分贝的噪声下，没有永久性听力损失的风险；（2）被拘留者通常很快适应持续照明，而且这不会过度干扰他们的睡眠能力。见法律顾问办公室代理助理检察长丹·莱文的传真，[文件被涂黑——此处被删减]（2005年1月4日）

关于水刑的使用，他规定了使用这种"技术"的时间限制——在任何30天内只能使用五天，在24小时内不能超过两次"会议"，"会议"的定义是指被拘留者被绑在水刑板上的时间，任何"会议"都不能超过两小时。水的最长使用时间为40秒。后来，他说："我们还了解到，水刑在身体上是没有痛苦的。"正如拜比之前的评论一样，在这一点上，即使是最温和的和平主义者也可能希望看到布拉德伯里亲自体验一下，并在24小时内暴露在82分贝的噪音中。

同时发出的第3号备忘录还对更多细节进行了说明。我们了解到使用了另一种技术——"浇水"，以及需要一名医务人员在场，监测被拘留者是否有"体温过低的迹象"。这里也有做和不做的清单。

> 水温为41℉时，在没有干燥和重新加热的情况下，总暴露时间不能超过20分钟。
>
> 水温为50℉时，在没有干燥和重新加热的情况下，总暴露时间不得超过40分钟。
>
> 水温为59℉时，在没有干燥和重新加热的情况下，总暴露时间不得超过60分钟。

强制裸体。这种方法用于造成心理上的不适，特别是当被拘留者由于文化或其他原因而特别羞怯的时候。在使用这种技术时，可以提供衣服作为合作的即时奖励。在审讯期间和两次审讯之间，如果环境温度和被拘留者的健康状况允许，可以让被拘留者保持裸体。要采用这种技术，环境温度必须至少为68℉。不允许进行性虐待或威胁进行性虐待……我们知道，审讯人员"接受了避免性暗示或任何隐含或明确的性贬低行为的培训"。然而，审讯人员可以利用被拘留者对被看到裸体的恐惧。此外，参与审讯过程的女性官员可能会看到被拘留者的裸体；为了我们的分析，我们将假设作为一种审讯技术而遭受裸体的被拘留者知道他们可能会被女性看到裸体。

我们了解到，第12项技术是剥夺睡眠，而且"中央情报局剥夺睡眠的最长时间是180小时"。这是它的工作原理：

12. 睡眠不足（超过48小时）。这种方法会让被拘留者在很长一段时间内不睡觉。你已经告诉我们使用这种技术的主要目的是削弱被测者的抵抗力。

剥夺睡眠的主要方法包括使用镣铐使被拘留者保持清醒。使用这种方法时，被拘留者站着戴上手铐，手铐是用一长串链子绑在天花板上的。被拘留者的双手被铐在身体前面，这样被拘留者的移动直径大约为2到3英尺。被拘留者的脚被拴在地板上的一个螺栓上。就人身安全而言，应注意确保吊环既不太松也不太紧。我们从与OMS的讨论中了解到，镣铐不会给受试者带来任何明显的身体疼痛。被拘留者的手通常在他的心和下巴之间。在某些情况下，被拘留者的手可以举过他的头，但最多只能举两个小时。被拘留者在站立睡眠剥夺期间，所有的重量都由他的腿和脚承担。

我们知道，被剥夺睡眠的囚犯通常会被中央情报局人员亲手喂食，这样他就不需要解开镣铐；不过，如果在审讯过程中取得了进展，审讯人员可能会解开被拘留者的镣铐，让他自己进食，以此作为积极的激励。

如果被拘留者穿着衣服，他会在裤子里穿成人尿布。被剥夺睡眠的被拘留者还会被单独审讯，他们有时会赤身裸体，穿着尿布。如果被拘留者穿着尿布，应定期检查，并在必要时更换。尿布的使用是为了被拘留者的卫生和健康；它不是用来羞辱被拘留者的，也不被认为是一种审讯手段。

在这份文件的中间部分，律师引用了许多学术参考资料，指出"区分疼痛的等级显然不是一件容易的事，特别是在缺乏任何精确、客观的科学标准来衡量疼痛的情况下"，并且"疼痛是一种复杂的、主观的、感知的现象，有许多维度——强度、质量、时间过程、影响和个人意义——每个人都有独特的体验，因此，只能间接评估。随后，有几页纸试图定义"严重的精神痛苦或折磨"，以及如何证明"长期的精神伤害"的问题。OMS人员的作用得到了强烈的强调，这些医务人员在对人进行酷刑时的存在被描绘成显示他们有责任"防止严重的身体或精神疼痛或痛苦"。不出所料,布拉德伯里的结论是:"尽管根据法规,延长睡眠剥夺和使用水刑在某些方面引起了更多的实质性问题,而且使用水刑引起了最实质性的问题——这些具体的技术,单独考虑,都没有违反第2340-2340A条的禁止规定。"

*****

备忘四:绝密［文件被涂黑——部分删节］
日期:2005年5月30日
发件人:史蒂文·G.布拉德伯里,首席副助理司法部长
致:约翰·A.里佐,中央情报局高级副法律总顾问
主题:美国根据《联合国反酷刑公约》第16条承担的义务,适用于审讯高价值基地组织在押人员时可能使用的某些技术。

这份备忘录一开始就厚颜无耻地对法律冷嘲热讽。美国是《联合国禁止酷刑和其他残忍、不人道或有辱人格的待遇或处罚公约》的签署国,布拉德伯里描述了该公约第16条的领土范围:

> 根据条款,第16条仅限于在"(美国)管辖的领土"内进行。我们的结论是,在美国管辖的领土最多包括美国作为政府至少在事实上行使权力的地区。根据中央情报局的保证,我们了解到审讯不会发生在任何这样的地区。因此,我们得出结论,第16条不适用于中央情报局的审讯实践,因此这些做法不违反第16条

然而,布拉德伯里想要探讨的是,如果第16条确实适用于中央情报局使用的审讯技术,那么最高法院是否会以行政行为"震撼了良心"为由,对这些技术提出质疑。这句话在这些备忘录的背景下显得不和谐,因为它暗示了

CIA之外的世界的存在。然后，他详细地描述了对被拘留者的折磨，以及在所有情况下，这些"强化技术"是如何被那些被折磨者提供的"重要信息"所证明的。

接着的一页又一页是关于术语"其管辖下的领土"的确切含义的法律论证，以及关塔那摩湾如何可以不受这个短语的限制。在这份文件的第27页，我们回到了对"震撼了良心"的政府行为，实际上意味着什么的探索。最高法院对此进行分析的案例"相对较少"，因此存在的法律先例很少。随后，布拉德伯里详细列举了中央情报局审讯程序可能受到挑战的方式：

- 我们首先考虑CIA的审讯项目是否涉及"宪法任意"的行为。"我们得出的结论是没有。"
- 我们接下来讨论的是，根据"对传统行政行为的理解、当代实践，以及通常适用于他们的指责标准"，使用强化审讯技术是否构成了"如此惊人，如此无耻，这可以说是震惊了当代的良知"的政府行为。

这件事比较复杂，要给个明确答复。布拉德伯里后来解释说："每年在国务院发布的《年度国别人权报告》中，美国都谴责其他国家采用的强制审讯技术和其他做法。"他令人担忧地指出："美国谴责的某些审讯手段似乎与中央情报局的一些审讯手段有些相似。"

然后，他将这些行为列为"心理折磨""裸体、喷水、剥夺睡眠"。但是他在这一节的结尾说："我们不相信这些报告提供了证据，表明中央情报局的审讯项目'震惊了当代的良心'。"

这里还有一个发人深省的脚注，布拉德伯里承认美国政策的核心是虚伪的：

我们认识到，作为一项外交事务，美国可能出于各种原因，要求其他国家对某些做法负责，而这些做法在某些方面可能类似于美国在某些情况下可能秘密或以其他方式从事的行为。

在这份40页备忘录的结尾，布拉德伯里写道：

> 根据中央情报局的保证，我们了解到，中央情报局的审讯计划不是在美国或"（美国）管辖的领土"上进行的，也没有授权对美国人使用。因此，结论是，该计划不涉及第16条。我们还得出结论，中央情报局的审讯计划，在其精心筛选、限制和医疗监测的前提下，即使这些标准延伸到中央情报局的审讯计划，也不会违反第16条下适用于美国的实质性标准。然而，鉴于相关先例的匮乏和调查的主观性，我们无法有把握地预测法院是否会同意这一结论，尽管由于所解释的原因，这个问题不太可能受到司法调查。
>
> 如果我们可以提供进一步的帮助，请让我们知道。
> 史蒂文·G.布拉德伯里
> 首席副助理检察长

*****

在华盛顿特区的房间里，电话不断发出哔哔声，男男女女穿着漂亮的灰色和蓝色的衣物。已是最后期限，弗吉尼亚州兰利市①设置了更多房间，房间里传出发送电子邮件的叮叮声。人们盯着屏幕，情况紧急，需要在一天结束前完成。电话铃声不断。需要签名。"大家干得好，干得好！"

7000英里之外，美国在阿富汗的基地。男性嫌疑人，30岁出头，被带进来时浑身是血。按照程序通知指挥官，飞机准备就绪。男子被戴上头罩，戴

---

① 弗吉尼亚州兰利市，是美国中央情报局本部所在地。——编者注

上手铐，抵达一个不受任何法律管辖的国家。中央情报局基地。白噪声（不超过82分贝）。医务人员在场。强化审讯可以进行。所有人各就各位。恐怖行动可以开始了。

*****

这样的备忘录能重见天日是多么难得啊。然而，可以肯定的是，在一年中的大多数日子里（如果不是全部的话），律师、顾问和官员的军队都在产生与这些类似的通信。最后的暴力行为有时可能被目睹，甚至被谴责——但为随后的行动创造所谓合法性的官僚或律师（通过我们看到的上述文件）几乎从未被看到。而且，我们还没有公民和司法机构来追究这些官员的责任——更别说建立起道德框架，使个人明白他们的责任是致命的。如果你碰巧在华盛顿的街道上遇到拜比先生或布拉德伯里先生，并就他们每天在办公桌上杀人的行为向他们提出质疑，他们都可能会提到"需要从恐怖分子和自由的敌人手中保卫我们的文明世界"。就像我们万湖的医生认为他们在维护德国文明的纯洁性一样，就像19世纪的殖民主义者认为消灭"野蛮人"对他们社会的生存至关重要一样。

至少，这将是他们对自己所作所为的公开辩护。我想知道，有时他们回家后，是否会在内心深处的某个地方感到一丝不安？几十年前在法学院听到的最微弱的回声，由于某种原因，今晚再次浮现。还记得吗？那是一个从英国来的作家，留着白胡子的家伙，他说了什么？关于战争的东西？它有某种简洁的力量……哦，是的，就是它——"恐怖主义是穷人的战争，而战争是富人的恐怖主义"。[6]

*****

"我希望我的墓碑上写着，'他总是试图做正确的事情'。"

杰伊·拜比，引自《时代》，2009年4月28日，《杰伊·拜比：水刑背后的人》

关于弗里茨·哈伯、克拉拉·伊梅尔瓦尔、赫尔曼·哈伯和克莱尔·哈伯的说明

弗里茨·哈伯（1868—1934）是一位获得诺贝尔奖的德国化学家，他发明了用氮气和氢气合成氨的工艺。他也是1925年法本公司集团发展中的一个关键人物。但在更早些时候，1915年的第一次世界大战期间，哈伯一直在为巴斯夫工作，并率先生产了第一批被用作战争武器的毒气——氯气和光气。1915年4月22日，在一次实验性攻击中，这些毒气首次被用于对付伊普尔的法国军队，数千名士兵被杀。

此时的哈伯与来自波兰一个犹太家庭的克拉拉·伊梅尔瓦尔结婚，克拉拉是布雷斯劳大学第一个获得化学博士学位的女性。她和哈伯于1901年结婚，生了一个儿子赫尔曼，并在德国定居。她非常聪明，早期具有强烈的女权主义观点，但德国的社会压力意味着她只有有限的空间来继续自己的研究。她将大部分时间用于支持她丈夫的新兴事业，并将他的出版物翻译成英文。然而，在这段时间里，她在妇女权利与和平主义方面的活动越来越多，她越来越意识到自己生活的局限性，她在给一位朋友的信中写道：

> 我一直认为，只有当一个人充分利用了自己的所有能力，并试图体验人生所能提供的每一种体验时，他的生活才有价值。正是在这种冲动下，除其他外，我决定结婚……我从中得到的提升是非常短暂的……主要原因是弗里茨在我们的家庭和婚姻中以一种压迫性的方式把自己放在第一位，因此，一个不那么无情的、自信的个性被简单地摧毁了。[7]

随着第一次世界大战的爆发，他们的生活和信仰发生了更大的分歧。哈伯成为德国军队的坚定支持者，而克拉拉的和平主义则变得更加明显。哈伯是1914年10月发表的"富尔达宣言"的主要推动者之一，这一宣言向全世界宣布："如果不是德国军国主义……德国文明早就被摧毁了……德国军队和德国人民是一体的。"克拉拉的最后一根稻草是哈伯在开发用于弗兰德斯前线的毒气中发挥的关键作用。1915年4月，他在伊普尔监督了氯气的首次使用，这种气体基本上是通过燃烧吸入它的士兵的喉咙和肺部而致死的，在他回国后不久，事情在他的家庭中也出现了同样暴力的结局。1915年5月1日晚，在与哈伯的又一次争吵之后，克拉拉走进他们的花园，用军用左轮手枪朝自己的心脏开了一枪。她没有被直接杀死，而是被她的小儿子赫尔曼发现了，他听到了枪声，然后看着母亲死在自己的怀里。几天之内，哈伯就前往东线监督对俄军首次使用毒气的情况。在战争过程中，由于使用了哈伯的毒气，9.2万名士兵被杀，超过100万人受伤。

*****

赫尔曼·哈伯于1946年在纽约自杀。三年后，赫尔曼的女儿克莱尔·哈伯（出生于克拉拉开枪自杀的同一所房子）在芝加哥当科学家，试图开发一种由她祖父开创的氯气中毒的解毒剂。她被告知，这项工作必须缩减，因为所有的科学努力现在都要投入到原子弹计划中。听到这个消息后，她心如刀绞，于1949年在芝加哥吞下氰化物自杀。

无论是克拉拉、赫尔曼还是克莱尔，都没有留下遗书。然而，看到他们的生活和死亡，很难不看到弗里茨·哈伯——化学战之父——的阴影笼罩着他们所有人。令人痛心的是，弗里茨·哈伯释放的暴力最终夺去了他妻子和孩子的生命。正如我们所看到的，苏珊·格里芬在其著作中有力地指出，战争的暴力和创伤往往通过家庭、通过几代人传递下去，因此所造成的伤害从来都不仅限于最初的暴力实施者。这在哈伯家族的案例中得到了证实。在其他无数的家庭中，极端的暴力和创伤直接或间接地从父母那里传给了孩子。[8]

*****

除了试图思考那些遭受杰伊·拜比和史蒂文·布拉德伯里的备忘录所合法化的酷刑的囚犯所经历的恐怖之外，我还发现自己在思考这两位律师的家人。他们不也是这里的受害者吗？我想知道布拉德伯里的孩子们对他们父亲的法律工作有何看法。当这些备忘录进入公共领域时，他们是否感到愤怒？他们是否与他对抗？还是他们试图假装什么都没有发生？

杰伊·拜比公开表示——似乎在期待同情——他"对……这个（案件）给我带来的恶名感到遗憾。它在专业和个人方面给我带来了巨大的压力。它对我的家庭产生了影响"。他没有详细说明，但我很想知道，他的话在2005年被公开后，这对他年轻的家庭究竟产生了什么影响。一个以维护法律为己任的人，怎么会促成酷刑行为的合法化呢？你还能再相信一个写过"预计使用水刑不会导致任何长期的精神伤害"[①]的人吗？而且，"因为不会造成严重的精神痛苦或折磨……使用这些程序不会构成法规意义上的酷刑"。如果你父亲写了这样的话，你还能再直视他的眼睛吗？

---

① 出自拜比对众议院司法委员会的证词，2010年5月26日，第146页。

第七章

爱与死亡

一、过去的连续

我追寻着一年之交过后冬日的渐渐延长，就像我曾经追寻着你熟睡时头上的长发。轻轻地，不想在夜里吵醒你，或者阻止我们一起呼吸的简单奇迹。我的手指从你的眼皮上掀起一卷漆黑的卷发。然后，在离你的皮肤只有几毫米的地方，我沿着你的鼻子画了一条线，几乎刷到了你的嘴唇（微微分开，好像在集中注意力），直到你有胡茬的下巴。不知道你是否会醒来。你的梦境不知能否感觉到我手指的徘徊，那么近。夜深人静时的每一次呼吸都是一股温暖的脉搏。我们在一起。地球上的短暂旅行者。我能感觉到血液在你体内流动，看到你脖子上动脉的抽动，感觉到你的心跳。Corazon[①]，你不会翻译的那个词。你羞红了脸，把脸转向太阳。

现在，你睡在我们转动的世界的另一边——从夏天到我的冬天。我回到了西部的海边。杓鹬鸣叫，急切地拍打着水面。我坐在一棵倒下的柳树树干上，听着潮水的冲刷声，潮水在泥滩上越冲越高。现在，每天白天多三到四分钟。即使是在2月中旬，春天的感觉就已触手可及，不可阻挡。空气中弥漫着一种唐突的气息，树篱上的一抹淡淡的绿色。一英里外，在海湾的另一边，我看到一辆拖拉机在暮色中耐心地行驶着，在通往村庄的小路上闪烁着黄色的灯光。那里又有一堆车灯在移动。我猜他们会在农场旁边的角落里找到彼此。当他们相遇时，灯光暂时停止，然后再次移动，继续他们的旅程，灯光再次搜寻，在黑暗中旋转。

但你又和我在一起了，精神上，就像这个黄昏一样生动。醒来时你和我在一起，我想是你在夜里来看我，进入了我的梦里。我知道总有一天我们会重聚的。是这样的。是，将是。但今天这些时态都是一体的。毫无意义的

---

① Corazon，西班牙语"心脏"的意思。——编者注

分离。对暴行的思考和写作使爱变得更加迫切。在我的脑海里，多年来充斥着攻击人类精神的文字和画面，还有我曾经爱过的所有人的面孔，他们的声音，他们的笑声，他们的触摸。

我们内心的一切。我们的往昔经历依然没有结束。

*****

写作和快乐之间有什么关系吗？或者恰恰相反？据我所知，无论是在世的还是已经去世的作家中，很少有人可以称得上是在人生的大部分时间里感到真正快乐的。也许每个人都是这样说的。毕竟，对我们大多数人来说，幸福是一种难以捉摸的状态。但在我看来，作家和其他人的不同之处在于，他们不断地试图将情感状态固定在文字中，而这种情感状态显然有违文字的永恒性。所以，作家们，至少是那些有足够的技巧和谦虚的人，总是面对他们失败的现实，总是意识到他们所写的东西的暂时性——他们的话语偏离主题，最终到达无意的地方，也许只是偶尔捕捉到一些内在的真理。所以，他们的大部分时间都花在不同程度的挫败感中；它知道目的地总是在下一个转角，就在下一个视线之外，实际上却遥不可及。

久坐不动的写作生活似乎也对快乐没有多大帮助。你大多数日子盯着屏幕，可能就像在办公室里一样，唯一的区别是在家里会有无限拖延的可能性。然后，强迫自己在最后的光线下出去走走，你会遇到其他人，他们似乎有繁忙的生活，有地方可去，有有形的目标要实现。你发现自己在想："天哪，有一份有开头、有中间和有结尾的工作，该多么令人宽慰啊！"有形的东西，比如用货车送包裹，或者修理破裂的管道，出售鞋子。这意味着在一天结束的时候你可以关闭你的商店，回家，不考虑工作，直到第二天。然而作家回家，面对着在一天的"工作"中生成的微不足道的文本——自我厌恶的螺旋只会增加。

我想知道，研究幸福问题的伟大思想家伊壁鸠鲁会怎样看待今天的作家及其孤独的追求呢？他认为，有三个因素对人们寻找满足感的能力有重要影响——脱离权威的自由、朋友的圈子，以及花在与他人一起反思生活上的时间。在第一种情况下，作者的得分可能相对较高，因为他们对自己的作品具有较高的自主性；但在第二和第三点上，我相信伊壁鸠鲁会发现把个人创造力放在一切之上是非常错误的。

我对关于幸福主题的写作问题也很感兴趣。虽然我们所有人都能立即说出许多以苦难为中心的小说、歌曲或戏剧——毕竟这是悲剧的本质，是大多数文学的基础——但我确信，如果要求我们列举以生动的方式描绘幸福的作品，那么我们中的大多数人都很难找出哪怕是六七本里面令人信服地描述了这种状态的书。这似乎有两种可能的解释：要么是非常难以捕捉一种本质上是短暂的状态；要么是我们作为读者对这种描述带着强烈的怀疑态度，这无疑部分是基于我们自己对这种状态的体验。而这种怀疑主义对任何作家传达幸福或快乐的尝试都是不利的。

也可能有第三种解释。在我自己的生活中，有时我要么疯狂地快乐，要么坠入爱河（或者只是偶尔，这两种状态会同时出现），我就会停止写作，因为我太忙于生活了。幸运或不幸的是，这些状态就其本质而言是暂时的——有时是几个星期，最多是几个月。两年前，我最后一次漫长的、完全的快乐期向我袭来，有六个月时间我几乎什么都没写。

事实上，这并不完全正确。我不会写散文。散文那种沉思的、迂回的性质，以及在几页纸上发展思想的方式，很不适合绝对幸福的一时之需。从焦虑和恐惧中解脱出来后，我只想生活在感性的世界里，让内心分析的声音暂时服从。因此，在这几个月里，写作作为一种日常行为被抛在脑后。但我不能完全放弃它，我发现自己相当狡猾地在咖啡馆的桌布上或香烟盒的背面潦草地写下几个字。在空隙中。我不愿意把这种随机的文字组合称为"诗"，但它们有一种诗意的紧迫感。快速捕捉的欲望——这是只有诗歌才能达到的独一无二的效果。实际上，我对以前的自己，以及作家们把文字和控制放在生活经验之上的方式变得相当挑剔。如果你是快乐的，适应得很好，你会愿意日复一日地待在屋里，盯着屏幕吗？如果让你在一天两千字的写作和一下午的性爱之间做出选择，你会选择什么？

在这期间，我在牧羊丛①度过了令人惊讶的大量时间（我知道这听起来很奇怪，但请容忍我）。在牧羊丛的需要，与想和我遇到的某个人在一起有关。费利佩是西班牙人，身材高大，有一头乌黑的卷发，一双棕色的眼睛，长而性感的睫毛，看起来很像埃尔·格列柯的一幅年轻人画像，脸上有同样的高贵气质。即使是沿着乌克斯布里奇路（Uxbridge Road）这条并非伦敦最可爱的路走五分钟，它也成了美丽的通道，因为这是通往他的路。在一种反向的十字架站中，每一张毫无魅力的车牌都变成了希望的灯塔，使我离再次看到那张可爱的脸更近了一步。每个被破坏的公共汽车候车亭都让我更接近共同的愿望。

现在回想起那段时光，确实就像歌里唱的那样——"夕阳，月光，我回首从前/我知道心中的每一个场景飞快闪过"。我还记得我在贝德福德广场的长椅上试图学习西班牙语的时候，逗得他哈哈大笑，摇头晃脑，眼睛高兴地跳舞——"Relahate! Tenemos todo el tiempo del mundo……"（"放松！我们有世界上所有的时间……"）嗯，这个我不太确定。或者连夜从湖区开车回来，就帕蒂·史密斯（Patti Smith）的优点或其他方面进行了激烈的争论，以至于我差点撞上一辆卡车的后座。伦敦的几乎每一个地方都能唤起我对那四个月的回忆。河滨影城旁边的小巷一直通向泰晤士河，我们在电影间隙冲出去接吻——在那里我们看到了一颗流星；斯特兰德街和滑铁卢桥的拐角处，我永远无法不在内心深处脸红地看着它。还有上街国王头像外的那段人行道，一切都从那里开始。

然而，有一个很大的悖论：既要快乐，又要努力活在当下。一旦它们成为有意识的状态，一切就都结束了。也许这就是我们应该停止写作的原

---

① 牧羊丛是西伦敦的一个地区，位于汉默史密斯-富勒姆伦敦自治市。该地区虽为住宅区，但商业也十分发达。——编者注

因——原始的冲动告诉我们，"不要通过意识扼杀它"。我记得我在学生时代看过《朱尔与吉姆》。是的，这部电影有迷人和有趣的部分，但总的来说，我受到了很大的创伤。对我来说，这似乎是关于恋人无法做出选择的声明，爱情最终会折磨所有落入其魔掌的人。但有一句话仍然困扰着我，是由叙述者说的，我记得是："幸福在不知不觉中来了又走。"[1]这句话有一种真实的感觉，一种只有在它不再存在时才能被认识的状态。

在我们日益强烈的爱中，我也感到与死亡有着特殊的联系。其中一部分是那种可以理解的感觉，"上帝啊，过马路的时候要小心——当生活如此美妙的时候，现在死去会是一件可怕的事情……"但还有一些其他的东西在起作用。当时，我在给一位加拿大朋友的信中试图表达的是：

> 奇怪的是，在开始一段新恋情的最初几天，我们与死亡的联系比我们生命中的任何时候都要紧密。这种状态的微妙痛苦在于确信是由这种疯狂燃烧和开花的感觉是有限的。一切都会结束。无论是在一周后，还是在60年后，无论是在自己或对方的死亡中，无论是在爱人或爱人的衰落中。所以，爱的到来包含着死亡，就像火烧后的灰烬一样。

重读这本书，记得它是在一个非常欢乐的时期写的，真奇怪。然后，在笔记本上看到，就在同一天，我写下了这个清单：

> 我想和你一起去看博斯普鲁斯海峡，
> 我想探索你身上的每一处缝隙和毛发，
> 我想让你看看国家美术馆里的萨尔瓦多·罗莎，我想让你教我西班牙语，
> 我要你带我去阿斯图里亚斯的那座特殊的山，告诉我你为什么喜欢维克多·雨果，

> 我想要我们一早去曼格尔，做一整夜后，饿着肚子去吃羊肉，
> 我想和你一起睡在荒野上，在夏日的星空下……

爱和死亡。任何事情都不可能持久。期望越疯狂，结局就越令人眼花缭乱。

直到今天，写这篇文章时，我仍然能听到两种强大的声音把我拉向完全相反的方向。其中之一是，"让自己沉浸在当时的现实中，试着尽可能诚实地表达你的经历。那几个月的感情。毕竟，这是你能试着沟通的最难的事情之一"。另一个声音，更像父母的，充满保护欲的低语："你疯了吗？你知道重新进入这个领域会很危险。想想它是如何结束的。你想再一次揭开痛苦的伤疤吗？"绝大多数时候，我都在听这个理智的声音；那时候的笔记本和照片留在了家里的高架子上，充满了喜悦和痛苦，年复一年也没有看过。

但今天我不在那里，我在西部，我被大海、飞掠的云、悬崖上狂吠的乌鸦释放了。我在风中咆哮，感觉自己既是一个身体，也是一个心灵。想要从这些年对暴力、恐怖和死亡的研究中解脱出来。现在写一些完全相反的东西。别写信给他，写信给你吧。写关于爱情的。写关于温柔的，关于希望的，关于开始的。

二、一叶障目

如果我们在回忆自己的过去时简单化了这么多，那么这对书写历史——我们共同的过去意味着什么？我已经不是第一次想知道我们是如何被教导去看还是不去看，我们是如何被训练只看过去的某些方面的。我觉得，我们被教导为"重要的"或"核心的"东西，往往不过是几百年重复的累积，无数的试卷问题和答案。相反，许多惊人的现实只是在我们的视线之外，或有时令人惊讶地设法潜入我们的边缘视野。例如，许多年前，这两英寸长的段落出现在我的眼前，埋在《观察家报》第17页的底部。被认为重要性有限，并在"摘要"一节中以单个段落介绍的项目之一：

> 德国新闻杂志《明镜》（Der Spiegel）发现的文件显示，欧洲最大的保险公司安联保险（Allianz）在"二战"期间为奥斯维辛、克拉科夫和其他集中营的党卫军公司和兵营提供了保险。它是众多德国保险公司之一，通过向被驱逐的犹太人提供保险和党卫军经营的强迫劳工公司提供政策，从受害者和施害者身上获利。
>
> "我们确实非常接近大屠杀……不过，如果没有安联保险，党卫军也可以继续他们的犯罪活动。"党卫军董事会成员赫伯特·汉斯梅尔承认。
>
> 从1940年到1945年，安联保险公司为纳粹党卫军的武器工厂和集中营里的囚犯铁架、物资仓库和车辆投保。代表们定期视察工厂的大厅。九名大屠杀幸存者在纽约起诉安联保险公司，声称该公司在战争期间从犹太人的人寿保险中获利。

这是一个我从未考虑过的难以置信的现实——奥斯维辛和所有的集中营

都投保了！保险公司从双方获利，为党卫军和犹太人都提供保险。还有什么比得知安联的"代表定期视查工厂大厅"更能说明"邪恶的平庸"呢？这些知识让我想问一些关于过去现实的问题，以及关于公司只对它们的财务回报感兴趣的惊人的犬儒主义。今天的安联是世界上最大的保险公司，实际上是世界上最大的金融服务公司，2017年的总资产为9013亿欧元，而1943年的安联则为灭绝营提供了保险。

今天，如果你在街上拦住人们，问他们关于安联的事，他们可能会告诉你，它们是一级方程式赛车的主要赞助商，或者安联体育场是德国足球最著名的俱乐部——拜仁慕尼黑的主场。它们还赞助世界各地的高尔夫球、网球和橄榄球。如果你查看它们的维基百科条目，你会发现该公司的各种赞助活动有29行，相比之下，安联的"纳粹时代的活动和诉讼"只有18行。但即使是在这里，你也很难找到更多关于这些"活动"的概要——几乎没有关于安联和纳粹勾结的事实。

事实上，时任安联首席执行官库尔特·施密特是纳粹的早期支持者，1933年2月，他参加了在戈林的柏林别墅为希特勒举办的晚宴，为随后的竞选筹集了200多万德国马克。

事实上，施密特在继续担任安联董事会成员的同时，也于1933年6月29日成为希特勒的帝国经济部部长，任期至1935年1月。

事实上，施密特不仅加入了纳粹党，还加入了党卫军，并加入了"党卫军全国领袖"组织，该组织每年向希姆莱捐赠约100万德国马克。

事实上，时任安联总裁爱德华·希尔加德也是帝国私人保险协会（Reichsgruppe Versicherung）的主席，该协会在1933年至1945年间致力于支持纳粹政府，并确保德国保险公司的利润最大化。

事实上，1938年11月，继水晶之夜之后，希尔加德制定了一项政策，阻止向犹太索赔人支付被毁财产的保险，转而将这些赔付转给了应对恐怖事件负责的纳粹国家。

事实上，安联在资助纳粹政府方面发挥了关键作用，并利用其地位成为所有被占领国家的领先保险公司。

事实上，安联不仅为纳粹集中营和灭绝营的财产投保，而且还为人员投保，包括奥斯维辛的法本公司员工，以及直接参与实施大屠杀的人员。安联的检查人员完全了解在集中营进行的操作，并在整个战争年代继续收取保险费。[2]

今天，从这些政策中获得的利润在哪里？它们是在慕尼黑弗里茨·舍弗勒大街①的总部大楼的建筑成本中？还是在支付给高级管理人员的工资中？或者我们可以从80年后该公司在世界70多个国家开展业务，目前的年收入为1261亿欧元这一事实中看到20世纪30年代和40年代的金融大亨的结果？请记住巴尔扎克的那些话："巨额财富的秘密是被遗忘的罪行。"

*****

安联只是第三帝国时期获得巨大利润的公司之一。无数的德国公司，还有一些国际公司，也从纳粹政府的12年统治中受益匪浅。让我们来看看经济中的一个部门——银行业和保险业。我最近得知，德意志银行主要是在纳粹统治的12年里确立了自己的地位，当时它的财富翻了两番。如今，德意志银行已成为欧洲最强大的银行之一。德意志银行早期成功的重要贡献是雅利安化和强制收购犹太公司所创造的资本。希特勒政府建造了奥斯维辛集中营，法本公司用德意志银行的巨额贷款在莫诺维茨建造了布纳工厂。他们也是盖世太保选定的银行家。然而，这些历史事实在今天又有多少人关注呢？

那么德意志银行的姊妹公司德累斯顿银行呢？②它们也在犹太人财产和商

---

① 安联集团选择的地址很有意思——在一条以20世纪20年代一位因反犹主义演讲而闻名的巴伐利亚政治家命名的街道上。

② 2002年，德累斯顿银行成为安联的子公司，并于2009年5月与德国商业银行合法合并，不再作为独立实体进行交易。

业的雅利安化中起了主导作用。我从2006年2月的另一篇（非常短）文章中学到了很多，这篇文章是深埋在英国《金融时报》之中的：

> 德累斯顿银行控制的一家公司建造了纳粹集中营，为党卫军提供资金，并与希特勒统治下的德国的经济基础设施密切相关。上述内容是德意志银行上周发布的一份长达2374页的德累斯顿纳粹历史分析报告的大致结论。德累斯顿现在是安联保险集团的一部分，拥有胡塔（Huta）建筑公司26%的股份。胡塔建筑公司建造了奥斯维辛集中营的部分建筑。德累斯顿的董事们与为犹太人灭绝营生产毒气的法本公司也有密切联系。
>
> 帕特里克·詹金斯 法兰克福

我对"2374页的分析"，以及它告诉我们的可见性或不可见性很感兴趣。我们有大量的分析，但记者只提到报告的"广泛结论"，这是可以理解的。从世行的角度来看，这样一份出版物的长度足以确保它几乎不会被阅读。或者只有少数历史学家这么认为。然而，他们会非常热衷于报告长达2374页的事实，因为这表明该银行已经彻底地"接受了其艰难的过去"。毫无疑问，他们也会很高兴看到这样一份报告被埋在报纸财经版面几英寸大小的专栏里。

银行和保险公司与纳粹德国勾结的规模之大令人难以想象。1997年至2001年间，欧洲各地的公司都受到了牵连。最初，德意志银行、德累斯顿银行和德国商业银行因其在大屠杀中扮演的角色而受到指控——1998年7月，仅德意志银行和德累斯顿银行就被提起了180亿美元的诉讼。

这场诉讼部分涉及这样一个事实，即这两家银行在战争期间从帝国银行购买了大量黄金，其中一些直接来自集中营和灭绝营——通常是从毒气室中被杀害的人的牙齿上熔化下来的，由犹太人特遣队的特别小组用钳子提取。德意志银行的一位发言人说，该行对任何不公正行为深感遗憾，并说该行正就这个问题与世界犹太人大会（World Jewish Congress）进行接触。

之后涟漪就会扩散得更广。很快人们就发现，许多欧洲最知名的银行也试图从大屠杀中获利：

1998年，瑞士政府和瑞士两大银行瑞银（UBS）和瑞士信贷（Credit Suisse）被迫支付12.5亿美元，以补偿它们在战争中抢劫犹太银行账户和资产的行为。

联合信贷银行及其母公司奥地利银行（Bank Austria）也都参与了非法出售犹太资产。1999年，双方同意赔偿4000万美元。

1998年，七家法国银行被起诉，原因是它们没收了在大屠杀中丧生的犹太客户的账户，随后没有将这些资产归还给任何幸存的亲属。这些银行是巴黎银行、里昂信贷银行、法国兴业银行、法国商业信贷银行、法国农业信贷银行、法国对外商业银行和巴黎国民银行。2001年1月，这些银行同意向这些受害者的亲属支付一笔数额不详的"巨额"的赔偿基金，达数百万美元。

作为上述诉讼的一部分，巴克莱银行（Barclays Bank）也与此案达成了和解，并同意在1998年12月向受害者（他们在法国的账户被巴克莱侵占）的亲属支付360万美元。

然后，在1999年，人们的注意力转向了国际保险业，以及该领域所有从大屠杀中获利但到目前为止没有承担责任的公司。在前一年的8月，大屠杀时代保险索赔国际委员会（ICHEIC）成立，该委员会由六家参与赔偿索赔最多的欧洲保险公司组成——德国的安联保险公司、意大利的忠利保险公司、法国的安盛、瑞士的温特图尔和苏黎世——德国的巴斯勒后来退出了ICHEIC。这些公司与索赔会议（共同负责德国对大屠杀进行的赔偿）、世界犹太赔偿组织和以色列政府组成了该委员会，该委员会由美国前国务卿劳伦斯·伊格尔伯格担任主席。在2000年至2007年期间，保险公司向ICHEIC支付了5.5亿美元的赔偿基金，在同一时期支付了3.01亿美元的索赔。以下是全欧洲负有责任的保险公司向该基金支付的款项明细：

- 德国保险协会：3.5亿美元（包括安联和69家较小的保险公司）
- 忠利保险：1亿美元
- 温特图尔和苏黎世的公司：2500万美元
- 奥地利一般定居基金：2500万美元
- 其他（包括荷兰和比利时的公司）：5000万美元

只有另外两家受牵连的保险公司拒绝加入ICHEIC的程序——一家是慕尼黑再保险公司，另一家是英国保诚保险公司。在战争爆发时，保诚集团控制了波兰保险市场7%的份额，在战争结束时，保诚持有来自犹太客户的2100万美元的休眠保单。由于他们未能与ICHEIC合作，伊格尔伯格呼吁阻止2001年保诚和美国通用的合并计划，在国际抵制导致该公司严重的财务损失后，该计划也确实被阻止了。世界犹太人大会的斯坦伯格（Elan Steinberg）说："我们认为保诚的回应不仅不充分，而且坦率地说，这是一种侮辱。"

最值得注意的是，从战争结束到这些金融公司被追究责任，已经过去了55年。令人震惊的是，在战后不久的一段时间里，成千上万的纳粹个体受到了审判，而那些不仅与纳粹合作，而且实际上还为大屠杀做出贡献的公司，却花了半个多世纪才面临法律审判。这引发了有关司法的关键问题，以及为什么将企业犯罪者及其董事会告上法庭比将个人告上法庭困难得多。我还发现，媒体的绝大多数注意力都集中在赔偿要求的法律方面、涉及的金额以及对银行和保险公司的影响——例如，潜在合并的延迟。在1998年至2001年的所有新闻报道中，我们对这些公司的勾结方式、它们如何与纳粹合作的细节，以及受害者的生命代价了解甚少。

也许，在那些被认为无足轻重的保险职员在奥斯维辛进行检查的过程中，存在着我们难以发现的真相。如果我们能超越重复的图像，超越历史的陈词滥调，也许能看到真相——就像塞巴尔德说的，"在某个尚未被发现的地方"。长久以来，我们一直盯着比克瑙那险恶拱门下蜿蜒的铁路线的可怕画面，以及奥斯维辛那道门上用铁条写着的肮脏的话——"用劳动换自由"。但如果我们能把自己从这些已知的图像中释放片刻，我们可能会发现一些其他的东西——可怕的，很少瞥见的，但都是另一个的现实：官僚的完全不道德的灭绝主义，与公司盲目的毁灭的贪婪。也许，如果我们从历史书上抬头看一看，我们会看到更多。英国《金融时报》的一页可能传达了一个更黑暗的事实。德国金融的堡垒——德意志银行、德累斯顿银行、安联保险公司——所有这些在21世纪初仍然强大，所有这些都是支持纳粹主义的重要支柱：

- 德累斯顿银行是雅利安化的先驱。
- 德意志银行，这家银行提供的贷款建起了集中营。
- 为这些集中营提供保险的安联保险公司。

今天，希特勒和希姆莱如此倚重的这三家公司中，有两家仍然是全球主要的参与者，但它们从未对自己的过去进行过适当的反思。

*****

2000年6月，在帝国战争博物馆（Imperial War Museum）永久大屠杀展览（Holocaust Exhibition）的开幕式上，我走进一个正方形的小房间，看到了以前从未见过的东西。这并不是最引人注目的展品，两面墙上的东西并没有什么生动的或明显的令人震惊的东西，在我看来，却是这个特别的展览中最引人注目的展品。这里有两堵墙，墙上是最复杂的图表和相互连接的网络，试图传达一些非常复杂的东西——纳粹德国的众多国家机构是如何相互作用来组织大屠杀的。我能听到最伟大的大屠杀历史学家劳尔·希尔伯格的精神在大西洋另一边的欢呼，因为这是他总是给自己和他的读者提出的挑战之一——观察历史的结构和细节，煞费苦心地重建使大屠杀得以发生的机构和机构之间确切的相互关系。作为人类，我们倾向于优先考虑个人的故事，而不是系统地叙述。这是完全可以理解的，因为理解单个生命的意义要比试图理解制度和整个系统是如何运作的要容易得多。然而，通过主要关注个人故事，我们模糊了更广泛的现实。

在展览室里，它使我想起关于大屠杀在过去的70年左右是如何被呈现给我们的——特别是在关注幸存者和加害者的个人生活与关注使大屠杀得以发生的众多组织和机构之间的平衡。

战争结束后的几年里，主要是纽伦堡审判和对双方关键人物的描述，但也许最重要的一本书（当然就影响而言）是1947年在荷兰出版的《附件：日记笔记1942年6月14日—1944年8月1日》，这本书在五年后以《安妮日记》的英文版本出版，立即成为全球现象。这个十几岁的女孩的证词第一次让人们看到了大屠杀的残暴。一位荷兰历史学家评论说："一个孩子写的这本显然无关紧要的日记……体现了法西斯主义的所有丑恶，比纽伦堡的所有证据加在一起还多。"[3]

1953年，以色列议会通过了一项法律，成立了"烈士"和"英雄"纪念机构"亚德瓦希姆大屠杀纪念馆"①，它后来成为世界上第一个被指定为"Shoah"（希伯来语中的"大灾""灾难"）的博物馆和纪念馆，当时犹太种族灭绝被正式称为"Shoah"。两年前，政府在以色列发起了最初的"大屠杀和犹太人反抗备忘录日"，后来缩短为"Yom HaShoah"——大屠杀的全国性纪念日。[4] 1953年，杰拉德·赖特林格（Gerard Reitlinger）出版了《最终解决方案：试图灭绝欧洲犹太人（1939—1945）》（*the Final Solution: the Attempt to Exterminate the Jews of Europe 1939—1945*），这是自"二战"结束以来关于灭绝犹太人最重要的著作。1956年，艾伦·雷奈的开创性电影《夜与雾》上映，给世界各地的观众留下了深刻的印象。20世纪50年代末见证了

---

① 亚德瓦希姆大屠杀纪念馆于1954年至1957年在耶路撒冷西部的赫茨尔山上建造，当时它首次向公众开放。

两份幸存者证词的出版，这两份证词都在国际上闻名。1958年，埃利·威塞尔（Elie Wiesel）的《黑夜》（*La Night*）出版；1960年又出版了英文版《黑夜》（*Night*）。然而，这项工作花了很多年才得到认可；到1963年，它只卖出了3000册。等待维也纳精神病学家维克多·弗兰克尔（Viktor Frankl）的是非常不同的命运。他的书最初在1946年以德文出版，名为《尽管如此，也要对生活说"是"：一个心理学家在集中营的经历》（*Trotzdem Ja Zum Leben Sagen: Ein psychology erlebt das Konzentrationslager*）。1959年，当这本书被翻译成英文并由灯塔出版社出版时，它的书名更加生动，叫《人的意义探索》（*Man's Search for Meaning*），该书迅速成为全球畅销书。

1960年，威廉·夏伊勒的《第三帝国的兴亡》出版，其精装本和平装本在美国销售了200万册，并通过杂志连载及改编电视赢得了更多读者。值得注意的是，夏勒（反映了当时更广泛的社会）在这本书中没有使用"大屠杀"一词来指称对犹太人的灭绝；相反，他使用了"最终解决方案"这一短语。但是，直到劳尔·希尔伯格的巨著《欧洲犹太人的毁灭》（*The Destruction of the European Jews*）于1961年问世，世界才有了一部试图对种族灭绝进行真正系统分析的权威历史著作。尽管这在历史学家中具有巨大的影响力，但该书的细节和篇幅（分三卷，共1300多页）不利于大众阅读。

然而，1961年艾希曼受审的电视转播，以及汉娜·阿伦特对该事件及其更广泛意义的杰出研究——《艾希曼在耶路撒冷：关于平庸之恶的报告》（1963年）——让更广泛的观众了解了这场种族灭绝。它又将注意力重新集中在犯罪者身上，但与纽伦堡审判不同的是，纽伦堡审判将臭名昭著的纳粹领导人置于聚光灯下，而艾希曼的审判探讨了所谓"机器中的齿轮"的致命性，即为使"最终解决方案"得以实施而需要的大量低级别职能人员、官僚和规划人员的致命性。

与此同时，受到它的直接影响，斯坦利·米尔格拉姆开始了著名的实验，研究普通人对权威的服从，这与人们评判大屠杀，尤其是评判大屠杀凶手的方式产生了强烈的、当代的共鸣——穿着西装和领带的官僚可以像制服上印有骷髅的党卫军一样轻易杀人。1961年应被视为我们的社会如何开始在与大屠杀问题的关系方面发生变化的分水岭，因为除了上述事态发展之外，这也是所有幸存者中最伟大的描述突然获得大量读者的一年。就在艾希曼的审判开始的时候，普里莫·莱维的《这是不是个人》终于被翻译成德语和法语，并开始大量销售——在莱维写完这本书15年后，这本书由意大利小出版社德·席瓦尔出版（印数只有2500册）。出版14年后，这一失败导致莱维放弃了写作，回到了他的工业化学家的生活中。

20世纪60年代初期和中期，人们对越来越多地被称为"大屠杀"的事情产生了极大的兴趣，人们重新希望将肇事者绳之以法——德国的一系列新审判就是证明，例如1963年12月至1965年8月在法兰克福进行的奥斯维辛审判，以及1964年10月至1965年9月在杜塞尔多夫进行的第一次特雷布林卡审判。西蒙·维森塔尔自战争结束以来一直在努力寻找纳粹罪犯并将其绳之以法，1961年他得以在维也纳建立纳粹政权犹太受害者协会的文献中心，这给了他更多的资源。与此同时，在法国，贝亚特和塞尔日·克拉斯菲尔德也开始为将纳粹和维希的犯罪者绳之以法而奔走。

阿尔伯特·施佩尔于1966年从斯潘道监狱获释，并于1970年出版了他的《第三帝国内幕》，引起了媒体的广泛报道，并使纳粹领导层重新成为人们关注的焦点。20世纪60年代的一个较为平静但同样重要的发展是，大屠杀的幸存者在这十年中开始发出他们的声音。或者说，正如我们在普里莫·莱维的案例中看到的那样，这些声音终于开始找到出版商和接受的读者——另一个例子，是让·埃默里于1966年出版的引起强烈情感的作品《心灵的极限：一个幸存者对奥斯维辛及其现实的思考》。在1960年之前，亚德瓦希姆大屠杀纪念馆只记录了七本已出版的幸存者回忆录；十年后，这一数字已跃升至267份已出版的证词。

20世纪60年代和70年代初，也是历史学家对大屠杀的分析在数量和质量上都急剧增加的十几年。在这个时代，耶胡达·鲍尔、马丁·布罗斯扎特、索尔·弗里德兰德、汉斯·莫姆森和露西·达维多维茨等人都发表了著名的作品。此外，耐人寻味的是，此时人们开始对与大屠杀有关的特定机构进行更有针对性的研究，例如，弗里德兰德在1964年出版了关于战争年代天主教会的作品《皮亚斯十二世和第三帝国文献》（*Pie XII et le IIIe Reich, Documents*），莫姆森在1966年写了关于第三帝国的公务员制度的文章，布罗萨特和赫尔穆特·克劳斯尼克在1970年写了关于党卫军的开创性研究——《党卫军国家剖析》。乔治·斯坦纳（George Steiner）也在这一时期出版了两本非凡而有影响力的论文集——《语言与沉默》（*Language and Silence*）（1967年）和《在蓝胡子城堡》（*In Bluebeard's Castle*）（1971年），这两本书探讨了大屠杀更广泛的文化影响，探讨了阿多诺著名的问题：奥斯维辛之后是否还有诗歌[①]。到20世纪60年代末，"大屠杀"已经开始成为指称种族灭绝的最广泛使用的术语，这一点可以从诺拉·莱文1968年出版的书名中看出——《大屠杀：欧洲犹太人的毁灭，1933—1945》——以及同年《纽约时报》上艾略特·弗里蒙特·史密斯的一篇文章《时代之书：道德创伤和大屠杀》中可以看出。

在过去的40年里，大屠杀的文化能见度在所有媒体中呈指数级增长——以至于试图从成千上万的书籍、文章和电影中追踪关键作品几乎是不可能的。但在过去几十年里，一个引人注目的发展是，人们通过电视和电影的表现方式将其带入了文化主流，而这在20世纪50年代和60年代是根本不可能的——这一转变将我们从历史书中带到了当地的多厅影院中。尽管许多人正确地批评了1978年由梅丽尔·斯特里普主演的电视连续剧《大屠杀》的历史不准确之处，但这样一个系列——尤其是在美国和德国——的影响是相当大的。同样，15年后的《辛德勒的名单》虽然有其局限性，但也首次吸引了一批更年轻的大众观众。对于那些认为电影对该主题的处理本身就有问题的人

---

① 这句话经常被误引为"奥斯维辛之后无诗"——阿多诺在1949年实际写的是"nach Auschwitz ein Gedicht zu schreiben, ist barbarisch"（在奥斯维辛之后写一首诗是野蛮的）。

来说，1985年克劳德·朗兹曼的巨作《浩劫》（*Shoah*）上映了，它以一种前所未有的方式将幸存者、施害者和目击者的采访结合在了一起，以后也从未有过。

20世纪90年代和21世纪初见证了大屠杀的"制度化"，特别是通过教育项目和纪念活动。1994年，史蒂芬·斯皮尔伯格建立了大屠杀基金会，以便及时将所有可能的幸存者证词用电影记录下来，以免为时已晚——在1994年到1999年间，有5.2万名幸存者的视频证词被记录下来。在过去几十年里，通过建立许多新的专注于大屠杀的博物馆，人们对大屠杀的兴趣大幅增长，以下是一些最重要的博物馆清单：

  1992年：悉尼犹太博物馆在澳大利亚开放

  1993年：亚德瓦希姆大屠杀纪念馆成立了大屠杀研究国际学校

  1993年：美国大屠杀纪念馆在华盛顿开放

  1996年：犹太驱逐和抵抗博物馆在比利时梅赫伦开放（后来更名为卡泽恩·多辛）

  1999年：开普敦大屠杀中心在南非开放

  2000年：帝国战争博物馆在伦敦开设了永久性的大屠杀展览

  2000年：犹太广场大屠杀纪念馆（雷切尔·怀特里德设计的有力作品"无名图书馆"）在维也纳揭幕

  2001年：柏林犹太博物馆（由丹尼尔·里伯斯金构思和设计）揭幕

  2004年：大屠杀纪念中心在匈牙利布达佩斯市开放

  2005年：在柏林市中心占地4.5英亩的欧洲被害犹太人纪念馆向公众开放；大屠杀纪念馆在巴黎开放

  2006年：南加州大学成为大屠杀基金会视觉历史和教育研究所的新主办方

  2012年：德兰西纪念馆在巴黎开放

2013年：波兰犹太人历史博物馆在华沙开放

在学术研究中也可以看到类似的过程。除了亚德瓦希姆大屠杀纪念馆和美国大屠杀纪念馆建立的教育课程和研究之外，马丁·吉尔伯特教授于2000年在伦敦大学学院开设了一个具有开创性的大屠杀研究硕士课程。此外，还有其他重要的举措——2003年在华沙建立了波兰大屠杀研究中心，2009年在奥地利建立了维也纳维森塔尔大屠杀研究所。许多大学现在提供学位和研究生学位，世界各地的学校已经将大屠杀作为历史课程的核心组成部分。

随着20世纪的结束，"大屠杀纪念日"的呼吁被广泛接受，许多国家将1月27日——奥斯维辛集中营被苏联军队解放的这一天——定为纪念日；2001年，英国纪念了第一个大屠杀纪念日。对于经历过20世纪40年代末和50年代的幸存者来说，他们觉得世界似乎已经忘记了他们可怕的苦难，至少，看到总统和首相们现在排队向他们表达敬意，这一定很奇怪。对一些人来说，这个新时代对大屠杀的关注太多了。2000年，诺曼·芬克尔斯坦发表了他的批评，抨击了他所说的"大屠杀产业"。在他看来，美国犹太人机构和其他机构利用大屠杀受害者的痛苦来达到政治和经济目的，特别是无条件地支持以色列，而无视其可疑的人权记录。

但在我看来，20世纪90年代的历史编纂最吸引人的方面是，人们对企业在大屠杀中所扮演的角色越来越感兴趣。直到这个十年，对这方面的关注主要集中在德国的制造和化学公司，特别是法本、德固赛、大众、戴姆勒-奔驰、宝马、西门子、克虏伯、蒂森——这些公司都是战争年代的奴隶劳工用户。但现在出现了三个新的发展。

首先，随着那些在战争中幸存下来的奴隶劳工们年事已高，他们对从未从这些德国工业支柱那里得到适当补偿的愤慨也与日俱增。在详细的新历史研究的帮助下，赔偿要求不断增加，例如，彼得·海斯的权威著作《工业与意识形态：纳粹时代的法本公司》（1987年），汉斯·莫姆森和曼弗雷德·格里格的《第三帝国时期的大众汽车及其工人》（1996年）和尼尔·格雷戈尔的《第三帝国的戴姆勒-奔驰》（1998年）。由于这种日益高涨的压力，德国政府和德国工业界在2000年建立了一个100亿马克的基金，名为"纪念、责任和未来"，以补偿以前的奴隶劳工。

其次，随着德国政府和行业开始承担责任，更多关于德国银行和保险公司在掠夺犹太人资产中所扮演角色的信息在20世纪90年代末出现（正如我们在本章前面所看到的），因此，焦点从奴隶劳动的受害者（重工业——建筑、钢铁、武器、车辆等）转移到服务业的受害者（金融部门、银行和保险），从残酷的奴隶劳动到致命的纸张。

最后，我们看到越来越多的人认识到跨国公司在大屠杀中所起的作用——瑞士银行的重大责任，奥地利、意大利和法国的银行和保险公司的角色。然后，在1998年，有消息称福特将被起诉，因为它在科隆的附属工厂为纳粹战争生产卡车，并从使用奴隶劳工中获利。

2001年，埃德温·布莱克发表了他的爆炸性著作《IBM和大屠杀：纳粹德国和美国最强大公司之间的战略联盟》，表明IBM的霍列瑞斯机器，由他们的德国子公司德霍马格（Dehomag）制造，在纳粹德国收集关于犹太人、罗马人、辛蒂人和政治对手信息的能力中发挥了核心作用——这些信息收集直接帮助了大屠杀的组织，正如我们在万湖会议上看到的。在个人层面上，IBM总裁托马斯·沃森（Thomas Watson）非常崇拜希特勒和纳粹德国，他写到自己对元首的"最高敬意"。1937年，他们在柏林会面，当时沃森被授予德国鹰勋章（Order of the German Eagle），以表彰该公司对纳粹德国做出的杰出贡献。

布莱克2001年出版的这本书，在2001年和2004年针对IBM的两起法律诉讼中发挥了重要作用，IBM德国分部最终向德国大屠杀幸存者基金支付了300万美元。

*****

为什么花了50多年才出现这样的作品？从《安妮日记》到《IBM和大屠杀》？从关注像希姆莱这样的个人作案者，转向评判整个商业部门（如银行业）的责任？人类倾向于从个人生活的角度来看待事件，这在很大程度上可以解释。但也许在调查整个企业、整个行业时，研究的规模也有问题，这不仅挫败了我们的想象力，也挫败了我们最好的意图和努力。

让我们回到帝国战争博物馆的大屠杀展览中的那个小房间所提出的问题，我知道我们仍然无法全面理解大屠杀是如何发生的，甚至不确定我们是否还能提出关于德国国家和工业之间、该社会所有不同部门之间迷宫般的相互关系的正确问题。阅读劳尔·希尔伯格于1992年出版的《施害者、受害者、旁观者》，我感到他也有这种挫折感，他不觉得他30年前在《欧洲犹太人的毁灭》中奠定的坚实基础真正得到了实质性的发展。

我仍然记得在维也纳图书馆阅读《施害者、受害者、旁观者》时，看到希尔伯格对我们所有人的挑战，即对大屠杀进行更系统的思考。他强调，"德国有组织生活的所有组成部分都被纳入了这项事业。每一个机构都是贡献者，每一个专业都得到了利用，社会的每一个阶层都参与对受害者的包围之中"。然后，他用几页纸列出了协调大屠杀所需的政府、公务员、商业、军队和司法部门的所有机构。

帝国总理府：法律和法令的协调

内政部："犹太人"一词的定义；禁止异族婚姻；强制名称法令；解雇公务员；剥夺财产

教会：提供非犹太后裔的证据

司法部：取缔犹太律师；继承问题；离婚问题；企业名称管理

党抵制委员会：抵制犹太企业

党总理府：参与有关犹太人地位的决定

帝国文化商会：解雇犹太音乐家、艺术家和记者，禁止犹太作家入内

教育部：开除犹太学生、教授和研究人员

宣传部：对新闻界的建议

经济部：收购犹太公司的规定

德累斯顿银行和其他银行业务：收购犹太公司的中介机构

零售、批发、制造和建筑行业的各种公司：收购犹太公司；解雇犹太雇员；在城市、贫民窟和难民营中利用犹太人强迫劳动；承包诸如供应毒气等破坏措施

财政部：歧视性税收；被冻结资金；没收个人财物；特别预算拨款，如清理华沙犹太人区废墟

外交部：关于驱逐在外国的犹太人和在德意志帝国的外国犹太人的谈判

运输部：运送犹太人到贫民区和难民营；利用强迫犹太人劳动；掠夺犹太人的个人财产

武装部队：为苏联被占领地区的杀戮行动提供后勤支持；在塞尔维亚和苏联被占领地区的直接杀戮；苏联被占领地区的种族隔离；法国、比利时和希腊的歧视性措施和驱逐出境；管制军备工厂强迫犹太人劳动；军队办公室强迫犹太劳工；运输的问题

大德意志帝国的市政当局：行动和住房限制

波希米亚和摩拉维亚的保护行政机构：在被占领的波兰中部仿效德意志总政府的反犹太措施：没收；强迫集中居住；强迫劳动；饥饿措施；准备驱逐

东部被占领土事务部：模仿德意志帝国的反犹太措施

荷兰的反犹太措施：模仿德意志帝国的反犹太措施

元首总理府：贝尔泽克、索比堡和特雷布林卡灭绝营的人员配备

帝国安全总部：帝国犹太人的标记；对犹太社区的监督；在帝国和被保护国；特遣队在被占领苏联地区的杀戮；准备在全欧洲范围内驱逐犹太人出境

主要办公室秩序警察：守卫贫民区、火车和营地；参与围捕和枪击

经济管理处：奥斯维辛和马伊达内克管理局（卢布林）

被占领波兰地区的党卫军和警察高级领导人：将犹太人驱逐到灭绝营；管理切尔诺（库尔姆集中营）、贝尔泽克、索比堡和特雷布林卡灭绝营

在被占领苏联地区的党卫军和警察的高级领导人：枪击事件[5]

所有这些机构共同创造了有史以来最系统、最工业化的大规模屠杀行为，这些组织的每一次贡献都对这一过程至关重要，来自德国和被占领国家的数十万男人和女人参与了这一过程。仅仅通过阅读这份名单，你就会明白，任何关于大屠杀的组织只有中央集权的纳粹高级官员才知道的说法都是荒谬的。但希尔伯格在这里的更广泛意图是让我们开始思考所有这些机构是如何合作的，他们的决定是如何相互联系的。事实上，自从希尔伯格在1992年发表这份名单以来，这一挑战变得更加复杂，因为正如我们刚才所看到的，20世纪90年代和21世纪初发现了许多企业在大屠杀中的共谋，这是以前不为人知的。那么，我们该如何应对这一挑战——试图理解大屠杀的整个系统？

*****

在研究和撰写这本书的过程中，我曾被这个不可能完成的任务压垮。当我意识到，要覆盖像法本这样的公司哪怕很小一部分的活动，都需要一大批研究人员。或者，要全面理解像壳牌公司这样的单一公司的运作，需要多年

的额外工作。有时，大量的可用材料变得荒谬，甚至让人瘫痪。去年夏天，当我调查完奥斯维辛集中营的档案回来时，我唯一的（兼职）研究助理把我叫到维也纳图书馆，因为他找到了1947年至1948年在纽伦堡发生的对法本公司进行审判的文字记录。至少他认为那是抄本——一共有两卷，每卷约800页，用薄纸打印，字体小得令人沮丧。但是，进一步研究这些，很快就发现这些只是从试验中挑选出来的片段。完整的文字记录约有1.2万页，只有在邱园的公共档案办公室才能获得缩微胶片。仅仅处理这个单链的研究，以及法院记录将引导你进入的所有相关的通道和途径——仅仅是关于企业和大屠杀的四五十条极为重要的研究链中的一条——可能需要六个月的全职研究。那天下午，我离开维也纳图书馆时，头都晕了。要是我一年有六个研究员就好了！……或者我可以用五个？但是，谁有能力为这样的调查提供资金呢？

然而，这不仅仅是材料数量的问题。我有时会怀疑，我们的大脑是否能够理解权力的真正含义，以及巨大的经济和政治力量的抽象概念。我们可以理性地接受信息，但我们真的能理解信息的含义和更广泛的含义吗？例如，2017年，非政府组织"现在全球正义"（Global Justice Now）发布了世界前100个经济体的信息，指出其中69个经济体（表格中用大写字母表示）不是国家，而是企业。

从理性上讲，我们或许可以接受，壳牌公司的收入基础比墨西哥政府还大，大众的收入比印度大，英国石油公司的年度财政收入超过俄罗斯，但我们能理解这些数字所代表的政治意义吗？我们的社会仍然在谈论"民主"和"选举"，好像这些是力量所在，然而在过去的几十年里，力量已经不可阻挡地从民族国家转到了自由市场——从政府和政客转移到完全未经选举的、不负责任的男人和女人们的大军。我们中有多少人可以确定地说，我们知道民族国家的确切终点和公司的确切起点？例如，在"公共和私营伙伴关系"中？或者是一条横贯大陆的石油管道？公司的权力和国家政府的权力变得完全模糊。企业可能会谈论脱离政府的自治和独立，但当它们破产时，它们希望得到救助，就像2008年的银行一样。它们如何逃避责任？它们几乎无形地渗透到我们的社会结构中。我们能见树见林吗？

*****

昨天早晨，我正反复思考着这些事情，突然听到门垫上有人放下一封邮件——是J的信。如今，收到朋友的亲笔信实属罕见。我把它和咖啡一起拿到花园里。我读到他的父亲生病了，J很后悔他们没有去伯罗奔尼撒半岛散步，他们经常说要去，现在已经太晚了。然后J继续描述肯特沼泽，离他住的地方很近，在春天刚刚开始的时候，它们是多么的美丽。他写道，他一直在当地铁路附近观察林鸽，特别是这种奇怪的行为：

> 看两只林鸽在求爱（或者它们在争夺领地？）。春季羽翼丰满——脖子后面是丰富的灰色，尾羽下面是粉白色，颈部有精确的白条。它们沿着横跨铁路线的人行天桥顶部的蓝色栏杆来回穿梭。来来回回——明亮的蓝天衬托下的剪影，就像两个人在拔河或两个人在击剑……有一次，其中一只鸟的喙几乎触地，尾巴高高翘在空中，还伴随着一声低沉的咕咕声。在一定的交叉点，它们会飞起来，交叉，交换位置，再次降落。一个总是不看我，另一个总是面对着我。它们互换位置的事实表明它们在求爱。我听到远处火车的喇叭声。我想知道火车一到，它们会飞走吗？有趣的是，当火车从它们正下方经过并停了下来时，它们没有注意到，继续全神贯注于它们的仪式。然而，当一个年轻人爬上人行桥的楼梯，开始过桥时，它们突然飞走了。
>
> 也许火车太大了，它们根本没有把它"看"作是一个威胁？而这个男人是可以认出来的。就像当库克船长的船到达植物学湾时，土著人"看不见"一样。这个威胁太大了，我们"看不见"。

我放下信，朝花园望去。这就是答案吗？"大得看不见"？有没有可能是因为跨国公司的规模太大而难以察觉？我们瞥见了那个人，却看不见火车？同样的，这是不是大屠杀仍然让我们无法想象的原因呢？为什么在过去的70年里，即使是最伟大的历史学家也无法把握这一事件的整体？

第八章

打开我们思想的牢笼

一、重新做人

1947年7月18日，阿尔伯特·施佩尔与赫斯、邓尼茨、雷德尔、席拉赫、丰克和纽拉特一起抵达了斯潘道监狱，他们从纽伦堡逃了出来，在那里的法院被监禁了近两年，这一切似乎都像是一场梦。施佩尔是这样描述的：

> 村庄和小城镇平静地躺在我们脚下，似乎完好无损。田地被种上了，森林也没有被砍伐，尽管有各种传言。因为在最近的过去，我周围的生活是静止的，我已经失去了对外面正在发生的事情的意识。一列行驶的火车，易北河上的拖船，工厂冒烟的烟囱，都没有给我带来什么刺激。我们在柏林的建筑物和废墟上空盘旋了大约半个小时……我能够辨认出东西轴，这是我在希特勒50岁生日时画的……和……我设计的总理府。它仍然在那里，虽然被几次直接命中损坏了……格伦瓦尔德湖和哈维尔湖一如既往地美丽。

在这座城市西部边缘的监狱里，这七个人被带到了现实中。他们得到了纳粹集中营的囚犯服装，施佩尔成了"5号囚犯"。离开纽伦堡和那些令人压抑的社团，他最初有一种解脱的感觉，但在最初的几个星期里，随着他开始了解这个地方今后20年的现实情况，他又被沮丧所折磨。

三个月后，10月11日，星期六，施佩尔第一次见到这个人——牧师乔治·卡萨里斯：

> 充满活力的知识分子、左翼分子、慷慨大方、爱抽烟斗的卡萨里斯，他对是否接受派往斯潘道的职位有着巨大的疑虑。除了他的宗教背景，他还曾在法国抵抗运动中活跃了四年，他意识到在斯潘

道的工作需要帮助那些"至少要为我无数非常特别的朋友的死亡负责的人，那些我战争中的朋友。他们不仅死了，很多人还被出卖，被折磨，在无法形容的痛苦中被处死"。在与妻子多萝西以及他的导师、伟大的瑞士神学家卡尔·巴斯（Karl Barth）讨论了很长时间之后，他才被说服接受了这份工作。

在一个更大的牢房里举行的烛光仪式上，施佩尔告诉我们，卡萨里斯在第一天布道的主题是"以色列的麻风病人被一系列法律禁令切断了与社区人民的联系，这些就像监狱的墙一样不可逾越"。施佩尔的一些狱友被这种暗含的比喻激怒了，但施佩尔并不同意，他接受了卡萨里斯的话，并将其视为一种挑战。施佩尔后来告诉他："不要顾及我们的感情，不要小心提防或保护我们。你正走在正确的道路上，这正是我们所需要的。"

施佩尔马上就知道他会受到卡萨里斯的挑战，因为在仪式结束后，卡萨里斯告诉施佩尔，自己认为他比其他囚犯更有责任，更应该受到谴责，因为他是最聪明的人。他对这场造成数百万人死亡的战争负有责任，其中包括卡萨里斯自己的许多朋友。施佩尔感谢他的诚实，然后告诉他，他有一个问题要问，考虑到他通常的情感含蓄，这个问题似乎很特别：

> 我会以同样的诚实作为回报……我被判了20年，我认为这是公正的。我想利用这段……给予我的时间。我想问你的是："你能帮我成为一个不同的人吗？"①

几年后，卡萨里斯说，施佩尔当时"在他异常冷静的外表下，是我所见过的最内疚、最痛苦的人"。当然，对于一个信教的人来说，现实中一定存

---

① 实际上，施佩尔使用的德语短语是"Anderer mensch"，比"不同的人"含义更深。多萝西·卡萨里斯解释说，乔治觉得施佩尔的问题暗示着一种重生。

在着巨大的挑战。卡萨里斯同意帮助施佩尔，在接下来的三年里，他们以一种我们今天可能难以理解的方式合作。后来，他用了一个奇怪而非凡的短语来描述他鼓励施佩尔经历的过程——这是"持续不断的反思、学习，让他的思想和精神接受苦难"。

超越了所有的公众立场，超越了所有领导的虚荣，超越了自我辩护，超越了自我。剥出人的本质——一个孤独的人——恐惧、怀疑、痛苦。卡萨里斯让施佩尔去创造李尔王的荒野之旅，但这完全是故意的；在剥去所有的地位、浮华、权力的傲慢之后，他试着与自己联系起来，最重要的是，与其他受苦难的人联系起来——"暴露自己，感受可怜人的感受"——"可怜的、赤裸的人⋯⋯"等待着这无情的风暴的袭击。值得注意的是，这是施佩尔生平第一次开始以一个人的身份敞开心扉。这棵树现在被移植到不同的土壤中，试探性地开始朝着阳光生长。在这个过程中有一种奇迹的性质，正如施佩尔后来在与女儿席德争论上帝是否可以理性地接近时说："你怎么解释⋯⋯我栽错了的蕨类植物？它转过身，绕过自己的根，直往上长。我知道你可以找到原因：成长的本质⋯⋯无论什么。当然，人们总是可以这么说，但是如果你诚实的话，你就不得不承认这些都是奇迹，你越仔细地思考它们，它们就越显得神秘。"

卡萨里斯首先强调，他希望施佩尔"将他的思想扩展到他还没有进入的领域"；他告诉施佩尔，他需要阅读卡尔·巴斯的《教会教理学》。下个星期，他开始着手这项工作——9000页，37卷。在接下来的几个月里，他读完了整篇文章，然后在每周的会上与卡萨里斯详细讨论了其中的想法和问题。施佩尔从来没有经历过任何类似的事情——持续进行的深入的智力探索。这是一个不断审视内心、反思、质疑、怀疑、挑战的过程，与法西斯主义所要求的盲目信仰截然相反。施佩尔开始越来越相信这个过程，卡萨里斯认为施佩尔发生了重大的改变，因为他"学会用口语来寻找内在的意义，从而放弃了一些他自己和别人从他童年早期就强加在他身上的铁一般的自我控制"。这个过程让他"发现了迄今为止从未预料到的想象自由"。

我们可以从《施佩尔：自己的话语》中窥见这些道德和情感转变的各个方面。在卡萨里斯担任监狱牧师的那几年（1947—1950），我们可以从施佩尔在《斯潘道：秘密日记》中他自己的话窥见这些道德和情感转变的各个方面。为了更好地理解这些，我们需要记住施佩尔（至少在这之前）认为自己非常的矜持，常常完全无法与人在情感层面上联系。那些在战争期间和之前与他共事的人也记得这个人以"个性疏离"而闻名；"他看不到人们的烦恼……我想他会很高兴拥有这种观察能力……但他没有……他是世界上最拘谨的人"——这是一个比任何人都了解他的人的判断：他的私人秘书安玛莉·肯普夫。她讲述了施佩尔有一天惊叹于希特勒"惊人的个人能力"——坐在他身边的人都会觉得他真的想了解他们。"他说：'我真的不擅长这个，是吗？'我说：'是，你不擅长。'"

但是，在卡萨里斯到来的几周内，施佩尔写下了他正在尝试的一项新的冥想练习。

> 躺在黑暗中，我试着与我的家人和朋友进行尽可能亲密的接触，想象他们每个人的细节：他们走路的样子、他们的声音、他们特有的手部动作、他们阅读时倾斜头部的方式。我怕他们会从我身边溜走。我还想象，也许我可以通过这种方式与他们建立一种心灵感应的联系。而且，一定有人怜悯我，同情我，尽管我甚至不认识他们。因此，夜复一夜，我专注于其中的一个……想一个人，试着对一个人说几句话……（这）总是以我强烈渴望一个更美好的世界而结束。然后时间无限延长。我经常没讲完就睡着了。但我几乎总是能达到一种类似于恍惚状态的内心和谐的状态。

对这个人来说，这是情感和精神想象的惊人举动，他曾说过："我讨厌兜售我的感情——它们属于一个人的内心。"然而在卡萨里斯的指引下，他踏上了新的征程。

在施佩尔的大部分成年生活中，他几乎没有时间（从字面上和比喻上）阅读小说——除非你设身处地为别人考虑，否则这种终极的移情体验是无法发挥作用的。但很快他就沉浸在《永别了，武器》中，并陶醉其中："一些对我来说新鲜、陌生的和迷人的东西。我不知道有这样的事。"在卡萨里斯的鼓励下，他沉浸在更广泛的阅读中——不仅是小说（左拉、陀思妥耶夫斯基、托尔斯泰），还有神学、哲学、戏剧、历史、心理学，甚至诗歌。渐渐地，施佩尔爱上了书籍，正如他所透露的：

> 到现在为止，对我来说最重要的是书籍的世界。被流放的马基雅维利，被朋友们排斥，实际上他邀请他的书成为他的客人。他穿得很隆重，准备晚上和她们上床，点上蜡烛。显然我做不到。但是，到了晚上6点，当牢门上的闩关上的时候，我就心满意足了。我知道我可以和我的书独处四个小时。

在他们每周的讨论中，卡萨里斯反复强调三件事：需要超越事实、肤浅的智慧和逻辑的世界；深入阅读和写作可以产生反思性的突破（或者可以称之为"恩典"）。通过这些方法，施佩尔可能从此对他的罪过有了真正的、内在的理解。卡萨里斯可以看出施佩尔有非凡的能力，但他也很敏锐地看到，正是这些能力阻碍了他真正的道德和智力发展——因为这往往意味着他乐于停留在他感到自信的领域（分析性思维、逻辑、系统）。他的思维——以及我担心他的行动——已经变得简单了。他需要做的是……成为他想成为的"不同的人"，就是放弃一切容易的东西。对施佩尔来说，我怀疑他是最有决心做任何事情的人，斯潘道的半修道生活非常适合这种努力。

在这种超越他的建筑、数学和解决问题的世界的冲动的驱使下，在1948年初，施佩尔首次开始认真思考写作——"通过把事情写下来得到解放"，正如他在日记中所指出的那样（一个短语，可以直接出自卡萨里斯之口）；播下的种子最终演变成了《第三帝国内幕》。他被这个任务吓倒了，怀疑自己是否有能力写这样一部作品，怀疑自己的记忆力是否足够好，或者他是否"看到了过去，就像它已经被面纱遮住了一样"。但最后他意识到，他是唯一一个与希特勒关系密切的人，他可以用权威的笔法描写那些灾难性的岁月。

宗教信仰对施佩尔来说仍然是个谜。我们知道卡萨里斯把巴斯的《罗马书》交给了他，他觉得这很困难：

> 就我对他的理解而言，基督教的戒律实际上代表着无限的价值，即使是圣人也只能接近它……每个人都不可避免地会犯罪。我必须承认，有好几页我都几乎无法理解巴斯的思想。今天的礼拜结束后，我对卡萨里斯说信仰对我来说就像一座巨大的山脉。当你试图爬上它的时候，你会遇到峡谷、垂直的墙壁和绵延的冰川。大多数登山者被迫折返，有的陷入毁灭，但几乎没有人能达到顶峰。然而，从高处俯瞰，这个世界一定会让人耳目一新、视野清晰。

到1949年底，我们可以看到施佩尔的进一步发展——一种不断增长的窥探自己内心的欲望，甚至是在潜意识的层面上——这是早期的施佩尔所鄙视的。卡萨里斯鼓励他写下自己的梦：

> 下午做梦：我和老婆吵架了。她生气地在花园里走得离我很远。我跟着她。突然间，只有她的眼睛在那里。它们充满了泪水。然后我听到她的声音说她爱我。我凝视着她的眼睛，然后我紧紧地拥抱她。我醒过来，意识到这是我自父亲死后第一次哭。

几天后，1949年11月，我们看到了一段协调一致的内心反思时期。施佩尔思考了他对他人持保留态度的更深层次的原因，并想起了他的同事多年前说他是"希特勒的单相思"。他还记得自己对希特勒的冷漠和害羞，然后他以一种令人吃惊的诚实承认说:"也许我本想向希特勒表达我的全部敬意，但我无法自由地表达我的感受。即使在这种情况下，我也做不到，虽然我常常觉得他的地位比我认识的所有人都高，甚至比我真正尊敬的父亲还高。"我们得知（不太可能）他一直在读奥斯卡·王尔德的《道林·格雷的画像》，这再次触发了一种重新评估他与希特勒关系的方式。他尖锐地引用了书中的一句话:"影响一个人，就是把自己的灵魂给他。他从不会依自己的天性思考，或让自己天性的激情燃烧。他的美德不真的属于他。他的罪孽，要是有罪孽存在的话，也都是借来的。"

但施佩尔几乎马上就能看出，这个借口太简单了。然后又巧妙地与格雷进行了对比:"花花公子保留了他的美貌，因为肖像遮住了所有丑陋的面容。假设我现在正在把我所有的道德上的丑陋转移到我的自传体形象上，这是一种逃生的方法吗？"两天后，也就是11月22日，他仍然在纠结，尤其是希特勒在多大程度上诱使他建造宏伟的建筑，或者这种冲动是否一直存在于他的内心。然后在一段会让卡萨里斯很高兴的话里（如果他当时能读到的话），施佩尔说:

> 如果没有和他（希特勒）在一起的那些年所获得的经验和见识，我是否会明白所有历史上的辉煌都比不上一种谦逊的人道主义姿态；与乐于助人相比，我们所梦想的所有国家荣誉都是微不足道的？奇怪的是，我发现自己的观点发生了转变。

在整个这段时间里，在他们的谈话中，卡萨里斯和施佩尔反复回到内疚和责任的问题，以及更广泛的道德问题，自从他知道希姆莱在波森的演讲后，这些问题在纽伦堡审判的过程中，以及展示的文件证据和大屠杀幸存者的证词中变得更加强烈。卡萨里斯这样描述施佩尔的"内心折磨":

> 在那些年里，他的阅读，他的研究，他的思想都源于他非常深

刻的罪恶感，并被其所支配，这种罪恶感完全集中在对犹太人的谋杀上——这种罪恶感达到了这样的程度，事实上，他似乎忘记了希特勒的许多其他罪行。

但要让施佩尔说出他罪责的确切性质总是更困难。在纽伦堡，他接受了纳粹罪行的某种形式的集体责任，但他非常小心地避免使用"罪行"这个词（这意味着知识）。即使和他非常信任的卡萨里斯在一起，他也很难表达出一种泛泛的负罪感。通过与卡萨里斯的讨论，他形成了一种微妙的道德立场——一种意味着他可以与自己生活在一起的立场。而卡萨里斯，虽然我确信他对这种表达出来的罪恶感的抽象本质存有怀疑，但他并不认为自己的角色是要进一步推进——正如他所说：

> 当然，我们谈话的时候，我有许多难以言说的问题想问他，但我不能。与历史学家或精神病学家相反，牧师的任务不是调查或审问人，而是帮助他们活下去。牧师不能要求自我启示，如果是对方主动的，他只能接受并回应。

多年以后，多萝西更多地解释了她丈夫对施佩尔的细微态度，以及他内心的愧疚——卡萨里斯形容他们在斯潘道第一次见面时，这种愧疚是"巨大到无法控制的"。[1]

> 乔治说，如果施佩尔承认了他所知道的一切，他就会死的。乔治会说："他在事实上对我撒了谎，这很明显——我并不总是注意到——或者只是在事后才注意到。但关于他自己，他的内心生活，他的进步和他的质疑，他从来没有对我撒谎。因为他可能认为我能帮助他前进。"

在与卡萨里斯的所有讨论中，施佩尔最终对自己的罪行采取的立场，可以在他1953年5月写给女儿席德的信中得到最好的理解，这封信我们在第十章的末尾看到了。当我第一次读到这篇文章时，我发现施佩尔显然接受了负罪感，这很有说服力。然而，现在我对施佩尔了解得更多了，当我重读他的话时，这些话在道德上变得更加含糊其词了。通过表面上接受更大的责任，难道实际上他不是在让自己远离知识所带来的切实的罪责吗？

> 不过，为了让你放心，那些可怕的事情，我一无所知……即便如此……我问自己，考虑到我的高层地位，如果我想的话，我本可以发现什么……也许不是一切，但肯定是很多……如果你愿意的话，我把我的命运看作上帝的审判——不是因为我触犯了任何法律（因为我在那种意义上的过错相对来说是最小的），而是因为我如此漫不经心地随波逐流所带来的更深的罪恶感。

施佩尔也写信给席德，强调（以一种完全可以追溯到卡萨里斯影响的方式）知识和感觉之间的区别：

> 到目前为止，我已经读了很多书，想了很多，我想我学到的知识以后还会一直伴随着我。我只希望，一旦我回到正常的生活中，我不会失去信仰的感觉……如你所见，我特别感兴趣的是伦理……我一遍又一遍地读着雅斯贝尔斯的名言："邪恶将统治世界，除非我在自己和他人身上始终直面它。"

这个更形而上的问题——邪恶的本质——是施佩尔多年来反复思考的问题，但从未得到解决，这也许并不令人意外。毕竟，这个问题击败了许多比施佩尔更优秀的人。多年以后，当他和基塔·瑟伦利谈话时，他又回到了这个问题上，想起了当施佩尔第一次把他父亲介绍给希特勒时，他父亲的极端肢体反应（他的脸变得苍白，身体颤抖，说不出话来）。他本能地感到某种东西，一种疯狂或一种邪恶。施佩尔讲述了他和卡萨里斯"多次谈论这件事。你知道，邪恶的起源和本质……我还是不知道该怎么处理"。

*****

随着卡萨里斯于1950年6月1日离开斯潘道，施佩尔生命中的这段决定性时期突然结束了。卡萨里斯和妻子多萝西在柏林过着"占领者"的特权生活，他们感到越来越不舒服。所以他们接受了前往斯特拉斯堡的邀请，卡萨里斯在那里攻读神学博士学位。施佩尔后来回忆道，卡萨里斯是"我生命中最重要的人，完全独一无二"，"他是我的良心，我一直设法通过肤浅的过度使用来减少和压制的良心"。他希望凭借卡萨里斯给他的力量继续他的道德之旅，但几周后他意识到这是不可能的，这引发了一段时期的危机——两年的严重抑郁和冷漠。他后来在给席德的信中写道："我不得不面对一个事实，那就是我非常依赖外部影响。如果我有卡萨里斯，我就能搞定。但没有这样一个催化剂，我就崩溃了：我所有的美好愿望都蒸发了。"卡萨里斯后来后悔自己当时的离开，他觉得，如果他待得久一点，施佩尔也许会更了解他的罪恶感。他还低估了自己与"五号囚犯"之间的关系，以及他离开时施佩尔所感受到的毁灭性的失落感：

> 是的，当我离开的时候，我确实觉得我非常了解他……我应该意识到我离开是不对的。因为他，我应该再待三四年。

一旦从深深的抑郁中恢复过来，施佩尔就只能通过在监狱后面的荒野中努力创造一个花园来度过接下来的几年。他到达斯潘道后不久就开始建造花园，在1951年和1952年间，他全身心地投入这项工作中，到1953年6月，他已经种植了100棵栗子树、50棵榛子树，100丛紫丁香和800株草莓，还开辟了一个种有几十棵苹果树和李子树的果园，开辟了一个菜园，并在小公园里开辟了一条漂亮的小径，两旁都是鲜花。在这个花园项目进行的同时，他继续他的阅读计划（到1956年完成了1500本书），轮番阅读建筑、小说和旅行书籍，以及更苛刻的哲学和神学著作。随着花园的成功，施佩尔被一种新的目标感所鼓舞，在1953年初开始写这本书，最终完成了《第三帝国内幕》，并于1954年1月完成初稿——这是一个了不起的壮举，因为整部作品必须完全秘密地（因为定期的牢房检查）写在纸片上，然后在一位富有同情心的狱警的帮助下偷偷带出去。

*****

1954年9月20日，他开始了一个让他痴迷而又鼓舞人心的计划——"环游世界"，他一直持续地执行这个计划，直到12年后获释。从他1954年9月30日的日记中我们可以得知：

> 除了花园的工作，我已经开始步行从柏林到海德堡的距离——626千米！为此，我在花园里画出了一条圆形的路线。没有卷尺，我量了量鞋子，一步一步地用步数乘以距离。一只脚向前走870次，每步31厘米，一圈就有270米。①

通过这种方式——每次绕花园大约26圈——他的目标是每天完成7千米，每周完成49千米。1955年3月19日已经完成了海德堡之旅（膝盖后来也肿了，

---

① 鉴于施佩尔对数学和精确性的热爱，我有点震惊，检查他的计算结果，发现这些数字中有一个错误——他的870步不等于270米，而只等于269.7米。在一年的时间里，这个错误的计算得出了109.5米的差距，而在施佩尔剩余的12年监禁时间里，它得出了1.314千米的差距。

在某种程度上，他大大超过89天的计划），现在他决定要继续，（走到）慕尼黑，然后到罗马，到西西里，并进一步从这里向东，向亚洲。年复一年，通过浏览地图册和地图，阅读最详细的旅行书籍和指南，他的脑海中的这次旅行变成了一种极其丰富的经历。在路上，他得到了他的朋友和前同事鲁道夫·沃尔特斯的帮助。通过他们的通信，沃尔特斯和他一起走在路上，有时会告诉他一些他知道的地方。当施佩尔到达西伯利亚时，沃尔特斯写信给他说："我对阿尔泰山脉很熟悉，这是新西伯利亚附近的巨大山脉，我在那里待了一年。著名的登山之旅是别卢哈山①，所有西伯利亚登山者的目标，还有高加索的厄尔布鲁士峰。你有时间爬上去吗？"

对于一个常被说成缺乏想象力的人来说，这是一种惊人的生动体验。举个例子，1955年8月：

> 从布达佩斯到贝尔格莱德，距离多瑙河只有几千米，滚滚热浪笼罩着草原。道路是沙质的，甚至连一棵遮阴的树都没有，苍蝇成了瘟疫。从附近的哈维尔我听到了拖船的声音，我把它变成了多瑙河上的船只。我从我们的药草床上摘下一根柠檬香脂，用手指把叶子压碎。强烈的气味加剧了异乡的幻觉，使人觉得自己在路上行走，感到自由。

几年后，施佩尔似乎接受了这样一个事实：任何提前获释的梦想现在都在消失。他在斯潘道获得了一种和平，他的"特拉比斯特主义生活"，在那里，到20世纪60年代初，他每天说话的时间只有5分钟左右。1960年5月7日，他看着五只鹰在花园里练习跳水：

> 最后，一只小鸽子飞来，栖息在核桃树最低的树枝上，赫斯

---

① 这里的意思大概是别卢哈山——阿尔泰山脉的最高峰。

和我已经在这棵树下默默地坐了一个小时。在一片寂静中,赫斯几乎有点尴尬地说:"就像天堂一样。"……也许这就是中世纪修道院的生活吧?不仅与人隔绝,也与尘世的喧嚣隔绝。今天,我坐在花园的长椅上,有那么一瞬间,我把自己当成了一个和尚,把监狱的院子当成了修道院的花园。在我看来,只有我的家人仍然把我与外界联系在一起。我对构成这个世界的其他一切事物的关注越来越少,在这里度过余生的想法也不再可怕了。相反,在思想中有极大的平静。

但外部世界不能被排除在外。1960年5月,施佩尔和其他许多人一样,被阿道夫·艾希曼在阿根廷被捕和即将在以色列受审的事件所吸引,并注意到现在世界的注意力再次集中在第三帝国的罪行上。在这种情况下,"对释放的渴望在我看来几乎是荒谬的"。他再次思考,他和其他人怎么会真的认为希特勒的反犹主义是"某种庸俗的偶然事件,是他在维也纳的日子留下的后遗症……此外,反犹标语在我看来也是一种煽动群众本能的战术手段。我从来没想过它们真的很重要……然而,对犹太人的仇恨是希特勒的核心信念"。然后,他认为他成为希特勒的建筑师这一事实是"可以原谅的",他甚至可以为担任军备和战时生产部部长"辩护":

> 我甚至可以设想一种立场,从这种立场出发,可以为在工业中利用数百万战俘和奴隶劳工提出理由——尽管我从未采取过这种立场。但当提到像艾希曼这样的名字时,我绝对无话可说。我将永远无法忘记,我在一个真正致力于灭绝计划的政权中担任领导职务的经历。

1963年2月24日,在开始"环游世界"活动八年多后,施佩尔几乎走到了阿拉斯加:

白令海峡附近地区，仍然是崎岖不平、多山的区域，无穷无尽，看不到树木，岩石景观，像在该地区盛行的风暴一样粗糙。有时我看见一只北极狐从我身边爬过，我最近还观察过它的习性。但我也遇到过海豹和堪察加海狸，也就是卡兰。白令海峡宽72千米，直到3月中旬都处于冰冻状态。自从我从来自阿拉斯加的布雷（一个狱警）那里听到这个消息后，我也许就把每周的路程从50千米增加到60千米，因为如果我能及时到达，我就能穿越白令海峡。我大概会是第一个步行到美国的中欧人。

这里面有一种非凡的美。作为人类心灵从黑暗中召唤光明的能力的表达，它几乎无可比拟。一种禅宗般的耐心，无论是在阳光下还是在雪地里，都要脚踏实地。以及召唤野生动物进入你的心灵的能力，以及看到冰、峭壁和树木的能力。这是一种极具创造力的行为，并且有冥想的能量，年复一年地做这个……当阿尔伯特·施佩尔走过他的脑海时，我们对他在花园里散步的样子产生了一种钦佩，难道这有错吗？

然而，一个非凡的细节，展示了施佩尔的自我封闭程度。他和赫斯在小路上散步，他说他快到阿拉斯加了，赫斯看起来很困惑。接着，施佩尔提醒他，八年前的1954年9月，在他开始散步的那天，赫斯建议他用花园里的豆子数圈数，把豆子从一个口袋转移到另一个口袋：

"现在……我们在78514圈中间，在那里的薄雾中我们可以看见白令海峡。"

赫斯突然停了下来。他的脸上现在呈现出一种真正关切的表情。"你是说你一直这样吗？"他问。"包括闰年，到今天正好是8年5个月又10天……到目前为止，我已经走了21211千米。"

赫斯很惊讶，然后——这是一个五十步笑百步的滑稽例子——看起来很痛苦，问施佩尔："这一切难道你不担心吗？你知道，这真的是一种狂热。"然而，除了有益的锻炼外，施佩尔的"环游世界"可能是他在过去12年的监禁中保持头脑清醒的最重要的原因。

*****

这是施佩尔1963年3月9日的作品：

> 今天我算算，如果我把我的20年监禁改为1年，我今天就到了10月27日。如果我把它等同于一天的24小时，那么每天都是11.1秒。现在离晚上7点58分只有8秒。也就是说，白天已经过去了，但黄昏和黑夜还在我面前。

事实上，在散步的整个过程中，是否有什么东西超越了对数学的热爱？哪一种是数字强迫症？当与他人的关系如此困难时，人还会有安全感吗？在数数和步行的训练中找到了一种避难所？

回到给他带来巨大快乐和安慰的童年。正如他在谈到他的童年时向基塔·瑟伦利解释的那样："我喜欢数学……我无法向你描述我有多喜欢它，为什么喜欢它。但是成为一名数学家是我唯一想过的。它为我做了一切……嗯……欢乐……这是我的方式……体验胜利。"

随着他获释的日子越来越近，他意识到自己完成环球旅行的可能性微乎其微，但他仍然每天走得越来越远：

> 1964年12月21日：今天，我经过了美国西海岸的西雅图。在60天里，我冒着寒冷和大风，走了560千米。最近，我打破了一天的记录，5小时40分钟跑了28千米。到目前为止，我的流浪已经感染了几个守卫。有时在跑道上可以看到四五个人，脸上都带着坚定的神

情。"我来告诉你我之间的区别,"今天赫斯对我说,"你的愚蠢是会传染的。"

但是,就在1965年1月的几周后,来自外界的消息传来,施佩尔开始对在这种新环境下的释放感到害怕:

> 报纸上充斥着奥斯维辛审判的报道,我有一种印象,过去……再次复活了。突然间,我对外面的世界感到了某种类似于恐惧的东西,我不再了解这个世界,它开始以新的热情重新发现那些自纽伦堡以来,我有意识地接受赎罪,对我来说已经慢慢消失的东西。突然间,斯潘道似乎不再是囚禁我的地方,而是保护我的地方了。

然后他表达了困惑,指出自战争以来,所谓"好的"一方在战争中犯下的罪行——法国在阿尔及利亚,美国在越南,苏联在匈牙利,并说:

> 要在一个人的内心接受那些法官宣布的有罪判决是多么困难啊。此外,多年的沉思和自我对话,已经驱散了我以前的罪恶感。因为从本质上说,每一次面对自己的罪行,都可能是一种不坦白的为自己辩解的行为……现在又是这场审判!我必须抓住报纸上关于奥斯维辛的报道作为一种支持。这可以帮助我恢复斯潘道岁月失去的意义,同时帮助我恢复道德上的清晰。

在出狱前两星期,施佩尔统计了他在"环游世界"活动中每年的行程——"斯潘道时代的唯一具体成果",他颇为奇怪地表示,"除了统计数字、生产数字,什么都没有留下"。

施佩尔"环游世界"每年的行程数

年　份	千　米
1954—1955	2367
1955—1956	3326
1956—1957	3868
1957—1958	2865
1958—1959	2168
1959—1960	1633
1960—1961	1832
1961—1962	1954
1962—1963	2664
1963—1964	2794
1964—1965	3258
1965—1966	3087
总　计	31816

即使在他在斯潘道的最后一天，即1966年9月30日，他仍然在计算他所走过的确切距离："自从我做了这些统计后，我又走了114千米。一会儿，我将进入花园，再走10千米，这样，我将在31936千米处结束我的步行之旅"（在最后一天的兴奋中，施佩尔一反常态地计算错了——后来他又走了10千米，使总里程达到了31940千米）。总之，到了最后这个阶段，施佩尔已经到了墨西哥的最深处，所以他告诉我们：

　　晚上11点要给我的老朋友发一封电报，他应该在午夜左右收到："请在墨西哥瓜达拉哈拉以南35千米处接我。林中路①。"

一辆由实业家恩斯特·莫姆森（Ernst Mommsen）提供的黑色奔驰车正在

---

① "林中路（Holzwege）"是施佩尔在秘密通信中使用的假名，取自海德格尔的书名；这个词有双重含义——"林中的道路"或"错误的方式"。

等待施佩尔，还有他的律师弗拉施纳和他的妻子玛格丽特。午夜时分，斯潘道的大门打开了，在闪光灯和电视聚光灯的照耀下，施佩尔的20年结束了。

他们驱车前往格吕内瓦尔德（Grunewald）华丽的格胡斯酒店（Hotel Gerhus），将在那里过夜，施佩尔在那里举行了他获释后将要举行的众多新闻发布会中的第一次。第二天，施佩尔和玛格丽特驱车前往石勒苏益格-荷尔斯泰因（Schleswig-Holstein）的一所偏远的房子，在那里他们与家庭的其他成员一起度过了两个星期。

虽然每个人都很努力，但施佩尔还是有一种"尴尬感"，然后发表了这一极具启发性的评论，这句话后来出现在回忆录的最后一页。

> 几天后，当我写下这篇文章时，我想我不应该把这种尴尬的感觉归咎于斯潘道。甚至有可能，我们在探视室里面对面坐着的那种僵硬，是符合我天性的那种接触。我和别人之间不是一直有一堵墙吗？所有的随意性不都是使这堵墙不可见的策略吗？事实上，我的整个生活在我看来是奇怪的疏离。我热爱建筑，我希望建筑使我的名字流传于世。但我真正的工作是组织一个巨大的技术系统。

*****

施佩尔与被他称为"我生命中最重要的人"的卡萨里斯的友谊又怎么样了？出狱后，卡萨里斯感到，从精神的角度来看，施佩尔与他在监狱里认识的那个人相比退步了。

这个人在1950年卡萨里斯离开斯潘道的时候，已经从"我所认识的最受折磨的人变成了最悔改的人"。施佩尔获释后，他们只见过四次面——考虑到他对卡萨里斯的赞誉，这非常令人惊讶。但或许可以解释为施佩尔对自己获释后的公众知名度感到高兴（对卡萨里斯来说这是可恶的），以及他的男性自豪感。卡萨里斯描述了他们在一起的倒数第二次，开着施佩尔的小雪铁龙汽车去里尔。

> 我们继续我们的斯潘道对话，但显然是从不同的立场。在斯潘道，他是一名囚犯，过着他当时所谓"16世纪生活"……他和我的谈话是这一切的核心，是的，我可以看到，他们开始了一些东西，为他创造了一个新的维度，一个新的空间。但在他出版后的公众生活中，像我这样的人……边际的……你知道，对于那些在非常需要帮助的时候，从别人那里得到帮助的人来说，回到这样一个人身边，退到这样一个人身边，这是非常困难、非常复杂的。这并不是说承认他们所做的一切是困难的，真正的困难是去了解一个在危急时刻如此深入地了解你的人。

我们从多萝西·卡萨里斯那里得知，在施佩尔从斯潘道获释后，他和卡萨里斯还进行了一次会面。她对这个特殊夜晚的描述表明，即使在施佩尔重获自由之后，他仍然感到内疚：

> 施佩尔继续被犹太人的问题困扰和折磨。他问乔治是否可以把他介绍给那些在战争和占领中失去亲人的朋友，也就是犹太男人和女人。乔治犹豫了一下，然后他联系了两个在奥斯维辛和其他地方失去了家人的姐妹。他们和这两个女人及她们的丈夫度过了一个特别而可怕的夜晚，他们在面对无法挽回的灾难时把他们的仇恨、暴力和悲伤都发泄了出来。然后，他（施佩尔）把这些都承受了下来，说："我必须听你说。我不能保护自己。事情就是这样的。"施佩尔有几次说，"我有责任"。我不知道他是否能说"我有罪"，但至少是有责任的。是的，那天晚上他的感觉非常强烈。

*****

领会言外之意总是必要的，但在施佩尔面临的情况下更是如此。在卡萨里斯担任斯潘道牧师的那些年里，我们已经看到了他身上发生的显著变化，这其中的绝大部分必须归功于他对施佩尔的卓越指导，我们也听到了施佩尔自己对牧师的赞美。这些年里，卡萨里斯对施佩尔的影响是深远的。然而，回顾施佩尔在回忆录中的原话，并将其与他在基塔·瑟伦利为她的书进行采访时所用的话语进行对比，仍然是一种令人不安的经历。就像瑟伦利一样（考虑到施佩尔对卡萨里斯的溢美之词以及他在这些年中所扮演的关键角色），令我吃惊的是，回忆录的索引里竟然没有提到他的名字。在1947年10月至1950年6月的正文中，卡萨里斯只被提到了七次：

> 1947年10月11日，卡萨里斯首次服务
> 1947年10月18日，施佩尔的狱友抱怨前一周的布道
> 1947年10月26日，卡萨里斯说施佩尔是"我们中间最大的罪人"
> 1948年5月15日，施佩尔要求卡萨里斯推迟他妻子的第一次拜访
> 1949年2月5日，施佩尔和卡萨里斯讨论宗教信仰的本质
> 1949年2月14日，卡萨里斯安排施佩尔的堂兄希尔德布雷希特·霍梅尔去看望他——这是他在斯潘道的第一次私人会面
> 1950年6月1日，施佩尔描述卡萨里斯的离去

但奇怪的是，即使在日记中最后一次提到牧师也是非常正式的，丝毫没有暗示他们的关系，他们每周的讨论，或者卡萨里斯带领施佩尔进行的智力和精神发展计划：

> 照顾了我们三年的卡萨里斯牧师要到斯特拉斯堡去了。他的

布道教会了我信仰的意义。他从不折中,因为他完全投入而卓有成效。也许在未来,他的影响也会帮助我度过在斯潘道的岁月。在他最后一次讲道时,为了不失去镇定,我试着把他的话翻译成法语。后来,因为没有俄国人在场,我们才在一起坐了半个小时。我深受感动,在和他告别时,我满怀信心地说:"愿上帝保佑你的力量。"

当瑟伦利就回忆录索引部分遗漏卡萨里斯(但不是书中遗漏——她似乎暗示了这一点)向施佩尔提出疑问,并问他为什么不写他们的关系时,施佩尔耸耸肩:"我不确定;也许它太重要了,或者也许……因为我让他失望了。"或者说,这更多的是卡萨里斯所认识到的男性自豪感的问题。

毫无疑问,当这些日记于1975年在德国首次出版时,施佩尔希望让人觉得他是独自完成了他的旅程。而承认卡萨里斯对他的塑造作用,至少在施佩尔眼里,将意味着削弱他自己的个人成就感,贬低他经历了20年监禁的考验。无论这两个人之间的关系的现实情况如何,在卡萨里斯给瑟伦利的口头叙述和回忆录中施佩尔的书面版本之间有一些差异,特别是关于卡萨里斯在监狱中工作的早期。正如我们所看到的,施佩尔说,卡萨里斯在他第一天——1947年10月11日——的布道围绕着圣地麻风病人的隔离待遇展开,而其他囚犯对此深恶痛绝,并在10月18日的礼拜前提出正式抗议,当时他写道:"雷德以他的五名同伴(不包括施佩尔)的名义向卡萨里斯牧师正式提出抗议,'因为牧师把他们称为麻风病人'。"

但在卡萨里斯给瑟伦利的叙述中,第一次礼拜"过得很平静",只有"在第六个星期六",他"在选择耶稣医治麻风病人的主题时差点出了岔子"。在这之后,因犯们默默离开,拒绝像往常一样与卡萨里斯握手。第二周,据卡萨里斯说,"雷德在布道结束时站起来……说:'上周……你深深地冒犯了我们。把我们当作麻风病人来称呼是完全不被允许的。'"一周后,卡萨里斯的叙述和施佩尔的书面叙述都一致认为,这篇讲道是基于耶稣告诉法利赛人"需要医生的不是健康人，而是病人。我来不是要叫义人，而是要叫罪人悔改"。但施佩尔随后简化了，并以此来消除卡萨里斯的细微差别和人性化的立场。他直截了当地说，卡萨里斯"趁机说他是我们当中最大的罪人，所有的教徒都很满意"。然而，卡萨里斯记得他从布道中中断，建议他们不要按字面意思理解《圣经》中的话，因为它们是比喻，每个人需要自己解释其中的含义。然后他告诉他们：

> 在我自己对这些比喻的解释中，对我来说，第一个罪人和第一个病人总是我自己。我们在这里一起做这个实验，试图在你和你的内在自我之间、在你和我之间、在耶稣所说的事情和你能接受或发现的东西之间找到共同点。在这一点上，我和你们没有什么不同。我在寻找。

为什么要花时间去研究这些不同说法的细节？这其中的一些原因难道不能简单地归结于对同一事件不可避免的不同记忆吗？也许是这样，但同样值得考虑的是，施佩尔故意将相隔六周的两件事情混为一谈——第一次与卡萨里斯见面，以及卡萨里斯关于麻风病人的布道引起的冒犯。

他为什么要这样做？因为通过强调布道的风波，他就不必面对自己在生命中最困难的时候，在第一次礼拜后与卡萨里斯谈话的记忆，这是施佩尔生命中最重要的谈话之一。而且，令人震惊的是，他在回忆录中的叙述完全被省略了。通过这样做，他就不必面对卡萨里斯告诉他，自己认为他比纳粹领导层中的任何其他人都更应受到责备的记忆。他也不必面对那个脆弱、破碎的人向卡萨里斯寻求帮助的记忆——这是施佩尔对另一个人说过的最重要的几个字。

"你能帮我成为一个不同的人吗？"[2]

二、为爱重生

2013年夏 彭布罗克郡

在隔壁的房子里,一个我从未见过的人正在死去。他在这里被称为"教授"。在他的房子前面,有一个长满棕榈树、铁线莲、玫瑰和苹果树的小花园。他似乎没有亲戚,但每隔几天,我就会看到一个年轻的护士从后面的小巷穿过陡峭的台阶来到房子里。楼上偶尔会亮一盏灯,你可以从窗户里看到一个旧医学实验室里的玻璃罐和漏斗。在小花园和海堤之间有一条弯弯曲曲的小路,所以我去村子的路上经常经过这所房子。每次我走过前门和窗户,我都想知道是否会有一张脸出现,我准备好了挥手或微笑,但始终没有动静。一个邻居告诉我,她看到了他,"可怜的人",但随后她就住口了。他知道自己快死了,但他有强烈的宗教信仰,而且显得异常平静。她描述了他是如何让人把床搬到楼下的前厅的,这样他就能更好地听到大海的声音。她告诉我,床后面是一个巨大的木制十字架,前面是一面镜子——这样他就可以同时面对自己和十字架。看着他的未来,在这个世界上和更远的地方。

在一个不知道如何应对垂死和死亡的社会里,这个人并没有对他即将到来的死亡感到痛苦,而是为它打开了门,欢迎它进入家门,和它在一起,听着夏天的潮汐声。

*****

这个想法让我回想起大约十年以前,我和J在法国的一次旅行。我记得我坐在一辆轿车里,我坐在副驾驶上,J坐在后面,我们的朋友约翰开车从他居住的山村去往日内瓦。他开车的方式很吓人,脸几乎贴着方向盘。就好像他非常专注于道路上的每一步（也许这是从他骑摩托车学来的风格，在摩托车上这种警觉的注意力一直都是至关重要的）。他的注意力如此集中，使我不得不想问他点什么，防止他的注意力从路上转移开。我们一直在谈论一位法国哲学家，他的工作和生活对我们两人都产生了强烈的影响——西蒙娜·薇依。当我第一次看到她的诗时，我惊呆了，那是一句如此简单而又如此奇妙的诗："La croyance à l'existence d'autres êtres humains comme tell est amour（相信其他人的存在——这种东西就是爱）。"是的，要真正相信他人的存在！不仅仅是当你在夜里醒来，看到呼吸的身体在你身边起起伏伏的时候；不仅仅是当你听到孩子们在另一个房间玩耍的时候，不仅仅是在你给朋友打电话或见到他们的时候；而是当你不在的时候，另一个人的生活还在继续，就像你自己的生活一样生动……

然后，约翰给我们讲了这个故事。那年初夏，他去拜访一位波兰朋友——一名护林员。一天，他们在他家附近的树林里散步，无意中发现了路边的一座坟墓——孤零零的一座坟墓。只有一个简单的十字架和一些鲜花，仅此而已。

约翰问谁被埋在那里。没有人确切地知道，他的林务员朋友解释说，他是一名德国士兵，在战争中被游击队杀死在那里。考虑到德国人和波兰人之间的敌意，这个士兵已经被埋葬了，而他的坟墓上仍摆着鲜花，约翰对此感到震惊。他的朋友被约翰的话弄得心烦意乱，严厉地看着他，只是简单地说：

"可是这里死了一个人。"

*****

已是夏末，现在最主要的颜色是悬崖小径上垂死的蕨类植物烧焦的铁锈色。今年早些时候，陡峭的河岸上还盛开着粉红色的剪枝花和紫色的蟾蜍叶，现在已经变成了一片泛绿。天空中燕子的狂躁不安已被衣衫褴褛的乌鸦和渡鸦所取代，它们头晕目眩地跳入从海上吹来的狂风中。浮筒不见了，现在只有一条孤零零的木船在海湾里上下浮动。夏季游客和带着捕虾网的孩子们正准备回家，回到学校。

今天，我又想起了西蒙娜·薇依，我相信卡萨里斯一定很了解她的工作。他对施佩尔说的那些话——要求他对苦难敞开胸怀和精神——这些话可能直接来自薇依。她的很多作品都回归到对人类意义的理解，这种理解源于对他人痛苦的理解——正如一位传记作家所说，"感动她的是别人的痛苦，而不是她自己的"。[3]对她来说，同理心不是一个抽象的问题，也不是什么值得追求的东西，它只是她日常生活的一部分——"任何边界都无法遏制她对他人困境的同理心，从前线的士兵到遭受残酷条约的敌人"。

薇依思想的核心是移情和痛苦之间的联系。人类最高的能力，用她的话来说，"几乎是一个奇迹"，是与他人的存在联系在一起——与痛苦不可分割的存在，与生命不可分割的痛苦。但她承认，这是非常困难的。对于遭受痛苦的人来说，表达他们的感受已经够困难的了，但是对于其他人来说，要真正听到这些话并了解受苦难者的实际情况，实际上是几乎不可能的。因此，这反过来会造成一个可怕的循环：

> 倾听别人就是在他们说话的时候设身处地为他们着想。把你自己放在一个灵魂被痛苦腐蚀的人的位置上……就是消灭你自己[①]。对一个快乐的孩子来说，这比自杀更难。在那里，受苦难的人无法被听到。他们就像一个舌头被割掉的人，偶尔会忘记事实。当他们动嘴唇时，耳朵听不到任何声音。他们很快就会陷入语言使用的无

---

① 对薇依来说，这个短语并没有负面的含义——恰恰相反。在同一篇文章中，她解释道："进入真理的唯一途径是自我毁灭。"她觉得这是进入专注阶段的必要前提，这样才能真正倾听真理和痛苦——"这种强烈、纯洁、无私、无端、慷慨的专注的名称就是爱"。

能，因为他们确信自己不会被听到。

但是，尽管在沟通中存在着巨大的挑战，薇依相信，正是在不断尝试与他人联系的过程中，我们才能最充分地体验自己的人性。尽管如此，这种经历也只是零星的，而且总是暂时的。像许多曾经生活过的最有道德观念的人一样，她几乎没有时间去关注有组织的宗教活动，也很少有时间去遵从教堂和主教的规定。但关于基督的形象，她是这样说的：

> 同情受苦的人是不可能的。当它真的被发现时（正如在基督的生命中），我们有一个比在水上行走更惊人的奇迹……甚至让死人复活。

这就是卡萨里斯和施佩尔在斯潘道的故事令我感动的部分原因，这就是为什么我不断回顾那些年这两个人之间发生的事情，试图在那个地方找到同理心。那个矜持、笨拙的中年男人试图在情感上表现出原始的一面，试图进入他从未进入过的内心领域。而卡萨里斯的同理心（字面意思是"受苦"——来自拉丁语的com + pati），以及他选择在那个地方与施佩尔在一起。这两个人都是易变的，都是有裂缝的容器。大多数情况下都是磕磕绊绊的，偶尔会瞥见一些可能是真理的东西。施佩尔（在他遇到卡萨里斯之前）是人们可能遇到的最彻底的无情的人之一，冰冷的极致，与西蒙娜·薇依截然相反。然而，在那些年里，有些东西在他身上打开了。奇迹是，即使在生命的晚期，同理心也是可以学习的。一种有根基的同情心。在那里，其他人的痛苦——即使只是一瞬间——变得和你自己的一样真实。首先，在监狱的围墙内寻找同理心似乎很奇怪。但是，也许不难看出，我们头脑中存在的概念性牢房与我们中很少有人见过的实际牢房之间存在联系。而且我们所有人，有时感受到有一堵墙把我们和其他人隔开，希望我们能打破它，这也可以解释为什么文学、电影和诗歌会一再回到这个主题。处于极端状态的人,被剥夺了自由和爱的人。我们把自己放在那种情况下,在那个牢房里,问自己如何生存,或者能否生存。这就是纳齐姆·希克梅特(Nâzim Hikmet)和扬尼斯·里索斯(Yannis Ritsos)的诗歌,或者维克托·塞尔日(Victor Serge)和安东尼奥·葛兰西(Antonio Gramsci)的作品如此动人的原因。他们不仅经历了多年的监禁,而且把他们的经历提炼为人类处境的本质,这样,他们就可以用语言逃离囚禁他们的高墙。

希克梅特在布尔萨监狱服刑八年,尽管他被关进了政治监狱,受到了骇人听闻的待遇,但他在1945年9月写给妻子皮拉耶的信中没有一丝自怜:

> 想到你是多么美丽:
> 在监狱里,在死亡和胜利的消息中,
> 当我过了四十……
> 想到你是多么美丽:
> 你的手放在蓝色的布上,你的头发庄严而柔软
> 就像我挚爱的伊斯坦布尔大地……
> 想到你是多么美丽,
> 写你,
> 坐在监狱里,记住你……
> 然后跳起来
> 抓住我窗户上的铁栏杆,
> 我必须大声说出我为你写的东西,对着乳白与蓝色的自由……[4]

维克托·塞尔日描述了快乐是如何穿透最黑暗的牢房的,他在1912年到1917年间在法国一所残酷的监狱里度过了五年:

> 大约上午10点,在天花板上的一个角落里,一束矩形的阳光出现了:几平方英寸。牢房和它的囚犯立即改变了……这温暖的光的

存在……创造了一种难以言喻的情感。你的脚步加快了,你的背挺直了,这一天呈现出了一个更加光明的面貌……在那些成功抵抗疯狂的人当中,他们强烈的内心生活使他们对生活有了更高的认识,对自我、自我的价值和自我的力量有了更深的认识。战胜监狱就是伟大的胜利。在某些时刻,你会感到惊人的自由。你感觉到,如果这种折磨没有击垮你,那就没有什么能击垮你了。[5]

他还从无政府主义思想家彼得·克鲁泡特金（Peter Kropotkin）在圣彼得堡监狱度过的岁月中汲取了灵感。没有纸和笔——为了保持头脑清醒——他便每天在脑海里以最严肃的态度,有条不紊地编辑一份报纸。主要文章、公告、专题、科学和艺术专栏、社会项目……就这样,他在心里写了成千上万篇文章。塞尔日每天也做类似的练习,对自己的知识、记忆和想法进行分类和复习。他和施佩尔一样,开始"理解过去几个世纪在天主教世界中实行的'静修'的价值……沉思带来了对你所有价值的重新审视,对你自己和宇宙的所有账目的审计。内省打开了内在生命的无限远景"。

即使是在被囚禁的时候,希克梅特和塞尔日都非常强调人的思想自由能力。然而,在我们今天的世界中,我们似乎正在处理与此恰恰相反的问题——许多人现在觉得他们的思想被囚禁了,即使他们自身是自由的。事实上,我们的社会越来越善于在我们的头脑中筑起高墙和障碍。很多人都认为科技会带来最大的自由,但事实上,这些科技却把我们束缚在上瘾的行为模式中,束缚了我们与他人面对面相处的能力。尽管肉体监禁令人恐惧,但我发现自己还是同意希克梅特的说法:

> 他们俘虏了我们,
> 把我们关起来:
> 我在墙里面。
> 你在外面。

> 但这没什么。
> 最糟糕的
> 是当人们——有意或无意地——
> 在自己的内心囚禁着自己……

在2004年发表的一篇出色的文章《无情的大师？》中，约翰·伯格重新审视了弗朗西斯·培根的作品，并承认在之前的50年里，他对这位画家的看法一直是错误的。一直以来，他认为培根主要是一个"为了震惊他人……而绘画的艺术家，（他曾相信）这样的动机会随着时间的推移而消失"。但在巴黎的一次展览中，他意识到培根的愿景一直是"一个无情的世界"，在这方面，他已经领先他的时代很多年了。但是，并不是对痛苦和折磨的描述使他的作品具有独创性；事实上，在培根的画中，主体是独自承受痛苦的——"没有目击者，也没有悲伤"。我想进一步说，在培根的很多作品中，他的主体所处的空间似乎是幽闭恐怖的房间，完全与更广阔的世界的任何想法完全隔离。这些地方完全与世隔绝，人们在有软垫的牢房里尖叫，知道没有人会来，甚至折磨他们的人也不会来。

在文章的后面，伯格预言性地写道：

> 现在这段历史就是这堵墙的一部分。当柏林墙倒塌时，在各地修建围墙的计划就展开了。混凝土、官僚主义、监控、安保、种族主义、隔离区。到处都是高墙，把绝望的穷人和那些希望保持相对富裕的人隔开……一方面，每一种能想到的武器，无裹尸袋战争的梦想、媒体、富足、卫生、许多魅力的密码；另一方面，石头、供应短缺、争斗、复仇的暴力、肆虐的疾病、对死亡的接受，以及持续不断地专注于一起多活一个晚上——或者多活一个星期。当今世界意义的选择就在这堵墙的两边，墙也在我们每个人的心中。

多重意义的墙，是物理的，也是虚拟的。现在的技术使我们能够以前所未有的方式进行交流——但同时屏幕也开始拉开我们的距离，将我们与人类的声音、痛苦和爱的面孔、物理的触碰、他人的身体分开。培根的乌托邦世界现在正逐渐接近。连接的幻觉，然而孤立的现实。我们都在我们的脑海中制造监狱。在更黑暗的时刻，我想知道我们是否真的喜欢存在于我们所建的墙内，而不是生活在大地和天空之间。

薇依对墙的概念也很着迷——这个形象在她的作品中反复出现。还有人类囚禁自己的方式——许多人没有意识到他们在监狱里，但更聪明的人意识到他们是俘虏。经过大量的工作和痛苦，有一天，提问的人将在墙的另一边醒来。也许他仍然在一个监狱里，虽然是一个更大的监狱。没关系，他已经找到了钥匙；他知道打破所有墙壁的秘密。他已经超越了人们所说的聪明，进入了智慧的开端。

她还着迷于颠覆我们对周围世界的看法，喜欢悖论，在我们社会提供的所谓"自由"中发现限制，在限制中获得解放。有时，就像在《重负与神恩》中一样，她像一个魔术师，让我们同时看到两面："世界是一扇关闭的门。它是一个障碍。同时，它又是一条通道。两个牢房相邻的囚犯通过敲击墙壁互相交流。墙是分隔他们的东西，但也是他们交流的手段……每一种分离都是一种联系。"

*****

那么，最终我们该如何看待施佩尔和卡萨里斯在斯潘道的那三年里所发生的事情？简化施佩尔的经历是有危险的，它很容易被看作一个完全进步的发展弧线。但是，当然，事实远非如此。无论施佩尔多真诚地试图成为一个不同的人，无论他多么严格地遵守卡萨里斯的阅读和讨论计划，总有其他力量、其他本能在发挥作用。事实上，阅读回忆录的魅力之一就是见证这一时期施佩尔内心深处的一种本体论斗争。他在很大程度上享受着挑战，以及卡萨里斯所设定的修道院制度的艰难性，但另一部分仍然梦想着外部世界的宏伟和权力。

在见到他的新导师仅仅几个星期后，他仍然在回忆录中描述放弃"在建筑史上占有一席之地的梦想"是多么困难，并吹嘘他如何规划"世界上最大的圆顶大厅"，重复希特勒对他妻子说的话："我正在给你丈夫分配4000年来没有过的任务。他将建立起永恒的建筑！"1948年春天，当他深入阅读神学家卡尔·巴斯的著作时，他也在日记中兴奋地回忆起与希特勒和温妮弗里德·瓦格纳（作曲家的儿媳）的盛大会面，或者希特勒在奥格斯堡欣赏华丽歌剧时的细节。1948年末，在专注于自己内心生活的一年后——这种所谓反思性存在——他仍然气喘吁吁地在日记中透露，他的妻子刚刚收到阿尔弗雷德·克诺夫夫人的来信，兴奋地指出，她是"在美国出版过托马斯·曼作品的知名美国出版商"的妻子，他最终"想出版我的回忆录"。

在周六与卡萨里斯的会面中，施佩尔会是一个深思熟虑的人，努力解决他内心的罪恶感，讨论神学，完全接受薇依的挑战，"把我们自己从想象中的世界的王权中剥离出来。绝对的孤独。然后我们就拥有了世界的真理"。然而，在远离卡萨里斯的地方，华丽的外部世界和物质上的成功似乎对这位被囚禁的建筑师仍有巨大的吸引力。也许这并不奇怪，在这些年里，他从来没有告诉过卡萨里斯他的写作（知道他将会对一些主题感到多么震惊）；也许这也不奇怪，在他出狱后，施佩尔再次被名利和权力的世界所诱惑——卡萨里斯正确地认为，这只是一种倒退。

*****

我们如何评价那些确实被写下来并出版的话语，这是一个诱人的方面。这种过程的固定性赋予了一种崇高的地位，让人认为这些文字可以持续多年，在许多场合下，甚至在作者去世很久之后。然而，在许多情况下，人们之间的口头语言可以告诉我们更多。如果我们能在某个周六在监狱小教堂里听施佩尔和卡萨里斯的谈话，会比阅读施佩尔在回忆录中支离破碎、精挑细选的对自己生活的描述更加非同寻常。同样地，如果能捕捉到很久没见面的朋友之间滔滔不绝的话语，那该有多好啊。就像一群群的鸟和蝴蝶飞进耀眼的光里，一个也看不见了。所有这一切都体现在犹豫、措辞、点头与低声同意、共同的笑声中了。如果没有瑟伦利和卡萨里斯的对话（后来，这些对话被记录了下来），我们就永远不会了解施佩尔生活中许多最重要的方面。

这引发了更深层次的问题，即在我们的社会中，什么是被重视和被赋予地位的。正如苏格拉底所预言的那样，我们习惯性地高估了书面的东西，而低估了口头的东西。几百年来，我们以类似的方式，以牺牲不可量化的过程为代价，美化了可量化的产品。仅举一个例子——今天阅读几乎所有的讣告，你会看到一种荒谬的看待世界的狭窄方式。在关于这个女人或男人的一页中，会有一整段的内容列出他们所有的出版物，他们的书，他们在外部世界的"成就"；几乎没有关于他们人性的内容——没有关于他们幸福的本质，他们与抑郁症的斗争，或他们实验性的性行为，或他们友谊的能力，他们家庭关系的非正统性质。而结尾处，那个可笑的有限的结尾——"他的妻子和两个孩子仍在世"。

同样，我知道，今天世界上正在进行的一些最重要的工作对我们许多人来说是看不见的。因为我们还没有形成一种重视过程而不是产品的语言。例如，在过去的15年里，皮卡迪利区圣詹姆斯教堂的前牧师唐纳德·里夫斯和他的合伙人彼得·佩尔茨一直在波斯尼亚、塞尔维亚和塞族共和国深入工作。他们在"欧洲之魂"的旗帜下开展和平建设活动，扎根于创造安全空间，让来自不同种族和政治背景的人们能够走到一起，开始相互交谈。这往往涉及施害者和施害者的亲属与第二次世界大战以来最严重的欧洲暴行的幸存者和幸存者的亲属坐在一起。他们的指导格言之一是："当那些通常不说话的人被那些通常不倾听的人听到时，改变就发生了。"

我永远不会忘记2005年7月在普里耶多尔的一个果园里的经历——十年前波斯尼亚战争中一些最野蛮的行为就发生在这里——和十几个年轻男女坐

在一起，有些是十几岁，有些是20出头。他们的父亲、母亲、祖父和祖母都直接经历了屠杀和酷刑；有些人杀了人折磨了人，有些人被杀，被人折磨。然而，十年后，他们在这里，年轻的波斯尼亚穆斯林和塞尔维亚人，在苹果树下围成一圈坐在一起，互相倾听。他们在一起讨论如何为奥马尔斯卡的死者建一座纪念碑。在这个仍然极度分裂的社会中，里夫斯和佩尔茨总是试图以公平的方式工作，他们发展了强有力的和解进程，使巴尼亚卢卡的费尔哈迪亚清真寺得以重建，他们还在制定一项倡议，以帮助保护科索沃地区塞尔维亚东正教少数民族的地位。这是我们大陆的任何地方都在进行的一些最重要的治愈与和解工作——然而，当他们试图让他们的项目得到资助者的支持时，他们一再被告知："你们交付的成果并不存在"，他们需要展示"可量化的伙伴关系模式"。

他们（以及世界各地其他的先驱者）所从事的工作的语言还不存在。

*****

8月，我和两个朋友斯特凡、爱丽丝以及爱丽丝的两个孩子一起去寻找西蒙娜·薇依的坟墓。

我所知道的唯一信息是，她于1943年在肯特郡阿什福德的一家疗养院去世，但直到在最近的一本传记中发现了她墓碑的照片，我才知道她被葬在了这个小镇。我原以为她会被葬在法国，她的尸体会在战后运回。但是，当你进一步地了解她对祖国的态度时，你就会意识到，法国也未必会欢迎这样一个"麻烦的女儿"回来，即使是在她死后。毕竟，就是这样一个强烈反对民族主义、对法国殖民主义始终感到震惊的女人，在纳粹以迅雷不及掩耳之势进入巴黎、她能听到装甲部队在香榭丽舍大街上隆隆作响的那一天，她在她的日记中写下了这样的评论，甚至可以说是很了不起的评论：对印度支那人民来说，这是最美好的一天。

这意味着法国作为殖民统治者对印度支那（越南、老挝和柬埔寨）给几代人带来的恐怖现在肯定要结束了。的确，薇依的评论非常有先见之明。印度支那的解放力量变得势不可当，而被认为是"刀枪不入"的法国军队，在第二次世界大战的耻辱中被不可挽回地削弱，最终在印度支那被击败。这句简短的话——对于薇依的批评者来说，这句话被用来（或者说是被滥用）表示她作为一个犹太人、一个法国女人的"自我憎恨"——实际上是反殖民主义历史上最有力的陈述之一。如果我们选择去看，总会有一个更广阔的背景。除了这句话的地缘政治主旨外，薇依还挑战我们，不要再认为我们自己的痛苦和问题是最重要的，鼓励我们超越我们大多数人所居住的狭隘世界。殖民解放始于将我们从自我专注中解放出来，第一次能够听到和看到别人。

我在达特福德车站接斯特凡，然后我们开车向南，在汤布里奇和其他人会合。我们都不太了解肯特郡，我们惊讶于这个城镇这么破旧和破败——用木板封住的商店，破旧的公交候车亭，与我们脑海中富裕的"英格兰花园"的形象相去甚远。我们向东开了几英里，来到图德利村，在万圣教堂外停了下来。从外面看，它像一个简单的中世纪教堂——相当低矮，有一个方形塔和短尖塔——但里面有着一件令人惊叹的艺术品，在世界上独一无二。但在我们进去之前，我们走到一个很小的墓地，离教堂只有几百码，但隐藏在一条小巷里。大门是锁着的，所以我们得从后面的栅栏爬过去。一棵孤零零的橡树俯视着这个小墓地，在它的枝头下大概有十几座坟墓——德阿维格多-戈德斯米德一家的长眠之地。尽管犹太人的墓地在我们的城市里很常见，但在英国乡村中部却不太常见。

墓碑设计精美，有漂亮的刻字和装饰。我找到的那块顶部刻着一行莎士比亚十四行诗中的一句——"夏天的逗留何其短暂"——上面还刻着一位年轻女子的名字——莎拉·德阿维格多-戈德斯米德，她的生卒年1942—1963，以及简单的铭文：于海上失踪。她短暂的一生是艺术品存在于教堂的原因。

另一则铭文则令我们印象深刻，这是写给一位年长的亲戚奥斯蒙德·埃利姆·德阿维格多-戈德斯米德（1877—1940年）的，他曾是英国犹太人代表委员会的主席："一个因真诚、人格力量、献身于他人福祉和对所有人友善而卓越的生命。"在我们出去的路上，我们惊奇地发现了另一块较小的墓碑，在紫杉树篱后面的一小块围墙里。显然不是他们家里的人，但显然是他们爱的人。不过这个坟墓似乎很神秘，只有四个字（两个不同的名字）暗示了他的生活，没有任何日期："马哈茂德·布希特（乔·卡特雷特）。"

我们在附近的柳树下野餐，我浏览着我所知道的关于莎拉短暂的生命和死亡的一点信息。她在附近的萨默希尔庄园长大，那是汤布里奇附近的一座雅格布王朝时期的豪宅。她的父亲亨利·德阿维格多-戈德斯米德爵士是犹太人，母亲罗斯玛丽夫人是英国国教教徒。莎拉也是在圣公会长大的，她和她的母亲都在图德利的万圣教堂做礼拜。莎拉和罗斯玛丽对现代艺术非常感兴趣，1961年，在巴黎的一次展览上，他们都被马克·夏加尔为耶路撒冷犹太教堂设计的彩色玻璃窗所震撼——莎拉称它们为"半透明火焰的宝石"。1963年9月19日，悲剧袭击了这个家庭。莎拉和她的男朋友大卫·韦恩，以及朗福德勋爵的儿子帕特里克·帕克南，在莱伊附近的海岸航行了一天。在一个晴朗夏末的傍晚，突然来了一场风暴，掀翻了他们的船，把他们三个丢进了海里。夜幕降临时，他们离海岸还有几英里。他们拼命想把船扶正，但所有的努力都失败了，先是大卫，然后莎拉也滑进了海里。帕特里克是一名较强壮的游泳者，他设法回到了岸边，但当他通知救援人员时，他的同伴已经淹死了。

在接下来的一年里，莎拉的母亲通过她与艺术界的联系，邀请夏加尔在图德利的教堂里创造一扇纪念莎拉的窗户。此时的画家已是老人，非常不愿意接受新的委托，尤其是在一个他几乎不了解的国家，但罗斯玛丽很有说服力，夏加尔很欣赏这个家庭既是犹太人又是基督徒的事实（这与他自己的普遍主义信仰有关），最终他接受了设计万圣教堂东窗的委托。1967年12月，也就是莎拉去世四年后，夏加尔来到图德利，为这个非凡的纪念窗口奉上了献礼。当这位80岁的艺术家看到自己的设计在小教堂中发挥了如此出色的作用时,他深受感动,说:"真是壮丽!我会把它们都完成的!"[①]——在接下来的18年里,夏加尔信守诺言,又设计了11扇窗户,最后一扇是在1985年安装的——那年他去世,享年97岁。图德利教堂是世界上唯一一座所有窗户都由夏加尔设计的教堂。

我们向教堂走去,就在我们到达教堂之前,仿佛是命中注定的,太阳又从云层中出现了,所以当我们走进教堂的那一刻,午后的阳光从窗户里洒出无数的蓝色、绿色和黄色。这是一种压倒性的感官体验。我们凝视着东边的窗户,莎拉在靛蓝的海洋里的形象,然后是一架梯子,通往被照亮的基督,他的双臂从十字架上伸出来……还有其他的窗户,上面有天使、马、树、鸟、花和蝴蝶,精美的光影画。当我们走过中殿时,石头地板闪烁着光芒,蓝色被蜂蜜金色和赭色所取代。但下午的时光渐渐消逝,快到傍晚了,西蒙娜·薇依正在召唤我们继续向东旅行。

我们沿着肯特郡的小路和树荫开了一个小时左右的车。炎热的一天过后,接踵而来的是8月的狂风暴雨。现在谈话转到德国,爱丽丝正在描述那里的一个会议,在高高的山上。因为她的写作,她被要求在一个难民儿童的顾问会议上发言。她对这些顾问们自己的不安而深感不安,他们没有意识到他们无法正视自己的历史。一种埋葬创伤和否认的感觉。然而,他们不明白这将会如何影响他们的儿童工作。我们现在行驶在一条通往阿什福德的B级公路上,跟在一辆卡车后面,但我今天开车并没有不耐烦。暴雨加剧。我们谈论老一辈的德国人——战争年代的年轻人——是如何应对纳粹主义所代表的灾难的,或者在某些情况下毫无应对办法。我讲述了克里斯蒂安的故事,这个小男孩在战后的废墟中长大,躲在门后,看着他的父母和朋友们一起唱纳粹歌曲。现在只有雨刷器的声音。在我们的脑海里有一个问题,那就是这些年有多少孩子觉得被父母背叛了。斯特凡还记得,很久以前,当他看到罗西里

[①] 原文为法语。——编者注

尼执导的电影《德意志零年》——以剧中小男孩在战后柏林的废墟中自杀而告终时，他是多么痛苦。经过锡辛赫斯特，阿什福德的边缘正在靠近。我们在环城路上行驶，自建仓库，丑陋的旅行小屋。当我们到达终点时，我们很高兴地看到当地政府把这条阴冷的双车道命名为"西蒙娜·薇依大道"。

从对薇依在阿什福德的所有调查中，我只发现了一些零星的细节。我知道她于1943年8月中旬从米德尔塞克斯医院转到格罗夫纳疗养院后去世。她在伦敦只待了八个月，这对她来说是一段不愉快的经历。她身体虚弱，情绪激昂，曾多次纠缠自由法国总部的指挥官，要求他们允许她空降到敌人后方加入抵抗运动。或者成为一个"自杀护士"中队的一员，照顾在被占领土上受伤和垂死的人，向纳粹证明"法国人也可以笑对死亡"。毫不奇怪，她的恳求没有得到很认真的对待。她确实写了《伦敦寻根记》（*Need for Roots in London*），带着一种她无法逃避的讽刺意味。她也逐渐爱上了英国文化，尤其是莎士比亚和酒吧。

但她决心继续一种她很早以前就开始的饥饿饮食，以声援所有在占领下受苦的人，再加上她大量吸烟，导致她在1943年4月病倒。她在米德尔塞克斯医院的医生发现她得了肺结核，但也告诉她，休息和适当的饮食可以挽救她的生命。他们不知道自己在和谁打交道，因为这两个概念对薇依来说是诅咒。后来，他们称她为"我们遇到过的最糟糕的病人"。当她被转移到格罗夫纳疗养院时，结核病已经严重恶化，没有什么可以做的了。当她看到疗养院的新住所时，她只是说："这是一个多么美丽的，在这里度过余生的房间。"

只有一张格罗夫纳庄园的照片供我们参考——1913年至1955年间，这里曾是结核病疗养院。而且这个庄园位于肯宁顿，阿什福德北部边缘的一个区。

我们开车上了一座平缓的小山，穿过这个郊区，希望能找到一些线索，找到这栋建筑的一些迹象。但很快我们就走出了镇子，再次进入田野。到现在，爱丽丝的孩子们已经很累了，而寻找这座古老的疗养院似乎有点遥不可及。听天由命，我们在阿什福德边缘的一个环岛旁的一家酒吧门口停了下来，那里是一大片维多利亚时代的建筑群。我们喝咖啡，吃蛋糕，提提神。突然，我抬头看了看酒吧，看它高耸的山墙和后面的延伸。有可能是那个地方吗？斯特凡和我比较了这张照片和我们面前的建筑。尽管烟囱看起来略有不同，但它们在结构上有惊人的相似性。我又进去问房东。不，他对疗养院一无所知——据他所知，这个地方一直都是旅馆或客栈。但他告诉了我怎么去比布鲁克公墓，我知道薇依就葬在那里。在洗手间里，斯特凡和我正聊着我们的线索，这时一个人从隔间里走出来说："我想你们要找的地方是以前的警察培训学院——我想它叫格罗夫纳庄园。就在山下，墓地附近。"我们对在意想不到的地方发生的突破感到好笑，于是回到车里，迫不及待地告诉爱丽丝我们的发现。有了可能的线索，我们开车下山时的心情好多了。

在山脚下我们转弯，沿着拜布鲁克路，几乎马上就有了另一个转弯和一个标志，"格罗夫纳庄园户外探险中心"。是的，一定在这儿，一定！我们驱车沿着一条长长的小路前进，穿过蜿蜒的松树和林荫大道。那里有高高的栅栏，顶部有带刺的铁丝网，对这样一个地方来说很奇怪。也许是警察培训学院时留下的？周围没有别的车或人。我们拐了个弯，最后，它终于出现在我们面前了——格罗夫纳庄园，有着独特的尖顶山墙和错综复杂的烟囱，就是西蒙娜·薇依去世的地方。

照片左边的一些树还在那里。我们试图通过她的眼睛想象风景，想象她从窗口看到的乡村。这个地方的最后。她所居住的大地是如此的不平静。在她的时代，杨树已经长大了，但她会从窗口看到橡树和山毛榉，尽管它们是更年轻的树。1943年8月中旬，战争仍在继续，但现在形势有所好转。汉堡在一夜的轰炸中仍在冒烟，4.2万人在这一夜丧生。东线的库尔斯克战役中，苏军即将解放哈尔科夫。美国军队在西西里岛登陆。但施佩尔在他柏林的办公室里，更关注的是8月17日美军对施韦因富特的袭击和对军备生产的干扰……

而在肯特郡，小麦几乎已经可以收割了，果园里的水果越来越多。正在康复的结核病人们在院子里走来走去，计划在晚上举行音乐会——琼、拉斯蒂、艾琳、贝蒂、乔伊斯、奥利弗、多丽丝、鲍比、特鲁迪、达芙妮、艾格尼丝、希拉、温妮、玛丽，都在准备他们的歌曲。而34岁的西蒙娜在她的房间里，回想着她的生活，看着云朵向东移动，回到她出生的国家……云是没有限制的，能够飞越被占领的土地，被轰炸的城市。在铁路和灭绝营之外，薇依得知犹太人被大规模屠杀时并不感到惊讶，她一生都在努力了解世界上的极端野蛮行为；事实上，她早在其他人之前就使用了"大屠杀"这个词，她问一位朋友："如果我们没有谴责过去所有的大屠杀，我们如何谴责这一场大屠杀？"[6]

我们转身回到公路上，只有汽车发动机的嗡嗡声。太阳出来了，傍晚的光线斑驳地照在上面的树叶上。墓地更容易找到了。我们把车停在大门边，穿过樱桃树下整齐的方形小路，经过一些奇怪的坟墓——颜色鲜艳的小风车在旋转，还有娃娃、泰迪熊，我们不禁意识到这些一定是儿童的坟墓。我们来到了墓地的西边，几乎就像我以前来过这里一样，我对坟墓的位置有如此强烈的感觉。我们走到六棵高大的松树底部，那里，与我想象的一模一样，是西蒙娜·薇依的坟墓。一个简单的灰色石碑，边缘是橙色和粉色的花朵，上面刻着鲜明的铭文：

西蒙娜·薇依

1909年7月3日

1943年8月24日

在一个角落里躺着几缕枯萎的花，我们很高兴看到仍有人来过这里。在她的墓脚下还有一块斑驳的灰色石碑，上面用黑色字母刻着几个字，但已经褪色了，只有一些字还能看清，所以看起来很费劲：

在伦敦的法国临时政府成员［？］

但患上了［？］肺结核

阿什福德的格罗夫纳疗养院

最重要的著作

现代哲学家

我们对紧邻她坟墓旁边的那座坟墓感到好奇：斯蒂芬·梅纳德和埃塞尔·玛丽·梅纳德，死于1948年。这种接近表明与薇依有某种联系。斯特凡随后读了碑文，上面写道："在你的生活中不要寻找缺陷；即使你发现了它们，保持一些盲目，去寻找它们背后的美德也是明智和善良的。"现在没有人说话了，我开始注意到树林后几百码处的山谷中，不断传来的高速公路上的低沉轰鸣声。在我们离开之前，我知道我们的朋友约翰与薇依的作品有着密切的联系，我朗读了他的短篇冥想《像安提戈涅一样的女孩》，参观她在巴黎的房间，她写作的桌子，俯瞰卢森堡公园和城市的窗户。

> 房间像桌子一样又长又窄。当她坐在桌子后面时，门在她的左边。这扇门通向一条走廊：对面是她父亲的诊室。当她沿着走廊走向前门时，她会经过左边的等候室。病人，或者那些担心自己生病的人，就在她的门外。她可以听到她的父亲与每个病人告别，并向下一个病人打招呼：你好，夫人，请坐下，告诉我你的情况⋯⋯
>
> 我坐在她的桌前，读了一首诗，这首诗标志着她生命中的一个转折点。她用象形文字的笔迹抄写了这首诗的英文，并把它记在心里。当她被绝望或偏头痛的痛苦所折磨时，她常常大声背诵这首诗，就像祈祷一样。有一次，在读这篇文章时，她感觉到了基督的存在，并感到非常惊讶⋯⋯50年后，当我读到乔治·赫伯特的十四行诗时，这首诗变成了一个地方，一个住所。[7]里面没有人，里面的形状像一个石制的蜂巢。撒哈拉地区有这样的坟墓和庇护所。在我的生活中，我读过很多诗，但我以前从未"参观"过一首。这些文字是包围我的居住地的石头。

在下面的街道上，在公寓楼的入口处（现在你需要敲击密码才能进入），有一块牌子，上面写着"哲学家西蒙娜·薇依在1926年至1942年间住在这里"。

当我们走回车上时，爱丽丝说，她仍然觉得薇依的死亡行为几乎是故意的，这让她非常不安。在战争的高峰期，数百万人对死亡没有什么选择，薇依拥抱死亡的方式似乎令人困惑，一个本可以在战后做出巨大贡献的生命和杰出的思想就这样自愿熄灭了。[8]

*****

我们向南走，离开阿什福德，很快就进入穿过沼泽的笔直道路，通往邓杰斯和已故电影导演德里克·贾曼的旧别墅，我们今天旅程的最后一站。我们不禁要问，薇依今天的标志性地位有多少是与她的早逝联系在一起的？但我要说的是，更多的肯定是与她对同理心的深刻理解有关，以及她对他人的痛苦的本能认同。那甚至排在她自己的痛苦之前。这不正是我们今天的世界所共鸣的吗？爱丽丝质疑薇依对他人的同情是否真的像我们现在看来的那样深刻：也许她对他人本能的同情并不像我们想象的那样独特？毕竟，这不正是大多数父母对他们的孩子的几乎自动的反应吗？而我们并不认为这是什么了不起的事情。尽管也许我们应该如此。因为这样的爱可以更进一步，进入更广阔的世界，开启了变革的可能性。我确信这是真的，但我仍然对薇依的生活和思想中的一种诱人的品质感到好奇，这种品质很难用语言来表达，也许会使我们超越对"同理心"一词的使用——这是她以直觉的方式与家人和朋友以外的人联系的能力。她从未见过的人。陌生人的痛苦，远在千里之外被她的祖国殖民的人的痛苦。她不是以抽象的方式，而是以一种完全直观的生活体验来感受这些现实的。

在这个想法的刺激下，我开始向爱丽丝和斯特凡讲述卡萨里斯在斯潘道与施佩尔在一起的岁月——以及他不仅对一个陌生人，而且实际上是一个敌人所表现出的同情——以及他对施佩尔的恳求让他的思想和精神痛苦，以及这对施佩尔产生的变革性影响。也许，我对此的着迷部分来自我从小所处的天主教环境。谈论这些事情很困难，尤其是我很久以前就拒绝了这个宗教。我觉得这些话说得不流利，但我想表达某种从根本上说很神秘的东西。利德和新罗姆尼在前面，我们左转到邓杰内斯。也许是因为随着年龄的增长，我们对自己的价值观变得更加坚定，然后也许就有可能在我们之前拒绝的东西中看到真正的好，甚至是美的元素。"我们所有探索的终点将是到达我们出发的地方，并第一次了解这个地方。"[9]在这一点上，我们就可以接近这个信念或想法，仿佛以前从未遇到过，并被它的力量所震惊。就像在不同季节走在你熟悉的河边，突然看到一条鲑鱼跳跃。

就是为了另一个人而牺牲自己，甚至为别人牺牲自己的生命。这些概念似乎不可思议，因为它们与我们的社会所教导的背道而驰，从21世纪资本主义的极端唯物主义到自私基因的生物学概念。我想知道在这样的牺牲时刻，接受者和给予者都会发生什么。这与"救赎"这个词有某种联系吗？我很惊讶自己会用这个词——几十年前，牧师们用这个词来为一个童话辩护，但这个词毫无意义。但我现在在想从人道主义的角度来重新找回它，并接受帮助他人超越极限、超越痛苦是一种救赎。

我们现在正向一条灰粉交错的天际开去，邓杰内斯的发电站现在出现在地平线上。我想要描述的，以及薇依和卡萨里斯打动我的地方，与利他主义无关，与"圣洁"无关。这两件事我都没时间做，我不接受那些说法。事实上，我总觉得那些被认为是"圣人"的人身上的光环有些令人厌恶的东西。这里的问题在于对看似好的行为的自我意识。然而，我发现令人信服的是对他人的本能关怀，这可以被称为同情。是的，这在父母和孩子之间、伴侣之间、医生和病人之间都存在，但当它超越家庭或职业关系的领域时，就更不寻常了。对陌生人的同情可能是极其罕见的，就像薇依说的，几乎是奇迹，但它确实存在。它的存在给世界带来了希望。

这里我又想起了普里莫·莱维。特别是战后回到意大利后他开始写的东西。他把开始写《十天的故事》的经历描述为"就像被水坝拦住的洪水，突然奔涌而出"。[10]这是《这是不是个人》的最后一章，然而这是他最先写的一章。后来，在给查尔斯·康罗（Charles Conreau）的信中，莱维回忆了这一章，他在信中写道："我们一起生活的那十个难以置信的紧张日子……我们的光荣时刻。"

1945年10月19日，莱维在经历了四个月的东欧之行后，终于到达了他在都灵的家，并于1946年1月开始在都灵城外的阿维利亚纳（Avigliana）的DUCO（一家油漆和炸药工厂，是诺贝尔-蒙特卡蒂尼的子公司）工作。在这里，工作期间，由于战后的那些日子里交通不便，为了节省都灵和工厂之间的通勤费用，莱维被安排在斯卡波利之家的工人宿舍的一个房间里，在这里，他可以看到苏萨山谷和远处山脉的壮丽全景。多年来，他第一次有了自己的空间，有了安全感。然而，他的内心却被他所经历的一切所吞噬，并且像奥德修斯一样，迫切地需要讲述发生在他和许多其他人身上的事情。

到了1946年2月，我们知道他已经开始记录"思想和事件、谈话、在集中营听到和看到的东西，记录在火车票的背面、纸屑、压扁的香烟盒上——任何他能找到的东西"。这种疯狂的记录延续了莱维的个人驱魔仪式，但这都是为了准备一些不寻常的事情。"如果我不写书，我就可能会一直是世界上被诅咒的人之一"，他后来说。1946年整个春夏之交，他在斯卡波利之家狂热地写作，打字到深夜，有时甚至在半小时的午休时间内赶回来完成一些东西。在此期间，他几乎没有任何社交活动，他所有没有被化学工作耗尽的精力都投入这本书的编写中。到12月，书稿已经完成。他给一位朋友，即幸存者让·萨缪尔（Jean Samuel）写道："我带着爱和愤怒来写这本书。"

在这一章的开头，莱维告诉我们，他在1945年1月11日得了猩红热，当时正值波兰的冬天，俄国人的枪口越来越接近奥斯维辛。他被送进了医务室内的传染病室；那里还有12个人，患有猩红热、白喉、伤寒和其他疾病。他写道，他"享受了四天的宁静。外面下着雪，非常寒冷，但房间里有暖气。我被注射了大剂量的磺胺类药物"。然后,他从一个理发师那里得知,整个营即将被疏散,包括所有能够行走的病人。他的朋友阿尔贝托对莱维来说意味着一切,他来到房间的窗口说再见。"所有健康的囚犯……在1945年1月18日夜里离开。他们肯定有大约两万人,来自不同的集中营。他们几乎全部都在撤离的行军途中消失了。阿尔贝托也在其中。也许有一天会有人写下他们的故事。"第二天,集中营里剩下的所有德国人和党卫军都离开了,但供暖设备也被抛弃了,由于外面的气温是零下5度,供暖成了压倒性的优先事项。

1月19日,莱维和两个患猩红热的法国人——查尔斯和亚瑟(都来自孚日地区,前者是教师,后者是农民)——在黎明时分起床,试图找到一个炉子、一些燃料和食物。尽管身体虚弱,但他们还是找到了一个沉重的铁炉子和一些土豆,并用手推车把它们推回营地;现在这个地方就像某个末世的地狱,骷髅般的囚犯们在营地里爬来爬去寻找食物,弄脏了雪。三人回到传染病室小屋,他们的努力让他们筋疲力尽,并让他们充满了让炉子工作的紧迫感。然后,莱维写下了这段话,用更具体的文字表述了我们今天一直在纠结的与同情和救赎有关的一些抽象概念。

> 当冰冷的金属粘在我们的手指上时,我们三个人的手都僵住了,但当务之急是把它安装起来取暖和煮土豆。我们找到了木头和煤,以及烧过的茅屋的余烬。当打碎的窗户修好了,炉子开始散发热量时,每个人似乎都松了一口气,就在这时,托瓦洛夫斯基(一个23岁的法裔波兰人,患斑疹伤寒)向其他人提议每人给我们三个干活的人一片面包。于是大家都同意了。
>
> 就在一天前,发生类似事件是不可想象的。啤酒法则说:"吃你自己的面包,如果可以的话,也吃你邻居的面包",没有留下感恩的余地。这是我们之间发生的第一个人类动作。我相信那一刻可以被视为改变的开始,我们这些没有死的人慢慢地从囚犯再次变成了人。

接下来的日子里，查尔斯和莱维找到了冰冻的萝卜和一些盐，他们还收集了木材，用雪来化水。亚瑟整理炉子，打扫房间，照顾病人。他们轮流将厕所的水桶倒在外面的粪池里。他们开始探索废弃的党卫军营地，就在栅栏外面；他们在这里找到了冻汤、伏特加酒、药品和鸭绒被，并把它们带回了小屋，侥幸避开了一群党卫军军官，半小时后，那些军官在废弃的食堂里抓到了18名法国人，他们被杀了。1月22日晚上，17岁的荷兰犹太人拉克马克在糟糕的情况下，在试着去拿水桶时从床上摔了下来。莱维随后描述了他们的所作所为——在他们生病和疲惫的情况下，这些行动似乎令人震惊，并在人性上创造了奇迹。

> 查尔斯从床上爬下来，默默地穿好衣服。我拿着灯，他用一把刀把草垫和毯子上脏的地方都剪掉。他像一位母亲一样温柔地把拉克马克从地上抱起来，用从床垫上取下的稻草尽可能地为他擦干净，然后把他抱到重新铺好的床上，那是这个不幸的家伙唯一可以躺的位置。他用一块马口铁刮地板，稀释了一点氯胺，最后把消毒剂洒在所有东西上，包括他自己。我判断他的自我牺牲精神的依据是，我必须克服自己的疲劳，才能做他做过的事情。

在接下来的几天里，他们发现了更多的土豆，埋在营地外的两条长沟里。莱维尝试为一个患有白喉的人寻求医疗帮助。在他们的小屋外面，"我们窗前的一堆尸体已经从沟里溢出来了"；他们敏锐地意识到隔壁结核和痢疾病房的可怕条件，莱维描述了那里可怕的场景。1月25日，患有猩红热和斑疹伤寒的匈牙利化学家索莫吉（Somogyi）五天来第一次说话："我的麻袋下面有定量的面包。你们三个分吧。我再也不吃了。"那天剩下的时间和第二天，他陷入了精神错乱，每次呼吸都念叨着"遵命（Jawohl）"，重复了成千上万次。莱维在这里写道：

> 我从来没有像那一刻那样清楚地明白,一个人的死亡是多么辛苦。外面仍然是一片寂静。乌鸦的数量增加了很多,每个人都知道这是为什么。只是隔了一段距离,炮声才响起来。我们大家都说,俄国人马上就要来了;我们都宣布了这一点,我们都确信这一点,但实际上没有人相信这一点。

莱维、查尔斯和亚瑟围坐在火炉旁聊天,分享故事和回忆。"我觉得我们又变成了人。我们什么都可以说。"26日晚上,索莫吉终于死了;在他咽下最后一口气时,他从床上跳了下来。

> 1月27日。黎明。在地板上,可耻的皮包骨头的残骸,索莫吉的东西……还有更紧迫的任务:我们不能清洗自己,所以我们不敢碰他,直到我们做饭和吃饭……活着的人要求更高,死者可以等一等。我们开始像往常一样工作。
>
> 俄国人来了,我和查尔斯把索莫吉抬到外面。他很轻。我们在灰色的雪地上掀翻了担架。查尔斯摘下他的贝雷帽。

这就是《这是不是个人》结束的地方,随着俄国军队的到来,休战开始了:

> 有四个年轻的士兵骑在马上,沿着标志着营地边界的道路前进,小心翼翼地拿着斯登冲锋枪。他们走到带刺的铁丝网边,停下来看了看,胆怯地互相说了几句话,又向四散的尸体、破旧的茅屋和我们几个还活着的人投去奇怪而尴尬的目光。
>
> 在我们看来,他们骑在巨大的马上,在灰色的雪和灰色的天空之间,在预示解冻的潮湿的风下一动不动,实在是太真实了……
>
> 他们没有招呼我们,也没有微笑;他们似乎不仅受到同情的

压迫，而且受到一种混乱的克制，这种克制使他们紧闭双唇，目不转睛地注视着葬礼的场面。那是我们所熟知的耻辱，耻辱……一个正直的人对另一个人的罪行的感受：因为这种罪行竟然存在的罪恶感。

我一遍又一遍地回想起这个具体的形象。世界的碰撞。活着的，勉强活着的，还有死去的。年轻的俄罗斯人，莱维和查尔斯，索莫吉。每年一月底，我都会重读这些段落，再次与这些人共度时光。这些话记录在许多年前。Recordar，来自拉丁语recordis，意味从内心传递回来。这是我们所能做的。

我们的旅程快结束了。可以感觉到海岸和大海越来越近，天空越来越广阔。邓杰内斯电站现在隐约出现在远处，映衬在身后一片火红的天空下，电塔在沼泽地上一串串地排列着。

*****

我们沿着小路行驶，在德里克·贾曼最后的避难所"希望小屋（Prospect Cottage）"外停了下来。20世纪80年代末，他在拍摄电影《英格兰末日》（*The Last of England*）时偶然发现了这个地方。

> 在摇摇欲坠的棚屋之间，多汁的海甘蓝芽像从石头上垂下来的花环；被风吹平的金雀花紧贴着地面。在这片多石的土地上，没有多少植物生长，它们被吹成邪恶的德鲁伊形状，就像古老的冬青树林，被风从海浪中吹来的盐雾所浇灌……我们敲了希望小屋的门，这是一栋渔民住的小木屋，上面挂着一张"出售"的告示，在大风中不停地翻动。这里的景色是海和卵石，没有篱笆或花园把它隔开。后面是一大片空旷的灌木丛，还有一座核电站……邓杰内斯沉

默不语。只有风声。"风会停吗？"我问这所房子的女主人。"有时候。"她回答说。[11]

即使在黄昏中，在汽车前灯的照耀下，我们也能看到贾曼创造的最后一个奇迹——他在石板上变出的花园。一圈圈的灌木和海冬青，漂木的方尖碑，在晚风中摇曳的野罂粟。

当我们嘎吱嘎吱地走在沙滩上，望着海斯和迪姆彻奇的灯光时，我告诉爱丽丝和斯特凡《花园》的拍摄情况，还有我作为一个年轻人在20世纪80年代末，这部作品给我带来的令人难以置信的影响，那是愤怒和美丽的结合——"我走在这座花园/握着亡友们的手/暮年快速降临在我这霜雪覆盖的一代人身上/冷啊，冷啊，冷啊，他们悄然死亡/被遗忘的世世代代是嘶吼/还是选择顺从地/默然守护天真/冷啊，冷啊，冷啊，他们悄然死亡。"我的天哪，在我们这个时代，他的精神该怎么办呢？他在踢着刺，践踏着公众的体面，谴责着不容忍和偏见。电影上映几个月后，我独自坐在苏豪区希腊街（Greek Street）贝尔托之家（Maison Bertaux）楼上的一间小房间里（当时那里还很安静，可以写作）。我全神贯注地写日记，没有注意到有人上了楼，但几分钟后我抬头一看，看到贾曼也在旁边的桌子上，也是一个人，也在一个小速写本上乱写乱画。然后我们继续写作和画画，但过了一会儿我离开时，在他的桌子旁停了下来，说："谢谢你的《花园》和《塞巴斯蒂安》——他们对我来说太重要了。"他笑了，我觉得有点害羞，"谢谢你。你真是太好了！"当我离开时，他彬彬有礼地点头致意。

我们沿着小路一直开到尽头的灯塔。爱丽丝和孩子们被这里的风景迷住了，爱丽丝把这里称为"前哨地带"，发电站和下面的小木屋奇特地结合在一起。斯特凡告诉我们，贾曼被葬在老罗姆尼教堂墓地，他记得贾曼死后一周他来过这里，通过展望小屋的信箱寄了一首他写的诗。我们开车回到主干道上的酒吧，点了炸鱼薯条和冰淇淋，这是对孩子们今天非凡耐心的部分奖励。我们不确定大多数年轻人是否会忍受我们去墓地和教堂，谈论创伤、痛苦和死亡。可他们似乎不在乎，揶揄爱丽丝说："噢，在妈妈那儿，我们都习惯做这种事了！""什么，即使在你暑假的时候？"——这个问题引起了一些人扬起眉毛，也引起了一些温和的笑声。我们一边吃着盘子里的黑线鳕鱼和薯片，一边谈论着自儿时就一直陪伴着我们的书籍——约翰·伯宁罕的工作，尤其是《波卡》，还有菲利帕·皮尔斯的《汤姆的午夜花园》，然后我惊奇地发现，艾丽丝和孩子们也知道并喜爱希尔达·刘易斯的《魔船》。我们谈论这个特别故事的力量，以及它对我们所有人的影响；我都不知道这本书还在印刷。

这是一个温暖的夜晚，夏日的微风和煦，我们谁也不急着回去，于是我们穿过卵石来到水边，潮水似乎正在退去。"今晚，海面无波风平浪静/潮水正满……"但是还没有月亮。我从未真正同意马修·阿诺德（Matthew Arnold）关于他在"忧郁绵长的悲鸣却咆哮/被遏制住呼吸的呜咽/夜风无情吹拂，让无垠的沙石裸露/广袤的世界昏暗无光"中听到的"忧郁"。海水不断地拍打海滩上的卵石的声音，对我来说，这是一种绝对平静的声音。它总能平息不安的情绪，使人完全放心。

当孩子们寻找不寻常的鹅卵石时，爱丽丝问我所有这些工作的起源，以及最初的动力是从哪里来的。我告诉她，我在大学最后一年才见到一位鼓舞人心的年轻导师。[12] 他告诉我，学位论文第二部分的悲剧论文可以有多种解读方式，而不仅仅是传统的希腊文或莎士比亚文。例如，我知道普里莫·莱维或让·埃默里的作品吗？又或者是《罗兹犹太区纪事》（*The Chronicle of The Lodz Ghetto*）这本了不起的书刚刚第一次被翻译成英语？"喏，你可以借它；下周告诉我你的想法。如果你感兴趣，我可以列出一份阅读清单……"然后，一年后，我第一次看到大屠杀的纯粹的、压倒性的力量。又一个十年过去了，当我读到瑟伦利关于施佩尔的杰出著作时，恍然大悟。

但我直到最近才意识到，无论这些刺激多么重要，只有在土壤存在的情况下，它们才会播下种子。那片土壤就是我的父亲马克，以及他无法用语言来描述的在朝鲜的毁灭性经历。当我还是个孩子的时候，他的沉默一直困扰着我，让我感觉到他永远不会说出来的痛苦。治愈是一个孩子无法企及的、从未完全离开身体的伤口。然而，他的沉默仍然打动了我，就像一封死后拆开的信一样有力，敦促我去做他从未做过的探索，去探究那些制造暴力的人的思想，去探究那些无法言说的历史和黑暗的地方。他余生都在逃避的东西，我却要花大半辈子去追逐。

我从没跟爱丽丝说过我父亲的事。他死于他长大的田地的一场大火中，终年53岁，她对此非常震惊。斯特凡望着前方的大海，沉思着，他母亲也英年早逝。这一切都随我们而来，成为我们总是随身携带的行李。我听到自己在说一些我以前从未说过的话，我在想，我父亲不发表作品和我完成这本书的奇怪感觉之间是否有关系。我知道这听起来很奇怪，但在某种程度上，出版这种行为似乎是对马克的不忠。不可避免地，当我想到他丰富而卓越的头脑，他对那么多我永远不会涉足的世界的了解，这让我更难看清自己的作品。爱丽丝和斯特凡强烈反对，说正是这种紧张关系对任何有价值的事情都至关重要——我们与父母的内心对话，无论他们是活着还是去世了。但他们都确信，我父亲会很高兴看到我进入了他自己无法触及的领域。我转过身来，望着月光下那拍打着的波浪，透过模糊的眼睛，我看到波浪已经扭曲变形了。孩子们在用扁平的石头打水漂，试图让它们从一个浪头跳到另一个浪头。

在我们走回汽车之前，爱丽丝弯下腰收集了两块鹅卵石，递给我们："你们俩都有幸运石！"现在我们开车回去，车灯的灯光延伸到夜色中，我们谈到童年的原始记忆，谈到晚上坐在车后座，沉浸在那个世界里。茧的温暖对抗着远处的黑暗。车的前座传来耳语声。爱丽丝现在正在讲述她的父亲如何带她和她的兄弟从城里出去进行疯狂的周末旅行，有时他们会在周五晚上放学后就出发，他会毫无预兆地在门口等他们，然后他们都挤进汽车——爱丽丝的哥哥们从不让她坐在窗边，所以她总是坐在中间——然后驶入安大略省的夜色中。他们会开上几个小时的车，然后搭起帐篷，第二天继续探险，整个周末都在继续，寻找新的山谷、瀑布和山脉。

今晚B级公路车辆很少。现在离阿什福德只有几英里了，我要把大家送到那里坐火车回伦敦。夜晚即将结束的感觉，8月底的忧郁和假期的结束。我们现在讨论的是晚上在车里说话和其他任何形式的说话在质地上有什么不同。特别是在长途旅行中，当只有司机和乘客时，双方强烈的亲密感、忏悔的能量都集中于车前的灯光和对方的话语上。受到这个想法的启发，爱丽丝想知道这是否可以在电影中表现出来——两个多年未见的老朋友，在深夜开车聊天。[13]这部电影将会是这样的——只有这两种声音的夜晚之旅。还有倾听的声音，齿轮嗡嗡作响，偶尔还有挡风玻璃上雨刷器的拍打声。我们所能看到的只有前方开阔的道路，以及在车灯照射下的树木和建筑物。还有黑暗中友谊的声音。两个交谈的人之间的爱是没有界限的。

当爱丽丝和我对这个想法充满热情时，坐在我旁边的斯特凡正在黑暗中写作。我能听到笔在纸上轻柔的刮擦声。他解释说，这是从影评学来的，你要学会在黑暗中乱写笔记。但他后来不是发现这些通常是不可能破译的吗？是的，一直都是。几天前他写了一篇，这让他很困惑——看起来他写的是"阿比盖尔——逆转——律师交叉"——没有一个字是有意义的！这就是记忆，如果我们甚至不记得备忘录应该是什么意思……我告诉其他人关于我祖母的事，还有我们小时候听过的那种莫名其妙的委婉说法，说她"遗失了记忆"。我们现在走在一条又长又直的路上，前面阿什福德的灯光隐约可见。爱丽丝说的是她的父亲，以及在他去世前的十年里夺去他记忆的阿尔茨海默病。到最后，大多数时候他都不知道她是谁，但偶尔也会清醒一下。当一段记忆浮现或一段音乐传来的时候，她会发现他坐在椅子上哭泣。旅行和探索即将结束。那个曾经赋予他们生命的人，把他们从黑夜赶到了清晨。

*****

我们在阿什福德国际车站泛光灯照耀下的混凝土大厅外道别，这里看起来像是机场的入口，而不是火车站的入口。今晚我还要再开三个小时车，回到萨福克海岸的渔人小屋，我将在那里度过接下来的几天——七年多前，在严冬的折磨下，我就是在那里开始写作的。我看了看我的公路图册，遗憾的是，似乎没有真正的替代公路到达特福德十字路口和更远的地方。我需要更多的空气来保持清醒，所以当我开车离开时，我把车窗放下，看到阿什福德国际车站的灯光在我的后视镜中渐渐远去。

上了高速公路的岔路口，离我们今天早些时候去过的地方只有一步之遥，在薇依的墓旁，就在白杨树的后面。但现在我在高速公路上，面对的是一个完全不同的世界。已是夜里11点多了，但车流量让我震惊，还有那些愚蠢的、咄咄逼人的驾驶方式，跟车，逆向超车。再也找不到比这更能与我们这一天的平静形成鲜明对比的了。我突然感到疲惫不堪，这是今早6点起床的结果，而且我们今天所经历的事情太紧张了。在这种情况下开车很危险，我发现要应对源源不断的卡车和轿车真的很难。我把车开到慢车道，以避免不得不作决定。经过梅德斯通、查塔姆，向下进入地中海峡谷，然后再向上，感受到了伦敦轨道的吸引力，M25公路就在前面。我的眼睛太沉了，我要扇我的脸才能保持清醒。我把音乐放得尽可能大声，看能不能帮上忙。一辆卡车突然在我前面刹车，我猛踩刹车，只差几英尺就撞上了卡车的后面。

我知道我得离开高速公路。我走下一个出口，找到一个车库。我从咖啡机里拿了一杯浓咖啡，知道咖啡因需要20分钟才会起作用，所以我把椅子往后一靠，试着睡觉。我昏睡过去。当我半小时后醒来时，我感到神清气爽。我在旁边的副驾驶座位上翻看着我的鞋盒里的CD，从中抽出几张，它们将是我接下来的几个小时里的旅伴。然后回到公路，M25公路，达特福德十字路口，穿过南埃塞克斯的沼泽地，然后标志着到了A12公路。我驾车离开伦敦时，路上空了，这使我松了一口气。我被一些我从来没有听过的东西抓住了——一个迷人的、摇滚的鼓和贝斯，节奏的强度和歌者的声音进入催眠的力量和紧迫感，"我细化一系列的梦想/在没有出现/一切都保持下来的受伤和永久停顿、顿、顿……"今晚第一次听到这首歌是激动人心的，同时也是同步的，因为它非常适合开车听，尤其是在像今晚这样又长又直的路上，你可以把车挂到第五挡，看着速度表的刻度盘转到80、85、90，音乐的冲击能量与道路融合在一起。当我开车向北和向东时，我一遍又一遍地播放这首曲子，事实上，它伴随我从布伦特伍德的A12路口一直到伊普斯维奇——至少要一个小时，所以我肯定播放了十几遍。每遍听都有新内容。我被一系列的梦带回了家……

过了奥威尔桥，最后一段路，拐了弯，然后上了去伍德布里奇的路。现在是1点45分，进展很好。我在24小时营业的汽车修理厂停车加油。壳牌的，但是没别的选择。付钱给这家公司总是让人觉得很痛苦，但我想，如果你想要得出一个明确的矛盾修饰法，那就必须是"合乎道德的石油公司"，所以我不确定其他公司是否比它更好。我走进商店，惊讶地发现它还开着，通常在午夜之后你必须通过"夜间窗口"付款。收银台那边的年轻人问我有没有壳牌信用卡。一般情况下我不会计较的，但今晚不行。毕竟，已经很晚了，周围又没有其他人。我问他是否认为对公司忠诚是可能的，他笑着说："不，当然不是！这只是我们必须要问每个人的屁话。"当我驾车离开时，我看见他拿起一本书，那本书在他的夜间书亭里被照亮了。

这条双行道走到头了。我转向一条较小的道路，想要弄清楚这一天的意义。

白线终于消失了。一条又长又直的路穿过松树和白桦林，穿过最后一个村庄。然后是那条小路，几乎没有任何标志，那条你永远不会遇到其他车辆的路。我在恍惚中开车，减速到每小时20到15英里。树木的隧道，直角弯扫过四周。谷仓猫头鹰所在的电线杆。在左边，最后一次转向另一个方向，再次进入开阔地带，越过一座白色的小桥。两边都是高大的芦苇。最后，大路变成了一条小路，小路的尽头是漆黑的大海。随着引擎声渐渐消失，海浪和风的柔和轰鸣声也渐渐消失，以及一种忽隐忽现的理解，即结束与开始是一样的。

南方的天空上是一轮满月，银色的云从海上飘来。我嘎吱嘎吱地穿过卵石路来到小屋的前门。凌晨两点半，在我今早离开这里19个小时后。但是，在我进去之前，我想做一件事——我走了几百码左右，看看南方，试图把萨福克郡的水域和肯特郡的水域连接起来，想知道一块浮木要花多长时间才能走这么远。就在那一刻，我摸了摸口袋，拿出了爱丽丝几小时前给我的小石子。我跪在岸边，又拿起另一只同样大小的，和她的放在一起。当我在卵石滩上小心翼翼地走回木屋时，它们在我的口袋里叮当作响。

*****

三、两颗鹅卵石

多年之后，我回到了西部，那里有悬崖和乌鸦。夜幕已经降临，威权主义再次抬头，极端民族主义和不宽容的邪恶突然无处不在。这一次，它不会以身穿黑色制服的杀手的形式出现，而是以规模之大令人难以置信的电子监控，以及在键盘上匿名输入指令的形式出现。

午夜过后，我仍在威尔士的窗前写作，眺望着漆黑的涨潮，在白纸上勾勒出这些奇怪的弧线。我不知道它们能做什么，但我仍然抱有希望。我面前的桌子上放着两颗鹅卵石，一颗是灰色的，上面有白色的斑点；另一颗是红色的，上面也有白色的斑点。

我现在记不起它们哪颗是哪来的了。灰色的那个稳稳地放在木头桌子上，红色的那个更圆，当我把它们放在一起时，它轻轻地摇晃着。几年前东海岸的卵石，来自另一个地方和时间的载体。触摸着石头，我想到我们已经走了多远，还有我们要走多远。

你，我，我们。

未完待续……

注　释

前言：一路向西

1. 我经常想，如果克莱尔·肖特（当时的国际发展部部长）在2003年3月17日与罗宾·库克在同一天辞职，2003年会发生什么事情。其他内阁部长是否也会效仿他们的做法？这是否会促使工党政府改变对向伊拉克开战的看法？如果英国不支持这场灾难性的非法战争，其他国家是否也会效仿？

2. 在我签署这本书的合同当天，在伦敦西部一个陌生地区的出版商通风的白色办公室里，我开始使用一个新的笔记本，或者说是一个记录本，正如我所想的那样，它是我这次旅行中的一个日间伴侣。每过一天，就有一小页。因此，每一天我都必须向那本小书，也就是向我自己交代我为使这项工作接近完成所做的事情。主要是在写作和编辑方面，也包括想法、阅读的书籍和文章、进行的研究片段。这听起来似乎是一项沉闷和清规戒律的工作，实际上恰恰相反。书页是用鲜艳的颜色组成的，所以我花了一个月的时间在最深的粉红色上，接着是几周的温暖的赤土色，然后是鲜艳的红色，最后是淡绿色的刺激和凉爽。所有这些都有各自的能量。我知道，我所有的想法、所有的语录、任何重要的东西都会在这些页面的某个地方，这让我感到安心……

3. 《施害者、受害者、旁观者》也是大屠杀历史学家劳尔·希尔伯格于1992年出版的一本书的标题。

第一章　生存与毁灭

1. "谁不在房间里？"这是我在学习伟大的女权主义作家和教育家贝尔·胡克斯（Bell Hooks）的作品时第一次遇到的问题。这个问题的核心是，即使在所谓"进步的"活动家圈子里，也往往存在许多无意识的偏见和自我选择——那么多需要被听到其声音的人，仅仅是"进入"正在进行讨论的"房间"时，就面临着巨大挑战。

2. "我以前从未见过一台摄影机被如此温柔地使用……"古斯曼在《故乡之光》中对受访对象的温柔对待，也可以在他2001年的精彩影片《皮诺切特案》（*The Pinochet Case*）中看到。

3. 基辛格的一句话："请不要再给我们讲政治科学了！"我是在肯·洛奇（Ken Loach）为《"9·11"事件簿》（*11'09"01 - September 11*）拍摄的短片中看到的，这部短片由11部短片（每部11分钟）组成，讲述了2001年9月11日美国遭受袭击事件的周年纪念。

4. 本章中的引文主要摘自卡尔斯基的战时回忆录《秘密国家的故事》，该书最初于1944年由霍顿·米夫林出版社出版，现在由企鹅经典出版社再版。其他引文和材料来自E.托马斯·伍德和斯坦尼斯瓦夫·扬科夫斯基的《卡尔斯基：一个人如何试图阻止大屠杀》，以及我自己对《浩劫》中卡尔斯基采访的转述。

5. 本章中关于施佩尔的材料来自基塔·瑟伦利的《阿尔伯特·施佩尔：他与真理的战斗》、施佩尔的《第三帝国内幕》和《斯潘道：秘密日记》，以及休·特雷弗-罗珀的《希特勒的最后日子》。

6. 《阿尔伯特·施佩尔：他与真理的战斗》是一部具有非凡洞察力和力量的作品。我在1996年第一次读到时，它对我当时萌发的写作想法产生了巨大的影响。在她的作品中，分析的严谨性与对人类的同情心相结合的写作方式令我印象深刻。这些力量并没有被视为对另一方的威胁，相互排斥，而是共同作用于一种创造性的张力，给她的写作带来了一种独特的力量。我知道有些历史学家对她持批评态度，认为她过于脱离她的主题了，而这更多地揭示了历史学家的局限性。毫无疑问，他们极其羡慕施佩尔给予瑟伦利前所未有的接触。这也忽略了一个事实，即她在11年前写下了被广泛认为是有史以来最伟大的关于犯罪心理学的作品——关于特雷布林卡指挥官弗朗茨·斯坦格尔的毁灭人性的、令人恐惧的著作《进入黑暗》。

第二章　沉默与灭绝

1. "我认为我们应该只读那些会伤害和刺痛我们的书……"这句话出自卡夫卡1904年1月27日给奥斯卡·波拉克的信。

2. "这是我们所熟知的羞耻感，选择之后的羞耻感淹没了我们……"这句话出自普里莫·莱维的《休战》的开篇。

3. "试图观察大屠杀这一黑色的太阳。"这句话出自克劳德·朗兹曼接受罗恩·罗森鲍姆采访，引用于《诠释希特勒：寻找他邪恶的根源》。

4. "从小到大，我总觉得有人对我隐瞒了什么……"这句话出自塞巴尔德的《毁灭的自然史》"空战与文学：苏黎世信件"第三部分。

5. 基弗引用道："我上学的时候，对第三帝国一无所知……"我是在2014年皇家学院"安塞姆·基弗"展览的目录中找到的（我认为最初的来源是2007年和电台记者蒂姆·马洛的一次采访）。

6. 施佩尔在《第三帝国内幕》第二十章引用希特勒的话："你看过伦敦地图吗？"

7. 轰炸机司令部的伤亡数字（55573人死亡）来自位于格林公园的皇家空军轰炸机司令部纪念碑，以及A.C.格雷林著的《死亡之城：战争以平民为目标是正当的吗？》；汉堡燃烧弹造成的伤亡人数（42500人死亡，37000人受伤）来自这一主题的权威著作——由查尔斯·韦伯斯特和诺布尔·弗兰克兰合著的四卷本《对德空中进攻战略（1939—1945）》。

8. "德国人已经与自己一半的文化隔绝了，他们把自己搞废了……"这句话出自2011年基弗与让-马克·泰拉斯（Jean-Marc Terrasse）的访谈，引用于2014年皇家学院目录。

9. "人类的处境就如同在奥斯维辛，奥斯维辛的原则永存于我们对科学和政治体系的理解中……"这句话出自博伊斯，引自卡罗琳·蒂斯多尔的《约瑟夫·博伊斯》。

10. "在几周前的感恩节假期，我和一些朋友以及家人在一个国家公园散步……"这句话出自阿兰达蒂·罗伊的《普通人的帝国指南》中的"诺姆·乔姆斯基的孤独"。

11. 在这一章中，我主要参考了斯文·林德奎斯特的《消灭所有野蛮人》（*Exterminate All the Brutes*）、马克·考克的《血之河，金之河》以及最重要的大卫·奥卢索加和卡斯珀·埃里克森的《恺撒的大屠杀》中的材料。我对这些作家的作品都非常钦佩，在本章中我要感谢奥卢索加和埃里克森的出色研究，它构成了我在这里所写内容的支柱。

12. "所有的战争中，与野蛮人的战争是最正义的……"这句话出自西奥多·罗斯福的话，引自格雷格·拉塞尔的《西奥多·罗斯福，地缘政治和世界主义理想》，《国际研究评论》第32卷，第3期（2006年7月）。

13. "Mischlinge的概念为律师和公务员提供了一个概念框架和准法律术语……"这句话出自大卫·奥卢索加和卡斯珀·埃里克森的《恺撒的大屠杀》。

14. "他们烧书的地方，最终也会烧人。"这是海涅的名言，出自他1821年的剧本《阿尔曼索》——"Dort, wo man Bücher verbrennt, verbrennt man am Ende auch Menschen"。

15. "在这个午夜时分，你们最好把过去的邪恶灵魂投入火焰。"这是戈培尔的，话来自保罗·R. 巴特罗普和迈克尔·迪克曼编著的《大屠杀：百科全书和文件集》。

第三章　国家的暴力

1. "如果有什么是我们必须改变的，那就是过去……"这句话出自安妮·麦珂尔丝的《通信》一诗。

2. 乔治·斯坦纳的话引自他在《语言与沉默：论语言、文学与非人道》中的文章《死亡是一门艺术》。

3. 我的侄女在学校学习历史的经历，加上莫尼·莫辛和穆库里卡·班纳吉的评论，让我觉得近几代人几乎没有什么变化，英国的历史教学显然仍被教育当局和国家视为一个"烫手山芋"。政府层面一定作出了决定，认为学习英国过去可耻的一面对20世纪末和21世纪初的儿童没有"好处"，对我们更广泛的社会也没有帮助。我觉得这是历届政府令人震惊的失职，但这也是我们更广泛层面上公民社会的失败，因为从来没有足够的压力来解决这个问题——因为一个国家对其过去的叙述是一种极其强大的现象，无论好坏。它可以试图解放后来的几代人（看看加拿大对其原住民的新理解过程，或者"真相与和解"方法对后种族隔离的南非产生的影响），它也可以阻碍整个社会的发展。举一个例子：几年前，在前互联网时代，我试图更多地了解关于英国在塔斯马尼亚的干预和对那里原住民的灭绝。我找到了我那本《英国历史指南》，并翻到了相关页面。关于"塔斯马尼亚"的整个条目只有29个单词，而且只有12个单词提到了种族灭绝——不到半句话："早年的特点是坚决摧毁原住民人口；小麦种植带来的繁荣之后是严重的萧条，19世纪80年代后，矿业和林业挽救了经济。"你还会注意到，书中没有提到谁是这种破坏的罪魁祸首——英国政府和塔斯马尼亚的白人定居者。

4. 本章主要借鉴了马克·考克的"塔斯马尼亚的英国人"的描述，该描述来自他于1998年首次出版的杰出作品《血之河，金之河》，除非另有说明，引文均来自该书。

5. "罗伯特·休斯讲述了一个名叫胡萝卜的丛林定居者……"这句话摘自《致命海岸》。

6. 关于楚格尼尼是否是"最后一个纯正的塔斯马尼亚人"，以及在巴斯海峡群岛上与欧洲海豹猎捕者生活在一起的原住民混合社区的地位，目前仍有争议。在巴伦角，这些人有32个成年人和52个孩子。他们的后代也在不断增加。到1976年，有2942人宣称自己是原住民；到20世纪90年代，这一数字进一步增加到8500多人。

7. 本页中的许多饥荒统计数据，以及本章中的其他数据和材料，都来自该事件的权威出版物——《爱尔兰大饥荒地图集》，由威廉·J.史密斯、约翰·克劳利和迈克·墨菲编著（科克大学出版社/纽约大学出版社，2012年）。

8. "在72到96小时的时间里，1846年的大部分作物都被毁灭了……"这句话出自《坟墓在行走：大饥荒和爱尔兰人民的传奇》，约翰·凯利，2012年。

9. "拉塞尔、伍德和特里维廉都是非常有责任心的人……"我在詹姆斯·唐纳利2001年出版的《爱尔兰马铃薯大饥荒》中找到了A.J.P.泰勒的这段话。

10. "特里维廉没有送食物，而是让他的属下带着亚当·斯密的著作送到爱尔兰。"这句话摘自《经济学人》2012年12月12日对约翰·凯利《坟墓在行走：大饥荒和爱尔兰人民的传奇》的评论。

11. 关于格里高利条款和由此产生的土地清理的信息来自彼得·格雷、科尔姆·托宾、约翰·奥罗克教士和詹姆斯·唐纳利的作品。

12. 除了蒂姆·帕特·库根（Tim Pat Coogan）的《大饥荒阴谋：英格兰在爱尔兰最大悲剧中的角色》（*The Famine Plot: England's Role in Ireland's Greatest Tragedy*），迈克尔·德·尼的《永恒的稻田：爱尔兰身份与英国媒体》（*The Eternal Paddy: Irish Identity and the British Press*）和爱德华·伦格尔的《英国人眼中的爱尔兰人》（*The Irish Through British Eyes*）也详细研究了英国对爱尔兰人的种族主义是如何为大饥荒期间的缺乏干预奠定了基础的。

13. "她的作品是可读的——这是后来研究饥荒的历史学家极力避免做到的……"这句话是科尔姆·托宾对塞西尔·伍德姆·史密斯的《爱尔兰大饥荒：1845—1849》的评价，它出现在托宾和菲特的《爱尔兰大饥荒：一段纪录》中。

14. 1995年，卡哈尔·波里尔（Cathal Póirtéir）出版了《大饥荒回声》，讲述了爱尔兰民俗委员会在20世纪30年代和40年代的工作——这本书中关于大饥荒的大部分叙述是大饥荒幸存者的子孙讲述的口述历史，有些是IFC在1935年收集的，有些来自IFC在1945年发出的调查问卷；但几乎所有这些证词都来自19世纪60年代、70年代、80年代出生的人——也就是说，是直接经历大饥荒的人的子女和孙辈——我们仍然面临着与事件本身的距离拉远了、相隔一两代人的挑战。

15. 关于大饥荒，在一些最伟大的现代爱尔兰作家的作品中存在一些奇怪的空白——乔伊斯几乎没有写过关于大饥荒的内容，叶芝只尝试写了一些片段，例如他的诗剧《凯瑟琳伯爵夫人》中的这些句子，是由一个14岁的男孩泰格说的：

他们说，现在这块土地遭遇了饥荒

坟墓在行走……

两天前的晚上，在卡里克-奥鲁斯

一个牧民遇到了一个没有嘴的人，

也没有眼睛，也没有耳朵；他的脸是一堵肉墙；

借着月光，他看清楚了他。

祈祷有什么好处？

16. 针对科尔姆·托宾的《擦除》，大卫·克雷格在1998年8月20日给LRB的一封信中做出了重要贡献。

当我读到科尔姆·托宾关于爱尔兰大饥荒历史的精彩文章（LRB，7月30日），并注意到他希望得到"活生生的、说话的声音"和"那些不是管理者、政治家或地主的观点"时，我开始认为他随时都会利用托马斯·加拉格尔的《稻田的悲歌：爱尔兰1846—1847年》，这本书充满了这种材料。加拉格尔是一位美国作家，他的父亲是从罗斯康芒郡移民过来的，他之所以能够接近大饥荒本身，以及人们遭受苦难、报复和逃避的方式，是因为除了大量的当代报纸和官方记录之外，他还使用了1955年对那些"年龄足够大，能够记得父母关于大饥荒的故事"的人进行的2600页的采访记录。这些资料存放在都柏林大学学院的爱尔兰民俗学系。通过加拉格尔，我们可以了解到马铃薯腐烂的第一股气味是如何像"轮船的底舱水"一样，悄悄掠过乡村并使狗嚎叫的。（我在巴拉岛听说同一年在苏格兰赫布里底群岛也发生了同样的事情。）在那个潮湿的七月，常见的雾仍然被称为"马铃薯雾"。饥饿很快接踵而至，人们开始争夺萝卜枝，在鱼市上用脚趾捡拾鱼的内脏，并从墓地里收集荨麻来做肉汤。他们精疲力竭地死去，他们的"整个消化道，从嘴到肛门……完全空了"，或者他们的肠子被坏疽破坏，所以他们的"粪便就像洗过生肉的水"……加拉格尔的工作应该被看作是饥饿史的核心。

17. "……《共产党宣言》，并于1848年2月21日在伦敦首次出版"……这本书是由利物浦街46号毕晓斯盖特一家印刷店的老板雅各布·伯格德代表德国工人教育协会印制的——最初的印数定得非常有限，只有1000册。第一个英译本由海伦·麦克法兰（Helen Macfarlane）翻译，并于1850年11月在宪章派杂志《红色共产党人》上分四个部分发表的。

18. 我在第五章中更详细地探讨了特里维廉在访问都柏林时表现出的具体行为类型——无法面对受其政策影响的人。

19. "他曾说，他远离苦难，这使他的判断比在受灾群众中工作的行政人员更加敏锐。"这段关于特里维廉的引文来自"历史广场（The History Place）"网站。

20. 我关于将"爱尔兰大饥荒"改为"英国大饥荒"的观点并不限于语义学，甚至也不限于历史准确性。它涉及英国身份的核心，以及表明我们在创造我们的国家叙事时是多么的有选择性。你可以在英国任何城市的街道上问100个人，除了格拉斯哥、利物浦和曼彻斯特之外，也许只有不到六个人知道大饥荒，以及英国在制造大饥荒中扮演的核心角色。这一点也不令人惊讶，因为在任何英国历史学校的教学大纲中，你都很难找到关于大饥荒的任何信息。在过去的170年里，有数百本关于大饥荒在爱尔兰历史中是如何表现的书，但我还没有读过一篇关于大饥荒在英国历史和我们更广泛文化中是如何表现的文章。它根本不是我们国家叙事的一部分。而如此严重的疏忽是可耻的。

21. 对于寻求简短但内容丰富的发生在爱尔兰的英国大饥荒及其历史学概述的人来说，有两本最有用的书：由克里斯托弗·吉里森（Christophe Gillissen）著，于2014年发表在《法兰西不列颠文明杂志》（*Revue Française de Civilisation Britannique*）的《查尔斯·特里维廉，约翰·米切尔和大饥荒的史学》（*Charles Trevelyan, John Mitchel and the Historiography of the Great Famine*），以及洛丽·亨德森（Lori Henderson）于2005年著的《爱尔兰饥荒：历史回顾》（*The Irish Famine: A Historiographical Review*）。

第四章　直面困境

1. "人们一次拒绝看的东西永远不会消失，而是会以其他形式一次又一次地回归。""只要有秘密被保守了，它都会浮出水面，就像一个比水还轻、注定要漂浮的物体一样。"这两段话都来自苏珊·格里芬的《石头的合唱》（第一段来自第一章《否认》的结尾，第二段来自第三章《放逐》）。

2. "我仍然可以理解我的母语正在消失……"这句话摘自W.G.塞巴尔德的《奥斯特利茨》。

3. 维乔雷克-措伊尔发言的官方文本摘自德国驻纳米比亚大使馆的网站，抄录如下。注意：这个讲话的标题没有提到"种族灭绝"，而是提到"镇压赫雷罗起义100周年"（http://www.windhuk.diplo.de/Vertretung/windhuk/en/03__Topics/03__Politics/Commemorative__Years__2004__2005/speech-2004‐08-14-bmz.html ）。

联邦部长海德玛莉·维乔雷克-措伊尔于2004年8月14日在奥卡卡拉拉举行的"镇压赫雷罗起义100周年"纪念活动上的讲话：

我很荣幸被邀请参加你们今天的纪念活动。我想感谢你们给我这个机会，让我作为德国经济合作与发展部部长、作为德国政府和德国议会的代表向你们发言。然而，我在这里也是为了倾听你们的声音。

今天，我想承认德国殖民力量对你们的祖先，特别是赫雷罗人和纳马人所施加的暴力。我痛苦地意识到所犯下的暴行：在19世纪末，德国殖民力量将人民赶出了他们的土地。当赫雷罗人——也就是你的祖先——进行抵抗时，冯·特罗萨将军的部队发动了一场针对他们和纳马人的灭绝性战争。在他臭名昭著的命令中，特罗萨将军命令射杀所有赫雷罗人——甚至对妇女和儿童也毫不留情。1904年沃特伯格战役后，幸存者被迫进入奥马赫科沙漠，在那里他们被剥夺了获得水源的机会，只能在干渴和饥饿中死去。起义之后，幸存的赫雷罗人、纳马人和达马拉人被关押在难民营中，并被强迫从事残酷的劳动，许多人都没能活下来。我们向那些勇敢的男女，特别是来自赫雷罗族和纳马族的男女表示敬意，他们为了让他们的孩子，以及孩子的孩子能够自由地生活而战斗和受苦。我怀着极大的敬意缅怀你们的祖先，他们在与德国压迫者的斗争中牺牲。即使在那个时候，早在1904年，也有德国人大声疾呼反对这场压迫的战争。其中一位是奥古斯特·贝贝尔，他是我所在的政党的主席。在德国议会中，贝贝尔以最强烈的措辞谴责了对赫雷罗人的压迫，并称赞他们的起义是一场争取解放的正义斗争。今天，我为此感到自豪。

一个世纪前，压迫者——被殖民主义的狂热所蒙蔽——以德国的名义成为暴力、歧视、种族主义和消灭的代理人。当时犯下的暴行在今天会被称为种族灭绝——如今，冯·特罗萨将军会被起诉和定罪。

我们德国人接受我们的历史和道德责任，以及当时德国人所犯下的罪行。因此，在我们共同的主祷文中，我请求你原谅我们的过错……

4. 《我的纳粹遗产》由大卫·埃文斯执导，于2015年上映，并于2016年3月30日作为其《故事会》栏目的一部分在BBC 四频道播出。该片讲述了人权律师菲利普·桑兹、尼克拉斯·弗兰克和霍斯特·冯·韦克特前往东欧的纳粹暴行现场的故事。

5. "每个人都对他所归属的社会负有责任和罪责。"这句话出自亨利克·易卜生于1890年6月16日写给德国出版商和翻译家路德维希·帕萨格的一封信，这封信是对帕萨格提出的关于《培尔·金特》（他刚刚翻译成德语）的问题的回应。

6. "因为，在他死的时候，他……像所有的人一样，为他的母亲哭喊。"如果有读者能帮助我找到这句话的出处，我将非常感激——我确信这不是我的想象，但我一直无法找到它的出处！

7. 《家园》是1993年由伦敦国际戏剧节委托创作的。第一阶段在1993年6月的两个星期里进行，包括乘坐卡车穿越整个伦敦，前往与为伦敦供电提供原材料的国家相关的不同地点：不仅有参与能源生产的公司总部——英国煤炭公司（煤）、通用电气公司（灯泡）和力拓锌业公司（铜）——而且还有开采国的社区。因此，我们在戈尔伯恩路（Golborne Road）、里斯本咖啡馆（Café Lisboa）和波尔图咖啡馆（Café Oporto）外花了几天时间，与伦敦的葡萄牙社区合作，然后转到不同地点的英匈协会和匈牙利教堂，最后我们在格雷斯路的伦敦威尔士中心外结束。卡车的后门打开，露出一个复杂的装置，映射出无形的"电的幽灵"进入伦敦的旅程，然后我们与路过的观众合作，要求人们在伦敦的巨大地图上描绘出他们的"动物领地"的归属，并描绘出他们的归属感，添加到装置中。人们还录制了他们关于地图和绘画的对话，其他人可以听到这些对话。在项目结束时，有近300个宝石般的归属图像在货车内的墙上飘动。一位妇女说，这"就像看到人们的灵魂的展示"。

8. "这些人中的许多人从来没有机会关心自己的生活……"这是丹尼斯·波特于1988年2月21日首次播出的《荒岛唱片》中采访迈克尔·帕金森时说的话。

第五章　施害者、受害者、旁观者

1. 施佩尔的采访出现在英国广播公司的纪录片《阿尔伯特·施佩尔：道歉的纳粹》中，由马丁·戴维森指导，1996年5月2日在BBC二频道首次播出。

2. 罗伯特·杰克逊对索克尔和施佩尔的评论摘自纽伦堡审判程序第187天（1946年7月26日，星期五）的记录。这些记录稿也可在耶鲁大学法学院网站上查阅——http://avalon.law.yale.edu/imt/02-27-46.asp。

3. 施佩尔"几乎感到失望——他在'内疚的狂喜中'自己期待着（死刑）……"这是瑟伦利的评论，摘自英国广播公司的纪录片《阿尔伯特·施佩尔：道歉的纳粹》。

4. 塞缪尔·拉兹曼在纽伦堡的证词来自纽伦堡审判程序第69天（1946年2月27日，星期三）的记录。

5. 我应该强调，让我非常惊讶的是，我们在"商业领导力中的伦理划分"访谈中接触到的人物中，没有一个人详细询问我们的政治观点或平台的工作。我已经强调了对这件事的态度要非常开放，即便如此，我还是希望能有更多的审查。也许这项研究的标题比我意识到的要聪明——既能达到正确的学术目的，又能巧妙地奉承潜在的被采访者。

在从事一个项目多年的过程中，最奇怪的一点是，有时你会重读早期的草案，并被事情所发生的戏剧性的变化所震撼。2016年11月9日，美国总统大选后的第二天，我正在编辑这一章时（这一章最初是在奥巴马第一个任期的鼎盛时期和乐观主义时期写的），最野蛮的讽刺就在今天击中了要害。今天，一个在竞选中对少数族裔做出最种族主义和排外概括的人刚刚当选总统。奥巴马关于"历史的弧线向正义倾斜"的论点现在看起来真的很脆弱吗？

6. "要去爱这些'问题的本身',像是爱一间锁闭了的房屋,或是一本用别种文字写成的书……一切都要亲身生活。现在你就在这些问题里'生活'吧。"这句话出自赖内·马利亚·里尔克的《给青年诗人的信》。

7. 尽管我已经更改了受访者的姓名,在某些情况下,还更改了他们的性别,但所有引用的话语都是逐字逐句地摘自这些采访的文字记录。这些人所在的公司并没有改变。

8. 约翰·布朗为英国石油公司留在种族隔离制度下的南非辩护——"在南非种族隔离的艰难时期,英国石油公司留在了南非……"——选自2000年BBC里斯演讲《尊重地球》。

9. 索尔兹伯里勋爵所说的"英国文明……带到地球上最黑暗的地方去"是1900年在英国议会发表的关于皇家尼日尔公司活动的演讲中说到的(引自迈克尔·皮尔的《充满美元的沼泽:尼日利亚石油边境的管道和准军事组织》)。

10. "多年以后,当我有一次去巴西旅行时……"这是斯坦格尔的话,引自基塔·瑟伦利的《走入黑暗》。

11. 特别行动队的语言摘自《特别行动队报告》,该报告由阿拉德、克拉科夫斯基和斯佩克特编著。

12. 蒂莫西·加登爵士发表于2003年3月18日《卫报》上的文章,《更大更好的爆炸:试验中的新武器》。

13. MQ-9"死神"无人机的性能描述引用自2012年Medact的报告《无人机——全球战场的生理和心理影响》。

14. 斯蒂芬·萨库尔在内华达州对无人机操作者的采访出自2011年9月25日BBC四频道播出的"无人机战争"节目。

15. 施佩尔评价希特勒对暴力的态度,"通常,他不仅避免身体上与暴力接触,而且还避免视觉上与暴力接触……"引用自《阿尔伯特·施佩尔:他与真理的战斗》(作者:基塔·瑟伦利)。

16. "杀害犹太人与我毫无关系……"和"在审判过程中……他表现出无可置疑的真诚愤怒……"这两句与艾希曼有关的话都摘自阿伦特的《艾希曼在耶路撒冷》。

17. "斯坦格尔坚持说他从未向人群开枪……"这句话出自《走入黑暗》。

18. "艾希曼说……经过长时间的耽搁和大量的讨论……"这句维斯利切尼的证词来自理查德·奥弗里的《审讯:盟军手中的纳粹精英,1945》——"文件11-元首命令[迪特尔·维斯利切尼]"。

19. 奥伦多夫在审判中的证词摘自保罗·R.巴特罗普和迈克尔·迪克曼编著的《大屠杀:百科全书和文件集》。

20. 米尔格拉姆的实验,"对权威的服从:一种实验观点",自1963年结果首次发表以来，理所当然地受到了大量的关注。然而，近年来，关于实验如何进行的伦理问题的批评有所增加，特别是在实验前给志愿者的信息量方面，以及他们中的一些人在实施他们认为的电击时所经历的压力。对于这些批评，我个人的看法是，获得的研究价值是如此重要，以至于实验的方法是合理的。应该强调的是，在实验结束时，志愿者被告知了这项研究的真正目的，并保证他们在现实中没有实施过任何电击。

但如果志愿者一开始就被告知电击不是真实的，或者另一个房间的"学习者"只是实验的参与者，那么这项研究就没有任何价值了。在我看来，这一直是菲利普·津巴多1971年的"斯坦福监狱实验"的核心缺陷。当时，大学生志愿者被分配了"囚犯"或"狱警"的角色。所有参与者从一开始基本上都参与了角色扮演，每个人都知道这些条件只是模拟的，与现实世界相去甚远。不管后来的一些行为多么令人不安，这项研究从未像米尔格拉姆的实验那样具有现实依据。

21. "石油开采已经把奥戈尼变成了一片荒地……"这句话摘自肯·萨罗威瓦于1992年夏天向联合国日内瓦办事处的演讲《一个月零一天》。

22. 1799年8月23日，威廉·布莱克在给特鲁斯勒博士的信中写道："在一个守财奴的眼里，一基尼远比太阳美丽……"

23. "死亡与贸易的欢快舞蹈。"这句话出自约瑟夫·康拉德的《黑暗的心》。

24. 美国参议院的投资数字来自截至1998年3月31日的"受托人年度报告"。但在2013年，这一数字仍然相当可观——美国参议院对英国石油公司和壳牌公司总共投资了6.94亿英镑（数据来自"泰晤士高等教育"网站，2014年1月16日，霍莉·埃尔斯的《2013年美国企业的最大投资》）。

25. "巨额财富的秘密是被遗忘的罪行。"这句话摘自奥诺雷·德·巴尔扎克的《高老头》。

26. "在一个充满这种不平等的世界里……"这句话出自埃里克·霍布斯鲍姆的《在新世纪的边缘》。

27. "他者面孔的'道德权威'在我对对方的'无限责任'中被感觉到……"这句话出自伊曼努尔·列维纳斯的《理智的中心：关于他者的思考的随笔》。

28. "问题就在那一瞥里，在眼睛里。"这句话出自汉娜·阿伦特1974年在纽约新学院的一次演讲，引用自特伦斯·德斯莱雷的《幸存者》。

29. 我非常震惊地发现，几年前《A.H.的圣克里斯托瓦尔港》已经绝版了。这本书只在芝加哥大学出版社（University of Chicago Press）以"按需印刷"的形式出售。

第六章　文明与野蛮的距离

这一节中引用的书籍是迄今为止出版的关于人性与非人性之间关系的最重要的一批著作，任何对"文明"与野蛮之间的相互关系感到好奇的人，都应该阅读一下。

乔治·斯坦纳：
《语言与沉默》
《在蓝胡子城堡》
《A.H.的圣克里斯托瓦尔港》

豪尔赫·森普伦：
《文学还是生活》

让·埃默里：
《心灵的极限》

斯文·林德奎斯特：
《消灭所有野蛮人》

普里莫·莱维：
《这是不是个人》
《被淹没与被拯救的》

有时，当我阅读这些作家的作品时会感到兴奋，捕捉到我以前的想法的回声和痕迹，有时想要进一步深入；有时我感到笨拙，甚至有些害羞，仿佛在他们面前我没有什么可说的；几乎没有他们没有想过或写过的。但在他们的时代，他们可能也会有同样的感觉。

我有时会想象，如果把这五位作家和思想家聚在一起，在夏日的一天里和他们一起散步，倾听这五种声音，相互交流，那会是什么样子。但是，在没有这种可能性的情况下，我试图在这一章中将它们结合在一起。

1. 魏玛也是巴赫开始创作他的独奏小提琴奏鸣曲和帕蒂塔的地方，包括令人惊叹的D小调第二号帕蒂塔,勃拉姆斯说它包含了"一个最深刻思想的整个世界",耶胡迪·梅纽因认为这是"存在的最伟大的小提琴独奏结构"。

2. "在活生生的自然界中,没有任何事情是不与整体相联系的……"出自约翰·沃尔夫冈·冯·歌德的《作为客体和主体的中介的实验》(Der Versuch als Vermittler von Objekt und subjjekt)。

3. 施佩尔在《第三帝国内幕》中对多拉工厂的描述是"他们的死亡率非常高"。

4. 莱维希望《被淹没与被拯救的》的续集是对"卷入纳粹集中营的德国工业(巴斯夫、西门子、拜耳)"的调查,他的评论出自伊恩·汤姆森的传记作品《普里莫·莱维传》(1986年于伦敦出版)。关于莱维在战后与法本公司打交道的资料来自同一部传记:"莱维想方设法地刺激拜耳的敏感问题……"摘自《1954—1961年德国之旅》一章。

5. "文明本身产生了反文明,并日益强化它……"这句话出自西奥多·阿多诺的《奥斯维辛后的教育》(Education After Auschwitz)开篇。

6. "恐怖主义是穷人的战争,而战争是富人的恐怖主义。"我相信这句话出自彼得·乌斯季诺夫(Peter Ustinov)之口。

7. "我一直认为,只有……他的生活才有价值。"克拉拉·伊梅尔瓦尔的信是在1909年写给她的朋友理查德·阿贝格的(引用自约翰·康威的《希特勒的科学家》,这本书也是富尔达宣言引用的来源:"如果不是德国军国主义……德国文明早就被摧毁了……")。

8. 弗里茨·哈伯、克拉拉·梅伊尔瓦尔和克莱尔·哈伯的故事最近被改编为话剧《禁区》,由凯蒂·米歇尔和邓肯·麦克米伦指导,于2014—2015年在萨尔茨堡和伦敦上演。

第七章　爱与死亡

1. "幸福在不知不觉中来了又走。"我刚刚检查了《朱尔与吉姆》的剧本,尽管我有着生动的记忆,但它似乎并不可靠。我找到的最接近的一句话是:"我们曾经幸福过一段时间,但幸福并没有成为我们的一部分。"(不过比起原版,我更喜欢我记忆中的版本……)

2. 关于施密特和安联与纳粹主义的密切联系的历史资料来源多种多样,包括关于这一主题的主要研究成果,引自杰拉尔德·费尔德曼于2001年出版的《安联和德意志保险公司1933—1945》。

3. 对安妮·弗兰克日记的赞美("一个孩子写的这本显然无关紧要的日记……体现了法西斯主义的所有丑恶,比纽伦堡的所有证据加在一起还多")来自荷兰历史学家扬·罗梅因,他在日记出版之前读过日记的第一份手稿。他的评论发表在1946年4月3日《誓言报》(Het Pa-

rool）上一篇题为《儿童之声》的文章中。

4. 在这里，无论如何，我试图总结一些关于大屠杀、纳粹德国及其相关地区（其中一些对我影响最深），以及过去50年左右与这一史学相关的某些其他事件最重要的书籍的年表。我知道，任何这类名单，就其性质而言，都是高度个人化和独特的。无论如何，它就在这里。我毫不怀疑，许多人会同意，这些在过去和现在都是具有里程碑意义的作品。

1970年：阿尔伯特·施佩尔的《第三帝国内部》英文版出版（前一年在德国以《回忆录》出版）。

1971年：埃里希·戈德哈根教授出版了《阿尔伯特·施佩尔》《希姆莱》和《中游最终解决方案的秘密》。

1973年：约阿希姆·费斯特（Joachim Fest）的巨著《希特勒传》（Hitler）在德国出版，广受好评。这是自艾伦·布洛克1952年的著作《大独裁者希特勒：暴政研究》（Hitler: A Study in Tyranny）以来，第一部关于希特勒的重要著作。

1974年：基塔·瑟伦利出版了《走入黑暗：从安乐死到大屠杀》，这是一本对特雷布林卡的指挥官弗朗茨·斯坦格尔的研究，可能是有史以来关于"种族灭绝者"心理学的最伟大的作品。

1975年：施佩尔的《斯潘道日记》在德国出版，成为畅销书。这本书被翻译成英文，并在第二年以《斯潘道：秘密日记》的名字出版。

1975年：普里莫·莱维出版了他杰出的《周期系统》（Il Sistema periodico）（十年后以《元素周期表》出版了英文版）。

1976年：特伦斯·德斯莱雷的作品《幸存者：灭绝营中的生活剖析》出版——这是一本至关重要而又令人痛心的书（这本书应该比今天更广为人知）。

1979年：菲利浦·穆勒，比克瑙集中营犹太人特遣队的少数幸存者之一，出版了他的回忆录《目击奥斯维辛——在毒气室的三年》。

1980年：历史学家沃尔特·拉克尔出版了《可怕的秘密：希特勒对最终解决方案真相的压制》。

1981年：英国历史学家蒂姆·梅森（Tim Mason）写了一篇文章，名为《意图和解释：当前关于国家社会主义的阐释之争》，他在其中创造了"意图主义者"和"功能主义者"这两个术语来描述两股关于大屠杀的史学流派——意图主义者是那些认为大屠杀是由纳粹国家的最高层，即希特勒策划并下令的；功能主义者是那些认为没有这样的"总体规划"存在的人，他们认为大部分大屠杀是由机构和纳粹德国官僚机构中级别较低的人物组织和临时安排的。

1985年：克劳德·朗兹曼的不朽电影《浩劫》上映，这是10多年努力的成果。电影制作人马塞尔·奥菲尔斯称其为"有史以来关于当代历史的最伟大的纪录片"。

1986年：普里莫·莱维在去世前一年出版了有史以来最重要的关于大屠杀的文集《被淹没与被拯救的》。

1986年：以恩斯特·诺尔特（Ernst Nolte）为首的右翼历史学家开始了德国的"历史学家争论"，他们认为大屠杀不应该被视为一个独特的事件，德国人民也不应该为灭绝承担任何独特的罪责。不出所料，哲学家尤尔根·哈贝马斯（Jürgen Habermas），包括布罗扎特（Broszat）和蒙森（Mommsen）在内的大多数德国历史学家，以及绝大多数国际历史学家都反对他，诺尔特和他的支持者完全输掉了这场辩论。

1986年：马丁·吉尔伯特的《大屠杀》出版了，这是一本非常有用的对大屠杀全面描述的书（也不到1000页）。

1987年：彼得·海斯的《工业与意识形态：纳粹时代的法本公司》出版。

1988年：史蒂夫·赖克的《不同的火车》被创作（1990年克罗诺斯四重奏的录音赢得了格莱美奖）。

1989年：社会学家和哲学家齐格蒙特·鲍曼出版了《现代性与大屠杀》一书，试图在更广阔的背景下看待大屠杀——超越意识形态，探讨官僚主义和合理化的现代结构如何使灭绝成为可能。

1989年：丹努塔·切克的《奥斯维辛纪事》出版。

1991年：《"美好的过去"：大屠杀的施害者和旁观者眼中的大屠杀》（由克利、德雷森和里斯编著）英文版出版，这是一本引人入胜的大屠杀目击者文件记录集。

1991年：阿伦·布洛克出版了《希特勒与斯大林：平行人生》一书。

1991年：阿特·斯皮格曼的漫画小说《鼠族》出版，广受好评，后来赢得了普利策奖。

1992年：克里斯托弗·布朗宁出版了他的开创性著作《平民如何变成屠夫：一〇一后备警察营的屠杀案真相》——一项详细的研究表明，大屠杀中大规模杀戮的主要原因是一种极度服从权威的文化，而不是嗜血或暴力的反犹主义。

1992年：苏珊·格里芬的杰作《石头合唱团：战争中的私人生活》出版了——这是一部回忆录和历史的非凡交织。

1992年：斯文·林德奎斯特的《消灭所有野蛮人》英文版出版了，该书有力地论证了大屠杀的根源在于早期的欧洲殖民种族灭绝。

1994年：4月至7月间，共80万人，约占图西族人口总数70%，在卢旺达种族灭绝中被杀害。

1994年：豪尔赫·森普伦的《文学还是生活》以法文出版（英文版于1997年出版）。

1994年：戈茨·阿莱，彼得·克罗斯特和克里斯蒂安·普洛斯出版了《清洗祖国：纳粹医学和种族卫生》——这是对T4"安乐死"计划和纳粹主义下德国医疗机构腐败的杰出研究。

1995年：7月，欧洲经历了自第二次世界大战以来最严重的暴行，8000多名波斯尼亚穆斯林在斯雷布雷尼察被姆拉迪奇将军领导的波斯尼亚塞族军队屠杀。

1995年：基塔·瑟伦利的不朽著作《阿尔伯特·施佩尔：他与真理的战斗》出版，这是有史以来关于施佩尔最具启蒙性的书。

1995年：本哈德·施林克的《朗读者》在德国出版，两年后，英文版出版（最终被翻译成45种语言）。

1996年：W. G. 塞巴尔德的《移民》英文版出版，这是一部无与伦比的考察大屠杀遗产的系列书籍的第一部。

1996年：丹尼尔·戈德哈根的《希特勒的刽子手：普通德国人和大屠杀》出版，引起了一些争议。和勃朗宁一样，戈德哈根也揭露了施害者，但与勃朗宁不同的是，他认为德国特有的"反犹太主义"在大屠杀中发挥了关键作用。

1996年：蒙森和格里格出版了《第三帝国时期的大众汽车及其工人》。

1997年：马丁·吉尔伯特的《纳粹屠犹之旅》出版了——这是一本日记，记录了他1996年在欧洲和与大屠杀有关的地点的旅行，是他和伦敦大学学院大屠杀研究硕士学生在前一年完成的。

1997年：劳伦斯·里斯备受赞誉的《纳粹警示录》在BBC播出，共六集。

1998年：W. G. 塞巴尔德的《土星之环》英文版出版。

1998年：伊恩·克肖权威传记的第一卷——《希特勒1889—1936：傲慢》出版了。

1998年：菲利普·古雷维奇关于卢旺达种族灭绝的杰出作品《向您告知，明天我们一家就要被杀》出版。

1998年：马克·马佐尔的《黑暗大陆：二十世纪的欧洲》出版。

1999年：W. G. 塞巴尔德的《空战与文学》（*Luftkrieg und Literature*）在德国出版（2003年以《毁灭的自然史》出版），这是一部关于战后德国文化如何处理二战创伤的文集。

2000年：否认大屠杀的大卫·欧文以诽谤罪起诉作家黛博拉·利普施塔特和企鹅图书公司，但他在伦敦高等法院的审判中全面败诉，判决宣布他是一个"积极否认大屠杀的人……反犹主义和种族主义者"。

2000年：诺曼·芬克尔斯坦发表了他的评论《大屠杀产业》。

2000年：伊恩·克肖出版了他传记的第二卷——《希特勒（1936—1945）：报应》。

2001年：埃德温·布莱克的《IBM和大屠杀：纳粹德国和美国最强大公司之间的战略联盟》出版。

2001年：历史学家杨·格罗斯（Jan Gross）出版了《邻人：波兰小镇耶德瓦布内中犹太群体的灭亡》（*Neighbors: The Destruction of The Jewish Community in Jedwabne*）一书，引发了关

于波兰反犹主义和波兰参与大屠杀的新一轮辩论。

2001年：彼得·朗格里希的《不成文的秩序》出版，聚焦于希特勒在策划大屠杀中的角色。

2001年：约阿希姆·费斯特的《施佩尔：最后的裁决》英文版出版。

2001年：蕾切尔·塞弗特的《黑暗的房间》出版。

2001年：塞巴尔德的最后一部杰作《奥斯特利茨》出版后受到国际赞誉，就在出版的一个月前，他在诺福克死于一场车祸。

2002年：乔纳森·萨福兰·弗尔的《了了》（*Everything Is Illuminated*）出版。

2002年：伊恩·汤姆森出版了他的权威传记《普里莫·莱维传》。

2002年：罗曼·波兰斯基的电影《钢琴家》（根据华沙犹太人瓦拉迪斯罗·斯皮曼的回忆录改编）在评论界大受好评。

2003—2008年：理查德·埃文斯关于第三帝国的权威三部曲出版——《第三帝国的到来》（2003年），《当权的第三帝国（1933—1939）》（2005年），《战时的第三帝国》（2008年）。

2005年：劳伦斯·里斯的《奥斯维辛：纳粹的最终解决方案》出版，衍生一部BBC电视系列片。

2006年：亚当·图兹的《毁灭的代价：纳粹经济的形成与破碎》出版。

2006年：乔纳森·利特尔的《善心女神》在法国出版，三年后英文版出版。

2006年：罗伯特·钱德勒的新英译瓦西里·格罗斯曼的《生活与命运》出版，广受好评。《万物流淌》和《道路》的新版本后于2010年出版。

2010年：大卫·奥卢索加和卡斯帕·埃里克森关于德国在西南非洲的第一次种族灭绝的重要作品出版了——《恺撒的大屠杀：德国被遗忘的种族灭绝》。

2011年：扬·卡尔斯基的战时回忆录《秘密国家的故事》被企鹅经典出版社再版。

2013年：奥托·多夫·库尔卡（Otto Dov Kulka）的作品《死亡之都的风景：对记忆和想象的反思》（*Landscapes of the Metropolis of Death：Reflections on Memory and Imagination*）出版，在国际上广受赞誉。

2015年：拉斯洛·奈迈施（László Nemes）关于比克瑙的犹太人特遣队的迷人的电影《索尔之子》（*Son of Saul*），上映后获得了巨大的好评。

2015年：历史学家蒂莫西·斯奈德（Timothy Snyder）出版了《黑土：人心肇祸，种族主义悲剧的历史警讯》（*Black Earth：The Holocaust as History and Warning*）。

2016年：律师菲利普·桑兹出版了《东西街》，这本书深刻反思了他的家庭和大屠杀，以及创造了"种族灭绝"和"反人类罪"这两个词的两个人——拉斐尔·莱姆金（Rafael

Lemkin）和赫希·劳特派特（Hersch Lauterpacht）。

5. 劳尔·希尔伯格的名单在《施害者、受害者、旁观者》中"当权派"一章的开头。

第八章　打开我们思想的牢笼

本章中，施佩尔的大部分语录摘自三部作品：基塔·瑟伦利的《阿尔伯特·施佩尔：他与真理的战斗》、阿尔伯特·施佩尔的《第三帝国内幕》与《斯潘道：秘密日记》。卡萨里斯的语录都来自《阿尔伯特·施佩尔：他与真理的战斗》。

1. 多萝西·卡萨里斯的这句话来自她在BBC纪录片《阿尔伯特·施佩尔：道歉的纳粹》中的采访。

2. 关于卡萨里斯在日记索引中被遗漏，以及他在施佩尔生活中的角色被淡化，也许这里包含了一种不那么有雅量的冲动？也许卡萨里斯的离去所造成的创伤，以及施佩尔后来深刻的被抛弃感，从未真正离开过他？因此，回顾过去，施佩尔不愿意给他应得的荣誉。

还有另一种可能的解释。施佩尔总是像一条变色龙一样，反映出他认为听众想听的内容，在必要的地方巧妙地改变重点。也许，他知道基塔·瑟伦利对心理分析和道德的痴迷，也知道她对卡萨里斯的感情，他就说了她想听的话，稍微夸大了卡萨里斯的作用？（这个假设的唯一问题是，我们知道，施佩尔曾给他的女儿席德写过好几次信，谈到卡萨里斯在他人生旅程中的中心地位——除非在这里，他也试图告诉她他觉得她想听的话。）

本章引用的西蒙娜·薇依的话来自《人格的义与不义》《重负与神恩》和《在期待之中》。

3. "感动她的是别人的痛苦，而不是她自己的。"这句话出自《智慧天使：西蒙娜·薇依传》第一章，作者是帕拉·尤格拉。

4. "想到你是多么美丽：在监狱里，在死亡和胜利的消息中……"这句话出自纳齐姆·希克梅特的《晚上九到十点》。

5. "大约上午10点，在天花板上的一个角落里，一束矩形的阳光出现了……"这句话和其他引文来自维克托·塞尔日的《监狱里的人》。

6. "如果我们没有谴责过去所有的大屠杀，我们如何谴责这一场大屠杀？"薇依的问题是对她的朋友莫里斯·舒曼说的，引自帕尔·尤格罗的《智慧天使：西蒙娜·薇依传》第八章。

7. 西蒙娜·薇依最喜欢的乔治·赫伯特的诗是《爱》（1633）：

爱情对我表示出热忱的欢迎，

灵魂却退缩，出于微贱和悔过，
但是，眼光极为锐利的爱情
自我进门就留意到我情绪低落，
于是走到我跟前，甜美地询问
我是否因缺少某些东西而烦闷。
我答道："作为客人，值得来到这里。"
爱情说："你正是我所需的宾客。"
"我是否无情无义？哦，亲爱的，
我甚至不敢正眼对你投过一瞥。"
爱情拉住我的手，笑眯眯地答道：
"除了我，谁能将你的眼睛创造？"
"的确如此，可是主啊，它们已受到损毁，
让我的羞耻遭受应有的惩治。"
爱情说："你明知错不在你。谁该遭受谴责？"
"亲爱的，那么就让我来侍奉你。"
主说："你得坐下，将我血肉品尝。"
于是我坐了下来，开始进餐。

8. "当我们走回车上时，爱丽丝说，她仍然觉得她的死亡行为几乎是故意的，这让她非常不安……"我非常同意爱丽丝对薇依之死的评论，而且薇依的生活和工作的其他方面我也觉得有问题——我认为在她的行动主义中，以及在她所有关于不公正的写作中，都缺少一些东西：那就是愤怒。一种真正的、决心改变世界愤怒，而不仅仅是反思，无论她的许多见解是多么非凡。她显然没有听从马克思的建议——"哲学家们只是以各种方式解释世界，但问题在于要改变世界"。我还发现，在某些时候，她对苦难和折磨的认同会变得如此极端，以至于它可能转换成一种受虐狂式的自我放纵，沉浸在羞耻和屈辱中。我认为，阅读薇依的书必须要有好心情——这就像调到一个很难找到的无线电频率。她让你比其他许多作家和哲学家更努力，但回报是巨大的——她的洞察力令人震惊。

9. "我们所有探索的终点将是到达我们出发的地方，并第一次了解这个地方。"这句话出自T.S.艾略特的《四个四重奏》中的《小吉丁》。

10. 关于《十天的故事》写作的大部分材料和引文都来自汤姆森的《普里莫·莱维传》。

11. 德里克·贾曼关于找到"希望小屋"的叙述来自《以卵击石》（*Kicking Against the Pricks*）。

12. 我在剑桥大学最后一年的导师是斯图尔特·伊姆斯。感谢他帮助我开启了过去30年的漫长旅程。

13. "爱丽丝想知道这是否可以在电影中表现出来——两个多年未见的老朋友，在深夜开车聊天……"我应该说，前一晚我们三个人一直在谈论《与安德烈晚餐》——那部由路易·马勒导演的奇怪而美丽的电影，它涉及一个类似的场景——两个多年未见的老朋友（沃利·肖恩和安德烈·格雷戈里，扮演他们自己）在曼哈顿的一家餐馆见面。

鸣　谢

致《桌面屠夫》的同伴们

为了和其他图书的介绍有所区别，我想特别感谢《桌面屠夫》的18位同伴。他们中有作家、评论家、艺术家、活动家和电影制作人，他们的创造力多年来一直鼓舞人心。他们都是值得依赖和尊敬的艺术家和思想家。他们无惧风险，并一直试图超越他们所继承的世界观的局限。他们都创造了令人震惊的个人作品，他们的生命更是超越了他们的艺术形式，因为他们的工作与他们的人性是不可分割的。名单如下：

汉娜·阿伦特

让·埃默里

苏珊·格里芬

劳尔·希尔伯格

德里克·贾曼

扬·卡尔斯基

克劳德·朗兹曼

普里莫·莱维

斯文·林德奎斯特

大卫·奥卢索加和卡斯珀·埃里克森

阿兰达蒂·罗伊

肯·萨罗威瓦

W.G.塞巴尔德

豪尔赫·森普伦

基塔·瑟伦利

乔治·斯坦纳

西蒙娜·薇依

让·埃默里（1912—1978）

作家和哲学家。第二次世界大战期间，他积极参加比利时的反纳粹抵抗运动，1943年被俘，遭受酷刑，后来被驱逐到奥斯维辛（布纳-莫诺维茨，普里莫·莱维是那里的囚犯）、布痕瓦尔德和贝尔根-贝尔森。1966年，他出版了《心灵的极限：一个幸存者对奥斯维辛及其现实的思考》，这是有史以来对"生存"一词背后意义最杰出的思考之一。回忆起自己被盖世太保折磨的经历，他写道："谁被折磨，谁就会一直被折磨下去。酷刑在他身上烙下了无可磨灭的烙印，即便没有任何临床痕迹。"在他生命的最后十年，他还出版了另外两部备受瞩目的作品——《论衰老》和《论自杀：关于自愿死亡的论述》。普里莫·莱维的最后一本文集《被淹没与被拯救的》中有一个引人注目的章节——"奥斯维辛的知识分子"，该章节以埃默里的生活和思想为中心，尽管莱维承认埃默里对人性的看法最终比他自己更黯淡。

汉娜·阿伦特（1906—1975）

作家和政治哲学家。1933年，她被迫离开德国，最终于1941年在美国定居。奠定她作为当时主要思想家之一的地位的两部作品是《极权主义的起源》（1951年）和《人的境况》（1958年）。在以色列对阿道夫·艾希曼进行审判之后，她还对这位典型的"桌面屠夫"进行了开创性的研究，调查了他的心理，以及他的"职业生涯"中官僚主义和种族灭绝之间的相互关系——《艾希曼在耶路撒冷：一份关于平庸的恶的报告》。她的工作是无畏的，正如她所说的，"不用扶手思想"；她永远不会在她的基本信念上妥协，无论这对其他人或她自己来说有多困难——"即使世界灭亡，也要伸张正义"是她的思想信条。

苏珊·格里芬（1943—）

作家和活动家。她在加利福尼亚长大，早年受到加州席拉尔山和太平洋海岸景观的启发，成了一名热情的生态学家。她将自己的工作描述为"在自然的破坏、妇女的堕落和种族主义之间建立联系，并在私人和公共生活中追溯战争的原因"。她的著作《女人与自然》（1978年）被视为生态女性主义的先驱，成为这一领域的重要著作。在她多产的作品中——戏剧、诗歌和散文，也许有一部作品很突出——《石头的合唱：战争的私人生活》（1993年），这是一本令人惊讶的书，它将政治和历史分析与个人证词交织在一起。它关注暴力、创伤和沉默，以及否认是如何贯穿个人生活、家庭和社会的。"我们忘记了我们就是历史……我出生并成长在一个参与轰炸德累斯顿的国家，以及一个计划灭绝整个民族的文明中。"

劳尔·希尔伯格（1926—2007）

历史学家。1939年，希尔伯格和他的家人被迫逃离维也纳，在纽约定居。在第二次世界大战中服完兵役后，他在哥伦比亚大学学习政治学，并醉心于后来被称为"大屠杀"的主题（尽管他自己从不喜欢这个词）——特别是施害者的角色。这是他博士论文的主题，经过随后多年的研究，最终于1961年出版了《欧洲犹太人的毁灭》（分三卷）。希尔伯格的著作比此前或此后的任何其他历史学家都更详细地阐述了大屠杀发生的过程——灭绝机器中每个齿轮的确切作用、涉及的众多机构、施害者的名字，包括在种族灭绝中起着核心作用的隐形官僚和桌面屠夫。

德里克·贾曼（1942—1994）

电影制片人、艺术家、作家和活动家。在伦敦的斯莱德美术学院学习美术后，他最初从事舞台设计工作，20世纪70年代转向电影制作。《塞巴斯蒂安》《天使的对话》《花园》和《蓝》都是具有惊人的原创性和力量的作品，将视觉美感与对同性恋性行为的激进表现以及对社会不公的愤怒结合起来。他也是一位优秀的作家，他生动的日记《现代自然》和《以卵击石》出版了，他还是一位视觉艺术家，在他生命的最后几年，他在肯特郡邓杰内斯的小屋周围的碎石上创造了一个非凡的花园。但是，作为一个生活在极端仇视同性恋时代的HIV阳性同性恋者，他直言不讳的激进主义和竞选活动是他一生的常态——对当时的许多人以及后来的几代人来说，他都是一个鼓舞人心的榜样。

扬·卡尔斯基（1914—2000）

波兰抵抗组织战士和学者。作为一名有才华的年轻外交官，卡尔斯基拥有法律和外交学硕士学位，他的生活随着第二次世界大战的爆发而发生了彻底改变。他成为波兰地下抵抗组织的一个关键人物，在许多任务中表现出非凡的勇气。1942年夏天，他被偷渡到华沙犹太人区和伊兹比卡中转营，在那里他目睹了对犹太人的种族灭绝；当他最终设法到达英国（以及后来的美国）时，他试图通过讲述他所看到的现实来"撼动世界的良知"，以便能够采取行动。但是，尽管与包括罗斯福总统本人在内的最高级政府官员进行了会晤，却没有任何军事行动被采取。战后，他成为乔治敦大学的历史教授。后来，他为朗兹曼的电影《浩劫》做出了贡献，该电影以他令人难忘的证词结束。

克劳德·朗兹曼（1925—2018）

电影制片人、记者和反殖民活动家。他在18岁时加入法国抵抗组织，领导一个共产主义小组。战后，他在德国学习哲学，但也开始从事记者工作。

20世纪50年代初,他成为让-保罗·萨特的亲密朋友,也是西蒙娜·德·波伏娃的伙伴,并编辑萨特的杂志《现代时代》多年。他也是一名坚定的活动家,尤其反对法国在阿尔及利亚的殖民战争;1961年,他与革命思想家弗朗茨·法农关系非常密切,并帮助在法国推广他的工作。20世纪70年代,他转向纪录片拍摄领域——他最伟大的成就无疑是在1974年至1985年期间创作的电影《浩劫》——这是一部长达9个半小时的作品,具有令人着迷的力量,包括对大屠杀幸存者、施害者和目击者的采访。

普里莫·莱维(1919—1987)

作家和化学家。他在都灵长大,在那里的大学学习化学。1943年,莱维加入了一小群人组成的意大利游击队,在山区与德军作战,但是他们被俘了,莱维被送到了福索里集中营,后在1944年初被送往奥斯维辛集中营。他在那里待了一年,在莫诺维茨-布纳当奴工。战后,他立即将这段经历写进了他那部尖锐的杰作《这是不是个人》——这本书花了很多年才得以与全球读者见面。他的化学家般精准与对人性和道德最深刻的理解相结合,创造了一部无与伦比的作品,包括《元素周期表》(1975年)和《被淹没与被拯救的》(1986年)。有人这样评价莱维,我也这么认为,他是极少数"有可能与之保持持久友谊的作家之一……[他]为我们提供了明确的做人秘诀"。

斯文·林德奎斯特(1932—2019)

作家和旅行家,1932年出生于斯德哥尔摩。他游历了亚洲、非洲和拉丁美洲,著有30多部作品,包括《消灭所有野蛮人》(葛兰塔杂志,1998年)、《轰炸的历史》(葛兰塔杂志,2001年)、《沙漠潜水员》(葛兰塔杂志,2002年)、《台式压力机》(葛兰塔杂志,2003年)、《无主之地:穿越无人区的旅程》(葛兰塔杂志,2007年)、《撒哈拉之旅》(葛兰塔杂志,2012年)和《吴道子的神话》(葛兰塔杂志,2012年)。我仍然记得第一次阅读《消灭所有野蛮人》时的心灵冲击——这是一次对欧洲殖民非洲心理的恐怖之旅。还有林德奎斯特的大部分有力论据，即"欧洲对四大洲'劣等种族'的毁灭，为希特勒在欧洲灭绝600万犹太人奠定了基础"。事实上，希特勒明确地认为，这种种族灭绝为他自己的野心提供了一种蓝图："当希特勒在东方寻求'生存空间'时，他希望创造的是一个相当于大英帝国的大陆。他在英国和其他西欧国家中找到了模板。"

大卫·奥卢索加（1970— ）和卡斯珀·埃里克森（1973— ）

开拓性的历史学家，他们合著的《德皇的大屠杀》于2010年出版，这是关于德国"被遗忘的种族灭绝"——20世纪初对纳米比亚的赫雷罗人和纳马人——的权威著作。奥卢索加出生在尼日利亚，在英国长大。除了他包括《黑人和英国人——被遗忘的历史》（2016年）在内的备受好评的历史书籍，他还是一位广受赞誉的广播员，负责制作了获得BAFTA奖的BBC系列节目《被遗忘的奴隶主》（2015年）——与位于伦敦大学学院的英国奴隶所有权遗产项目合作制作。埃里克森在丹麦长大，但在过去的20年里，他大部分时间都在纳米比亚，研究这场种族灭绝。他目前是IPPF的特别顾问，住在伦敦。

阿兰达蒂·洛伊（1961— ）

作家和活动家。她在印度喀拉拉邦长大，最初在大学学习建筑学，之后从事电影和电视工作。1997年，她出版了她的第一部小说《微物之神》，该书立即吸引了全球读者。在这次成功之后，她将大部分时间用于活动，成为民族主义、新帝国主义和全球化的有力批评者。她出版了精彩的论文集，包括《普通人的帝国指南》（2004年），该书关注2001年9月11日恐怖袭击和入侵伊拉克的遗留问题，以及《倾听蚱蜢的声音：民主的田野笔记》（2009年），分析了印度日益增长的经济实力背后令人不安的民族主义力量。她令人期待已久的第二部小说《幸福至极》于2017年出版，非虚构文集《我的诱惑之心》于2019年出版。她认为自己所有的作品都是关于"权力和无权之间的关系",她说,"小说从我身上跳出来,而非虚构作品是被我每天早上醒来所面对的痛苦、破碎的世界拉扯出来的。"

肯·萨罗威瓦(1941—1995)

作家和活动家。他在尼日利亚南部的奥戈尼兰长大,在伊巴丹大学学习英语,然后开始在拉各斯大学任教。20世纪60年代末和70年代初,他在地方政府工作,之后成为一名成功的商人。但他真正热爱的是写作,到了80年代,他能够全职专注于此,创作了一部非常成功的电视连续剧《巴斯公司》(Basi & Co.),并于1985年出版了他的讽刺性代表作《索萨博伊:一部烂英语小说》(*Sozaboy: A Novel in Rotten English*)。从1990年起,萨罗威瓦的生活被他的行动主义所主导,因为他看到他的奥戈尼家园的环境被石油工业,特别是壳牌公司和雪佛龙影响得越来越严重。他成为奥戈尼人民生存运动(MOSOP)极富魅力的领袖,并迅速发起了一场非常有效的非暴力运动,很快就得到了全球的支持,他在《一个月零一天》中生动地描述了这一过程。1994年,他因莫须有的谋杀指控而被捕,1995年11月10日,在一次走过场的审判之后,他和8名奥戈尼活动家在哈科特港被处决。他对写作和艺术所能达到的目标的看法是鼓舞人心的:"它不是……自我的旅行,它是严肃的,它是政治,它是经济,它是一切,在这种情况下,艺术变得如此有意义,无论对艺术家还是对艺术的消费者而言。"

W. G. 塞巴尔德(1944—2001)

作家和学者。"二战"结束时,塞巴尔德出生在巴伐利亚的一个小村庄,在德国和瑞士学习英语和德国文学,1966年在曼彻斯特大学担任讲师。1970年,他在东安格利亚大学获得博士学位,并且余生都在那里工作,成为欧洲文学教授,并建立了英国文学翻译中心。他开始在学术界之外发表作品的时间相对较晚——他的第一部小说《眩晕》(*Vertigo*)直到1990年才出版。《移民》(1992年)和《土星之环》(1995年)迅速巩固了他日益增长的声誉——他的作品完全与众不同，毫不妥协地与现代生活脱节。在他2001年出版的最伟大的作品《奥斯特利茨》中，他对那些在"进步"进程中被遗忘的人进行了极其富有同情心的描绘。这是通过一名难民儿童运动的幸存者的眼睛，对时间、记忆丧失和大屠杀进行的令人震惊的沉思。

豪尔赫·森普伦（1923—2011）

作家和编剧。出生于西班牙，但在佛朗哥上台后，他的家庭搬到了荷兰，后移居法国，1939年森普伦开始在索邦大学学习。纳粹占领法国后，森普伦加入了共产党并积极参加抵抗运动。1943年，他被盖世太保抓捕并被送往布痕瓦尔德集中营。战后他回到法国，作为流亡的西班牙共产党的组织者工作了20年，并在执行委员会任职。他还写了他的第一本书《伟大的旅程》（最终于1963年出版），化用了他在布痕瓦尔德的经历。20世纪60年代末，在他因不遵循"党的路线"而被开除出党后，他开始更加专注于写作，不仅是小说，还写剧本，包括与导演科斯塔·加夫拉斯合作的两部电影《焦点新闻》（1969年）和《大迫供》（1970年）。在20世纪80年代末担任费利佩·冈萨雷斯的工人社会党执政府的文化部部长后，他于1994年出版了他最伟大的作品《文学或生命》——这本书不仅扣人心弦地讲述了他在布痕瓦尔德的日子，还讲述了那些年在他之后的生活中留下的痕迹。

基塔·瑟伦利（1921—2012）

作家。她在维也纳长大，但在1938年纳粹占领奥地利后搬到了法国。战后，她为联合国难民项目工作，试图让那些在纳粹统治下与家人分离的儿童重新和家人团聚。1949年，她在伦敦定居，开始了她的调查记者生涯，主要为《星期日泰晤士报》和《每日电讯报》工作；她的大部分工作集中在弱势儿童和社会服务方面。但她最重要的工作——所有这些工作都涉及试图理解"邪恶"这一懒惰标签背后的东西——还没有到来。她花了数周时间采访特雷布林卡的指挥官弗朗茨·斯坦格尔，这最终成为1974年出版的《走入黑暗》——这可能是有史以来最伟大的关于大规模屠杀凶手思想的研究。她细致入微的采访技巧，与非凡的同理心和不留情面的判断力的结合，在她的另一部杰作——《阿尔伯特·施佩尔：他与真理的战斗》（1995年）中也得到了体现——在理解这样一个"文明"和受过教育的人如何成为纳粹德国政权的核心人物方面，这本书比之前或之后的任何历史学家或传记作家都要深入得多。

乔治·斯坦纳（1929— ）

作家、评论家、哲学家、学者和博学家。斯坦纳来自维也纳的一个犹太家庭，他在巴黎长大，但在1940年，由于纳粹即将占领法国，他和家人被迫再次搬迁，这次是到纽约。他在芝加哥大学、哈佛大学和牛津大学学习文学、数学和物理学。在美国和奥地利担任一段时间的学者后，他于1961年成为剑桥大学丘吉尔学院的创始研究员，然后于1974年成为日内瓦大学的英语和比较文学教授，他在这个职位上工作了20年。除了是一位鼓舞人心的教师外，他一生中还出版了大量的作品，其主题范围之广令人眼花缭乱，尽管他也说过"我的一生都是关于死亡、记忆和大屠杀的"。我们只选取其中三部最杰出的作品——《语言与沉默》（1967年）是一部关于文学和大屠杀的精彩论文集，《在蓝胡子城堡》（1971年）提出了关于文明和野蛮的接近性的深刻问题，而《A.H.的圣克里斯托瓦尔港》（1981年）是一部生动的小说，想象以色列特工于1977年在亚马孙雨林深处发现了年老体弱的阿道夫·希特勒。就像斯坦纳经常的那样，它的批评者们意见不一，但它包含了与大屠杀、反犹太主义的起源、语言的力量及其滥用有关的非凡内容。

西蒙娜·薇依（1909—1943）

作家、哲学家和活动家。她出生于巴黎，在一个世俗的犹太家庭中长大，并在很小的时候就被哲学所吸引。在巴黎高等师范学院学习后，她成为一名教师，但也开始被政治活动所吸引，特别是在工人权利方面。尽管后来她对马克思主义的批评越来越多,但她在年轻时深受马克思主义和无政府主义的影响,也是一名热心的和平主义者。1934年,她从教学工作中请了一年假,去雷诺工厂的生产线上工作。她认为,这是克服她的资产阶级背景,并能够完全同情工人的唯一途径。尽管她一直在写日记,但她也开始为无政府主义期刊和政治出版物撰写关于劳工问题的文章和对战争的反思,但她的作品只在激进政治圈内为人所知。20世纪30年代末,她开始经历强烈的宗教启示,她的关注点开始从行动主义转移到灵性方面。1942年,她与家人离开了被占领的法国,先是去了美国,后来又去了英国。她希望在那里为法国流亡政府工作,并在法国为抵抗运动做志愿者。然而,她的健康状况在1943年开始严重恶化,当时她正在写她的书《需要根基》,以及她非凡的文章《人格的义与不义》,她于1943年8月在肯特郡阿什福德的格罗夫纳疗养院去世。薇依的大部分作品都是从她的日记和笔记本中挑选出来的,并在她死后出版,包括1947年的《重负与神恩》、1949年的《需要根基》和1950年的《在期待之中》,她的声誉在随后的几十年里大增,加缪称她是"我们时代唯一的伟大精神"。她的作品难以简单分类,但在最好的情况下,有一种激光般的清晰和力量——"相信其他人的存在——这种东西就是爱"或"关注是最稀有和最纯粹的慷慨"。

赞赏和感恩

"致谢"这个词通常出现在传统出版物的末尾，在我看来，这个词用于感谢任何一本书的创作和制作背后的许多人是非常有限的。以一系列花了20多年才问世的书籍为例，人们当然需要得到充分的感谢，而不是简单的认可。因为我相信逝者永远与我们同在，所以我认为他们也应该被感谢——无论是肉体还是精神，我在这里表达的感谢没有区别。

*****

首先，我要衷心感谢我的家人和朋友，他们在我的工作中给予了我这么多的爱和支持——谢谢科琳娜、马克、梅格及其家人、亚当及其家人，以及我的侄女和侄子，安娜、本、伊莎贝尔和雅各布。非常感谢我长期受苦的朋友们，他们用幽默、欢乐和大量的酒精忍受了这段史诗般的旅程中无数的起起落落——詹姆斯、艾米、约翰、安、马克、科莱特、卢卡、艾玛、格雷厄姆、尼基、黛安娜、加雷思、马丁、尼克、海伦、皮特、克莱尔、丹尼斯、苏、大卫、艾伦、唐纳德和彼得。生命中有你们，我感到非常幸运。在哈克尼，我要感谢狐狸家庭——现在已经好几代了——它们分享了我花园的野性，是这个地方真正的精神。

非常感谢和赞赏"平台"的所有人——本书的起源是1996年以后那些令

人振奋的岁月，当时我们都在紧密合作，研究跨国公司的文化和权力，特别是石油工业，并提出了最具创新性的方法来突出企业心理，以及由此造成的环境破坏和人权侵犯。从泰晤士河畔马莱敦巷7号的那个小工作间里产生的想法和能量——表演、导游散步、通勤报纸、会议、船上讨论、纪念品、书籍、大学课程——都比所在的时代领先很多。感谢詹姆斯·万豪、格雷格·穆蒂特、简·特罗威尔、约翰·乔丹、艾玛·麦克法兰、戴安娜·维特纳、艾玛·桑斯特、安娜·赖特、罗西·赫斯特、尼克·罗宾斯和华莱士·海姆，感谢他们分享的那些时光，付出那么多。还要特别感谢安迪·罗威尔和辛迪·巴克斯特，他们帮助我们开始了为期十年的90%的石油项目。

"记住萨罗威瓦"运动，尽管有种种挑战，却是我们所做过的最重要的工作。感谢"平台"的所有人，玛丽亚·萨罗威瓦、肯·威瓦、大卫·A.贝利、安妮塔和戈登·罗迪克、索卡里·道格拉斯·坎普、洛恩·斯托克曼、本·阿蒙瓦、尼克·麦卡锡、伊诺·奥苏亚、拉扎勒斯·塔马纳、特里·恩迪、戴安娜·莫兰特、卡迪加·塞萨、西蒙·默里、妮伊·艾克维·帕克斯、贝丝·哈默、蒂姆·索乌拉、乔·赫斯特-克罗夫特、米歇尔·阿坎德、罗拉·杨、约翰·索文、埃里克·苏尔、尼内卡、格斯·卡斯利-海福德、茵卡·肖尼巴雷、露丝·博斯威克、沃莱·索因卡、爱丽丝·奥斯瓦尔德、莱姆·西赛、海隆·哈比拉、布奇·埃梅切塔、林顿·奎西·约翰逊、威廉·博伊德和安吉拉·戴维斯，感谢他们让"活的纪念馆"以及所有相关工作和出版物成为鼓舞人心的现实。

1999年12月至2003年3月期间，在"平台"举行的"温柔地杀死我们"的活动，对后来几本书的许多最初的主题和思想的形成至关重要。对詹姆斯、简和艾玛（平台）以及（为这些活动的音乐和制作付出努力的）凯特·奥康纳和乌特·斯皮特勒表示最热烈的感谢。向所有前来观看演出并在演出后发表感想的72位人士表示感谢（海克·罗姆斯、尼克·斯图尔特、简·伦德尔、马尔科姆·迈尔斯、乔克·恩孔贝、克莱尔·戈登、德里克·瓦克斯、萨拉·博阿斯、蒂姆·纳恩、比尔·休伊特、帕特里克·菲尔德、卡拉·德拉霍拉德、蒂姆·费尔斯和苏·帕尔默——感谢他们对这项工作的大力投入，以及他们的额外想法和支持）。我对皮特·哈里森深表感谢，不仅感谢他在这个项目上的友谊和支持，还感谢他2005年在维也纳图书馆和大英图书馆所做的所有工作，帮助研究布纳-莫诺维茨的法本公司，还有那位奥地利的律师（一个典型的桌面屠夫），他最终成了联合国秘书长。

如果没有适当的资金支持，学术领域的任何事情都是无法完成的。所以，在此我非常感谢：兰南基金会（特别是帕特里克·兰南和贾恩·埃文斯）对重要研究工作、两次前往波兰和波斯尼亚的旅行，以及我早期的写作时光的支持；艾希顿信托公司（支持了最初的"温柔地杀死我们"活动）；英格兰艺术委员会、社会变革网络（特别是安妮·罗宾斯和马克·布朗）、作家基金会、作家协会，以及巴里·阿米尔和诺曼·梅尔本信托基金——都支持了我的写作时光。同时，也非常感谢那些在编辑的最后阶段从个人角度给予我经济上帮助的人，当时我的出版预付款几乎花光。最后，在资金方面，要特别感谢劳埃德银行——多年来，他们向我错误地推销了许多贷款，以至于他们最终不得不支付赔偿金，又支持了我一年的写作！

我写作的地方为我完成作品发挥了重要的作用。非常感谢所有借给我房子、小屋和小木屋进行写作的人：罗西·汤普森为我提供了位于辛格街的渔夫小屋——多年前，我在那里开始了俯瞰"德国海洋"的旅程。感谢霍莉·艾尔特和彼得·查普尔提供了彭布罗克郡的房子，这对我2011年和2013年之间的创意涌动做出了巨大贡献；也感谢阿里和马丁、肖恩和温迪在那里陪伴我的美好时光，以及玛丽安对船屋的帮助。凯特·韦尔斯和休斯家族在2013年和2014年使用了卡雷格-罗-巴哈（Carreg y Ro Bach）——在离开特拉腾巴哈这么多年后，给我留下了美妙的回忆。另外，我还要感谢特里萨·埃尔维斯（在奥尔德伯格）、安德鲁·科特廷（在圣莱昂纳兹）和杰伊·格里菲斯（使我能够使用威尔士山毛榉林中的那座神奇的木屋）。

*****

以下内容——关于从"温柔地杀死我们"活动的最后（2003年3月）到这第一本书的出版（2019年）的16年旅程——只能作为一个叙事。这是一个曲折的过程，一路上让我学到了不少经验教训，我将尝试总结一下。

这项工作是从一个现场活动演变为一系列书籍的，始于约翰·伯格对2003年3月"温柔地杀死我们"活动的热情回应，之后他敦促我考虑如何将活动中的口头语言变成书面上的文字。随后几周，包括在巴黎约翰家的那段时间，对我实现这一转变起到了至关重要的作用。我还记得在安东尼·约翰花园里，在一棵开花的苹果树下，他对我说："嗯，你已经有这么多的材料了！我是说，还需要再等六个月？一年？"在接下来的14年里，我们偶尔会回忆起这个时刻，并大笑起来，然后约翰会说："但这与旅程的长度无关，对吧？没错。它关于一路下来你所经历的一切——就像卡瓦菲斯的诗《伊萨卡》一样！"

在这条漫长的、有时坎坷的道路上，我很幸运地经历了几件事情，现在回想起来，这些事情似乎是奇迹。2005年1月，我突然接到美国兰南基金会的创始人帕特里克·兰南的电话。帕特里克告诉我，他刚刚听说了我关于"桌面屠夫"的工作，在他看来，这项工作至关重要，那么我需要什么来完成研究和写作？六个星期后，在时任基金会执行董事的可敬的乔恩·埃文斯的帮助下，我收到了一笔重要的拨款，给我提供了一年多的资金——使我能够再进行两次研究旅行，雇用一名兼职研究员，并从"平台"休假六个月——这给了我开始写作的时间。这里有一个经验——有时答案来自你甚至没有注意到的方向。

随后，"平台"进入了一个狂热的忙碌期，（那段时间我们正在紧锣密鼓地开展"记住萨罗威瓦"运动的宣传活动），因此不可避免地，我不得不把这本书放在次要位置好几年。第二个奇迹发生在2010年夏天。同样，它是在项目最需要的时候出现的。我很意外地收到了菲利普·格温·琼斯的电子邮件，他当时是格兰塔和波多贝罗图书公司的执行出版人。邮件中，说他一直在看地图，计划在瑞士北部的家庭度假，这引发了他的回忆。他之前听说过我对制造大屠杀中使用的煤气车的瑞士公司所做的研究，并以为我正在编写一份图书提案。我有一家出版商吗？我是否愿意与他共进午餐并向他介绍工作情况？这促成了这本书在2011年被委托出版，随后建立了极具创造性的工作关系。这是我一生中第一次能够不受干扰地全职写作。菲利普强烈的承诺和温和的鼓励，加上我在威尔士发现的一种写作节奏的兴奋，在2011年至2013年期间我创造了非凡的作品流，并为《桌面屠夫》的出版奠定了基础。

这段时期在2013年5月戛然而止，当时正值格兰塔处于非常困难的时期，包括菲利普在内的大部分高级编辑人员都离开了公司。此时，由于我失去了委托编辑，我决定现在真的需要引导《桌面屠夫》找到一个新家。我开始寻找一位经纪人，他既能够帮助我度过这一充满挑战的领域，同时也能成为这项工作的有力督促者。在这几个月里，我与大卫·格罗斯曼、维多利亚·霍布斯和彼得·斯特劳斯等人进行了富有成效的会谈。彼得，感谢你建议出版《桌面屠夫》——我很欣赏你的雄心壮志！也感谢希沙姆·马塔尔的建议和为这些会议提供的便利；还要感谢罗伯特·麦克法兰在这个时候提供的进一步的、极其有益的建议。

2013年9月，我的第三个好运气来了，经纪人杰西卡·沃拉德（Jessica Woollard）极其兴奋地回复了一封我的探询邮件。几天后，当她读完书稿后，她从印度给我打电话，我们交谈了一个多小时。我的本能告诉我，我已经找到了一直在寻找的经纪人，一个可以为作品提供热情支持的人。我当时不知道的是，我还找到了一位具有敏锐洞察力的读者和编辑、一个非常正直和善良的人，他将成为我的挚友。

2014年初，我们紧锣密鼓地准备稿件。到了春天，杰西卡开始安排我与潜在的出版商会面。3月里一个阳光明媚的日子，在大英博物馆外的一家咖啡馆里，海尼曼的高级编辑汤姆·艾弗里骑着自行车来了，他面带微笑，但相当紧张地看着我，仿佛我随时都会开溜。他对我的稿件赞不绝口，接下来的几个小时里，我们聊得很投机，最后在附近的一家酒馆结束了谈话。当他离开时，我有一种强烈的直觉，我找到了我的新出版商。几周之内，我们就达成了协议，开始积极研究如何以最佳方式编辑和出版这四本书。

在过去的五年里，汤姆在这个项目中表现出了非凡的精力和完全的信念。他毫不畏惧原始稿件的冗长，而且总是有一种非凡的能力，能够在头脑中看到整部作品更广泛的"架构"，并就章节的重新定位提出惊人的建议，或提出对读者有帮助的新的内容写作。其他编辑可能会对我在原稿中添加内容的前景感到不安——例如，为第四册中增加关于汉娜·阿伦特和阿道夫·艾希曼的附加章节。但汤姆认识到这些内容在作品中的重要地位，并非常鼓励我花时间写这些内容。在过去几年的合作中，有几次我觉得他比我自己更了解我的稿件——这对任何作家来说都是一种略微令人不安，但同时也是相当美妙的经历。我不确定我们谁能理解，对我来说，最终完成20多年的研究和思考，形成一份完整的文本，这将是一项多么艰巨的事业。也许我一直在潜意识中受到托马斯·曼（Thomas Mann）的一些更愉快的思考的影响："当房子建好后，死亡就会到来。"因此，也许可以理解，我想把这一点尽可能地推迟……

2015年2月是东海岸多年来最寒冷的冬天，我前往纽约，与法拉·斯特劳斯和吉鲁公司的执行编辑伊莱恩·史密斯会面，讨论他们对出版美国版《桌面屠夫》的兴趣。同样，第一次见面还是在伊莱恩公寓里，她的公寓位于曼哈顿街道的高处。而且，就像和杰西卡、汤姆一样，我几乎立刻就知道我们双方能够很好地合作。她告诉我，所有的编辑都依赖于"第六感"，她一开始阅读手稿就知道必须出版这本书，这本书将主题的紧迫性与一种能够将历史和政治主题，及这种个人的和私密的材料交织在一起的声音结合起来。

有了这两个基础（来自两份出版合同的经济保障，以及感受到经纪人和编辑这个充满活力的三角关系的支持），接下来是一段作家们梦寐以求的时间——三年不间断的思考和创作。到2015年，我主要住在威尔士的彭林恩

（Pen Llŷn），找到了一个可以俯瞰山海的房子，靠近R.S.托马斯写他最后一首诗的地方。我现在可以完全专注于编辑这本书，并最终将20年的工作成果化为现实。在接下来的三年里，汤姆和我（在伊莱恩的精辟建议的帮助下），孜孜不倦地重新塑造整个作品，并将第一和第二册编辑为你们手中的这两本。到2018年底，写作已经完成①。

*****

我还想感谢其他许多人——贡献巨大的朋友和同事。

唐纳德·里夫斯和彼得·佩尔茨——他们在圣詹姆斯皮卡迪利街的工作非常特别；但他们在欧洲之魂的工作，据说是在"退休"后，在巴尔干地区——波斯尼亚、塞尔维亚、塞族共和国——的和平与和解，对许多人都有启发，是黑暗中的一盏明灯。与他们的友谊对我意义重大，教会了我很多。

艾伦·博尔顿、苏·帕尔默、大卫·威廉姆斯和艾伦·里德——我最初是在达廷顿艺术学院的教学工作中认识的（当时达廷顿艺术学院还在关注教育）——他们都是充满激情的教育家，多年来，我从他们身上学到了很多。也要感谢米凯拉·克里明、斯科特·拉什、杰里米·戴勒和艾伦·B，感谢他们多年前在中国之行的巴士后座上的对话。我至今还清楚地记得他们……

尼基·杰克沃斯卡、约翰·芬奈利和艾玛·麦克法兰，非常感谢他们在过去几年里参与解决了我写作生活中的许多问题——从思考标题和副标题的问题，到帮助我在与代理商和出版公司互动的陌生海洋中提供导航。他们的指导和建议是无价的。

克里斯·斯利博士、维基·库尔平博士（来自阿什里奇商学院）和凯特·麦肯齐·戴维博士（来自伦敦大学伯贝克学院）——我很感谢受邀给阿

---

① 虽然爱德华·萨义德不会同意这个前提——"文本不是完成的对象"，就像他在《文化与帝国主义》中写的那样。

什里奇商学院的学生做讲座，也很感谢我们共同发起的"商业领导力中的道德划分"研究项目的重要工作。

我的感谢也同样献给以下所有人的激励、支持和友谊。首先要感谢我亲爱的姑姑和姑父埃莉诺和卡西米尔·霍拉克，他们在结婚62年后，于2018年10月相隔仅17天去世。尽管非常悲伤，但在整理他们在伦敦西部的美丽公寓（充满书籍和回忆）时，写这本书的最后一部分似乎也很合适。我也爱、感激并尊重黛安·维特纳、乔恩·艾奇逊、加布里埃尔和贝尔德（我的"巴尔的摩家庭"）、露西·费尔利（非凡的活动家和我们社会中最弱势群体的朋友）、斯图尔特·埃姆斯（多年前在剑桥为我打开了对大屠杀文学的思考）、内拉·贝尔斯基（关于"斯宾诺莎酒店"的快乐回忆）、杰罗姆·科恩（感谢你关于汉娜·阿伦特的精彩谈话和思考），本巴尔科和科林·克拉克（以及所有过去和现在的维也纳图书馆工作人员——感谢你们这么多年来在档案方面的帮助），约翰·帕里、莉兹·安克洛及其家人（感谢在新泽西的所有时光），奈杰尔·宾兰和露西·约翰逊（感谢你们卓越的洞察力和支持），凯文·坎普和肯（《维多利亚公园的佛》），马塞·贝尔萨（重新点燃了我对美丽游戏的热情——为下个赛季干杯！）。伦纳德·科恩和鲍勃·迪伦是我生命中取之不尽的音乐伙伴——我们时代的舒伯特和贝多芬。我对他们及其工作也表示最热烈的赞赏和敬意，感谢梅丽莎·本和保罗·戈登、迈克·迪布和切利·杜兰、凯瑟琳和埃里希·弗里德、比尔·休伊特、卢克·霍兰汉娜·赫兹格、米歇尔·法布尔·莱温、彼得·肯纳德、耶莱娜·麦金、路易斯·查拉兰博斯、伊夫·弗洛德沃、科林-斯宾塞、斯蒂芬·沃茨、让·麦克林德、安德里亚·齐默尔曼、格兰特·吉、哈丽特和科林·沃德、露西·尼尔、朱莉娅·罗兰特里和罗丝·芬顿。感谢所有与我一起在彼得街工作过的学生、老师和工作人员——在苏荷区那个古老的角落里经历了一些不可思议的时光。

我还要感谢安迪·罗威尔（他做出了大无畏的新闻报道，特别是关于尼日利亚、肯·萨罗威瓦和奥戈尼人争取自决权的斗争，以及他明智的建议），加州的希拉·奥唐纳（她帮助研究了其中一位桌面屠夫），审查和清除公司的亚历克斯·韦德——无论后来的挑战如何，我都感谢你提供的法律专业知识，试图让一部具有强烈政治色彩的作品以巧妙的声音来到世界上。我还要感谢我严谨的文字编辑大卫·米尔纳（任何可能仍然存在的错误肯定不是你的）。感谢迪克兰·瑞安，他在适当的时候帮助我解决了一个技术难题。最后，感谢爱丽斯·霍尔和大卫·海姆事务所的所有外国权利团队。

我还认识到，愤怒在刺激创造力方面的作用是很重要的——而且在更普遍的活动中也是如此。（我记得安妮塔·罗迪克曾经说过，成功的行动主义和充实生活的秘密是愤怒和最优质的西红柿。）我要感谢所有在过去20年里怀疑这项工作的人，或者在我的道路上设置障碍的人——你们只是成功地让我坚定了决心！我还要感谢所有继续蔑视人民的公司和政府的作用，他们轻率地推动了整个地球的自由市场化，认为我们会忘记他们的罪行。他们更加坚定了我完成这项工作的决心。他们永远不会理解安妮·麦珂尔丝的那些话——"历史是无道德的，因为事件发生了；但记忆是有道德的。"

*****

在威尔士，感谢安格斯和简妮为福隆欧鲁（Fron Oleu）提供的服务，这让我对彭林恩有了一个令人惊叹的认识（也感谢他们借出了所有的家具！）；感谢马丁（为搬家提供的其他帮助），感谢朱迪思和雷蒙德的行动主义和温暖陪伴；感谢波斯·马多格的浏览者书店的大卫、萨拉、海伦和所有的人，感谢他们为我提供笔、书和地图；感谢达菲德和冯·乌恰夫的所有人，感谢他们的灵感，使"吟游诗人的国度"（Gwlad beirdd a chantorion）成为现实；感谢在埃菲尔·罗斯车库里的加里（为我的老古董汽车创造奇迹），感谢兰贝德罗的约翰（帮助我给2005年的老旧笔记本电脑续命）；感谢阿伯索奇的深夜Spar（让我有烟和啤酒），还有利诺斯教我威尔士语（是的，我知道——这是一项正在进行的工作）……

我深深地感谢这片水域，它在过去的几年里给了我很多灵感；同时，也感谢卡恩·法德林的乌鸦、西兰的野鸡、姆-塞吉德的野兔、潘伊西尔的猎鹰、格拉斯林的鹗、早春的黑荆棘花阵阵。燕子顺着小路飞向波斯哥（Porth Ysgo），夏天的紫色石楠和深黄色的金盏花，兰菲尔斯的教堂，兰杜温和兰温纳德尔，以及过去这些年我走过的所有小巷小径，我的同伴们走过了许多黄昏。

*****

以及永远在我心中——AV、JJC和AP——我一生的挚爱，宝贝（моя прелесть），心（corazon），爱人（amante）。为了我们分享的所有欢乐，以及所有将到来的一切……

*****

在过去的20年里，他一直在幕后徘徊，就像一个仁慈的灵魂、一种艺术和政治现象，一个人的思想节日——我无法抑制地向加雷斯·埃文斯表示最深切的感谢。他汇集了电影、社区活动、心理地理学、书店、音乐、表演、城市漫步、诗歌、政治抗议和文学活动的世界。他用微薄的经费和慷慨的精神组织非同寻常的活动，把来自不同背景的、通常不会有联系的人联系起来，使事情发生，一直如此。当你们见面时，还有谁会把一袋袋批评智利的文本复印件和关于阻止出售哈林盖的公共住房的传单，以及在伦敦东部的潜水馆通宵放映贾曼作品的方案交给你？——所有这些都是"必要的！""关键的！必看！"彼得·布鲁克创造了他的"空的空间"，而加雷斯创造了一个"聚集的空间"。没有它，我们的文化将变得更加贫乏……我还要对其他所有的人，以及太多的链接、推荐、书籍、灵感表示感谢，在此不一一列举——但我想感谢它们在这本书发展的一个特殊阶段，这对我来说是非常宝贵的。那是艰难的一年，对我和加雷斯来说都充满了挑战，我记得我们在博蒙特宫的小厨房里深夜开会时的兴奋。我在威尔士写了一个星期，又起草了一章，然后去他那里。我读刚写的东西，你听着，做着笔记，然后我们聊到凌晨，常常聊到黎明，直到来自上克拉普顿路的画眉的声音飘到那个小房间里。在那个时间和地点，有一种强烈的联系感。我每次离开时都很振奋，总是充满灵感，总是充满活力……

*****

最后，我还要感谢两个人，他们一直陪伴着我走过这次艰难的探索之旅。在我15年来的创作生涯中鼓舞我的朋友和导师——在我的研究和写作中，他们一直陪伴在我的身边——约翰·伯格和安妮·麦珂尔丝。他们的文字创造了一个世界，我永远无法表达他们持续的支持、热情和鼓励对我的意义有多大。他们让我有一种莫名的勇气、一种强烈的意志去迎接重大的考验，以及一种对工作的美好与重要性的坚定信念。他们都是用同样的信念来鼓舞我的；有了他们的信念，我就能经受得起命运的冲击和挫败。这就是我的全部，是他们把我从困境中拯救出来了。